Juri Awerbach

LÄUFER- UND SPRINGER-ENDSPIELE

Sportverlag Berlin

Übersetzung aus dem Russischen:
M. Hermann

Russischer Originaltitel:
ШАХМАТНЫЕ ОКОНЧАНИЯ
СЛОНОВЫЕ И КОНЕВЫЕ

Averbach, Jurij L'vovič:
Läufer- und Springerendspiele / Juri Awerbach. [Übers. aus d. Russ.:
M. Hermann]. – 1. Aufl. – Berlin : Sportverl., 1988
EST: Šachmatnye okončanija, slonovye i konevye ⟨dt.⟩
NE: Verf.: EST

ISBN 3-328-00234-0

© Fiskultura i Sport, Moskau 1980
© der deutschsprachigen Ausgabe Sportverlag Berlin
Erste Auflage
Lizenznummer: 140 355/53/88
9095
Lektor: Franz Stahl
Einband und Schutzumschlag: Erika und Peter Baarmann
Printed in the German Democratic Republic
Gesamtherstellung: Karl-Marx-Werk Pößneck V 15/30
Redaktionsschluß: 15. 9. 1987
671 729 3

01850

Vorwort

In der umfangreichen Schachliteratur gibt es verhältnismäßig wenig wissenschaftliche Abhandlungen über das Endspiel. Dies liegt daran, daß die Ausarbeitung seiner Theorie etwas anders verlief als die Entwicklung der Theorie über Eröffnung und Mittelspiel. Die Erklärung hierfür ist in der Geschichte des modernen Schachs selbst zu suchen.

Die Geburtsstunde der Schachtheorie geht auf das 16. und 17. Jahrhundert zurück, als der romantische Stil der italienischen Schule vorherrschte, für den scharfe Gambiteröffnungen und ungestüme Königsangriffe charakteristisch waren. Oft kam es überhaupt nicht zum Endspiel. Der Kampf endete inmitten der Partie oder sogar schon in der Eröffnung, wenn der gegnerische König im Hagel effektvoller Schläge, die gewöhnlich mit Opfern einhergingen, matt gesetzt wurde. Das Endspiel galt als langweiliger, uninteressanter Teil der Partie. Ihn absolvierte man ohne jede Begeisterung, was elementare Versehen und Fehler zur Folge hatte.

Ein tieferes Verständnis des Schachs führte allmählich zur Entwicklung der Technik des Positionsspiels und der Verteidigung. Es wurde schwerer, die Partie im guten alten Stil zu gewinnen. Der Kampf begann immer häufiger ins Endspiel überzugehen. Ein „unscheinbarer" Mehrbauer erwies sich dort nicht selten als entscheidend, wenn er unerbittlich vorrückte und sich, auf der letzten Reihe angekommen, triumphierend in eine Dame verwandelte.

„Die Bauern sind die Seele des Schachspiels" – dieser Ausspruch des berühmten französischen Schachspielers des 18. Jahrhunderts Philidor gibt wohl am besten die gewachsene Rolle der Bauern wieder. Nicht zufällig ist Philidor, der erstmals Prinzipien des Positionsspiels formulierte, auch Autor einer Reihe von Endspielanalysen, die bis heute ihre Bedeutung nicht verloren haben.

Die Zahl theoretischer Untersuchungen zum Endspiel wuchs, doch verallgemeinernde Arbeiten, die alle Endspielgattungen umfaßt hätten, ließen lange Zeit auf sich warten. Dafür gab es einen weiteren Grund.

Vor den Erforschern der Eröffnung und des Endspiels stehen unterschiedliche Aufgaben. Ist es mitunter gar nicht möglich (und auch nicht notwendig), eine erschöpfende Analyse irgendeines Eröffnungssystems oder einer Variante zu geben, so verhält es sich in bezug auf das Endspiel anders. Hier ist nicht selten eine mathematisch genaue Analyse erforderlich, die ausnahmslos alle Möglichkeiten berücksichtigt und zu exakt formulierten Schlußfolgerungen gelangt. Während selbst in einer Partie zwischen zwei erstklassigen Schachspielern, die die Eröffnungstheorie eingehend studiert haben und die Verfahren des Kampfes im Mittelspiel beherrschen, das spielerische, schöpferische Element dominiert, tritt in vielen Endspielstellungen das reine Wissen in den Vordergrund. Zu einer ersten verallgemeinernden Arbeit, die ausschließlich Endspielen gewidmet war, wurde das Buch von Berger „Theorie und Praxis der Endspiele" (in deutscher Sprache). Die erste Auflage erschien 1890, die zweite, wesentlich erweiterte und ergänzte, im Jahre 1922. Diese Ausgabe gilt als klassisch. Einen bedeutenden Beitrag zur Schaffung einer Theorie der Endspiele leisteten auch Arbeiten von Chéron, Euwe, Fine, Gawlikowsky und anderen Analytikern.

Das erste Endspielhandbuch in russischer Sprache kam in sowjetischer Ära heraus. Es war die Arbeit von Rabinowitsch „Das Endspiel" (erste Auflage 1927, zweite Auflage 1938). Im Jahre 1956 erschien Lissizyns „Der Schlußteil der Schachpartie".

In der Sowjetunion befaßten sich mit der Untersuchung des Endspiels viele hervorragende Schachspieler. Genannt seien in erster Linie Botwinnik, Smyslow, Keres, Bondarewski, Cholmow, Krogius, Rauser, Grigorjew, Kasparjan, Kopajew, Tschechower, Rabinowitsch, Sosin, Lissizyn, Chenkin und Dworezki. Jeder von ihnen trug das Seine zur Entwicklung der Endspieltheorie bei.

Bei der Arbeit an dem vorliegenden Werk stieß das Autorenkollektiv vor allem auf das Problem der Klassifikation der Endspiele. Wie bekannt, unterscheidet man meist folgende Gattungen des Endspiels:

1. Bauernendspiele (Könige und Bauern);
2. Springerendspiele (Könige, Springer und Bauern);
3. Läuferendspiele (Könige, Läufer und Bauern);
4. Turmendspiele (Könige, Türme und Bauern);
5. Damenendspiele (Könige, Damen und Bauern).

Diese Typen bezeichnet man als einfache Endspiele, da außer Königen und Bauern nur gleichartige Figuren mitwirken.

Sind ungleichartige Figuren auf dem Brett, spricht man gewöhnlich von gemischten Endspielen. Zu ihnen gehören folgende Typen:

6. Springer gegen Läufer (Springer gegen Läufer nebst Königen und Bauern);
7. Turm gegen Leichtfigur (Turm gegen Läufer oder Springer nebst Königen und Bauern);
8. Dame gegen Turm (Dame gegen Turm nebst Königen und Bauern);
9. Dame gegen Leichtfigur (Dame gegen Läufer oder Springer nebst Königen und Bauern).

Die Arbeit an diesem Werk verlief in zwei Richtungen. Bei Endspielen mit einer geringen Bauernzahl stellte sich die Aufgabe, soviel Material wie möglich zu sammeln. Bei Endspielen mit großer Bauernzahl (mehr als zwei auf beiden Seiten) waren die Autoren bemüht, die typischsten Stellungen anzuführen, die grundlegende Ideen demonstrieren, und praktische Hinweise für die Behandlung derartiger Endspiele zu geben.

Ein Schwerpunkt bei der Erarbeitung des Werkes war die Sammlung und Prüfung theoretischer Stellungen, praktischer Endspiele und Studien, wobei auch diese aufwendige und zeitraubende Tätigkeit von den Autoren selbst bewältigt werden mußte. Hauptaufgabe war die systematische Erforschung der hauptsächlichen Endspieltypen. Hier erwies es sich in vielen Fällen als unerläßlich, größere selbständige Analysen vorzunehmen und wichtige theoretische Stellungen hervorzuheben, um „weiße Flecken" der Theorie zu beseitigen und notwendige praktische Empfehlungen zu geben. Natürlich glauben wir nicht, daß dieses Vorhaben bereits völlig erfüllt wurde.

Die systematische Erforschung von Schachendspielen ist eine außerordentlich schwierige Aufgabe, bei deren Lösung analytische Fehler nicht völlig zu vermeiden sind. Die Autoren sind allen Lesern dankbar, die halfen, Ungenauigkeiten in früheren Bänden aufzudecken und zu korrigieren. Sie hoffen, daß sich diese fruchtbare Zusammenarbeit auch in Zukunft entwickeln möge.

In dem vorliegenden Band werden Läufer- und Springerendspiele behandelt. Bei der Erarbeitung des Teils über die Springerendspiele half mir Meister Tschechower, dem ich dafür Dank sagen möchte.

J. Awerbach

Besonderheiten des Endspiels

Im Verlauf des Kampfes, der auf dem Schachbrett vor sich geht, werden die beiderseitigen Kräfte allmählich dezimiert, die Stellung vereinfacht sich, und die Partie geht in ihr letztes und entscheidendes Stadium über – ins Endspiel.
Je nachdem, unter welchen Bedingungen der Übergang ins Endspiel erfolgt, steht der Spieler vor einer von drei Aufgaben. Verfügt er über ein materielles oder positionelles Übergewicht, muß er bestrebt sein, dieses in einen Sieg umzumünzen. Liegt der Vorteil auf seiten des Gegners, muß er sich bemühen, ihn durch eine gelungene Verteidigung zu neutralisieren und die Partie remis zu halten. Schließlich kann er, wenn es ihm im Mittelspiel nicht gelang, das Gleichgewicht zu seinen Gunsten zu verändern, gerade in dieser letzten Etappe versuchen, ein Übergewicht zu erzielen.
Ihrem Charakter nach lassen sich Endspiele in zwei große Gruppen einteilen. In der ersten ist eine der Seiten kräftemäßig eindeutig im Vorteil und bemüht, den gegnerischen König matt zu setzen. Diese Endspiele (wir bezeichnen sie als technische) sind seit langem erforscht, und die Theorie hat sich über sie eine feste Meinung gebildet. Die meisten der zu dieser Gruppe zählenden Endspiele sind elementar, sie lernt bereits der Anfänger bei seinen ersten Schritten kennen. Wir gehen davon aus, daß der Leser mit diesen technischen Endspielen bereits vertraut ist. Die zweite und weitaus größere Gruppe umfaßt jene Endspiele, in denen es in der Regel nicht möglich ist, mit den vorhandenen Kräften matt zu setzen, so daß nach einem anderen Gewinnweg gesucht werden muß. Eine solche Zwischenphase ist das Vorrücken der Bauern mit dem Ziel, wenigstens einen von ihnen in eine Dame zu verwandeln und dadurch das zum Mattsetzen ausreichende materielle Übergewicht zu schaffen.
Sehen wir uns die charakteristischen Besonderheiten eines Endspiels an.
Wir haben festgestellt, daß im Endspiel das neue strategische Ziel auftaucht, einen Bauern zur Dame zu führen.
Wenn dem König kein Matt droht, kann er „ruhiger at-

men", aus seinem Unterschlupf hervorkommen und am Kampf teilnehmen. Dies bedeutet, daß der König im Endspiel zu einer aktiv handelnden Figur wird. Er kann Figuren und Bauern des Gegners angreifen und oft als erster ins feindliche Lager eindringen.

Weil im Endspiel wenig Figuren auf dem Brett verbleiben, wächst der relative Wert jeder einzelnen von ihnen. Reicht es im Mittelspiel oft schon zum Gewinn, auf einem bestimmten Brettabschnitt ein entscheidendes Kräfteübergewicht zu schaffen, ist es im Endspiel in der Regel wichtig, nicht nur alle vorhandenen Kräfte einzeln zu mobilisieren, sondern auch ihr Zusammenwirken zu gewährleisten. Ein Endspiel richtig zu behandeln, bedeutet alle Kampfeinheiten maximal zu aktivieren und ihr exaktes Zusammenspiel zu sichern.

Da im Endspiel das strategische Ziel gewöhnlich darin besteht, einen Bauern in eine Dame zu verwandeln, nimmt die Bedeutung der Bauern erheblich zu. Während ein Mehrbauer im Mittelspiel meist noch keine entscheidende Rolle spielt, reicht er im Endspiel in vielen Fällen völlig aus, um die Partie zu gewinnen.

Unterliegen die beiderseitigen Pläne im Mittelspiel in der Regel dem Geschmack und der Phantasie der Kontrahenten, wird der Plan im Endspiel durch die Gegebenheiten der Stellung diktiert. Unabhängig von seinen Neigungen ist ein jeder gezwungen, etwa ein und denselben Weg zu wählen. Dieser Weg ist meist für das jeweilige Endspiel typisch, und nur er führt zum Ziel.

Da am Endspiel verhältnismäßig wenige Figuren und Bauern beteiligt sind, läßt es sich leichter als die anderen Partiestadien klassifizieren und erlernen. In den Jahrhunderten der Entwicklung des Schachspiels wurde eine Fülle von Endspielstellungen gründlich studiert und analysiert. Das Ergebnis und die beiderseits besten Pläne wurden exakt ermittelt. In derartigen Stellungen tritt das Wissen in den Vordergrund, und selbst die größte Kunstfertigkeit vermag am unvermeidlichen Ausgang nichts zu ändern. Das bedeutet, daß im Endspiel die Rolle der Theorie, die Rolle der Kenntnisse wächst. Viele Endspielstellungen sind im Grunde genommen logische Aufgaben mit nur einer einzigen Lösung. Endspiele muß man unbedingt beherrschen. Ein Vorteil, mag er noch so groß sein, läßt sich sehr oft erst im Endspiel verwerten. Mit einer schlechten Technik kann man indes nicht einmal eine Gewinnstellung für sich entscheiden. Eine gute Technik bei der Realisierung eines Übergewichts ist ein sicheres Merkmal für einen starken Schachspieler. Nicht zufällig wußten alle prominenten Spieler, alle Weltmeister Endspiele virtuos zu behandeln. Wenig erfahrene Schachspieler sind in der Regel bestrebt, Vereinfachungen aus dem Wege zu gehen, weil sie annehmen, das Endspiel sei langweilig und böte nicht so reiche Möglichkeiten wie das Mittelspiel. Diese Meinung ist völlig falsch. Das Endspiel läßt genügend Raum für Phantasie. Um jedoch Geschmack an ihm zu finden, muß man seine Eigenarten kennen und verstehen, seine Technik beherrschen.

Dann wird auch das Endspiel seine faszinierenden Geheimnisse offenbaren.

Schließlich ist, wie schon Weltmeister Capablanca sagte, das Studium des Endspiels nicht nur für sich genommen nützlich. Es entwickelt das Stellungsverständnis, die allgemeine Spielauffassung und erhöht die Klasse eines Schachspielers insgesamt.

Läuferendspiele

Erster Abschnitt

Läufer gegen Bauer

Erstes Kapitel

Läufer gegen einen Bauern

Der Läufer ist eine weitreichende Figur. Er hält einen Bauern allein auf, indem er ein vor ihm liegendes Feld angreift.
Die Partei, die den Bauern besitzt, gewinnt nur in zwei Ausnahmefällen:
1. wenn der gegnerische oder der eigene König den Läufer daran hindert, den Bauern aufzuhalten;
2. wenn der Bauer das letzte Feld von der Farbe des gegnerischen Läufers überschreitet, bevor dieser es angreifen kann.
Stellung 1 zeigt den Schluß einer bekannten Studie von Otten.

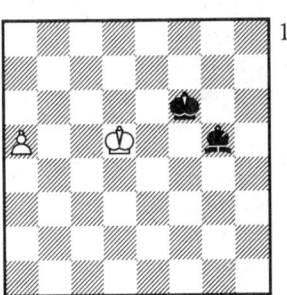

Es sieht so aus, als ob Schwarz den Bauern durch 1. ... ♗e3 leicht aufhält. Weiß, der am Zuge ist, kann dies jedoch verhindern. Nach 1.♔e4! ♗h4 2.♔f3! geht der Bauer zur Dame.

J. Allgaier, 1795

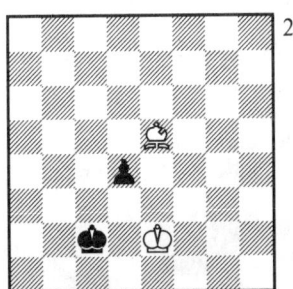

Schwarz gewinnt durch 1. ... d3+ 2.♔ beliebig d2.
Gewöhnlich wird das Remis auf elementare Art erreicht.

Nur in seltenen Fällen ist eine gewisse Genauigkeit erforderlich.

J. Kling und B. Horwitz, 1853

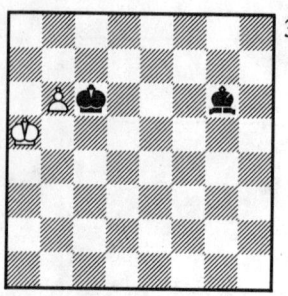

Remis

Nach 1.♔a6 führt nur 1. ... ♗e4! 2.b7 ♔c7 zum Remis. Mit anderen Fortsetzungen kann Schwarz den Bauern weder unschädlich machen noch aufhalten.

Zweites Kapitel

Läufer gegen zwei Bauern

Gewöhnlich sind diese Endspiele remis. Wir untersuchen drei mögliche Anordnungen der Bauern.

1. Doppelbauern

Mit Doppelbauern kann man zum Erfolg kommen, wenn der gegnerische König nicht in der Lage ist, seinen Läufer zu unterstützen, und dieser sich gegen einen der Bauern opfern muß. Es entsteht dann ein gewonnenes Bauernendspiel.

J. Awerbach, 1954

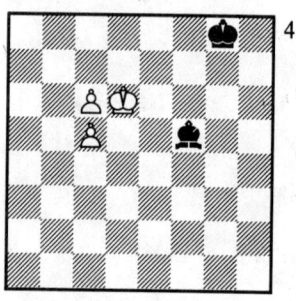

Weiß spielt 1.♔e7 nebst 2.c7 und 3.♔d8 und gewinnt leicht. Schwarz am Zuge hält remis, indem er die Verwirklichung dieses Planes durch 1. ... ♔f7 2.♔c7 (2.c7 ♗c8 3.♔c6 ♔e6 4.♔b6 ♔d5 usw.) 2. ... ♔e6 3.♔d8 ♔d5 verhindert.
Bei verdoppelten Randbauern kann es für die sich verteidigende Seite sogar ungefährlich sein, wenn ihr König sehr weit entfernt steht. Ein Beispiel bietet die folgende Studie.

G. Nadareischwili, 1951

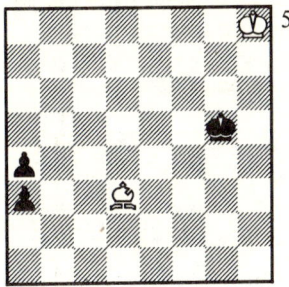

Remis

Weiß macht durch genaues Spiel remis: **1.♗c4!** (1.♗b1? ♔f4 2.♔g7 ♔e3 3.♔f6 ♔d2 4.♔e5 ♔c1 5.♗a2 ♔b2, und Schwarz gewinnt) **1. ... ♔f6!** Versperrt dem weißen König den Weg und nähert sich den Bauern.
2.♗g8! (nur so; um kein Tempo zu verlieren, muß der Läufer einem Angriff des schwarzen Königs entzogen werden) **2. ... ♔e5 3.♗g7 ♔d4 4.♔f6 ♔c3 5.♔e5 ♔b2 6.♔d4 a2 7.♗:a2 ♔:a2 8.♔c3** remis.

2. Verbundene Bauern

Je näher die Bauern den Umwandlungsfeldern stehen, desto gefährlicher sind sie natürlich. Sind beispielsweise zwei verbundene Bauern bis auf die 6. (3.) Reihe vorgedrungen, benötigt der Läufer unbedingt die Hilfe seines Königs.
Hier ein charakteristisches Beispiel.

Schwarz am Zuge

Der Läufer ist ungünstig postiert und nimmt vorläufig nicht am Kampf gegen die Bauern teil. Weiß droht bereits, den König nach e7 zu ziehen, wonach ihm eine Dame sicher wäre.
Was soll Schwarz tun? **1. ... ♔d8** hilft nicht wegen **2.c7+ ♔c8 3.♔e7**, und Weiß gewinnt, da der Läufer nach wie vor keine Entlastung bringen kann.
Versuchen wir deshalb, den Läufer zu aktivieren: **1. ... ♗c3** (möglich ist außerdem 1. ... ♗b2 oder 1. ... ♗d4). Als Antwort auf **2.♔e7** verfügt Schwarz dann über die einzige, aber ausreichende Fortsetzung **2. ... ♗b4!**, die den Bauern mit Hilfe einer Fesselung aufhält. Auch **2.d7+ ♔d8! 3.c7+ ♔:c7 4.♔e7** bringt Weiß wegen **4. ... ♗f6+!** nichts ein.
Sind die beiden verbundenen Bauern erst bis zur 5. (4.) Reihe vorgerückt, kann sie der Läufer selbständig aufhalten. Alles Weitere hängt dann von der Aufstellung der Könige ab.

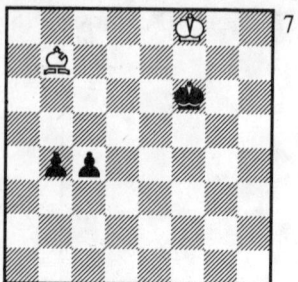

Remis

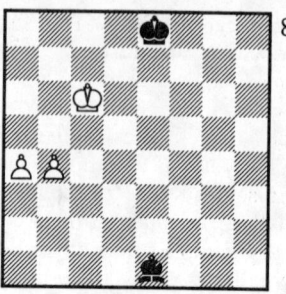

Weiß gewinnt

Schwarz droht, nach 1. ... c3 2.♗e4 b3 einen der Bauern zu verwandeln. Deshalb sind entschiedene Maßnahmen erforderlich. Zunächst muß den Bauern ihre Beweglichkeit genommen werden.
1.♗d5! c3 2.♗b3 ♔e5.
Schwarz führt den König nach d3, um mit c3–c2 den Läufer zu erobern.
3.♔e7!
Der weiße König strebt nach c5, um seinerseits den hinteren schwarzen Bauern zu attackieren.
3. ... ♔d4 4.♔d6 ♔d3 5.♔c5.
Weiß ist gerade rechtzeitig gekommen und hält remis.
Ständen in der Anfangsstellung die Könige auf g8 und g6, könnte sich Weiß nicht retten, da der schwarze König bis d3 nur drei, der eigene bis c5 hingegen vier Züge machen müßte.
Wenn der König der Läuferpartei zu weit entfernt steht, ist selbst bei Bauern auf der 4. (5.) Reihe ein Sieg möglich.

Weiß gewinnt durch **1.a5!** (nur zum Remis führt 1.b5? ♔d8 2.♔b7 ♔d7 3.b6 ♗a5! 4.♔a6 ♗:b6) **1. ... ♔d8 2.a6 ♗f2 3.♔b7.**
Schwarz verliert nur deshalb, weil es ihm nicht gelingt, das Zusammenspiel seiner Figuren herzustellen und die weißen Bauern aufzuhalten.

M. Henneberger, 1916
(aus einer Studie)

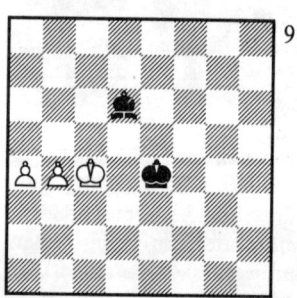

Schwarz am Zuge hält remis

Der schwarze König steht ungünstig. Es wäre natürlich wünschenswert, ihn so zu postieren, daß er die Bauern von

vorn angreift. Dieser Plan führt jedoch zum Verlust: 1. ... ♚e5 2.a5 ♚e6 3.a6 ♝b8 4.♔c5 ♝d7 5.♔b6 ♚e8 6.a7 usw. Schwarz gelingt es in diesem Fall nicht, das Zusammenwirken seiner Kräfte zu erreichen. Richtig ist, zunächst die Aufstellung des Läufers zu verbessern, damit er die Bauern wirksamer bekämpfen kann. Diesem Ziel dient der Zug 1. ... ♝f4! (möglich ist auch 1. ... ♝g3 oder sogar 1. ... ♝h2). Hier die Hauptfortsetzungen:
1) 2.♔c5 ♝e3+ 3.♔c6 ♔d4! 4.b5 ♔c4 5.a5 (5.b6 ♔b4 6.b7 ♝a7) 5. ... ♔b4 6.a6 ♔a5, und die Aufgabenverteilung ist verwirklicht: Der Läufer bekämpft den weiter vorgerückten Bauern, der König den hinteren.
2) 2.a5 ♝e3! 3.b5 ♔e5 4.b6 ♔d6 5.♔b5 ♔d7 6.♔a6 (6.a6 ♔c8 7.♔c6 ♝:b6) 6. ... ♔c6 (oder 6. ... ♔c8) 7.♔a7 ♝f2, und Weiß kommt nicht weiter. Wenn der König die Bauern von hinten angreifen muß, ist eine exakte Aufgabenverteilung zwischen ihm und dem Läufer außerordentlich wichtig. Wie wir bereits gesehen haben, nimmt der Läufer am besten den weiter vorgerückten Bauern aufs Korn, während sich der König dem anderen widmet. Gelingt es, die Pflichten auf diese Weise abzugrenzen, hat die Verteidigung alle Chancen auf Erfolg.
Dafür noch zwei Beispiele.

J. Kling und B. Horwitz, 1853

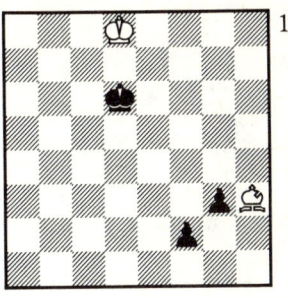

10

Remis

Die Bauern sind ihrer Beweglichkeit beraubt, weshalb ihnen der König zu Hilfe kommen muß. Schwarz droht, in drei Zügen nach f3 zu gelangen und g3–g2 zu spielen. Wie ist dies zu verhindern?
1.♝g2! Der einzige Zug. Jetzt muß der schwarze König nach e2 gehen, wozu er vier Züge benötigt. Prüfen wir: **1. ... ♚e6 2.♔e8 ♚e5 3.♔f7 ♚f4 4.♔f6 ♚e3 5.♔f5 ♚e2 6.♔g4.** Der weiße König ist rechtzeitig zur Stelle. Remis. Interessante Möglichkeiten, die sich beim Kampf eines Läufers gegen zwei verbundene Bauern ergeben, zeigt das folgende Beispiel.

N. Grigorjew, 1927

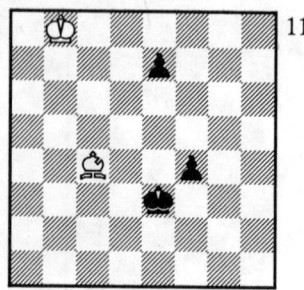

Remis

Der weiße König ist sehr weit von den Bauern entfernt, die obendrein beweglich sind. Wenn Weiß sofort mit dem König zu Hilfe eilt, verliert er.
1.♔c7 e5 2.♔d6 ♔d4! (2. ... e4? 3.♔e5 f3 4.♗f1 f2 5.♗g2) 3.♗e6 (falls 3.♗a6, so 3. ... e4 4.♔e6 f3 5.♔f5 e3) 3. ... e4 4.♗g4 f3 5.♔e6 f2 6.♗h3 e3 7.♗f1 ♔c3! 8.♔e5 ♔d2, und Schwarz gewinnt.

Das Remis sichert nur das folgende lehrreiche Manöver:
1.♗e6!! (der Bauer muß blockiert werden) 1. ... f3 2.♔c7 f2 3.♗h3 (3.♗c4? e5 4.♔d6 e4 5.♔e5 ♔f3 nebst e4–e3) 3. ... ♔f3! (wenn 3. ... e5 4.♔d6 ♔d4, so 5.♔e6 e4 6.♔f5 e3 7.♗f1 ♔c3 8.♔f4 ♔d2 9.♔f3). Dieser Zug sieht für Weiß sehr gefährlich aus. Schwarz droht, den e-Bauern zur Dame zu führen.
4.♔c6! (die einzige Möglichkeit) 4. ... e5 5.♔d5 e4 6.♔d4 e3 7.♔d3 e2. Damit scheint alles entschieden zu sein – Weiß ist zu spät gekommen. Überraschend geschieht indes 8.♗g4+! ♔:g4 9.♔:e2 ♔g3 10.♔f1 ♔f3 patt!

3. Isolierte Bauern

J. Awerbach, 1954

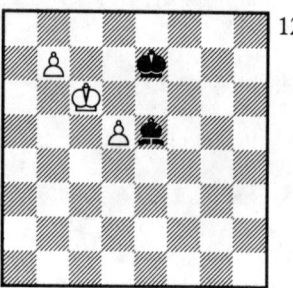

Remis

J. Awerbach, 1954

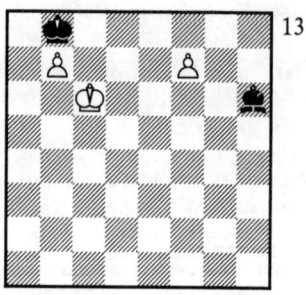

Remis

Die Diagramme 12 und 13 zeigen die hauptsächlichen Remisstellungen, die die sich verteidigende Seite anstreben muß, wenn der Gegner über isolierte Bauern verfügt.

In beiden Stellungen wirken die schwarzen Figuren zusammen.
In Beispiel 12 kämpfen beide Figuren gemeinsam gegen die Bauern. Der schwarze König könnte auch auf a6 stehen, da 1.d6 mit 1. ... ♗:d6 beantwortet würde.
In Beispiel 13 haben die Figuren streng getrennte Aufgaben. Jede bewacht ihren Bauern. Betrachten wir die folgende Stellung.

J. Awerbach, 1954

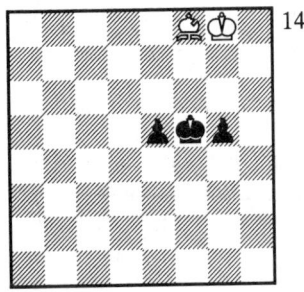

14

Remis

Der weiße König ist weit von den Bauern entfernt. Dennoch gelingt es, ein einheitliches Handeln der Figuren zu erreichen und die Partie remis zu halten.
1.♔g7 (möglich wäre auch 1.♔h7, schlecht hingegen 1.♗c5 g4 2.♔g7 g3 3.♔h6 ♔g4! 4.♔g6 e4 5.♔f6 ♔f3 6.♔g5 e3 7.♔h4 g2) **1. ... g4 2.♔h6! g3 3.♔h5! g2 4.♗c5 ♔f4 5.♔h4 ♔f3 6.♔h3 e4 7.♔h2** mit Remis.

In diesem Beispiel konnte Schwarz nicht verhindern, daß die weißen Figuren die notwendigen Positionen bezogen. Liegen zwischen den Bauern mehr als zwei Linien, ist es für den Läufer schwieriger, gleichzeitig beide Bauern zu kontrollieren. In solchen Fällen müssen die Funktionen verteilt werden. Die sich verteidigende Seite hat sich mit dem König zu jenem Bauern zu begeben, der nicht durch den gegnerischen König gedeckt wird, während der Läufer den anderen Bauern bewacht.

J. Awerbach, 1954

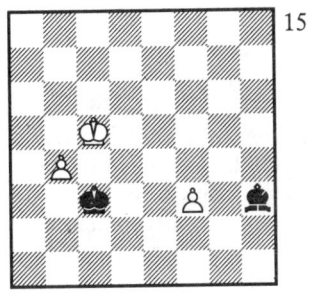

15

Remis

Hier kann Schwarz diesen Plan verwirklichen und remis halten.
1.b5 ♔d3! Schlecht ist 1. ... ♗c8 2.f4 ♔d3 3.♔d5 (der weiße König verhindert die erforderliche Umgruppierung) 3. ... ♔e3 (3. ... ♗b7+ 4.♔e5 ♔c4 5.f5 ♔c5 6.f6 ♗d5 7.b6) **4.♔e5**, und Weiß gewinnt.

2.b6 ♗c8, und der Bauer f3 geht verloren.
Eine andere Möglichkeit ist 1.f4 ♔d3! 2.♔d5 ♗g2+! 3.♔e5 ♔c4! (der schwarze König begibt sich zum ungedeckten Bauern) 4.f5 ♗f3 5.f6 ♗h5.

H. Rinck, 1935

16

Weiß gewinnt

Diese Stellung unterscheidet sich von der vorhergehenden nur durch eine andere Postierung des Läufers. Weiß gelingt es, das Zusammenwirken der schwarzen Figuren zu verhindern.
1.b5 ♔d3 2.♔d5! ♔e3 3.♔e5! (das entscheidende Tempo) 3. ... ♗c8 4.f4 ♔d3 5.f5 ♔c4 6.f6, und Weiß gewinnt.

A. Selesniew, 1917

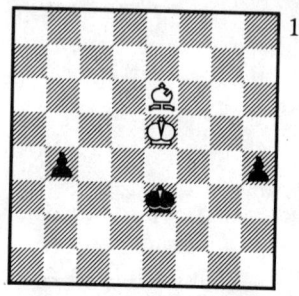

17

Remis

Weiß ist im Zugzwang. Jeder seiner Züge führt zu einer Verschlechterung der Position. Dennoch kann er durch eine genaue Abgrenzung der Aufgaben seiner Figuren remis halten.
1.♔d6! ♔d4! 2.♔c6! ♔c3 3.♔d5! (Weiß hat den schwarzen König abgelenkt und begibt sich nunmehr zum h-Bauern) 3. ... b3 4.♔e4 b2 5.♗a2, und die weißen Figuren halten die Bauern auf.
Zum Verlust führt hingegen 1.♔f6 ♔f4 2.♔g6 ♔g3 3.♔f5 h3 4.♔e4 h2, da der weiße König seinem Läufer im Wege stände.
Sehen wir uns jetzt einige Beispiele an, in denen das Zusammenwirken der Kräfte aus irgendeinem Grunde nicht herzustellen ist und die sich verteidigende Seite den kürzeren zieht.

H. Otten, 1892

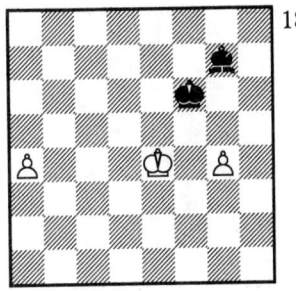

Weiß gewinnt

Wäre Schwarz am Zuge, könnte er die Partie remis gestalten, entweder durch 1. ... ♔e6, wobei sich der König zum a-Bauern begibt, während der Läufer den g-Bauern kontrolliert, oder durch 1. ... ♔g6 2.a5 ♗f8 3.♔d5 ♗h6 4.a6 ♗e3, wobei der a-Bauer diesmal durch den Läufer bewacht wird. Am Zuge ist jedoch Weiß. Er gewinnt, indem er die ungünstige Aufstellung des schwarzen Königs ausnutzt. **1.a5 ♗f8 2.♔d5 ♗h6 3.g5+!** ♗:g5 (3. ... ♔:g5 4.a6), und nun ist Beispiel 1 erreicht.

R. Réti, 1922
(Schluß einer Studie)

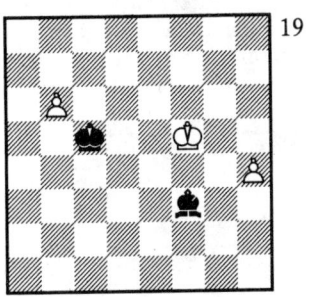

Weiß gewinnt

Der Läufer ist überlastet, da er gleichzeitig gegen beide Bauern zu kämpfen hat. Nach **1.♔f4! ♗d5 2.♔e5!** besetzt der König mit Tempogewinn das Feld e5. Auf 2. ... ♗f3 folgt **3.h5**, und einer der Bauern geht zur Dame.

W. Lewitt, 1933
(Schluß einer Studie)

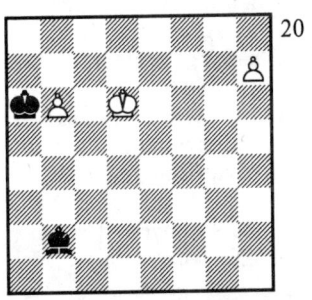

Weiß gewinnt

1.♔c7! (nach 1.♔c6? ♗e5! wäre Weiß im Zugzwang) **1. ... ♗e5+ 2.♔c6.** Jetzt hingegen befindet sich Schwarz im Zugzwang. Auf einen beliebigen Zug des Läufers entlang der Diagonale a1–h8 geschieht 3.b7 ♗a7 4.♔c7 ♗e5+ 5.♔c8 usw.

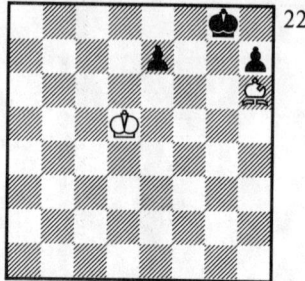

Weiß gewinnt

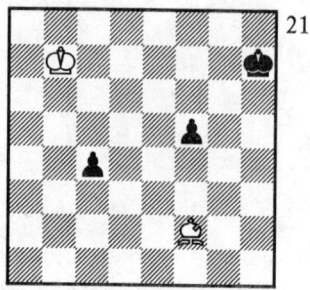

Weiß am Zuge hält remis
Schwarz am Zuge gewinnt

Der weiße König kann sich nicht am Kampf gegen die Bauern beteiligen. Ist Weiß indes am Zuge, spielt er 1.♗e3, hält beide Bauern auf und macht remis.
Schwarz am Zuge setzt mit 1. ... f4 fort, und nach 2.♗d4 f3 3.♔c6 c3 geht einer der Bauern zur Dame.
Nach dem Studium dieses Kapitels könnte man annehmen, daß sich die Seite, die den Läufer besitzt, in derartigen Endspielen immer verteidigen müsse. Dies ist aber nicht ganz richtig.

In diesem Finale einer bekannten Studie von Troitzky gewinnt Weiß: **1.♔e6! ♔h8 2.♔f7**, und gegen das Matt gibt es keine Verteidigung.
Doch dies ist eine Ausnahme.

Drittes Kapitel

Läufer gegen drei und mehr Bauern

1. Verbundene Bauern

Bei verbundenen Bauern muß die sich verteidigende Seite folgende *hauptsächlichen Remisstellungen* anstreben (Diagramme 23, 24 und 28).

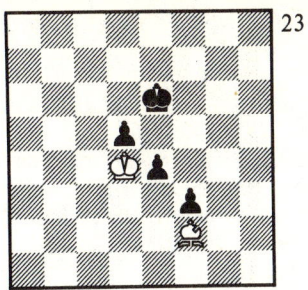

23

In Stellung 23 steht Weiß am aktivsten. Sein König greift die einzige Schwäche des Gegners, den Bauern d5, an. Dadurch ist der schwarze König an die Verteidigung dieses Bauern gebunden. Die Beurteilung der Stellung bleibt unabhängig vom Standort der Bauern gleich.

J. Awerbach, 1954

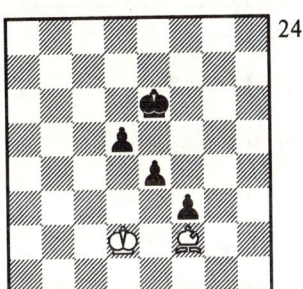

24

Remis

Aus dieser Stellung entsteht nach 1. ... ♔e5 2.♔c3 ♔f5 3.♔d4 Beispiel 23.
Versetzt man jedoch Stellung 24 um eine Reihe nach unten, hängt das Ergebnis vom Zugrecht ab.

J. Awerbach, 1954

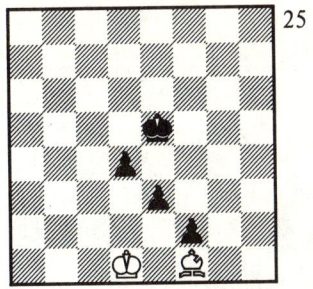

25

Weiß am Zuge hält remis
Schwarz am Zuge gewinnt

Weiß am Zuge hält remis:
1.♔e2 (oder **1.♔c2**) **1. ... ♔e4 2.♗g2+ ♔f4 3.♗f1 ♔g3 4.♔d3 ♔f3 5.♗e2+ ♔g2 6.♔:d4** usw.
Schwarz am Zuge gewinnt durch **1. ... ♔e4 2.♔c2** (2.♗g2+ ♔d3 3.♗f1+ ♔c3 4.♔e2 ♔c2 5.♗g2 d3+ 6.♔:e3 d2) **2. ... d3+! 3.♗:d3+** (3.♔d1 ♔d4) **3. ... ♔f3 4.♔d1 ♔g2**.
Bei Bauern auf der vorletzten Reihe sind nur Eckstellungen remis.

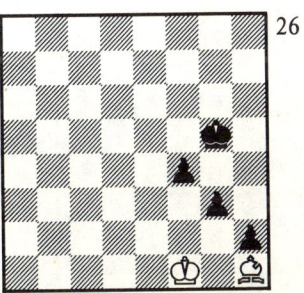

26

Remis

Nach 1. ... ♚g4 2.♚e2 f3+ 3.♗:f3+ ♚h3 4.♚f1 hat der schwarze König keine Einbruchsmöglichkeit. Remis.

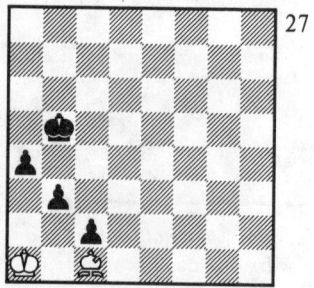

Remis

Auf 1. ... ♚b4 geschieht 2.♗d2+ ♚a3 3.♗c1+ bzw. 2. ... ♚c4 3.♚b2 ♚d3 4.♗h6 ♚e2 5.♗g5 ♚d1 6.♗f4 mit Remis.
Wie Strelzow (1962) zeigte, kann Weiß auch remis halten, indem er auf Patt spielt: 1. ... ♚b4 2.♗a3+ ♚c3 3.♗b2+ ♚d2 4.♗c1+ ♚d1 5.♗a3 c1♕+ 6.♗:c1 ♚:c1 patt.

J. Awerbach, 1954

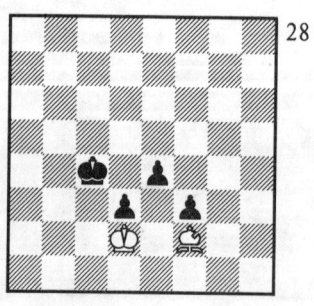

Remis

Schwarz kann versuchen, auf g2 einzubrechen.
1. ... ♚d5 2.♚e3 ♚e5 3.♗e1 ♚f5 4.♗d2 ♚g4 5.♗e1 ♚h3 6.♚f2! (falls 6.♗d2?, so 6. ... ♚g2 7.♗e1 f2 8.♗:f2 d2, und Schwarz gewinnt), und Schwarz bleibt nichts anderes übrig, als den Rückweg anzutreten.
Das Ergebnis ändert sich, wenn man die Stellung um eine Reihe nach unten verschiebt.

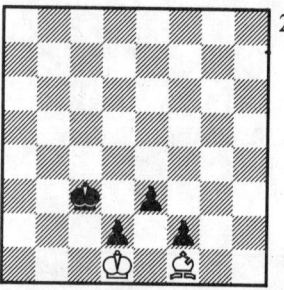

Schwarz gewinnt

Weiß gelingt es nicht, seine Kräfte umzugruppieren.
Schwarz gewinnt, indem er mit dem König nach g1 vordringt.
1. ... ♚d4 2.♚e2 ♚e4 3.♗h3 ♚f4 4.♗g2 ♚g3 5.♗f1 ♚h2 6.♚d1 ♚g1 usw.

A. Chéron, 1926

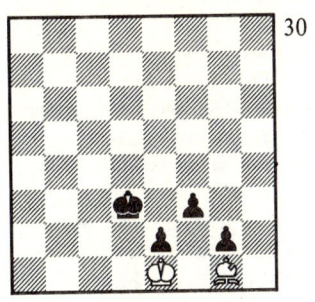

30

Anzug beliebig. Schwarz gewinnt

Es sieht so aus, als könne Schwarz nicht nach h1 durchbrechen. Nach **1. ... ♔e4 2.♗h2 ♔f5 3.♔f2 ♔g4 4.♗g1 ♔h3 5.♔e1 ♔g3** gerät Weiß jedoch in Zugzwang und muß den schwarzen König durchlassen.

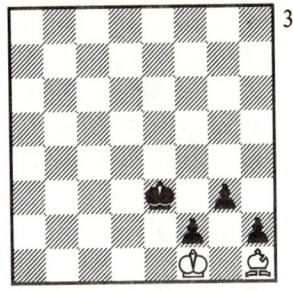

31

Remis

Nur in dieser Eckstellung ist eine Umgehung nicht möglich, so daß Schwarz nicht gewinnen kann. Interessant erscheint, daß sich das Ergebnis nicht ändert, wenn König und Läufer ihre Plätze tauschen. Nach

1. ... ♔d2 2.♔g2 ♔e1 3.♔h1 ♔:f1 wäre Weiß patt.
Die Kenntnis der Hauptremisstellungen gestattet, sich auch in anderen Beispielen leicht zurechtzufinden.
Betrachten wir eine Stellung mit verbundenen Bauern auf der 3. Reihe.

J. Awerbach, 1954

32

Remis

1.♗e2 f5 (1. ... ♔f5 2.♗d3+) **2.♗f3 ♔f6** (auf 2. ... h5 3.♗d1 ♔f6 ist sowohl 4.♗e2 ♔e5 5.♗f3 ♔d4 6.♔f4 h4 7.♗g2 ♔d3 8.♔g5 ♔e3 9.♔:g6 als auch das einfachere 4.♔h4 ♔e5 5.♔g5 f4 6.♔:g6 usw. spielbar) **3.♔f4 g5+ 4.♔g3 ♔e5 5.♗h5 ♔e4 6.♗f3+ ♔e3 7.♗h5 f4+ 8.♔g2**, und wir haben eine Hauptremisstellung vor uns. Weiß verfolgte bei der Verteidigung im wesentlichen eine abwartende Taktik.
Was aber, wenn man die letzte Stellung um eine Reihe nach unten verschiebt?

J. Awerbach, 1954

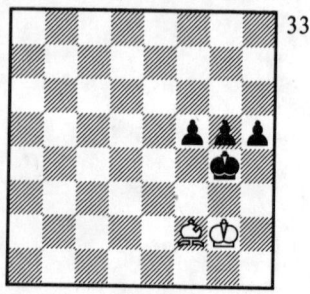

Remis

Nehmen wir an, Weiß würde sich genauso verhalten wie im vorigen Beispiel.
1.♗e1 f4 2.♗f2 h4 (falls 2. ... ♔f5, so nicht 3.♔f3 h4!, und Schwarz gewinnt, sondern 3.♗b6! ♔e4 4.♗d8 g4 5.♗h4 oder 5.♔f2 g3+ 6.♔g2 ♔e3 7.♗g5 mit Remis) 3.♗e1? ♔f5.
Fehlerhaft wäre 3. ... f3+ 4.♔g1!! (der einzige Zug; nach 4.♔f2 h3 5.♔g1 ♔f4 6.♗d2+ ♔f5 gelingt es Weiß nicht, eine Remisstellung herbeizuführen: 7.♗a5 ♔e4! 8.♗c7 ♔e3 9.♔f1 f2! 10.♗b6+ ♔f3 11.♗:f2 h2) 4. ... ♔f5 (4. ... ♔f4 5.♗d2+ ♔f5 6.♗a5) 5.♗a5 g4 6.♗d8 h3 (6. ... g3 7.♗:h4 ♔f4 8.♔f1! ♔g4 9.♗:g3) 7.♗c7 ♔e4 8.♔f2, und Weiß hat eine Hauptremisstellung erreicht.
4.♗f2 (der aktive Versuch 4.♔h3 schlägt nach 4. ... ♔e4 5.♔g4 ♔e3 6.♗a5 f3 usw. fehl) 4. ... ♔e4 5.♗e1 ♔e3 6.♗f2+ ♔e2 7.♗c5 f3+ 8.♔g1 h3, und Schwarz gewinnt.

Nach Aufstellung der Bauern auf Feldern von der Farbe des Läufers wird das Umgehungsmanöver somit zu einer realen Drohung. Kann Weiß die schwarzen Bauern angreifen und eine Umgehung verhindern? Versuchen wir, dies im 4. Zuge zu verwirklichen.
4.♗a5 g4 (auf 4. ... ♔e4 geschieht 5.♗d8) 5.♗d8 h3+ 6.♔h2 (6.♔f2 g3+ 7.♔f3 h2 8.♔g2 ♔g4 9.♗b6 f3+ 10.♔h1 ♔h3 oder 9.♗c7 f3+ 10.♔h1 f2) 6. ... ♔e4 7.♗b6 ♔f3 8.♗c7 ♔e3 9.♗b6+ ♔e2 10.♗c5 f3 11.♔g1 f2+ 12.♗:f2 h2+, und Schwarz gewinnt.
Weiß kann sich jedoch retten, wenn er mit der aktiven Verteidigung einen Zug früher beginnt.
Auf 2. ... h4 sichert die sofortige Überführung des Läufers zum Angriff auf die Bauern g5 und h4 das Remis: 3.♗b6! ♔f5 (3. ... f3+ 4.♔f2 ♔h3 5.♔:f3 g4+ 6.♔f2 ♔h2 7.♗c7+ g3+ 8.♔f3 ♔h3 9.♗b6 g2 10.♗g1) 4.♗d8!, und Schwarz kann nichts unternehmen.
Die Bauern mit dem Läufer von hinten anzugreifen bildet eine wichtige Verteidigungsressource. Selbst in Stellungen mit Bauern auf der 5. (4.) Reihe kann sie zum Remis führen.

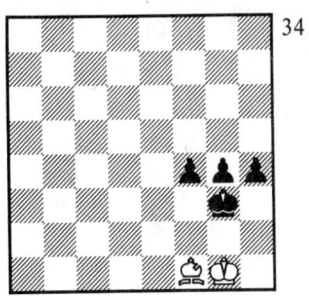

Remis

Die weiße Stellung erscheint schwierig, z. B. 1.♗b5 f3 2.♗d7 ♔f4 3.♗e6 g3 4.♗d7 ♔e3 5.♗e6 ♔e2 6.♗g4 g2! 7.♗h5 h3 8.♗g4 h2+ 9.♔:h2 ♔f2, und Schwarz gewinnt. 1962 zeigte jedoch Strelzow, daß der 6. Zug von Weiß ein Fehler ist, der den Verlust verursacht. Mit **6.♗h3!** läßt sich eine Stellung vom Typ des Beispiels 27 herbeiführen und remis halten, z. B. 6. ... ♔e1 7.♗f1! f2+ 8.♔h1! Möglich ist hier auch ein etwas anderes Verteidigungssystem, bei dem es dem schwarzen König überhaupt nicht gelingt, nach e1 vorzudringen: 4.♔f1! ♔e3 5.♗h3! Dieser Zug ist unerläßlich, da Schwarz mit 5. ... g2+ 6.♔g1 ♔e2 7.♗g4 h3! zu gewinnen drohte. Jetzt hingegen vermag Schwarz seine Position nicht zu verstärken, da sich nach 5. ... f2 eine Hauptremisstellung ergibt. Konnte Schwarz stärker spielen? Prüfen wir: 1. ... h3 2.♗d7 f3 3.♗e6! ♔f4 (3. ... h2+ 4.♔h1 f2 5.♗c4) 4.♗d7 ♔e3 5.♗:g4 f2+ 6.♔f1 h2 7.♗f3!, ebenfalls mit Remis.

J. Awerbach, 1970

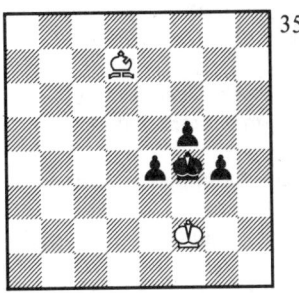

Kann Schwarz am Zuge gewinnen?

Berger und nach ihm Chéron meinten, daß diese Stellung für Schwarz gewonnen sei. Dies trifft jedoch nicht zu. Weiß kann das Gleichgewicht aufrechterhalten.
1. ... ♔g5 (1. ... ♔e5 bringt nach 2.♗c8 nichts ein) **2.♗c6 ♔h4!** Die Bauern stehen bereit, sich in Bewegung zu setzen, und Weiß ist nicht in der Lage, dies zu verhindern. Aber der Kampf ist noch nicht zu Ende, gibt es doch für Weiß rettende Orientierungspunkte in Form von Hauptremisstellungen.
3.♔g2 (der gegnerische König darf nicht weiter vorgelassen werden) **3. ... e3.** Am stärksten. Weniger Schwierigkeiten bereitet 3. ... g3 4.♗d5 ♔g4 (4. ... e3 5.♗f3 f4 6.♗e2 ♔g5

25

7.♘f3, und Weiß hat eine Remisfestung aufgebaut) 5.♗c6 ♔f4 6.♗b7 ♔e3 7.♔:g3 f4+ 8.♔g2 f3+ 9.♔f1 mit Remis. Zum Remis führt übrigens auch 4.♗d7 f4 5.♗c6 f3+ 6.♔g1 f2+ (6. ... g2 7.♔h2!) 7.♔f1 e3 8.♗g2 ♔g4 9.♔e2.
4.♗b5! (es drohte 4. ... f4; der Läufer wird deshalb in eine Position gebracht, aus der er das weitere Vordringen des f-Bauern verhindern kann) **4. ... ♔g5.**
Erfolglos bleibt jetzt 4. ... f4 5.♗e2! ♔g5 6.♗d1 ♔f5 7.♗e2 g3 8.♗f3 ♔e5 9.♗f1 ♔d4 10.♔e2, und die Remisfestung ist errichtet.
5.♗d3 ♔f4 6.♗e2.
Am einfachsten. Aber auch nach 6.♗b5 ♔e4 7.♗d7! kann Schwarz die gegnerische Verteidigung nicht überwinden.
6. ... ♔e5 7.♔g3 ♔e4 8.♗f1 f4+ 9.♔:g4 f3 10.♔g3 e2

11.♗:e2 fe 12.♔f2 ♔d3 13.♔e1 ♔e3 patt.
Wäre in dieser Stellung Weiß am Zuge, würde er nach 1.♗h2 ♔f1 2.♔f4 ♔g2 oder 1.♗d4 f4+ 2.♔h2 f3 3.♔g1 f2+ 4.♗:f2 h2+ schnell verlieren. Am Zuge ist jedoch Schwarz. Um zu gewinnen, muß er den Gegner an den Zug bringen.*
1. ... ♔d2! 2.♗h2 (2.♔f2 ♔d3! 3.♗h2 ♔e4 4.♔g3 ♔e3 5.♗g1+ ♔e2; keine Rettung verheißt auch 4.♗g3 f4 5.♗h2 ♔f5 6.♗g1 g3+ 7.♔f3 h2) **2. ... ♔e1! 3.♗g1 ♔e2.**
Fehlerhaft wäre 1. ... ♔e1?, da Schwarz nach 2.♗e3! ♔f1 (falls 2. ... ♔e2, so 3.♗f4!, und Weiß hat eine Remisstellung aufgebaut) 3.♗f4 ♔g1 4.♗e3+ ♔h1 5.♗f4 h2 6.♗e3 nicht gewinnen kann.

H. Weenink, 1918

Schwarz am Zuge gewinnt

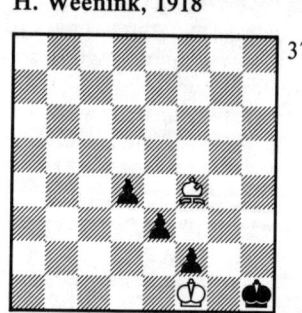

Remis

* Stellung 36, jedoch unter Hinzufügung je eines weißen und schwarzen Bauern auf a3 und a4, kam in einer Partie Sosin–Botwinnik (1929) vor. Die Gewinnidee wurde von Botwinnik gezeigt.

Diese Stellung bildet eine Ausnahme. Weiß macht nur remis, weil der schwarze König ungünstig steht.
1.♔g3 d3 2.♗:f2 d2 3.♗e1!! d1♖ (3. ... d1♕ patt) 4.♔e2 ♖a1 5.♗c3 ♖a3 6.♗d4 usw.
Wenn die Könige entfernt stehen, kann ein Läufer das Vorgehen von Bauern, die die 4. Reihe überschritten haben, nicht allein unterbinden.

J. Awerbach, 1954

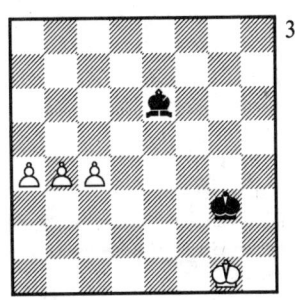

Remis

Nach 1.c5 wäre es sinnlos, 1. ... ♗d7 zu spielen, da Weiß nicht 2.a5? ♗b5, sondern 2.b5 ♔f4 3.c6 ♗e8 4.a5 ♔e5 5.a6 ♔d6 6.a7 usw. antwortet.
Rettungschancen bietet nur eine schnelle Annäherung des Königs.
1. ... ♔f4! 2.a5 (2.b5 ♔e5 3.b6 ♗d5 4.a5 ♗b7 5.c6 ♗:c6 6.a6 ♔d6 7.b7 ♔c7) 2. ... ♗c4! (es ist notwendig, den entfernten Bauern zu stoppen; falls 2. ... ♔e5, so 3.a6 ♗c8 4.b5 ♔e6 5.c6 usw. bzw. 4. ... ♗d5 5.a7 ♗b7 6.c6 ♗a8 7.c7) 3.c6 ♔e5 4.c7 ♗a6 5.b5 ♔d6!! remis.
Selbst wenn es dem Läufer gelingt, die Bauern zu blockieren, hängt das Ergebnis von der Aufstellung der Könige ab.

S. Tarrasch, 1921

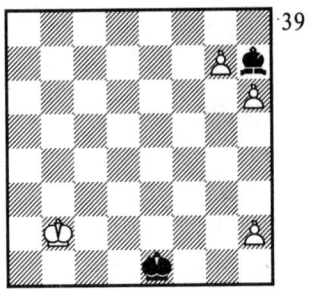

Weiß gewinnt

Die Bauern sind blockiert. Nun greifen die Könige in den Kampf ein.
1.♔c3 ♔f2 2.♔d4 ♔f3! 3.♔e5 ♔g4 4.♔f6 ♔h5 (Schwarz scheint gerettet; es folgt indes eine bittere Enttäuschung) 5.g8♕! ♗:g8 6.♔g7 ♔g5 7.h3! ♔h5 8.h4, und Schwarz wird ein Opfer des Zugzwanges.

2. Isolierte Bauern

Bei isolierten Bauern ist es bereits schwierig, Hauptremisstellungen zu definieren. Charakteristisch ist das folgende Beispiel.

J. Awerbach, 1954

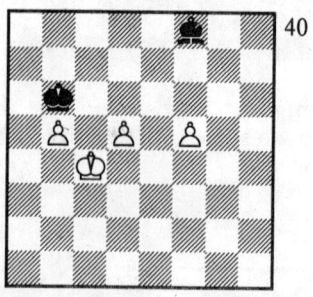

Remis

Weiß kann nicht gewinnen, wobei keine Rolle spielt, wer sich am Zuge befindet, z. B.
1. ... ♗e7 2.♔d4 ♗f6+ 3.♔e4 ♔:b5 4.d6 ♔c6 oder
1.f6 ♗d6 2.f7 ♗f8 3.♔d4 ♔:b5 4.♔e5 ♔c5 5.♔e6 ♗d6.
Die Beurteilung der Stellung ändert sich nicht, wenn man den Bauern f5 nach h5 versetzt.

J. Awerbach, 1954

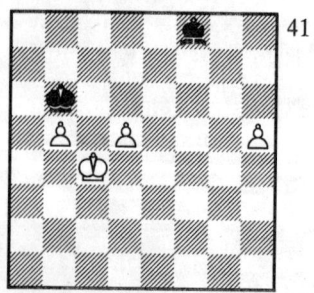

Remis

Bei Weiß am Zuge: **1.♔d4 ♗g7+**. Am einfachsten. Möglich ist auch 1. ... ♔:b5 2.♔e5 ♔b6! (2. ... ♔c5? 3.♔e6 ♔b6 4.d6 ♔c6 5.d7 ♔c7 6.♔f7 ♗h6 7.♔e8 ♗g5 8.h6 usw.) 3.♔e6 (3.♔f6 ♔c7 4.♔e6 ♔d8 mit Remis) 3. ... ♔c5 4.♔f7 ♗d6.
2.♔e4 ♔:b5 3.♔f5 ♔c5 4.♔e6 ♗f8.
Bei Schwarz am Zuge: **1. ... ♔a5! 2.♔d4.**
Falls 2.d6 ♗:d6 3.♔d5, so 3. ... ♗f4 4.♔c6 ♗e3, und falls 2.h6 ♗:h6 3.♔c5, so 3. ... ♗e3+ 4.♔c6 ♗b6.
2. ... ♔:b5 und weiter wie in der Anmerkung zur vorigen Variante.
Erwähnt sei, daß 1. ... ♔c7 zum Verlust führt. Weiß gewinnt auf äußerst lehrreiche Art: **2.♔d4 ♔b6.**
Wenn 2. ... ♔d6, so 3.b6 ♗h6 4.♔e4! (4.♔c4 ♗f4! 5.b5 ♔:d5 6.b7 ♔e6! 7.h6 ♔f7 mit Remis) 4. ... ♗g7 5.♔f5 ♔:d5 6.b7 ♗e5 7.h6.
3.♔e5 ♔:b5 4.♔f6! ♔b6! 5.♔f7 ♗h6 (5. ... ♔b4 6.h6 ♔c7 7.h7 ♔c3 8.♔e7! ♗e5 9.d6+!! ♗:d6+ 10.♔e6) **6.d6 ♔c6 7.♔e7** (7.♔e6 ♗g5!, und Weiß ist im Zugzwang) **7. ... ♗g5+ 8.♔e6 ♔b7 9.♔d7! ♗f4 10.♔e7 ♗g5+ 11.♔e8 ♔c8 12.d7+ ♔c7 13.h6**, und Weiß gewinnt.

42

**Awerbach–Martorelli
Reggio Emilia 1977/78**

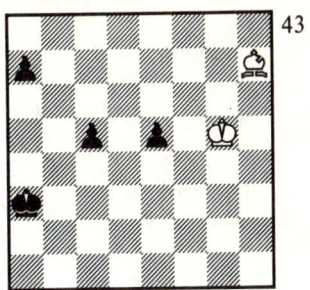

Remis

Remis

Die Stellung unterscheidet sich von der vorhergehenden dadurch, daß der schwarze König sehr beweglich ist. Weiß kann die gegnerischen Drohungen jedoch durch genaues Spiel parieren.
1.♔b5! (schlecht ist 1.♔:b7 ♔c4 2.♔c6 ♔d3 3.♗g1 e3)
1. ... ♔e5 2.♔c5 (2.♔b6 ♔f5 3.♔:b7 ♔g4 4.♔c6 ♔f3 5.♗g1 e3) 2. ... ♔f5 3.♔d5 b5 4.♔d4! (4.♔c5 ♔g4 5.♔:b5 ♔f3 6.♗g1 e3) 4. ... b4 5.♔c4 ♔g4 6.♔:b4! ♔f3 7.♗g1 e3 8.♔c3 e2 9.♔d2 usw.

Auch in der folgenden Stellung gelingt es, das Zusammenspiel der Figuren im Kampf gegen die Bauern zu verwirklichen.

1.♔f5 c4 2.♔:e5 c3 3.♔d4 ♔b3! (3. ... ♔b2 4.♔c4! a5 5.♔b5) 4.♗b1!
Der einzige Remiszug. Schlecht ist 4.♔d3? a5! 5.♔e2 ♔b2 6.♔d1 a4.
4. ... a5 (falls 4. ... ♔b2, so 5.♔d3!) 5.♔d3 a4 6.♗c2+ ♔b4 7.♗:a4 remis.

In der nächsten eleganten Studie begegnen wir uns schon bekannten Verfahren.

W. Lewitt, 1933

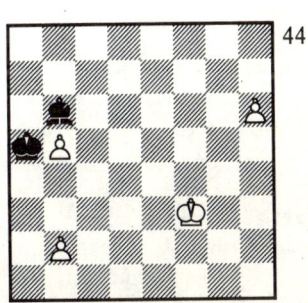

Weiß gewinnt

1.♘e4 ♗d8 2.b6!! ♗a6 (2. ...
♔:b6 nimmt dem Läufer das
Feld b6, so daß nach 3.♘f5
der h-Bauer zur Dame geht)
3.♘e5! ♗g5 4.h7 ♗c1 5.♘d6!
♗:b2, und wir haben die für
Weiß gewonnene Stellung 20
erreicht.
In Ausnahmefällen kann die
Partei, die den Läufer besitzt,
sogar gewinnen. Voraussetzung
dafür ist, daß der gegnerische
König durch die eigenen Bauern
in seiner Bewegungsfreiheit
eingeschränkt ist und in ein
Mattnetz gerät.

G. Sachodjakin, 1932

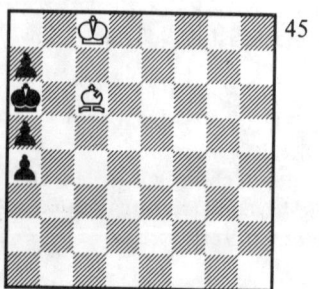

Weiß gewinnt

In diesem Beispiel, das den
Schluß einer Studie darstellt,
setzt Weiß in vier Zügen matt.
1.♔c7! a3 2.♗a4! a2 3.♔c6
a1♕ 4.♗b5 matt.
Vier Bauern setzen sich in der
Regel gegen einen Läufer
durch. Sind die Bauern blockiert,
gibt es aber auch hier
charakteristische Remisstellungen.

J. Awerbach, 1954

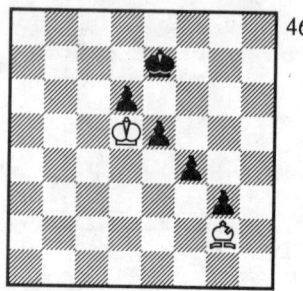

Remis

Die weißen Figuren sind ideal
postiert, und Schwarz kann
nicht gewinnen.
1. ... ♔f6 2.♔:d6 ♔f5 3.♔d5
e4 (3. ... ♔g4 4.♔e4)
4.♗:e4+ ♔g4 5.♔d4 f3 (5. ...
♔h3 6.♔e5) 6.♔e3 remis.
Eine Verschiebung des Beispiels
46 nach rechts oder links
hat auf das Ergebnis keinen
Einfluß.
Die Stellung bleibt auch remis,
wenn man sie um eine Reihe
nach unten verschiebt.

J. Awerbach, 1954

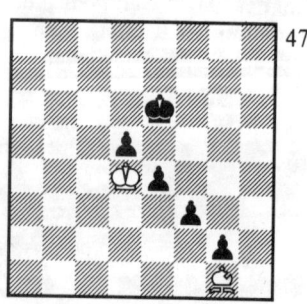

Remis

Nach 1. ... ♔f5 2.♔:d5 ♔f4 3.♔d4 e3 scheitert 4.♗:e3+ zwar an 4. ... ♔g3 5.♔d3 f2, durch den rettenden Zwischenzug 4.♗h2+ ♔g4 5.♗:e3 hält Weiß jedoch remis.

L. Kubbel, 1935

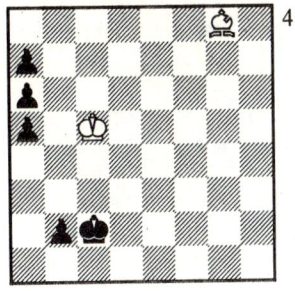

Remis

Weiß am Zuge hält trotz des schwarzen Übergewichts remis.
1.♔c4 b1♕ 2.♗h7+ ♔b2 3.♗:b1 a4! 4.♗a2! a3 5.♔d3!
Es gibt Stellungen, in denen selbst eine noch größere Bauernzahl nicht zum Gewinn ausreicht.

S. Loyd, 1868

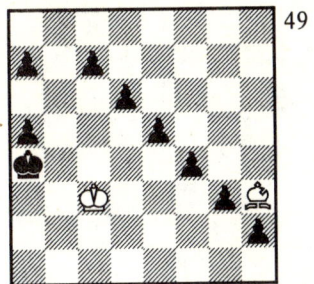

Remis

Nach 1.♗d7+ ♔a3 2.♗c6! ♔a2 3.♔c2! sind die schwarzen Bauern festgelegt. Der König kann ihnen nicht zu Hilfe kommen, und Weiß hält remis. Ein wahrer Triumph der Blockade!

Viertes Kapitel

König, Läufer und Bauer gegen König

König, Läufer und Bauer sind gegen einen alleinstehenden König nur in zwei Ausnahmefällen nicht erfolgreich:
1. Der gegnerische König besetzt ein Feld vor dem Bauern, von dem er nicht zu vertreiben ist.
2. Es gelingt dem feindlichen König, den Bauern zu erobern.

D. Ponziani, 1782

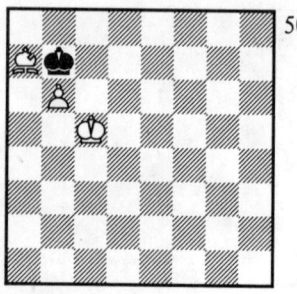

Remis

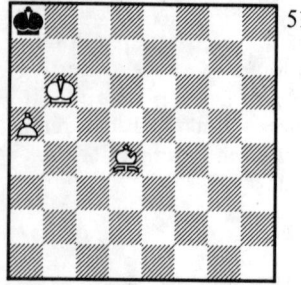

Remis

Die Beispiele 50 und 51 veranschaulichen den ersten Fall. Der Versuch, den gegnerischen König zu verdrängen, führt nur zum Patt.

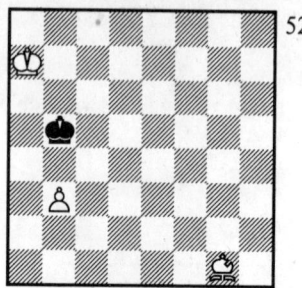

Remis

Stellung 52 ist charakteristisch für den zweiten Fall. Weder Läufer noch König können den Bauern decken.
Bisweilen ist ein exaktes Spiel erforderlich, um die eben genannten Ausnahmen zu vermeiden.

A. Troitzky, 1896

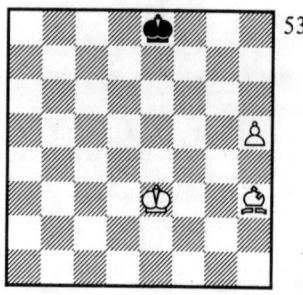

Weiß gewinnt

Hier läßt Weiß den schwarzen König nicht in die Ecke.
1.♗e6! ♚e7 2.h6! ♚f6
3.♗f5!! ♚f7 4.♗h7! ♚f6
5.♔f4 ♚f7 6.♔g5 ♚f8 7.♔f6, und Weiß gewinnt.
Dem Läufer ist es gelungen,

dem gegnerischen König den Weg zu verlegen. Dieses Verfahren ist in Läuferendspielen von großer Bedeutung.

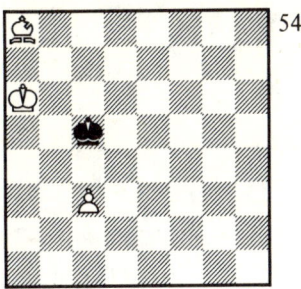

Weiß gewinnt

Schwarz droht, durch ♔c5–c4 den Bauern zu erobern. Dagegen gibt es nur ein Mittel: **1.♗d5! ♔:d5 2.♔b5**, und Weiß gewinnt.

Fünftes Kapitel

Läufer und Bauer gegen einen Bauern

König, Läufer und Bauer kommen in der Regel gegen König und Bauer zum Erfolg.
Der Gewinnplan besteht in folgendem:
1. Ist der Bauer ein Freibauer, unterstützt eine der Figuren seinen Vormarsch, während die andere den Bauern des Gegners bewacht.
2. Ist der Bauer kein Freibauer, muß zunächst der gegnerische Bauer erobert werden.

Dadurch entsteht ein Endspiel mit Läufer und Bauer gegen König.
Zu Ausnahmen, in denen sich dennoch ein Remis ergibt, kommt es in folgenden Fällen:
1. Der gegnerische Bauer ist nicht zu erobern, so daß sich kein Freibauer bilden läßt.
2. Nach Eroberung des gegnerischen Bauern entsteht ein unentschiedenes Endspiel mit Läufer und Bauer gegen König.
3. Die Bauern werden getauscht.
4. Eine ungünstige Figurenstellung verhindert die Durchführung des Gewinnplanes.
Sehen wir uns dies an Beispielen näher an.

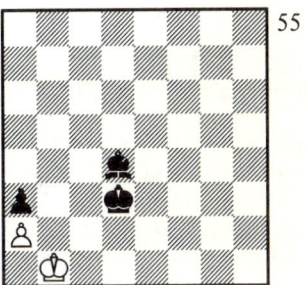

Remis

Obwohl der Läufer in Stellung 55 das Eckfeld beherrscht, kann Schwarz nicht gewinnen: **1. ... ♔c3 2.♔c1 ♗e3+ 3.♔b1 ♔d2 4.♔a1 ♔c2** patt. Stände sein Bauer auf a4, würde Schwarz mit dem König auf a3 eindringen und nach Eroberung des Bauern a2 leicht zum Erfolg kommen.

56

Remis

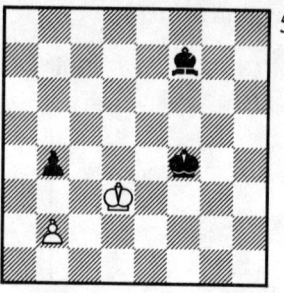

58

Remis

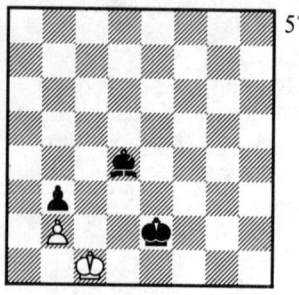

57

Remis

In den Stellungen 56 und 57 ist Schwarz nicht in der Lage, den Bauern b2 und damit die Partie zu gewinnen.
Solche uneinnehmbaren Stellungen nennt man *„Festungen"*. Festungen zu errichten bildet in Endspielen ein wichtiges taktisches Rettungsverfahren. Derartige Stellungen zu kennen ist von großer Bedeutung. Es lassen sich dadurch viele Fehler vermeiden.

Wie soll sich Weiß in dieser Stellung retten? Wenn wir uns an Beispiel 56 orientieren, ist die Lösung leicht zu finden: **1.♔d4!**
Da 2.b3! droht und 2. ... ♗:b3 mit 3.♔c5 beantwortet würde, ist Schwarz zu **1. ... b3** gezwungen. Jetzt, nachdem der Gegner Weiß beim Bau einer Festung geholfen hat, muß der König ohne Verzögerung in sie einziehen: **2.♔d3!** mit offensichtlichem Remis. Fehlerhaft wäre 2.♔c3??, da der weiße König nach 2. ... ♔e3 von seinem Bauern abgedrängt würde.
Auf elegante Art gewinnt Weiß in der folgenden Studie.

H. Weenink, 1922

Weiß gewinnt

Der weiße Läufer ist angegriffen. Falls 1.♗h7, so 1. ... ♔c3 2.♔b5 ♔d4 3.♔c6 ♔e5 4.g6 (auf 4.♔d7 geschieht 4. ... g6! 5.♔e7 ♔f5 mit Remis) 4. ... ♔e6! 5.♗g8+ ♔e7, und Schwarz hat eine Festung errichtet.
Erfolglos bleibt Weiß auch nach 1.♔b4 ♔:c2 2.♔c4 ♔d2 3.♔d4 ♔e2 4.♔e4 ♔f2 5.♔f4 ♔g2 6.♔g4 g6!
Die Lösung lautet: **1.♗b1!!**
♔:b1 (1. ... ♔c3 2.♔b5 ♔d4 3.♔c6 ♔e5 4.♔d7! g6 5.♔e7!, und das Feld f5 ist unzugänglich) **2.♔b3 ♔c1 3.♔c3 ♔d1 4.♔d3 ♔e1 5.♔e3 ♔f1 6.♔f3 ♔g1 7.♔g3 ♔f1** (7. ... g6 8.♔f4 ♔g2 9.♔e5 ♔g3 10.♔f6) **8.g6 ♔e2 9.♔f4**, und Weiß gewinnt.

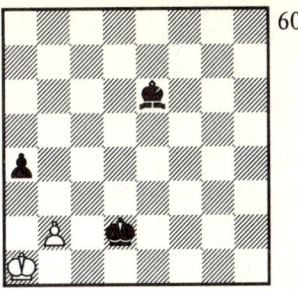

Remis

Nach **1. ... ♔c2** hält Weiß durch **2.b4** (oder 2.b3) remis, da **2. ... ab** zum Patt führt.
Entspricht das Umwandlungsfeld eines Turmbauern nicht der Farbe des Läufers, bleibt das Endspiel remis, wenn der König der schwächeren Seite dieses Feld besetzt. Ein Gewinn wird möglich, wenn der König der schwächeren Seite vom Umwandlungsfeld des Bauern abgeschnitten ist.

**Paulsen–Metger
Nürnberg 1888**

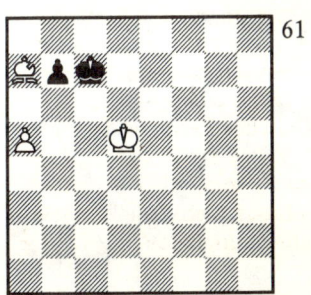

Weiß gewinnt

Die Aufgabe von Weiß besteht

darin, den König nach b6 zu führen und den Bauern zu erobern, ohne den schwarzen König nach a8 zu lassen. Dies erreicht er wie folgt:
1.♔d4!!
Weiß muß genau spielen. Falls 1.♔c5?, so 1. ... b6+! 2.ab ♔b7. In der Partie geschah 1.♔c4? b5+! mit Remis.
1. ... ♔c6.
Wenn 1. ... b6 (1. ... b5 2.a6 ♔c6 3.♔c3 ♔d6 4.♔b4 ♔c6 5.♔a5), so 2.a6 ♔c6 3.♔c4 ♔d6 4.♔b4 ♔c6 5.♗b8 b5 6.♗a7! ♔c7 7.♔:b5, und Weiß gewinnt.
2.♗b6! (fehlerhaft wäre 2.♔c3 b6 3.a6 ♔b5) **2. ... ♔d6** (2. ... ♔b5 3.♔d5 ♔a6 4.♔d6 ♔b5 5.♔c7 ♔a6 6.♔b8) **3.♔c4 ♔c6 4.♔b4 ♔d6 5.♔b5 ♔d7 6.♔c5 ♔c8 7.♗a7 ♔c7 8.♔b5 ♔d7 9.♗b8 ♔c8 10.♗f4 ♔d7 11.♔b6 ♔c8 12.♗g3** usw.
Komplizierter ist der Gewinnweg im nächsten Beispiel.

V. Kosek, 1930

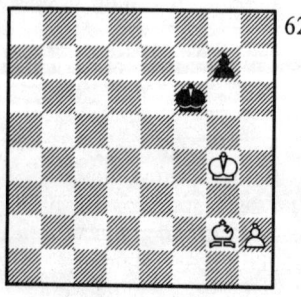

Weiß gewinnt

Schwarz droht, durch 1. ... g6 nebst 2. ... ♔g7 remis zu halten.
1.♔h5! g5.
Falls 1. ... ♔f7, so 2.♗d5+ ♔f6 3.♗g8 g5 (3. ... ♔f5 4.♗h7+ ♔f6 5.♗g6 ♔e7 6.♔g5 ♔f8 7.♗h7 führt zur vorhergehenden Stellung) 4.♔h6 ♔f5 5.h3! ♔f6 (5. ... g4 6.♗e6+! ♔:e6 7.hg) 6.♗d5 ♔f5 7.♔g7! ♔e5 (7. ... g4 8.♗e6+!) 8.♔g6 ♔f4 9.♗e6.
2.♔h6 g4!
Nach 2. ... ♔f5 3.h3 ♔f6 (3. ... ♔f4 4.♔g6!) 4.♗d5 ♔f5 5.♔g7 hat Weiß keine Schwierigkeiten mehr. Der Zug 2. ... g4 verlängert den Widerstand. Weiß muß nun den Bauern g4 erobern, ohne den schwarzen König nach h8 zu lassen.
3.♗e4 ♔f7.
Auf den aktiven Zug 3. ... ♔e5 entscheidet am schnellsten 4.♔g5! ♔e6 (4. ... ♔:e4 5.♔:g4 ♔e5 6.♔g5 ♔e6 7.♔g6 ♔e7 8.♔g7 ♔e6 9.h4 ♔f5 10.h5) 5.♔g6 ♔e5 (5. ... ♔e7 6.♗f5 ♔f8 7.♔h7) 6.♗b7 ♔f4 (6. ... ♔e6 7.♗c8+) 7.♔f6 g3 8.h3!
4.♗h7!
Weiß darf den schwarzen König nicht nach g8 lassen. Falls 4.♔h7 ♔f6 5.♗d5 ♔g5 6.♔g7 ♔h4 7.♗g2 ♔g5 8.♔h7 ♔h4 9.♔g6, so 9. ... g3!! 10.h3 patt!
4. ... ♔f6.
Auf 4. ... ♔e6 folgt 5.♗g8+ ♔f6 6.♗d5 ♔e5 7.♗b7 ♔f5

8.♗c6 ♔f4 9.♔g6 g3 10.h4.
Wenn aber 4. ... ♔f8, so
5.♔g6 ♔e7 6.♗g8 ♔d6 7.♔f6
nebst 8.♗e6.
5.♗g6 ♔e6.
Falls 5. ... ♔e5, so 6.♔g5
♔e6 7.♗h5 ♔e7 8.♔h6 ♔f8
9.♔h7, und auf 5. ... ♔e7 geschieht 6.♗f5 ♔f7 7.♔h7.
6.♗e8 ♔e7 (6. ... ♔f7 7.♗c6
♔f6 8.♗d7 und weiter wie bereits gesehen) **7.♗c6 ♔f8
8.♗d5 ♔e7 9.♔g7 ♔d6
10.♗b7 ♔e5 11.♔g6 ♔e6
12.♗c8+** usw.
Elegant ist die folgende Studie, die das gleiche Thema behandelt.

O. Duras, 1908

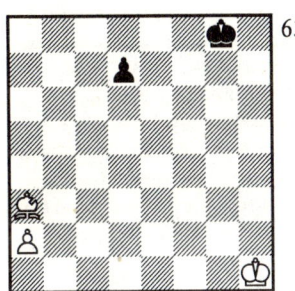

Weiß gewinnt

1.♗b4! ♔f7 2.a4 ♔e6 (2. ...
♔e8 3.a5 ♔d8 4.♗d6! ♔c8
5.a6, und Schwarz kann aufgeben) **3.a5 ♔d5 4.a6 ♔c6
5.♗a5!!**
Weiß hat den schwarzen König zuverlässig vom Feld a8 abgeschnitten. Alles Weitere ist einfach. Wenn sich der weiße König nähert, gehen dem d-Bauern die Züge aus, und der schwarze König muß das Feld c6 räumen.
Eine klassische Studie zum Thema „Abschneiden des Weges"!
Kurios ist, daß Schwarz ohne den d-Bauern remis machen würde: 1.♗b4 ♔f7 2.a4 ♔e6 3.a5 ♔d7! 4.a6 ♔c7 usw. Der Bauer behindert den eigenen König, indem er ihm das Feld d7 nimmt.
Das folgende Beispiel ist eine Variation einer Studie von Kling und Horwitz (1851).

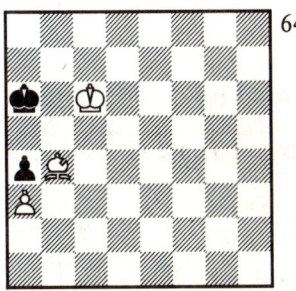

Weiß gewinnt

Um zu gewinnen, muß Weiß den Bauern a4 erobern, ohne den schwarzen König nach a8 zu lassen.
**1.♗c5 ♔a5 2.♔b7 ♔b5
3.♗b6!**
Die Herbeiführung dieser Form der Opposition ist in derartigen Endspielen ein wichtiges taktisches Verfahren.
Schwarz wird um eine Reihe nach unten gedrängt.

3. ... ♔c4 4.♔c6 ♔b3 (4. ... ♔d3 5.♔b5 ♔e4 6.♔:a4 ♔d5 7.♔b5 ♔d6 8.♔a6 ♔c6 9.a4 ♔d7 10.♔b7 usw.) 5.♗c5 ♔c4 6.♗d6.
Laut Kling und Horwitz ist auch 6.♗e3 ♔b3 7.♗c1 ♔c4 8.♗b2 ♔b3 9.♔b5! möglich.
6. ... ♔d4 7.♔b5 ♔d5 8.♗h2 ♔e6 9.♔:a4 ♔d7 10.♔b5 ♔c8 11.♔c6 usw.
Der schwarze König stand kurz vor dem Feld a8, konnte es aber dennoch nicht erreichen.
Der Analyse von Endspielen mit Turmbauern widmete sich der sowjetische Meister Rauser. Nachstehend werden in komprimierter Form die Ergebnisse seiner Forschungen wiedergegeben.
Betrachten wir eine klassische Stellung von Kling und Horwitz.

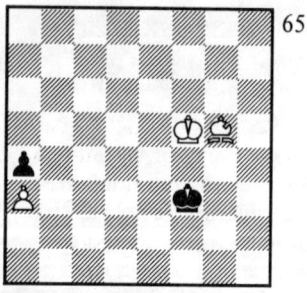

65

Weiß gewinnt

Sowohl Kling und Horwitz (1851) als auch Berger (1921) meinten, daß Weiß nur gewinnen könnte, wenn er am Zuge sei. Erst 1928 wies Rauser nach, daß das Ergebnis nicht vom Zugrecht abhängt.
Weiß am Zuge gewinnt wie folgt:
1.♗f4! ♔g2!
Im Fall von 1. ... ♔f2 2.♔e4 ♔g2 3.♔d4 ♔f3 4.♗h2 ♔g4 5.♔c4 ♔f5 6.♔b4 ♔e6 7.♔:a4 ♔d7 8.♔b5 ♔c8 9.♔c6 kann der weiße König seinen Widerpart rechtzeitig daran hindern, nach a8 durchzubrechen.
2.♔g4!
Zeitverlust wäre 2.♔e4? ♔h3 3.♔d4 ♔g4. Der weiße König kehrt danach am besten zu seinem Läufer zurück, da 4.♗h2? – wie wir noch sehen werden – wegen 4. ... ♔f5 5.♔c4 ♔e6 6.♔b5 ♔d7 den Gewinn bereits vergibt. Weiß bemüht sich zunächst, den gegnerischen König so weit wie möglich abzudrängen.
2. ... ♔f2 3.♗c1!
Ziel dieses Läufermanövers ist, ein Tempo zu gewinnen und die Aufstellung ♔g4, ♗f4 – ♔g2 bei weißem Zugrecht zu erreichen. Danach folgt ♗f4–g3, und der schwarze König muß auf die letzte Reihe zurückweichen.
3. ... ♔e2 4.♔f4.
Schwarz hat jetzt verschiedene Möglichkeiten:
1) 4. ... ♔f2 5.♗e3+ ♔g2 6.♔g4 ♔h2 (6. ... ♔h1 7.♗f4 ♔g2 8.♗g3 ♔ beliebig 9.♔f3 und weiter wie im Haupttext) 7.♗f4+ ♔g2 8.♗g3 ♔g1 9.♔f3 ♔h1 10.♗b8! ♔g1.

Schwarz vermag am rechten Flügel wegen Raummangels nicht zu einer Umgehung anzusetzen. Darauf stützt sich der weiße Plan.
11.♔e3 ♔g2 12.♔d3 ♔f3 13.♔c4 ♔e4 14.♔b5 ♔d5 15.♗h2 ♔d4 16.♔:a4, und Weiß gewinnt.
2) 4. ... ♔d3 5.♗e3! ♔c4 6.♔e5 ♔b3 7.♗c5 ♔c4 8.♔d6 ♔b5 9.♔d5 ♔a5 10.♔c6 ♔a6 11.♗g1 ♔a5 12.♔b7 ♔b5 13.♗b6 und weiter wie in Beispiel 64.
3) 4. ... ♔d1 5.♗e3 ♔c2 6.♔e5!
Falls 6.♔e4?, so 6. ... ♔b3 7.♗c5 ♔c4 8.♗e3 ♔b3 9.♗c1 ♔c4 mit Remis.
6. ... ♔b3 7.♗c5 ♔c4 8.♔d6 ♔b3 9.♔c6 ♔c4 10.♗d6 und weiter wie in Beispiel 64.
Ist in Stellung 65 Schwarz am Zuge, hat es Weiß etwas schwerer. Er muß ein Tempo gewinnen und die Ausgangsposition mit eigenem Zugrecht erreichen. Das Gewinnmanöver wurde von Rauser gezeigt.
1. ... ♔g3 2.♗f6! ♔f3.
2. ... ♔h3 3.♔f4 ♔h2 4.♔f3 ♔h3 3.♗g5 ♔h2 6.♔g4 ♔g2 7.♗f4 führt zu einer bereits behandelten Fortsetzung.
3.♗e5 ♔e3 4.♗b2!
Der einzige Gewinnzug. Berger untersuchte nur 4.♗b8? ♔d4 5.♔e6 ♔c5 6.♔d7 ♔b6 7.♔c8 ♔c6 8.♗c7 ♔d5 9.♔d7 ♔c5 10.♗d8 ♔d5 11.♗e7 ♔e5, und der schwarze König befindet sich – wie wir später sehen werden – in der Remiszone.
4. ... ♔d3.
Nach 4. ... ♔f3 5.♗c1 ♔g3 6.♗g5 ♔f2 7.♔f4 ♔e2 8.♔e4 ♔f2 9.♗f4 ♔g2 10.♔d4! ♔f3 11.♗h2 gewinnt Weiß wie eingangs dieses Beispiels erwähnt.
5.♔e5 ♔e3 (5. ... ♔c4 6.♗d4 ♔b3 7.♗c5 wurde bereits behandelt) 6.♗c1+ ♔f3 7.♔f5 ♔g3 8.♗g5 ♔f3, und Weiß hat sein Ziel erreicht.

W. Rauser, 1928

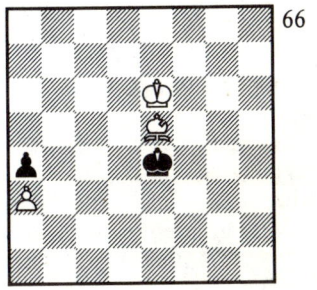

Weiß gewinnt

Die Lösung bereitet hier schon keinerlei Schwierigkeiten mehr.
Bei Weiß am Zuge: 1.♗h2 ♔d4 2.♔d6 ♔c4 3.♔c6 ♔b3 (3. ... ♔d4 4.♔b5 ♔d5 5.♗g3 nebst 6.♔:a4) 4.♗d6 ♔c4 5.♗c5 usw.
Bei Schwarz am Zuge: 1. ... ♔f3! (der Versuch einer Umgehung von rechts) 2.♔f5 ♔e3 3.♗b2! und weiter wie in Beispiel 65.
Versetzen wir in Stellung 64

39

den König von a6 nach c8, und untersuchen wir, wie sich dies auf das Ergebnis auswirkt.

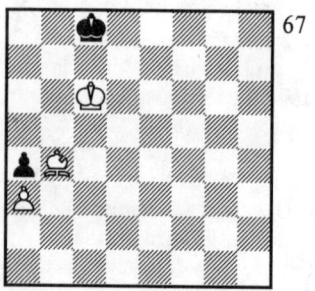

Remis

Der erste Zug von Weiß liegt auf der Hand: Der König darf nicht in die Ecke gelassen werden.
1.♗d6 ♚d8 2.♔b7 ♚d7 3.♗c7 ♚e6.
Schwarz läßt sich nicht sofort verdrängen, wie dies nach
3. ... ♚e7 4.♔c6 ♚e6 5.♗d6 der Fall wäre.
4.♔c6 ♚e7 5.♗b6 ♚e6 6.♗c5 ♚e5 7.♗f8.
Schwarz hat mehrere Fortsetzungen. Betrachten wir eine von ihnen ausführlich.
7. ... ♚d4 8.♗g7+ ♚e4!
Zum Verlust führt 8. ... ♚c4? 9.♗e5 ♚d3 10.♔d5 ♚e3 11.♗h2! ♚d3 12.♗c5 ♚e4 13.♔b5 ♚d5 14.♗g3 nebst 15.♔:a4.
9.♔d6 ♚f5 10.♗e5 ♚g6! (10. ... ♚e4? ergäbe nach 11.♚e6! Beispiel 66) 11.♚e6 ♚g5 12.♗d6 ♚g6.
Auf 12. ... ♚g4? kann Weiß durch 13.♔f6 ♚h5 14.♗f4! ♚g4 15.♗c1 ♚h5 16.♗g5 ♚g4 17.♔g6 ♚f3 18.♔f5 Stellung 65 erreichen.
13.♗e7 ♚g7 14.♗b4 ♚g6 15.♗c3 ♚g5 16.♗e5! ♚g6 (16. ... ♚g4 17.♔f6 ♚f3 18.♔f5 ♚e3 19.♗b2! usw.)
17.♗f6 ♚h6.
Weiß ist es gelungen, den schwarzen König an den Brettrand zurückzuwerfen. Was aber soll nun weiter geschehen?
18.♔f7 ♚h7 19.♗e5 ♚h6 20.♗g7+ ♚h7 21.♔f8 (sonst ist der König nicht aus der Ecke zu treiben) 21. ... ♚g6 22.♔g8 ♚f5 23.♔f7 ♚g5 24.♗f8 ♚f5 25.♗e7.
Der König hat die eine Ecke verlassen. Jetzt steuert er das Feld a8 an.
25. ... ♚e5 26.♔e8 (um den Durchbruch nach a8 zu verhindern) 26. ... ♚e6! 27.♗f8 (27.♔d8 ♚f7 führt zur Wiederholung des Vorangegangenen) 27. ... ♔f6 28.♗b4 ♚g7 29.♗c3+ ♚g6 30.♔e7 ♚f5 31.♔d6 ♚g6.
Weiß ist nicht in der Lage, den gegnerischen König so abzudrängen, daß er nicht in eine der Ecken a8 oder h8 zu flüchten droht. Da der weiße Läufer im Augenblick nicht auf der Diagonale h2–b8 steht, hätte 32.♔c6 ♚f7 33.♔b5 ♚e8 34.♔:a4 ♚d7 35.♔b5 ♚c7 lediglich Remis zur Folge.
32.♗e5 ♚f7, und so kann man höchstens bis zum

50. Zuge weiterspielen, will man nicht vorher remis geben. Anstelle von 7. ... ♔d4 war übrigens auch 7. ... ♔e6 möglich, z. B. 8.♗d6 ♔f7 9.♔d7 ♔f6 10.♗h2 ♔f7 (10. ... ♔f5 11.♔e7 ♔g5 12.♔e6 führt zu einer ähnlichen Abdrängung des schwarzen Königs, während 11. ... ♔c4? nach 12.♔e6 ♔d4 13.♔d6 ♔c4 14.♔c6 ♔d4 15.♔b5 ♔d5 16.♗g3 verliert) 11.♗e5 ♔g6 12.♔e6 und weiter wie in der vorhergehenden Variante.

Wir kommen somit zu der Schlußfolgerung, daß eine Remiszone existiert, in der der schwarze König alle Gewinnversuche zunichte machen kann.

Rauser formulierte eine Regel, die die Stellungsbeurteilung erleichtert:

„Weiß gewinnt immer, wenn der schwarze König von jenem Teil des Brettes abgeschnitten ist, der durch die Felder a8, h8, h6, f4, e5, d4 und a7 begrenzt wird."

Remiszone

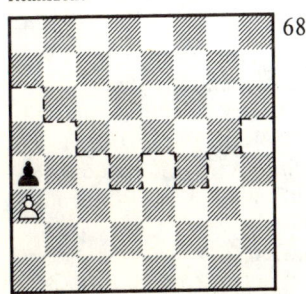

68

Es leuchtet ein, daß ihm in diesem Fall die Ecken h8 und a8 verwehrt bleiben müssen. Befindet sich der schwarze König in der Remiszone, ist dies indes noch keine Garantie für das Remis, da er, wenn sich der weiße König in der Nähe des a-Bauern aufhält, zu spät in die Ecke a8 kommen könnte. Deshalb ist zusätzlich zu beachten, daß, wenn der weiße Läufer auf der Diagonale h2–b8 steht, der schwarze König nach d7 gelangen muß, sobald der weiße nach b5 zieht.

R. Teichmann, 1899
W. Rauser, 1928

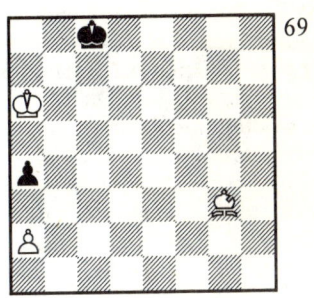

69

Weiß gewinnt

Diese Stellung hat eine interessante Geschichte. Im Jahre 1900 wurde sie von Teichmann veröffentlicht, der sie für Weiß gewonnen hielt. Die Lösung war jedoch zu kurz und nicht überzeugend. Deshalb wurde die Stellung 1912 auf Grund einer falschen Beurteilung für

remis erklärt, und erst Rauser wies 1928 eindeutig nach, daß Weiß zum Erfolg kommt.
Der weiße Plan besteht in folgendem: Wenn der schwarze König die Remiszone nicht verläßt, ist er patt zu setzen, um den Zug a4–a3 zu erzwingen und anschließend diesen Bauern zu erobern. Wenn der König die Remiszone verläßt und von ihr abgeschnitten wird, zieht Weiß selbst a2–a3 und führt damit das bereits analysierte Endspiel herbei.
1.♔b6 ♔d7 2.♔b7 ♔d8.
Oder 2. ... ♔e7 3.♔c6 ♔d8 4.♗d6 ♔e8 5.♔c7 ♔f7 6.♔d7 usw.
3.♔c6! ♔e7! (sofort verliert 3. ... ♔c8? 4.♔c7 a3 5.♗d6 ♔d8 6.♗:a3) **4.♗c7 ♔e6 5.♗d6 ♔f5.**
Falls 5. ... ♔f6, so 6.♔d7 ♔f5 7.♔e7 ♔e4 8.♔e6 ♔d4 9.♗a3 (ein mehrfach wiederkehrendes Manöver des Läufers – bevor er zwei Schritte nach vorn tut, geht er einen zurück) 9. ... ♔c4 10.♔d6 ♔d4 (10. ... ♔c3 oder 10. ... ♔b5 11.♗c5) 11.♗b2+ ♔e4 (11. ... ♔d3 12.♔d5 ♔c2 13.♗d4 a3 14.♔c4 ♔b1 15.♔b3) 12.♔e6 ♔f4 13.♗f6 und weiter wie nach dem 16. Zug der Hauptvariante.
6.♔d7 ♔f6 7.♗a3.
Möglich ist auch 7.♗h2 ♔f5! 8.♔e7 ♔g5! 9.♔e6 ♔g6 10.♗d6 ♔g7 11.♗e7 ♔g6! 12.♗f6! usw.
7. ... ♔e5 8.♗e7 ♔f5 (wenn 8. ... ♔d5, so 9.♗d6 ♔e4! 10.♔e6 ♔d4 11.♗a3 usw.)
9.♔d6 ♔g6.
Oder 9. ... ♔e4 10.♔e6 ♔f4 11.♗f6 bzw. 10. ... ♔d4 11.♗a3 usw.
10.♔e6 ♔g7 11.♗d8 ♔g6!
Falls 11. ... ♔f8, so 12.♗f6 ♔g8! 13.♔e7. Ganz schlecht wäre 11. ... ♔g8, da der schwarze König nach 12.♔f6 ♔f8 13.♗e7+ patt gesetzt würde.
12.♗f6 ♔h6!
Schwarz beabsichtigt, 13.♔f5 mit 13. ... ♔h7 zu beantworten und sich auf 13.♔f7 durch 13. ... ♔h5 aus der Affäre zu ziehen.
13.♔f7.
Weiß steht vor schwierigen Problemen. Er muß den König aus der Ecke h8 verdrängen, ohne ihn in die Ecke a8 zu lassen. Dazu ist erforderlich, mit dem König das Feld f6 zu besetzen und eine Pattdrohung zu schaffen. Dies ist nicht einfach zu verwirklichen.
Weiß muß die Aufstellung ♔f5, ♗f6 – ♔h6 erreichen und dabei selbst am Zuge sein. Dann kann er den Läufer von f6 abziehen und dieses Feld für seinen König frei machen.
13. ... ♔h5 14.♗e7 ♔g4.
Falls 14. ... ♔h6, so 15.♔f6 ♔h5! 16.♗f8 ♔g4 17.♗h6 usw.
15.♔e6 ♔f4.
Auf 15. ... ♔h5 folgt 16.♔f5 ♔h6 17.♗f8+ ♔h5! 18.♗g7 ♔h4 19.♗h6 usw.

16.♗f6 ♔e4.
Wenn 16. ... ♔g4, so 17.♔e5 ♔h5 18.♔f5 ♔h6 19.♗b2 ♔h7 20.♔f6 ♔h6 21.♗c1+ ♔h5 (21. ... ♔h7 führt zum Patt) 22.♔f5 ♔h4 23.♗f4 ♔h3 24.♗g5 ♔g3 25.a3 usw.
17.♗e5 ♔f3.
Schwarz versucht eine Umgehung von rechts. Auf 17. ... ♔e3 oder 17. ... ♔d3 spielt Weiß 18.♔d5 und erobert den Bauern a4.
18.♗h2!
Schlechter ist 18.♔f5 ♔e3, denn nach 19.a3? ♔d3 20.♔e6 ♔c4 bricht Schwarz in die Remiszone ein.
Da der gegnerische König aus der Zone verdrängt ist, gewinnt auch 18.a3. Schwarz führt dann aber zwangsläufig Stellung 65 herbei, in der er selbst am Zuge wäre. Dies würde das Spiel in die Länge ziehen.
18. ... ♔g4! 19.♔f6 ♔h5(h3).
Oder 19. ... ♔f3 20.♔f5 ♔e3 (20. ... ♔g2 21.♗f4 ♔h3 22.♔g5 usw.) 21.♔e5 ♔d3 22.♔d5 a3 (22. ... ♔c3 23.a3) 23.♗e5 ♔c2 24.♔c4.
Falls 19. ... ♔h4, so 20.♔f5 ♔h5 21.♗f4 ♔h4 22.♗c1 ♔g3 23.♗h6 ♔h4 (23. ... ♔f3 24.♗g5 ♔g3 25.a3) 24.♗f4 ♔h3 25.♗g5 ♔g3 (25. ... ♔g2 26.♔f4) 26.a3.
20.♗f4 ♔g4 21.♗g5 ♔g3 22.♔f5 ♔f3 23.♗f4 ♔g2 24.a3 ♔f3 25.♗h6 ♔g3 26.♗g5 ♔f3, und Weiß hat sein Ziel schließlich erreicht.
In Stellung 65, die jetzt entstanden ist, fällt der Bauer spätestens im 19. Zuge. Somit wird in Stellung 69 der Bauer erst im 45. (!) Zuge erobert.
Die Analyse der Teichmannschen Stellung erlaubt eine Schlußfolgerung, die die Beurteilung derartiger Endspiele erleichtert:
„Steht der weiße Bauer auf a2, kann Schwarz nur remis halten, wenn es ihm gelingt, den Zug a2–a3 zu erzwingen und rechtzeitig in die Remiszone zurückzukehren" (Rauser).
Dies veranschaulicht die folgende Studie.

W. Rauser, 1928

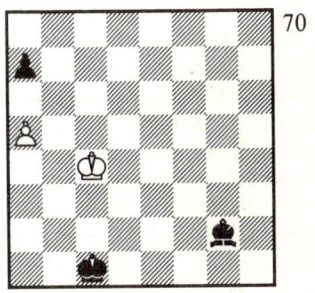

Remis

1.♔b5!
Schlecht ist 1.♔c5? ♔c2 2.♔d6 ♔c3 3.♔c7 ♔b4 4.a6 ♔b5, und Schwarz gewinnt.
Schwarz hat zwei Hauptfortsetzungen:
1) **1. ... ♗f1+ 2.♔c6 ♔d2 3.♔c7!**
Zum Verlust führt 3.♔b7? a6 4.♔c6 ♔c3 5.♔d5 ♗d3 6.♔e5 ♔b4! 7.♔d4 ♗h7 usw.

3. ... a6! (es drohte 4.a6)
4.♔d6 ♗g2.
Schwarz versucht, den weißen König nicht in die Remiszone zu lassen, die hier durch die Felder a1, a2, d5, e4, f5, h3 und h1 begrenzt wird. Falls
4. ... ♔c3, so 5.♔e5 ♗d3
6.♔f4 ♔b4 7.♔e3 ♗h7
8.♔d2 mit Remis.
5.♔e5 ♔e3 6.♔f5 ♗f3
7.♔g5! (aber nicht 7.♔e5?
♗e4, und Schwarz gewinnt)
7. ... ♔e4 8.♔h4 ♔f4 9.♔h3
♗c6 10.♔h2!
Hier konnte Weiß noch fehlgreifen: 10.♔h4? ♗g2, und Schwarz gewinnt. Jetzt aber ist Weiß gerettet, da sich sein König in der Remiszone befindet.
2) 1. ... ♗b7 2.♔c5 ♗e4.
Oder 2. ... ♔d2 3.♔d6 a6!
4.♔e5 ♔e3 5.♔f5 ♗f3 6.♔g5 usw.
3.♔d6! (aber nicht 3.♔b5
♗d3+, und Schwarz gewinnt)
3. ... ♗d3 4.♔c7 a6! 5.♔d6
♔d2 6.♔e5 ♔c3 7.♔f4 remis.
Eine der Möglichkeiten, um zum Remis zu kommen, ist – wie eingangs erwähnt – der Abtausch der Bauern.
Mitunter wird dieser Tausch auf studienartigem Wege erreicht.

R. Réti, 1928

Remis

Wie ist der schwarze Bauer einzuholen? Die Aufgabe erscheint unerfüllbar.
1.♔e7!!
Ein auf den ersten Blick unverständlicher Zug, der in Wirklichkeit aber völlig logisch ist. Die Geometrie des Schachbretts besagt, daß der Weg eines Königs entlang einer Geraden gleich dem Weg entlang einer Zickzacklinie ist. Die Gerade ist im Schach nicht immer die kürzeste Entfernung zwischen zwei Punkten.
1. ... g5 2.♔d6 g4.
Falls 2. ... ♗h5 3.♔e5 ♔b7, so nicht 4.♔f5? g4 5.♔f4
♔c7, sondern 4.e7! ♔c7
5.♔f5 g4 6.e8♕ mit Remis.
3.e7! ♗b5 4.♔c5!
Durch die Ablenkung des Läufers nach b5 hat Weiß das notwendige Tempo gewonnen, um den g-Bauern einzuholen.
**4. ... ♗d7 5.♔d4 ♔b7 6.♔e4
♔c6 7.♔f4 ♔d6 8.e8♕ remis.**

S. Jigis, 1927
(Schluß einer Studie)

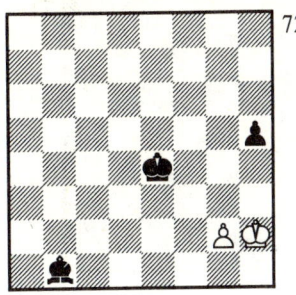

Remis

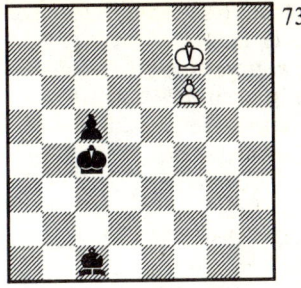

Remis

In dieser Stellung erreicht Weiß den Bauerntausch, indem er eine Pattmöglichkeit nutzt.
1.♔h3 (1.♔g3? ♗c2 2.♔h4 ♗d1) **1. ... ♔f4!** (1. ... ♔f5 2.♔h4 ♔g6 3.g4) **2.♔h4 ♗g6.**
Es hat den Anschein, daß Schwarz den Bauerntausch vermeiden konnte. Der Zug **3.g4!** zerstreut indes alle Zweifel, da **3. ... hg** ein Patt zur Folge hätte.
Eine ungünstige Figurenstellung kann die Gewinnführung wesentlich erschweren. Gelingt es in diesem Fall nicht, die eigenen Kräfte besser zu postieren, kann ein Gewinn gänzlich unmöglich werden.

Auf den ersten Blick ist an einem Erfolg von Schwarz nicht zu zweifeln. Weiß spielt jedoch **1.♔g6!** (1.♔e6? ♗h6, und Schwarz gewinnt) **1. ... ♗f4 2.♔f5! ♗d6 3.♔e6! ♗f8 4.♔f7 ♗h6 5.♔g6**, und der Läufer kann sich den Angriffen des Königs nicht entziehen. Remis.
Der schwarze Bauer c5 stand seinem eigenen Läufer im Wege. Dieses Motiv, bei dem eine Figur unablässig einer anderen nachstellt, nennt man *fortwährende Verfolgung*.

A. Batujew, 1940

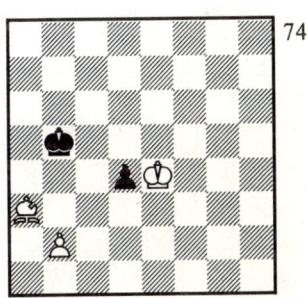

Remis

Auch hier kann Weiß nicht gewinnen, da 1. ... ♔c4! eine Umgruppierung unmöglich macht, z. B. 2.♗f8 ♔b3 3.♗a3 ♔c4 oder 2.♔f3 ♔b3! 3.♔e2 ♔c2 usw.

J. Awerbach, 1954

Weiß gewinnt

Sechstes Kapitel

Läufer und Bauer gegen zwei Bauern

Läufer und Bauer sind in materieller Hinsicht weit stärker als zwei Bauern. Die Partei, die über den Läufer verfügt, wird deshalb bei sonst gleichen Bedingungen in der Regel zum Erfolg kommen.
Der Gewinnplan ist folgender:
1. Ist der Bauer ein Freibauer, muß er in eine Dame verwandelt werden, wobei gleichzeitig einem drohenden Vormarsch der gegnerischen Bauern vorzubeugen ist.
2. Ist der Bauer kein Freibauer, sind zunächst die im Wege stehenden gegnerischen Bauern zu beseitigen, um den Bauern anschließend zur Dame führen zu können.
Wie der Gewinnplan im einzelnen zu verwirklichen ist, veranschaulichen die nachstehenden Beispiele.

Der weiße Bauer ist blockiert, während die schwarzen vorzugehen drohen.
Weiß steht vor der Aufgabe, die Bauern des Gegners festzulegen, da der schwarze König dann gezwungen sein wird, die Blockade aufzuheben.
1.♗f1! (auf 1.♔c4 geschieht 1. ... a3 2.♔b3 ♔c5, und obwohl Weiß die schwarzen Bauern unbeweglich gemacht hat, ist es ihm nicht gelungen, die Blockade zu brechen, da sein König das Vorgehen des eigenen Bauern nicht unterstützen kann) 1. ... b3 2.♗c4! (wiederum der einzige Zug: es drohte 2. ... a3) 2. ... b2 3.♗a2 a3 4.♗b1 ♔d7.
Weiß hat sein Ziel erreicht – Schwarz mußte die Blockade aufheben. Der Bauer kann sich in Bewegung setzen.
5.♔c5 ♔c7 6.d6+ ♔d7 7.♔d5 ♔d8 8.♔c6 ♔c8 9.d7+ ♔d8 10.♗a2, und Weiß gewinnt.

Man beachte, daß die weißen Figuren streng abgegrenzte Funktionen wahrnehmen. Der Läufer hielt die gegnerischen Bauern auf, der König unterstützte den Vormarsch des eigenen Bauern.

Solch eine Pflichtenteilung ist ein charakteristisches Moment derartiger Endspiele, wovon wir uns noch mehrfach überzeugen werden.

4.♔d5! g3 5.♔c4, und alles Weitere ist klar.

Dieser Gewinnweg ist indes nicht der einzige. Eine Alternative bildet 1.♔e3 (aber nicht 1.♔d3 g3 2.♔e3 e4! mit Remis) 1. ... ♔b6 2.♔d3! ♔c5 (2. ... g3 3.♔c4) 3.♔e4 und weiter wie in der Lösung des Autors. Weiß hat den Gegner an den Zug gebracht, indem er das Prinzip des *Dreiecks* nutzte.

P. Trifunović, 1951

A. Troitzky, 1895

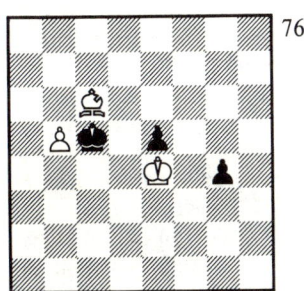

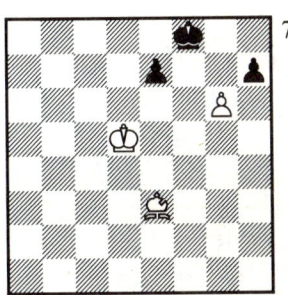

Weiß gewinnt

Weiß gewinnt

Hier bietet sich ein umgekehrtes Bild. Der Läufer deckt den eigenen Bauern, während der König die gegnerischen kontrolliert. Um zu gewinnen, muß Weiß einen Rollentausch seiner Figuren vornehmen. Die Autorlösung lautet:
1.♗e8 ♔b6 (1. ... ♔d6 2.b6) **2.♗d7 ♔c5 3.♗c6.**
Es ist wieder die Ausgangsstellung erreicht, doch die Zugpflicht liegt nun bei Schwarz.
3. ... ♔b6 (3. ... ♔d6 4.♗f5 g3 5.♗g4 nebst 6.♔:g3)

Eine elegante Studie, in der ebenfalls ein Rollentausch der weißen Figuren stattfindet.
1.♗h6+ ♔g8 2.g7 e6+!
Eine Feinheit der Studie besteht darin, daß 2. ... ♔f7 nach 3.g8♕+!! ♔:g8 4.♔e6 ♔h8 5.♔f7 zum Matt führt. Schwarz versucht daher, den unnützen Bauern loszuwerden.
3.♔d6! ♔f7 (3. ... e5 4.♔e6 e4 5.♔f6 usw.) **4.♔e5! ♔g8 5.♔f6 e5 6.♗g5 h5 7.♔g6.**
Der Rollentausch ist abgeschlossen, der Rest einfach.

Wenn der gegnerische König seine Bauern unterstützen kann, übersteigt es oft die Kraft eines Läufers, sie allein aufzuhalten. Dann müssen Läufer und König diese Arbeit gemeinsam verrichten. Erst wenn die gegnerischen Bauern zuverlässig durch den Läufer blockiert oder vernichtet worden sind, kann der König den Vormarsch des eigenen Bauern unterstützen.
Ein typisches Beispiel bietet die folgende Stellung.

J. Awerbach, 1954

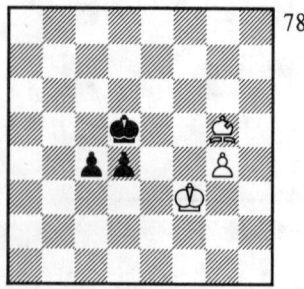

Weiß gewinnt

1.♗f6! (Weiß will das Vorrücken der Bauern provozieren) 1. ... c3 2.♗g7 ♔c4 (2. ... c2 3.♗h6 ♔c4 4.♗c1 ♔c3 5.g5 d3 6.♔e3) 3.♔e2 d3+ 4.♔e3 d2 5.♔e2 ♔b3 6.♔d1 ♔c4 7.♔c2, und Weiß gewinnt.
Mitunter kann sich der typische Gewinnplan selbst dann als undurchführbar erweisen, wenn es dem Läufer gelungen ist, die Bauern aufzuhalten.

W. Tschechower, 1950

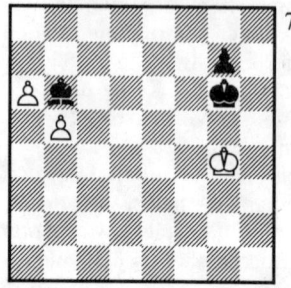

Weiß am Zuge hält remis
Schwarz am Zuge gewinnt

Ist Schwarz am Zuge, ergeben sich keine Komplikationen:
1. ... ♔f6 2.♔f4 g5+ 3.♔e4 ♔e6, und der Bauer geht, unterstützt von König und Läufer, schnell zur Dame.
Liegt das Zugrecht bei Weiß, entwickelt sich das Spiel anders: 1.♔f4 ♔f6 2.♔e4 ♔e6 3.♔f4 g6 4.♔g5 ♔f7 5.♔f4 ♔f6 6.♔e4.
Weiß ist bemüht, mit dem König entweder den eigenen Bauern zu Hilfe zu eilen oder den Bauern des Gegners zu attackieren. Schwarz sieht sich außerstande, beide Drohungen zu parieren.
6. ... g5 7.♔d5! g4 8.♔c6 g3 9.♔:b6 g2 10.a7 g1♕+ 11.♔b7 remis.
Versuchen wir, den Läufer nach a7 zu bringen: 6. ... ♔e6 7.♔f4 ♗a7. Dann folgt 8.♔g5 ♔f7 9.♔f4 ♔f6 10.♔e4, und wieder führt 10. ... g5 nach 11.♔d5 g4 12.♔c6 g3 13.b6 g2 14.ba g1♕ 15.♔b7 nur zum Remis.

Und wenn wir den Läufer auf
g1 postieren? (6. ... ♔e6 7.♔f4
♗g1). Auch in diesem Fall ergäbe sich ein Remis, da nach
8.♔g5 ♔f7 9.♔f4 ♔f6 10.♔e4
g5 11.♔d5 g4 12.♔c6 g3 13.b6
g2 14.a7 der Läufer seinen Bauern daran hindert, das Umwandlungsfeld zu betreten.
Bleibt noch, die Aufstellung
des Läufers auf f2 zu prüfen
(6. ... ♔e6 7.♔f4 ♗f2). Spielt
Weiß jetzt schablonenhaft
8.♔g5 ♔f7 9.♔f4 ♔f6
10.♔e4?, zieht er nach 10. ...
g5! 11.♔d5 g4 12.♔c6 g3
13.b6 g2 14.a7 g1♕ 15.a8♕
♕g2+ den kürzeren. Richtig
ist 10.♔f3!, was das Zusammenwirken der schwarzen Figuren zerstört. Wohin sich der
Läufer auch wendet – Schwarz
kann schon nicht mehr gewinnen: Die Diagonale g1–a7 erweist sich als zu kurz!
Bezeichnend ist die folgende
Stellung.

W. Tschechower, 1950

*Weiß am Zuge hält remis
Schwarz am Zuge gewinnt*

Schwarz am Zuge bringt den
Gegner durch 1. ... ♗a7 sofort
in Zugzwang. Liegt das Zugrecht indes bei Weiß, folgt
1.♔d4! ♗a7+ 2.♔e4, und
nun ist es Schwarz, der in Zugzwang geriet, z. B. 2. ... ♔f6
3.♔d5 g4 4.♔c6 g3 5.♔c7 g2
6.b8♕ ♗:b8+ 7.♔:b8 g1♕
8.a7 remis.

W. Tschechower, 1950

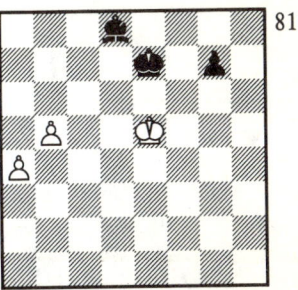

Schwarz am Zuge gewinnt

Hier kann Schwarz nicht verhindern, daß der gegnerische
König zu seinen Bauern durchbricht. Trotzdem ist ein Gewinn möglich.
1. ... ♗a5! 2.♔d5 g6 3.♔e5
♗c7+ 4.♔d5 g5 5.♔c6 ♗a5
6.b6 ♗:b6 7.♔:b6 g4 8.a5 g3
9.a6 g2 10.a7 g1♕+, und
Schwarz gewinnt, da sein König günstig postiert ist, z. B.
11.♔b7 ♔d7! 12.a8♕ ♕b1+
13.♔a6 ♕a2+ 14.♔b7 ♕b3+
15.♔a6 ♕a4+ 16.♔b7 ♕b5+
17.♔a7 ♔c7 usw.
Keinen Erfolg brächte, anstelle
von 2. ... g6, den König nach

a5 zu führen, z. B. 2. ... ⚫d7 3.♔e5 ⚫c7 4.♔f5 ⚫b6 5.♔g6 ♗c3 6.♔f5 ⚫a5 7.♔g5 ♗d4 8.♔g6! mit Remis.

Alte Stellung, 1775

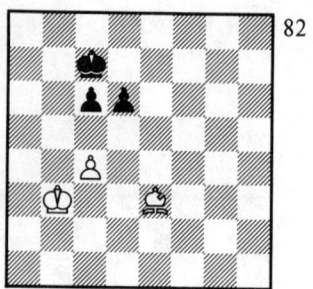

Weiß gewinnt

G. Walker, 1841

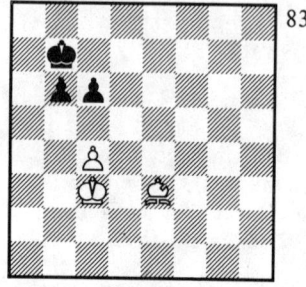

Remis

Das Beispiel zeigt eine Gewinnmethode für den Fall, daß kein Freibauer vorhanden ist. Weiß begibt sich mit dem König zu den schwarzen Bauern. Dabei muß er aufpassen, daß sein einziger Bauer nicht durch den Gegner abgetauscht wird.
1.♔b4 (fehlerhaft ist 1.♗f4, da Schwarz nach 1. ... c5! 2.♔a4 ♔c6 durch d6–d5 den Bauern abtauscht) 1. ... ⚫b7 2.♔a5 d5 (2. ... ⚫c7 3.♔a6 ⚫d7 4.♔b6 c5 5.♗f4 ⚫e6 6.♔c6 usw.) 3.c5 ⚫a7 4.♔b4 ⚫b7 (4. ... ⚫a6 5.♔c3 ⚫b5 6.♔d4 ♔b4 7.♔e5 ♔c4 8.♔d6 usw.) 5.♔c3 ⚫c7 6.♔d4 ⚫d7 7.♔e5 ⚫e7 8.♗g5+ ⚫d7 9.♗f6 ⚫c7 10.♔e6 ⚫c8 11.♔d6 ⚫b7 12.♔d7 usw.

Die Stellung unterscheidet sich nur unwesentlich von der vorhergehenden. Hier besteht jedoch nicht die Möglichkeit, ein Umgehungsmanöver des Königs an beiden Flügeln auszuführen. Es zeigt sich sogar, daß der König nicht einmal die Marschroute über die Felder d4 und e5 einschlagen kann, z. B. 1.♔d4 ⚫a6, und es ist nicht zu verhindern, daß Schwarz nach c6–c5 und b6–b5 den Bauern abtauscht. Die Beurteilung der Stellung würde sich auch nicht ändern, wenn der weiße Bauer auf b4 stände.

J. Awerbach, 1954

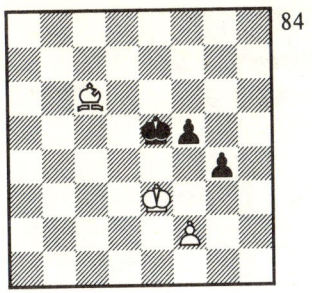

Weiß gewinnt

Weiß kommt schwer mit dem König an die gegnerischen Bauern heran. Der Abwarteversuch 1.♗b7 führt nach 1. ... f4+ 2.♔e2 (2.♔d3 g3 mit Remis) 2. ... ♔f5 zu einer Stellung, in der eine Annäherung des weißen Königs an die Bauern bereits ungefährlich wäre, z. B. 3.♗h1 (die einzige Möglichkeit, den König zu entlasten und die Drohung g4-g3 zu parieren) 3. ... ♔g5 4.♔d3 ♔f5 5.♔d4 f3! (aber nicht 5. ... ♔g5 6.♔e4 f3 7.♔e3!, und Weiß gewinnt) 6.♔e3 ♔e5! Weiß ist zwar zu den Bauern vorgedrungen, kann aber nichts ausrichten: 7.♗:f3 gf 8.♔:f3 ♔f5 hätte lediglich Remis zur Folge.

Zunächst muß Weiß die schwarzen Bauern stoppen.

1.♗d7! f4+ (1. ... ♔f6 2.♔f4) **2.♔e2 g3** (offensichtlich erzwungen) **3.f3 ♔d4 4.♗h3.**
Wiederum die gleiche Idee. Der Läufer neutralisiert den g-Bauern, während sich der König zum Bauern f4 begibt.

4. ... ♔c3.
Schwarz versucht, den weißen König nicht durchzulassen.

5.♗g2!
5.♔d1? führt nach 5. ... ♔d3 6.♔e1 ♔e3 7.♗g2 ♔d3 nur zum Remis.

5. ... ♔c2 6.♗f1!
Weiß hat den Läufer nun so postiert, daß er den g-Bauern kontrolliert und dem schwarzen König das Feld d3 nimmt. Schwarz kann seine Absicht nicht verwirklichen.

6. ... ♔c3 (6. ... ♔c1 7.♔d3 ♔d1 8.♔e4 usw.) **7.♔d1! ♔d4 8.♔d2 ♔e5 9.♔c3 ♔d5 10.♔d3 ♔e5 11.♔c4**, und Weiß gewinnt.

Wenn der Läufer nicht in der Lage ist, einen Freibauern zu bekämpfen und gleichzeitig den König bei der Annäherung an die gegnerischen Bauern zu unterstützen, kann sich die Realisierung des Übergewichts als unmöglich erweisen.

J. Awerbach, 1969

Schwarz am Zuge hält remis

Passive Verteidigung führt hier zum Verlust: 1. ... ♔f6? 2.♔e2 ♔e5 3.♔d3 ♔f6 4.♔d4 ♔g6 5.♔e5, und Weiß gewinnt.
Richtig ist 1. ... f4! 2.g4 ♔d4. Schwarz ist bestrebt, den weißen König nicht an den Bauern g5 heranzulassen.
3.♔e2 ♔c3 4.♗f5 ♔d4 5.♔d2 ♔c4 6.♗e4 ♔d4 7.♗d3.
Es scheint, als dürfe Weiß einen Erfolg verbuchen – der gegnerische König muß den Rückzug antreten.
7. ... ♔e5 8.♔c3.
Bei der Unterstützung des Königs hat der Läufer die Kontrolle über den gegnerischen Freibauern vernachlässigt. Schwarz kann sich dies zunutze machen.
8. ... f3! 9.♗f5 ♔f4 10.♔d2 ♔g3 11.♔e1 ♔g2 12.♗e4 ♔g3 usw.
Mitunter ist die Drohung, den einzigen Bauern abzutauschen, nur durch ein Opfer des Läufers erfolgreich zu parieren.

W. Neustadt, 1930

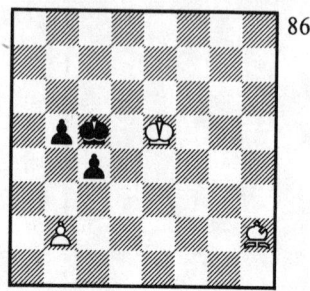

Weiß gewinnt

1.♗g1+! (zum Remis führt 1.♗g3 c3! 2.bc b4) 1. ... ♔b4 2.♔d4 ♔b3 3.♔c3 b4 4.♔d4!, und Weiß gewinnt.
Auch 2. ... ♔a4 3.♔d5! ♔b3 4.♗c3 b4 5.♔d4! rettet nicht.
Wir haben bereits gesehen, daß Stellungen mit einem Turmbauern, dessen Umwandlungsfeld nicht der Farbe des Läufers entspricht, besonderen Gesetzen unterliegen.
Große Schwierigkeiten bereitet die Gewinnführung, wenn gleich beide Bauern des Gegners auf der Turmlinie stehen. Betrachten wir eine Studie Rausers (1936).

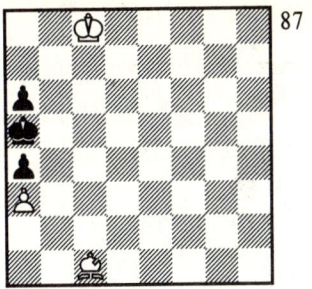

Weiß gewinnt

Die Aufgabe von Weiß ist die gleiche wie in Stellungen mit nur einem schwarzen a-Bauern. Der König des Gegners darf nicht in die Remiszone gelassen werden. Hier kommt erschwerend hinzu, daß dem weißen König das Feld b5 unzugänglich ist.

Schwarz droht, mit ♔a5–b5 in die Remiszone einzudringen. Auf den natürlichen Zug 1.♔c7 geschieht 1. ... ♔b5 2.♗e3 ♔c4 3.♔d6 ♔d3 4.♗g1 ♔e4 5.♔e6 ♔f4 6.♔f6 ♔e4 usw.

Der Gewinn wird wie folgt erzielt: **1.♗e3! ♔b5 2.♔d7 ♔c4 3.♔e6 ♔d3 4.♗g1 ♔c4.**
Dies bereitet Weiß die meisten Schwierigkeiten. Falls 4. ... ♔e4, so 5.♗h2 ♔f3 6.♔d5 ♔g4 7.♔c5 ♔f5 8.♔b4 ♔e6 9.♔:a4 ♔d7 10.♔a5 ♔c8 11.♔:a6 usw.
5.♔d6 ♔b5 6.♗f2 ♔a5 7.♔c7 ♔b5 8.♗b6 ♔c4 9.♔c6 ♔b3 10.♗c5 ♔c4 11.♗d6 ♔d4 12.♗h2.
Wäre der Bauer a6 nicht, würde Weiß durch 12.♔b5 leicht gewinnen, während er jetzt mit dem König nach b4 gelangen muß. Dies ist nicht ganz einfach.
12. ... ♔c4 13.♗e5! ♔b3 14.♗d6 ♔c4 15.♗c5 ♔d3 16.♔d5 ♔c3 17.♗d6 ♔d3 18.♗e5 ♔e3 19.♔c4 ♔f3 20.♗h2 ♔e4 21.♗g3, und Weiß kann sich endlich den Bauern zuwenden.

J. Kling und B. Horwitz, 1851

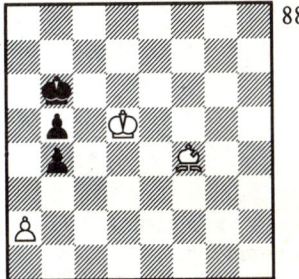

Weiß gewinnt

Der unmittelbare Versuch, die Bauern mit dem König anzugreifen und zu vernichten, wäre sinnlos, da es danach nicht gelingen würde, den schwarzen König aus der Ecke a8 zu vertreiben. Weiß muß zunächst entweder den schwarzen König patt setzen, um ein Vorrücken des b-Bauern zu erzwingen und so einen Freibauern auf der b-Linie zu erhalten, oder ihn zurückdrängen, um anschließend beide Bauern zu erobern, ohne den König in die Ecke zu lassen.

Dieser Gewinnplan ist für derartige Stellungen typisch.
1.♗d2!
Fehlerhaft wäre 1.♔d6? ♔a5!
2.♔c5 ♔a4 3.♗c1 b3 4.a3
♔a5 5.♗b2 ♔a4 mit Remis.
1. ... ♔c7.
Auf 1. ... ♔a5 würde 2.a3! folgen. Wenn 1. ... ♔b7, so
2.♔d6 ♔b6 3.♗e1 ♔b7
4.♗h4 ♔b6 5.♗d8+ ♔b7
6.♗c7 ♔a8 7.♔c6 ♔a7
8.♗d8 ♔a8 9.♔b6 ♔b8
10.♗c7+ ♔c8 11.♔c6 b3
12.ab b4 13.♗d6 usw.
2.♗g5 ♔d7 3.♔c5 ♔c7
4.♗h4 ♔c8 5.♔b6 ♔b8
6.♗g3+ ♔c8 (falls 6. ... ♔a8, so 7.♗d6 b3 8.ab b4 9.♗:b4)
7.♗f4 ♔d7 8.♔:b5 ♔c8
9.♔c6 ♔d8 10.♔b7 ♔d7
11.♗d2 ♔d6 12.♗:b4+ ♔d5
13.a4 ♔c4 14.a5 usw.
Interessant ist, daß Weiß nicht gewinnen könnte, wenn Schwarz nur einen Bauern besäße.
Es ließe sich noch eine ganze Reihe von Stellungen mit Turmbauern anführen, in denen der zweite Bauer für die sich verteidigende Seite eine negative Rolle spielt. Der Gewinnplan ist etwa der gleiche wie in Beispiel 88.

G. Walker, 1841

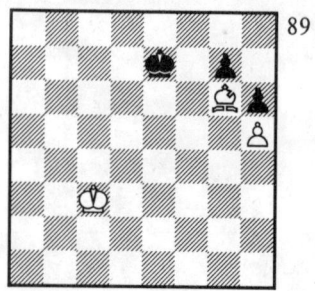

Weiß gewinnt

Weiß gewinnt durch **1.♔d4
♔d6 2.♔e4 ♔e6 3.♔f4 ♔f6
4.♗f5 ♔f7 5.♔e5 ♔g8** (5. ...
♔e7 6.♗e6 ♔f8 7.♔f5 ♔e7
8.♗a2 ♔e8 9.♔g6 ♔f8
10.♗b3) **6.♔e6 ♔f8 7.♗g6
♔g8 8.♔e7 ♔h8 9.♗f7 g5**
(9. ... ♔h7 10.♔f8 ♔h8
11.♗g8 g5 12.hg h5 13.g7 matt) **10.hg ♔g7 11.♔e6 h5
12.♔f5.**

**B. Horwitz, 1885
J. Awerbach, 1954**

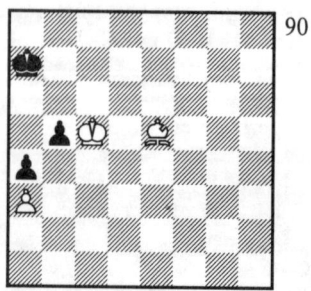

Weiß gewinnt

Um zum Erfolg zu kommen,

muß Weiß den gegnerischen König patt setzen und den Zug b5–b4 erzwingen. Diese Aufgabe läßt sich unschwer lösen.
1.♔c6 ♔a6.
Nach 1. ... ♔a8 2.♔b6 ist das Ziel bereits erreicht.
2.♗b8 (oder **2.♗d4**) **2. ... ♔a5 3.♗c7+ ♔a6 4.♗b6 b4 5.ab a3 6.b5** matt.
Horwitz analysierte diese Stellung nur mit Weiß am Zuge. Weit interessanter ist, sie bei schwarzem Zugrecht zu prüfen. In diesem Fall kann der schwarze König nämlich versuchen, aus der Gefahrenzone, in der ihm ein Patt droht, auszubrechen.
1. ... ♔b7 2.♔d6! ♔c8.
Der Versuch, die Bauern zu tauschen, schlägt fehl. Wenn 2. ... b4 3.ab ♔b6, so 4.♗b2! ♔b5 5.♗a3 ♔c4 6.♔c6 ♔b3 7.b5, und Weiß gewinnt.
3.♗f6! ♔b7 (der Weg nach rechts ist versperrt; Schwarz muß den Rückzug antreten)
4.♗d8 ♔c8 5.♗b6 ♔b7 6.♔c5 ♔c8 7.♔c6 ♔b8 8.♗a5 ♔a8 9.♔c7 ♔a7 10.♗b6+ ♔a6 11.♔c6, und Weiß gewinnt.

J. Awerbach, 1954

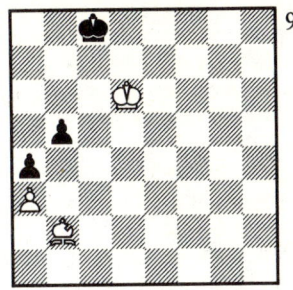

91

Weiß am Zuge gewinnt
Schwarz am Zuge hält remis

Ist Weiß am Zuge, gewinnt er nach **1.♗f6** wie im vorigen Beispiel.
Liegt das Zugrecht bei Schwarz, führt dieser seinen König natürlich nach rechts:
1. ... ♔d8 2.♗g7 ♔e8 3.♔e6 ♔d8.
Der König muß umkehren, und es entsteht der Eindruck, als sei Weiß dem Erfolg erneut sehr nahe.
4.♗f6+ ♔c7!
Erzwungen. Sofort verlieren würde 4. ... ♔e8 wegen 5.♗e7 oder 4. ... ♔c8 wegen 5.♔d6.
5.♗e7 ♔c6 6.♗d6.
Weiß hat sein Ziel scheinbar erreicht, doch dies ist ein Trugschluß.
6. ... b4! 7.ab a3 8.♗e5 ♔b5.
Der Abtausch der Bauern ist nicht zu vermeiden. Remis.
Konnte Weiß den schwarzen König vielleicht auf einem anderen Brettabschnitt patt setzen? Versuchen wir, den König in die Ecke h8 zu treiben.

2.♗f6+ ♚e8 3.♗e7 ♚f7
4.♔d7!
Der König wird noch weiter
zurückgeworfen.
4. ... ♚g6 5.♔e6 ♚g7 6.♗h4
♚g8 7.♔e7 ♚g7 8.♗f6+
♚g6 9.♔e6 ♚h6.
Der schwarze König mußte bis
auf die Randlinie zurückweichen.
10.♔f5 ♚h7 (selbstverständlich nicht 10. ... ♚h5 wegen
11.♗g5) 11.♗c3 ♚g8 12.♔e6.
Mit 12.♔f6 könnte Weiß den
gegnerischen König wieder in
die Ecke a8 zurückzwingen,
was jener indes nicht zu fürchten brauchte. Nach 12. ...
♚f8! 13.♗b4+ ♚e8! 14.♔e6
♚d8 15.♗d6 ♚c8 16.♔e7
führt 16. ... b4! 17.ab ♚b7
18.♔e6 ♚c6 usw. zum Remis.
Möglich war auch 16. ... ♚b7,
um erst auf 17.♔d7 mit 17. ...
b4 18.ab ♚b6 19.♔e6 ♚b5
20.♔d5 a3 fortzusetzen.
Schlecht ist hingegen 12. ...
♚h7, denn nach 13.♗d2! ♚g8
14.♗h6 kann der schwarze König dem Patt nicht entrinnen.
12. ... ♚f8 13.♗f6 ♚g8
14.♔e7 ♚h7 15.♔f7 ♚h6
16.♗e7 ♚h5!
Erneut die einzige Antwort.
Schwach wäre 16. ... ♚h7 wegen 17.♗f8 oder 17.♗g5.
17.♔f6 ♚g4 18.♔e5 ♚f3.
Zum gleichen Ergebnis führt
18. ... ♚h5 19.♔f5 ♚h6
20.♗f8+ ♚h5 21.♗g7 ♚h4
22.♗h6 ♚g3 23.♗g5 ♚f3
usw.
19.♗g5 ♚g4 20.♗f4 ♚h5

21.♔f5 ♚h4 22.♗h6 ♚g3
23.♗g5 ♚f3.

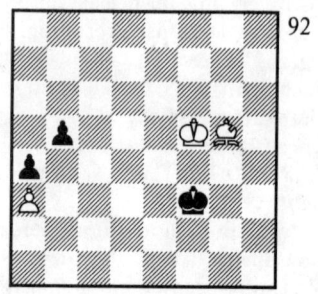

Weiß am Zuge

Ohne den Bauern b5 ist eine
derartige Stellung für Weiß gewonnen (siehe Beispiel 65).
Hier aber liegen die Dinge anders.
24.♗f4 ♚g2 25.♔g4.
Den König sofort dem Bauern
b5 anzunähern brächte keinen
Erfolg: 25.♔e4 ♚h3! 26.♔d4
♚g4 27.♗h2 ♚f5 28.♔c5
♚e6 29.♔:b5 ♚d7 remis.
25. ... ♚f2 26.♗c1 ♚e2
27.♔f4 ♚d3!
Nur so! Schlecht ist 27. ...
♚f2 wegen 28.♗e3+ ♚g2
29.♔g4 ♚h2 30.♗f4+ ♚g2
31.♗g3 ♚f1 (31. ... ♚g1
32.♔f3 ♚h1 33.♔f2) 32.♔f3
♚g1 33.♗h4 ♚h2 34.♗f2
♚h1 35.♔g3, und Weiß gewinnt.
Nicht besser wäre 28. ... ♚e2
29.♔e4 ♚e1 30.♔d3 ♚f1
31.♔c3 ♚e2 32.♗g1 ♚f3
33.♗h2! ♚e3 34.♔b4 ♚e4
35.♔:b5 ♚d5 36.♗g3, und
Schwarz zieht erneut den kürzeren.

28.♔e5 ♔c4 29.♗d2.
Weiß verteidigt sich gegen die
Drohung b5–b4. Dennoch geschieht 29. ... b4! 30.♗:b4
♔b5 mit Remis, da der König
in die rettende Ecke gelangt.
In derartigen Situationen läßt
sich eine Regel anwenden, die
die Stellungsbeurteilung erleichtert.

J. Awerbach, 1978

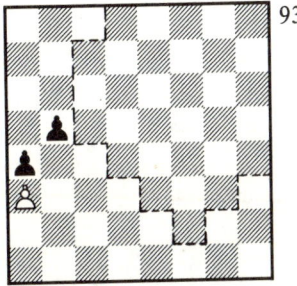

Weiß gewinnt, wenn der
schwarze König außerhalb der
gekennzeichneten Remiszone
steht und nicht in sie zurückkehren kann.
Hier ein praktisches Beispiel
zu diesem Thema.

Potapow–Wolowitsch
Moskau 1958

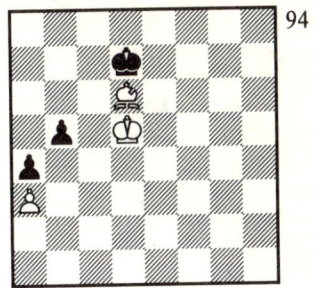

Schwarz am Zuge

1. ... ♔e8 2.♔e6 ♔d8 3.♗f8
♔c8?
Der entscheidende Fehler.
Richtig war, wie bereits gesehen, 3. ... ♔c7! 4.♗e7 ♔c6
5.♗d6 b4!
4.♔d6! ♔d8 5.♗e7+ ♔c8
6.♔c6, und Weiß gewann.

J. Awerbach, 1954

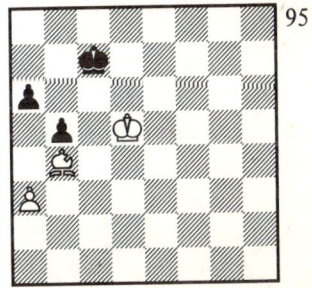

Remis

Schwarz droht, durch 1. ... a5
remis zu halten. Weiß spielt
daher 1.♗a5+ ♔b7 2.♔d6
♔c8 3.♔c6 ♔b8 4.♔b6.

Schwarz steht jetzt vor dem Problem, wohin er den König ziehen soll. Zum Verlust führt 4. ... ♔c8? 5.♔a7! ♔d7 6.♔:a6 ♔c6 7.♗b6 ♔d7 8.♔b7 ♔d6 9.♗a5 ♔d7 10.♗c7 ♔e6 11.♔c6 ♔e7 12.♔:b5 ♔d7 13.♔b6 ♔c8 14.a4 usw.

Dagegen sichert 4. ... ♔a8! das Remis: 5.♔c7 ♔a7 6.♔c8 ♔a8 7.♗b6 a5 8.♗c5 b4 9.♗:b4 a4!!, und Schwarz hat sein Ziel erreicht.

J. Kling und B. Horwitz, 1851

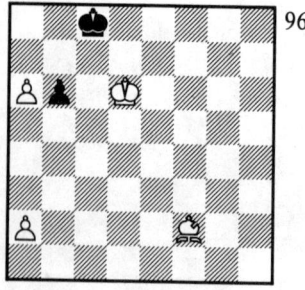

Remis

1.a4 ♔b8 2.♗e3 ♔a8 (2. ... ♔a7? 3.a5) 3.a7 ♔b7 4.♔d7 ♔a8 5.♔c6 b5! remis.

J. Kling und B. Horwitz, 1851

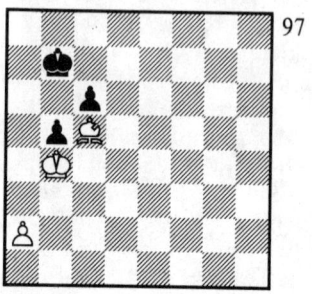

Remis

1.a3 ♔a6 2.♔c3 ♔a5 3.♔d4 ♔a6! (3. ... ♔a4 4.♗b4!, und Weiß gewinnt) 4.♔e5 ♔b7 5.♔d6 ♔c8 6.♗b6 c5 7.♔c6 b4! remis.

L. Kajew, 1940

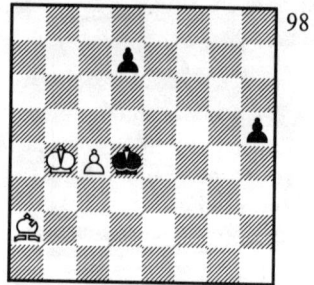

Weiß gewinnt

Der übliche Gewinnplan, der darin besteht, daß der Läufer den einen gegnerischen Bauern neutralisiert, während der König zum anderen geht, ist hier nicht durchführbar, z. B. 1.♗b1 h4 2.♗f5 d6 3.♗h3 ♔d3 4.♗f1+ ♔d4 5.♔b5

♗c3! Falls nun 6.♔c6, so
6. ... h3 7.♔d5 (7.♔:d6 h2
8.♗g2 ♔:c4) 7. ... h2 8.♗g2
♔d3, und es wird klar, daß
Weiß nicht den Bauern d6 erobern kann, ohne den Bauern
c4 zu verlieren. Remis.
Zum Erfolg führt 1.c5! h4
2.♗e6! de 3.c6 h3 4.c7 h2
5.c8♕ h1♕ 6.♕c3+! ♔d5
7.♕c5+ ♔e4 8.♕c6+ mit Damengewinn.
Weiß gewann unter Ausnutzung eines studienartigen Moments. In der Regel endet das
Spiel, wenn der genannte Gewinnplan aus irgendwelchen
Gründen nicht zu verwirklichen ist, remis. Sehen wir uns
dies an Beispielen an.

W. Hanschin, 1951

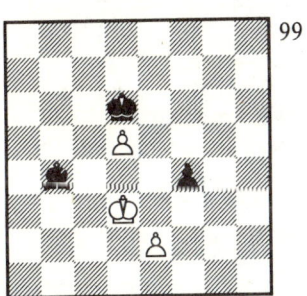

99

Remis

Weiß rettet sich durch genaues
Manövrieren mit dem König.
1.♔e4! (1.♔d4? ♗c5+ 2.♔e4
♗e3) 1. ... ♗d2 2.♔d3!
(2.♔d4? ♗c1 3.♔e4 ♗e3)
2. ... ♗c1 3.♔d4! ♗e3+
4.♔e4 ♔e7 5.♔f5 ♗d2

6.♔e5 ♗c1 7.d6+! (7.♔e4?
♔f6 8.♔d4 ♔f5 9.d6 ♔e6
10.♔c5 ♗a3+, und Schwarz
gewinnt) 7. ... ♔d7 8.♔d5
♗a3 9.♔e4 remis.
In diesem Beispiel haben wir
einen interessanten Fall von
Gegenfeldern des Läufers und
des Königs kennengelernt.
Steht der Läufer auf d2, muß
der weiße König nach d3 ziehen, steht der Läufer auf c1,
muß der König nach d4, steht
der Läufer auf e3, muß der König nach e4 ziehen. Weiß gelingt es, das Gegenfeld zu behaupten. Es zeigt sich indes,
daß Schwarz zum Erfolg
kommt, wenn man Stellung 99
um eine Reihe nach oben verschiebt.

J. Awerbach, 1954

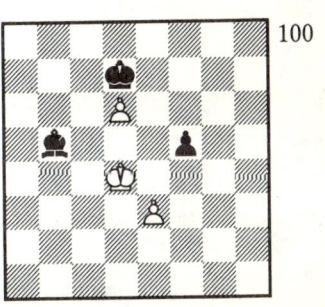

100

Weiß am Zuge. Schwarz gewinnt

**1.♔e5 ♗d3 2.♔d4 ♗c2
3.♔d5 ♗b1!**, und nach **4.♔e5
♗e4** verliert Weiß den Bauern
d6.

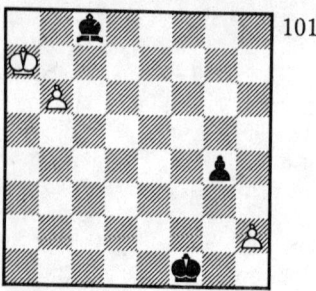

Remis

Die Stellung zeigt den Schluß einer Studie von Tschechower. Um zu gewinnen, muß Schwarz den Bauern h2 schlagen. Dies ist jedoch nicht zu verwirklichen. Weiß hält wie folgt remis: 1.♔b8! ♗f5 2.♔c7 ♗e4 3.♔d6! ♔g2 4.♔e5 ♗f3 5.♔f4 ♔h3 6.♔g5 ♗b7 7.♔h5 ♗c8 8.♔g5 usw.

Alapin–N. N.
1907

Remis

Nach 1.a6 ♗c8 2.a7 ♗b7 3.♔g3 ♔g5 4.♔h3 wird klar, daß Schwarz nicht den weißen König verdrängen und den h-Bauern erobern kann, da sich im Fall von 4. ... h5 5.♔g3 h4+ 6.♔h3 eine Pattsituation ergäbe.

Auch die Annäherung des schwarzen Königs an den a-Bauern bringt nichts ein: 4. ... ♗e4 5.♔g3 ♔f5 6.♔h4 ♗e5 7.♔h5 ♔d6 8.♔h6 ♔c7 9.a8♕ ♗:a8 10.♔:h7 remis.

W. Hanschin, 1951

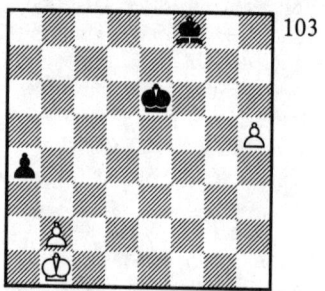

Remis

Weiß gelingt es, den einzigen schwarzen Bauern abzutauschen. Dies erfordert allerdings genaues Spiel.

1.♔a2!

Falls 1.♔c2?, so 1. ... ♔d5 2.b3 a3 3.b4 ♗:b4 4.h6 ♔c4 5.h7 ♗c3.

1. ... ♔f5 2.♔b1!

Aber nicht 2.h6? ♔g6 3.♔b1 ♗:h6 4.♔c2 ♗g7 5.b4 ♔f5 6.♔b1 ♗f8 7.b5 ♔e6 8.b6 ♔d7 usw.

2. ... ♔e5 3.♔a2! ♔e6! 4.h6! Nur dieser Zug führt zum Remis. Nach 4.♔b1 ♔d5! 5.♔a2 ♔c4 6.h6 ♔b4 7.h7 ♗g7 zieht Weiß den kürzeren.

4. ... ⚔f7 5.h7!
5.⚔b1? ♝:h6 6.⚔c2 ♝g7 7.b4 ⚔e6 8.⚔b1 ⚔d5 9.♔a2 ⚔c4 10.⚔a3 ⚔b5, und Schwarz gewinnt.
5. ... ⚔g7 6.⚔b1 ⚔:h7 7.⚔c2 ♝g7 8.b4 ⚔g6 9.⚔b1!
Im Fall von 9.b5 ⚔f5 10.b6 ⚔e6 11.b7 ♝e5 12.⚔b1 ⚔d5 13.⚔a2 ⚔c4 14.⚔a3 ⚔b5 käme Schwarz zum Erfolg.
9. ... ♝f8 10.b5 ⚔f5 11.b6 ⚔e6 12.b7 ♝d6 13.⚔a2 ⚔d7 14.b8♛ ♝:b8 15.⚔a3 remis.

W. Hanschin, 1951

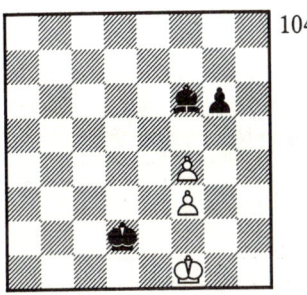

Remis

Schwarz kann den Abtausch seines einzigen Bauern nicht verhindern.
1.⚔g2 (1.⚔f2? ♝h4+ 2.⚔g2 ⚔e3 3.⚔h3 ⚔:f3 usw.) 1. ... ⚔e3 2.⚔g3 ♝h4+ 3.⚔g4 (3.⚔:h4 führt zum Verlust)
3. ... ♝d8 4.f5! g5 5.⚔g3 ⚔d4 6.f6! (6.f4? ♝c7 7.f6 gf+ 8.⚔f3 ⚔e5 9.f7 ♝d6) 6. ... ♝:f6 7.f4 remis.

W. Hanschin, 1951

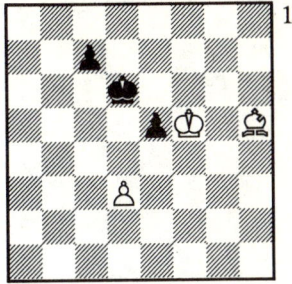

Schwarz am Zuge hält remis

Die schwächere Seite hält remis, indem sie den gegnerischen Bauern abtauscht.
1. ... ⚔d5 2.♝e8 ⚔d4 3.♝b5 ⚔c5 (aber nicht 3. ... c5? 4.♝a6 ⚔d5 5.⚔g4! ⚔d4 6.⚔f3 ⚔d5 7.⚔e3 ⚔d6 8.⚔e4 ⚔e6 9.♝c4+ ⚔d6 10.♝b3 usw.) 4.♝c4 ⚔d4 5.♝a6 ⚔d5 6.⚔g4 ⚔d4! 7.⚔f3 c6! 8.⚔e2 e4 remis.
Auch im Fall von 8.♝c4 käme Weiß nach 8. ... e4+ 9.de ⚔:c4 10.⚔f4 c5 11.e5 ⚔b3 12.e6 c4 13.e7 c3 14.e8♛ c2 über ein Remis nicht hinaus.

A. Wotawa, 1935

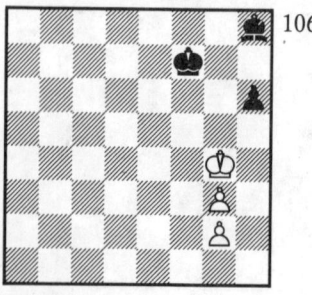

106

Remis

Hier ist es die ungünstige Aufstellung der gegnerischen Figuren, die Weiß zum Remis verhilft.
1.♔h5 ♝g7 2.g4 ♔f6 3.g5+! hg 4.g4 ♝h8 (4. ... ♝f8 patt) 5.♔h6! ♝g7+ 6.♔h5 remis.

R. Réti, 1928

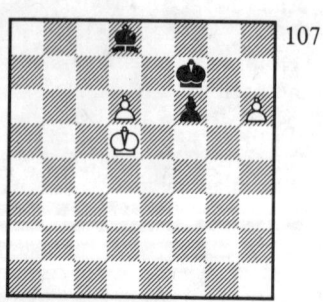

107

Remis

Schwarz vermag den Gewinnplan nicht zu verwirklichen, weil die gegnerischen Bauern zu weit vorgerückt sind.
1.♔c6!! (1.h7? ♔g7 2.♔e6 ♔:h7 3.♔d7 ♝a5 4.♔e6 ♔g6, und Schwarz gewinnt) 1. ... ♝a5 (1. ... f5 2.♔d5 ♝f6 3.d7! ♔e7 4.d8♕+ ♔:d8 5.♔e6 remis) 2.♔d5 ♝c3.
Schwarz versucht, die Aufstellung seines Läufers zu verstärken. Es gelingt aber nicht, ihn so zu postieren, daß er beide Bauern gleichzeitig bekämpfen kann. Dazu sind diese zu weit vorgerückt.
3.h7! f5 4.d7 ♔e7 5.d8♕+! ♔:d8 6.♔e6! f4 7.♔d5! f3 8.♔c4! remis.

In Ausnahmefällen, wenn die Bauern bereits nahe den Umwandlungsfeldern stehen und der König nicht helfend eingreifen kann, ist der Läufer allein nicht in der Lage, mit zwei Freibauern fertig zu werden.

J. Berger, 1895

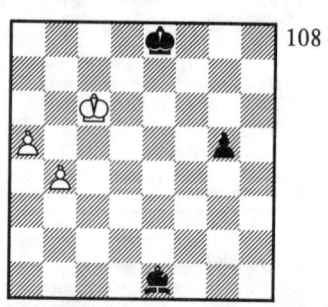

108

Weiß gewinnt

Nach 1.a6 ♝f2 2.b5 g4 3.b6 g3 4.a7 g2 5.a8♕+ ♔e7 (5. ... ♔f7 6.♕a2+ nebst 7.♕:f2) 6.♕a3+ ♔e8 7.b7 g1♕ 8.b8♕+ ♔f7 9.♕f8+ und

10.♕g8+ kommt Weiß zum Erfolg.

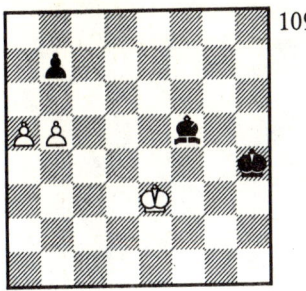

Weiß gewinnt

In dieser Schlußphase einer Studie von Réti zieht Weiß **1.b6**, wonach der Läufer angesichts der Drohung 2.a6 gezwungen ist, das äußerst ungünstige Feld c8 zu besetzen. Darauf folgt **2.♔f4! ♔h5 3.♔e5 ♔g5 4.♔d6 ♔f6 5.♔c7 ♗h3 6.a6** usw.

W. Hanschin, 1951

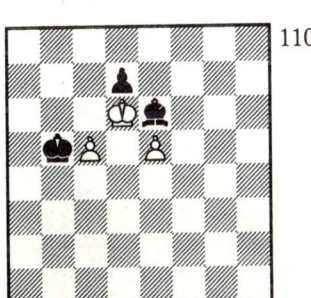

Weiß gewinnt

Schwarz scheitert an der ungünstigen Aufstellung des Läufers. Weiß gewinnt durch **1.c6**

dc **2.♘:e6 c5 3.♘d6 c4 4.e6 c3 5.e7 c2 6.e8♕+**.

Siebentes Kapitel

Läufer und Bauer gegen drei Bauern

Wie die Praxis zeigt, sind Läufer und Bauer stärker als drei Bauern. Sehr oft hat die schwächere Seite jedoch gute Remischancen. In der Regel hängt die Beurteilung jeder Stellung von ihren Besonderheiten ab.
Sehen wir uns zunächst ein Beispiel an, in dem die Läuferpartei einen Freibauern besitzt, während der Gegner über drei verbundene Bauern verfügt.

J. Awerbach, 1954

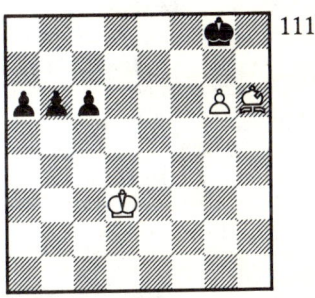

Weiß gewinnt

Der Plan von Weiß besteht darin, den schwarzen Bauern ihre Beweglichkeit zu nehmen und das Vorgehen des eigenen Bauern zu sichern. Deshalb begibt sich der König zum Bau-

ern g6, während es der Läufer übernimmt, die schwarzen Bauern zu neutralisieren.
1.♘e4 a5.
Oder 1. ... b5 2.♗d2! ♔g7 3.♔f5 c5 4.♗e3 c4 5.♗d2 bzw. 1. ... c5 2.♗g5! c4 3.♗d8 b5 4.♗a5, und die Bauern sind gestoppt.
2.♗g5!
Spielbar ist auch 2.♗f4. Die schwarzen Bauern müssen so früh wie möglich festgelegt werden, da sie sonst gefährlich werden könnten, z. B. 2.♔f5? b5 3.♗d2 b4 4.♗e1 c5 oder 2.♗e3 c5!. 3.♔f5 a4, und der Läufer allein ist schon nicht mehr imstande, der Bauern Herr zu werden.
2. ... a4 3.♗d8 b5 4.♗e7 ♔g7 5.♔f5 ♔h8 6.♔f6 ♔g8 7.♗a3 ♔h8 8.♔f7 usw.
Die Beurteilung derartiger Stellungen hängt im wesentlichen davon ab, ob es dem Läufer allein gelingt, die gegnerischen Bauern aufzuhalten. Sind diese Bauern festzulegen, wie das im vorigen Beispiel der Fall war, kommt die stärkere Seite in der Regel zum Erfolg. Es gibt indes auch Ausnahmen.

W. Tschechower, 1950

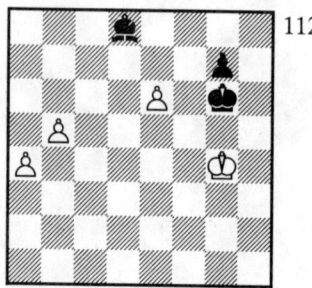

112

Remis

Der Versuch von Weiß, unverzüglich die eigenen Bauern zu unterstützen, schlägt fehl: 1.♔f4 ♔f6 2.♔e4 ♔:e6 3.♔d4 g5 4.♔c5 g4 5.b6 g3 6.♔c6 ♗:b6 7.♔:b6 g2 8.a5 g1♕+, und Schwarz gewinnt. Auch das Bauernopfer 2.e7 hilft nicht, da Schwarz nach 2. ... ♔:e7! 3.♔e5 ♗a5 die für ihn gewonnene Stellung 81 erreicht.
Richtig ist, den Bauern sofort zu geben: **1.e7! ♗:e7.**
Der Bauer wurde geopfert, um die verbundenen Bauern voranzubringen. Doch welcher von ihnen muß zuerst ziehen? Zum Verlust führt 2.b6? wegen 2. ... ♗b4! 3.♔f4 (oder 3.b7 ♗d6 4.a5 ♗b8 5.a6 ♔f6 usw.) 3. ... ♔f6 4.♔e4 ♔e6 5.♔d4 (falls 5.♔f4, so 5. ... ♔d6 6.♔f5 ♔c6 7.♔g6 ♗c3 8.a5 ♔b7, und Weiß befindet sich im Zugzwang) 5. ... ♔d6 6.♔c4, und nun gewinnt Schwarz am einfachsten durch

6. ... g5 7.♔:b4 g4 8.♔b5 g3 9.♔a6 g2 10.b7 ♔c7 11.♔a7 g1♕+. Keine Rettung brächte auch 5.b7 ♗d6 6.a5 ♗b8 7.a6 g6! 8.♔d4 ♗a7+ 9.♔e4 g5 usw.

Das Remis sichert nur **2.a5!** ♗c5.
Wenn 2. ... ♗b4, so 3.a6 ♗c5 4.♔f4 ♔f6 5.♔e4 ♔e6 6.♔f4 mit Remis wie in Beispiel 79.
3.b6! (schlecht ist 3.a6 ♔f6 4.♔f4 g5+ 5.♔e4 ♔e6) **3. ... ♔f6 4.♔f4 g5+.**
Oder 4. ... g6 5.♔e4 ♔e6 6.♔f4 ♗f2 7.♔f3! (siehe Beispiel 79).
5.♔e4 ♔e6 6.b7 ♗a7 7.a6 mit Remis wie in Beispiel 80.
Kann der Läufer die Bauern nicht allein aufhalten, hängt vieles davon ab, wie weit der König der stärkeren Seite entfernt steht. Aber auch dann entscheiden natürlich konkrete Umstände über das endgültige Resultat.

**Leonidow–Sagorowski
Woronesh 1962**

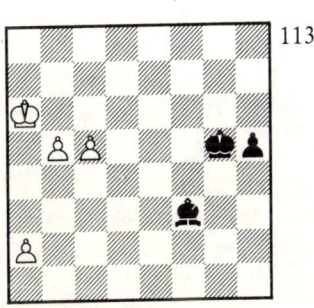

113

Schwarz am Zuge

Würde Schwarz den Bauern sofort vorrücken, könnte Weiß nach 1. ... h4 2.c6 h3 3.c7 ♗g4 4.b6 h2 5.b7 leicht remis halten.
1. ... ♔f6!
Eine starke Fortsetzung!
Schwarz ist bemüht, den König in den Kampf mit den gegnerischen Bauern einzubeziehen.
Was soll Weiß jetzt tun?
Schlecht wäre z. B. 2.c6 ♔e7 3.♔b7 (3.c7 ♔d7) 3. ... ♔d6 4.a4 h4 5.a5 h3 6.a6 h2 7.a7 h1♕ 8.a8♕ ♗:c6+! 9.bc ♕:c6+ 10.♔a7 ♕c5+ 11.♔a6 ♕a3+ 12.♔b7 ♕b4+ 13.♔c8 ♕c5+ 14.♔b7 ♕b5+ 15.♔a7 ♔c7, und Schwarz gewinnt.
Untauglich ist auch 2.b6 h4 3.b7 ♗:b7+ 4.♔:b7 h3 5.c6 h2 6.c7 h1♕+.
2.♔a7!
Wie später ersichtlich wird, ist dies der einzige Zug, der die Rettung bringt. Der König schickt sich an, den Bauern von b8 aus zu unterstützen.
2. ... ♔e5!
Wenn 2. ... ♔e7, so 3.♔b8 ♔d7 4.a4 h4 5.a5 h3 6.c6+ usw.
Keinen Erfolg hätte Schwarz auch mit 2. ... h4 3.c6 h3 4.c7 ♗g4 5.b6 h2 6.b7 h1♕ 7.c8♕. Hier würde 3. ... ♔e7?? nach 4.c7 ♗g4 5.b6 h3 6.b7 sogar verlieren.
3.a4.
Im Fall von 3.♔b8 ♔d4 4.c6 ♔c5 5.c7 ♗g4 6.a4 ♔b6 wäre es Schwarz gelungen, die Bauern zu stoppen.

3. ... h4 4.c6 ♔d6 5.a5 ♗:c6!
6.b6!
Die Pointe. Nach 6.bc ♔c7! ist
Weiß verloren, z. B. 7.a6 h3
8.♔a8 h2 9.a7 ♔c8 10.c7 h1♕
matt.
6. ... h3 7.a6 h2 8.b7 h1♕
9.b8♕+ ♔d7!
Der weiße König befindet sich
plötzlich in einer gefährlichen
Lage. Schlecht ist z. B. 10.♕e5
wegen 10. ... ♕g1+ 11.♔b8
♕b6 matt. Dennoch gibt es
eine Rettung!
10.♕c7+! ♔:c7 patt!
Besitzt die Läuferpartei keinen
Freibauern, ist der Gewinnplan
der gleiche wie in Endspielen
mit Läufer und Bauer gegen
zwei Bauern. Der König muß
die gegnerischen Bauern erobern, um dem eigenen Bauern den Weg zu ebnen.

J. Awerbach, 1954

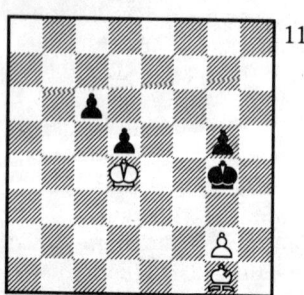

114

Weiß gewinnt

Der schwarze König steht aktiv
und droht, nach 1. ... ♔g3
den einzigen Bauern zu erobern.

1.♗f2.
Weiß durchkreuzt diese Absicht. Wie der Leser noch sehen wird, ist 1.♗h2 schlechter.
1. ... ♔f4 2.♗e1 ♔f5!
Schnell verlieren würde 2. ...
♔g4 3.♔e5 ♔h5 4.♔f5 c5
5.g4+ ♔h6 6.♗d2. Weiß steht
jetzt vor der Aufgabe, den König zur Verteidigung des Bauern heranzuziehen und den
Läufer freizuspielen.
3.♗g3!
3.♔e3 ♔g4 4.♔f2 c5 5.♗a5
c4 6.♔c3 ♔f4 7.♗d2+ ♔g4
räumt Schwarz größere Chancen ein.
3. ... ♔e6 (Schwarz läßt den
Läufer nicht nach d6) 4.♗b8
♔f5.
Es drohte 5.g4 mit raschem
Gewinn.
5.♗c7! ♔g4 6.♗d6!
Weiß hat den Läufer in die
wirksamste Position gebracht.
Jetzt kann er den König an
den Bauern heranführen.
6. ... ♔f5.
Falls 6. ... ♔h4 7.♔e3 c5, so
8.♔f3 c4 9.♗e5 ♔h5 10.g4+
usw.
7.♔e3 ♔g4 8.♔f2 ♔f5 (8. ...
d4 9.♔e2 ♔f5 10.♔d3 ♔e6
11.♗c5 usw.) 9.♔f3 d4
10.g4+ ♔e6 11.♗c5 ♔d5
12.♔e7 c5 13.♗:g5 c4 14.♗f6,
und Weiß gewinnt (siehe Stellung 78).
Hätte Weiß 1.♗h2 gespielt,
wäre seine Aufgabe weit
schwieriger gewesen, z. B. 1.
... ♔h4 2.♗c7 (2.♗d6 ♔g4
3.♔e3 c5 4.♔f2 c4 5.♗e5

♔f5 6.♗g7 ♔e4, und die schwarzen Bauern sind sehr gefährlich) 2. ... ♔h5! (nach 2. ... ♔g4 3.♗d6! käme Weiß zum Erfolg) 3.♔e3 ♔g4! 4.♔f2 c5 5.♗b6 c4 6.♗d4 ♔f4, und Weiß kann kaum gewinnen.

G. Walker, 1841

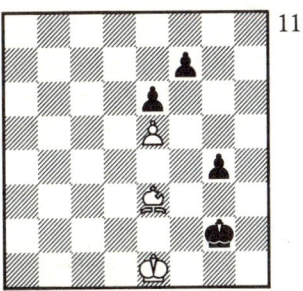

Weiß gewinnt

Der weiße König muß zu den Bauern f7 und e6 durchbrechen. Dieser Plan ist nicht leicht zu verwirklichen.
1.♔e2 ♔h3 2.♗g5 ♔g3 (2. ... g3 3.♔f3 g2 4.♗e3 ♔h2 5.♔g4 g1♕+ 6.♗:g1+ ♔:g1 7.♔g5 usw.) **3.♔e3 ♔g2 4.♗h4! ♔h3 5.♗e1 g3** (oder 5. ... ♔h2 6.♔f4 ♔h3 7.♗g3 f5 8.ef e5+ 9.♔:e5) **6.♔f4 g2 7.♗f2 ♔h2 8.♔g5 ♔h3! 9.♔h5!** (9.♔f6 ♔g4 10.♔:f7 ♔f5 remis) **9. ... ♔h2 10.♔h6! ♔h3 11.♔g5! ♔h2 12.♔f6**, und Weiß gewinnt.

A. Batujew, 1940

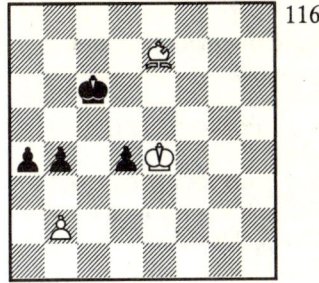

Weiß gewinnt

Schwarz droht, mit 1. ... a3 den einzigen weißen Bauern abzutauschen. Auf das natürliche 1.♗:b4 folgt 1. ... ♔b5!, und falls 2.♗f8, so nicht 2. ... ♔c4 3.♗a3 d3 4.♔e3, und Weiß gewinnt, sondern 2. ... a3!! 3.♗:a3 ♔c4! mit Übergang zur Remisstellung 74.
Zum Gewinn führt **1.♗f6! ♔c5!**
Schwächer ist 1. ... b3 2.♗e7 oder 1. ... a3 2.b3 nebst ♗:d4. **2.♔d3** (2.♗:d4+? ♔c4 3.♗e5 ♔b3) **2. ... b3 3.♗g7!**
Nach 3.♗:d4+ ♔b5 4.♔c3 a3 wäre das Endspiel remis.
3. ... ♔d5 4.♗f8 ♔e5 5.♔c4 ♔e4 6.♔b4 d3 7.♗h6.
Wiederum das bekannte Bild: Der Läufer kontrolliert den Freibauern, während der König die anderen Bauern liquidiert. Gegen Tripelbauern bereitet die Gewinnführung keine Probleme. Sie gleicht jener in Endspielen mit Läufer und Bauer gegen einen Bauern.

Schwierigkeiten ergeben sich wie immer dann, wenn die stärkere Seite über einen Randbauern verfügt, dessen Umwandlungsfeld nicht der Farbe des Läufers entspricht. Rauser formulierte folgende Regel:

„Bei der Bauernstellung Bauer a3–Bauern a4, a5, a6 ist der Gewinn für Weiß nur dann gesichert, wenn der schwarze König in der Ecke h1 bzw. auf den nächstliegenden Feldern, die durch die Diagonale c1–h6 eingegrenzt werden, abgeschnitten ist" (siehe Beispiel 117). Steht er auf anderen Feldern, ist ein Gewinn nur in Ausnahmefällen möglich.

W. Rauser, 1936

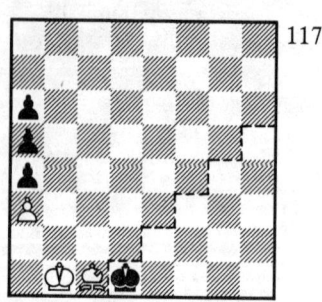

Schwarz am Zuge. Weiß gewinnt

1. ... ♔e1 2.♔c2 ♔e2 3.♗d2 ♔f2 4.♔d3!
Aber nicht 4.♗:a5 ♔f3, da der schwarze König dann in die Remiszone entweicht.
4. ... ♔f3 5.♗e3 ♔g3 6.♔e4 ♔g4 7.♗d2 ♔h4 8.♔f4 ♔h5

9.♔f5 ♔h4 10.♗:a5 ♔h5 11.♗d2! ♔h4 12.♗f4 ♔h3. Falls 12. ... ♔h5, so 13.♗g5 a5 14.♗d2 ♔h4 15.♗:a5. Alles Weitere haben wir bereits im Kapitel Läufer und Bauer gegen einen Bauern behandelt.
13.♔g5 ♔g2 14.♔g4 ♔f2 15.♗c1 ♔e2 16.♔f4 ♔d3 17.♗e3 ♔c4 18.♔e5 ♔b3 19.♔c5 ♔c4 20.♔d6, und Weiß gewinnt wie in Beispiel 87.

In einigen Fällen wird der Gewinn auf studienartigem Wege erreicht.

E. del Rio, 1750

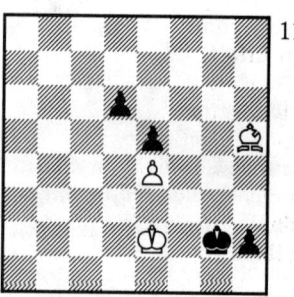

Weiß gewinnt

In dieser Stellung gewinnt Weiß nur, wenn er den Läufer opfert.
1.♗f3+ ♔g1 2.♗h1! ♔:h1 3.♔f1 d5 4.ed e4 5.d6 e3 6.d7 e2+ 7.♔:e2 ♔g1 8.d8♕ h1♕ 9.♕d4+ ♔h2 10.♕h4+ ♔g2 11.♕g4+ ♔h2 12.♔f2 usw.

G. Sachodjakin, 1932

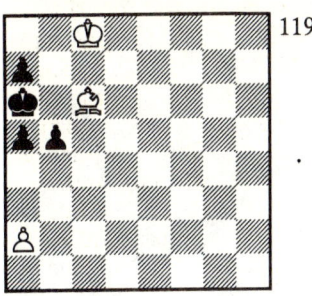

Weiß gewinnt

Hier knüpft Weiß durch das Opfer seines einzigen Bauern um den gegnerischen König ein Mattnetz.
1.a4! ba (nach 1. ... ♔b6 2.♗:b5 kommt Weiß leicht zum Erfolg), und wir haben Stellung 45 vor uns, in der Weiß, beginnend mit **2.♔c7**, in vier Zügen matt setzt.
Wie schon erwähnt, hat die schwächere Seite in derartigen Stellungen erhebliche Remischancen.

J. Kling und B. Horwitz, 1851

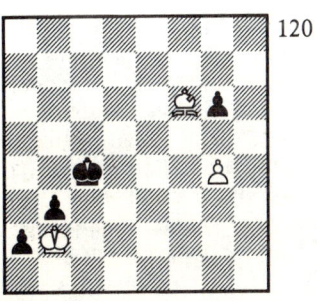

Weiß am Zuge gewinnt
Schwarz am Zuge hält remis

Weiß am Zuge erobert nach **1.g5 ♔b4 2.♗g7 ♔c4** (2. ... ♔a4 3.♗c3) **3.♔a3** dank der günstigen Aufstellung des Läufers beide Bauern am Damenflügel.
Liegt das Zugrecht indes bei Schwarz, ändert sich das Bild:
1. ... g5!! 2.♗:g5 ♔d4 3.♗f6+ ♔e4 4.g5 ♔f5, und Weiß kommt nicht dazu, seine Kräfte umzugruppieren, da 5.♔b3 mit 5. ... a1♕ 6.♗:a1 ♔:g5 beantwortet würde.

S. Jigis, 1927

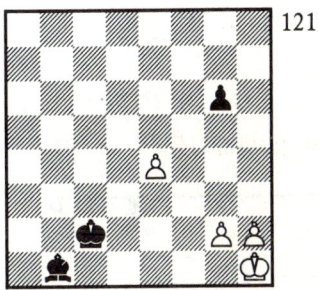

Remis

Weiß kann sich retten, indem er den einzigen schwarzen Bauern abtauscht.
1.h4 ♔d3 2.h5! gh 3.♔h2 ♔:e4 4.♔h3 (4.♔g3 ♗c2 5.♔h4 ♗d1, und Schwarz gewinnt) **4. ... ♔f4** (4. ... ♔f5 5.♔h4 ♔g6 6.g4) **5.♔h4 ♗g6 6.g4!** (trotzdem!) **6. ... hg patt!**
Eine Pattmöglichkeit rettet den Anziehenden auch in der folgenden Studie.

A. Gurwitsch, 1927

R. Réti, 1929

Remis

Remis

Die weiße Stellung erscheint hoffnungslos. Der gegnerische König droht, sich den Bauern zu nähern. Es geschieht jedoch 1.f7! ♗f4+ (falls 1. ... ♔e7, so 2.♔c3 ♔:f7 3.♔b4 ♔e7 4.♔b5 ♔d7 5.a6; Schwarz beabsichtigt deshalb, den f-Bauern mit dem Läufer aufzuhalten und den König zum Damenflügel zu beordern) 2.♔c3 ♗h6 3.f8♕+ (ein überraschender Schlag!) 3. ... ♗:f8 4.a6!! (noch ein Schlag!) 4. ... ba 5.♔b4 ♔c6+ 6.♔a5 ♔b7 patt.
Eine höchst elegante Studie!

Weiß kann durch 1.♔b8 ♔e5 2.c8♕ ♗:c8 3.♔:c8 den Läufer gewinnen, doch nach 3. ... ♔:d5 4.♔d7 ♔e5 wäre das Bauernendspiel für ihn verloren.
Zum Remis führt 1.d6 ♔e6 2.d7!! ♔:d7 3.♔a7 ♗c8 (3. ... ♗:c7 4.♔:a6 ♔d6 5.♔b5 ♔e5 6.♔c4 ♔f4 7.♔d3 ♔:g4 8.♔e2 ♔g3 9.♔f1 remis) 4.♔b8 ♗a6 5.♔a7 mit der uns schon bekannten „fortwährenden Verfolgung".
Wir haben bereits gesehen, daß gefährliche Freibauern sehr oft nur durch gemeinsame Aktionen von Läufer und König zu stoppen sind. Steht der König entfernt, kann es vorkommen, daß der Läufer allein nicht in der Lage ist, die Freibauern aufzuhalten. In diesem Fall zieht die Partei, die über den Läufer verfügt, den kürzeren. Betrachten wir einige solcher Stellungen.

B. Horwitz, 1884

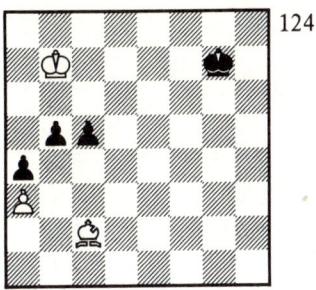

124

Schwarz am Zuge gewinnt

1. ... c4! 2.♔b6 b4!! 3.ab a3
4.♗b1 c3 5.♔c5 a2 6.♗:a2 c2
usw.
Endspiele, in denen ein Läufer
gegen Freibauern kämpft, er-
fordern eine exakte Berechnung.

**Thomas–Flohr
Hastings 1935**

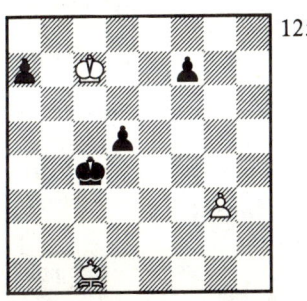

125

*Schwarz am Zuge gewinnt
Weiß am Zuge hält remis*

Schwarz hatte diese Stellung
durch ein Figurenopfer herbei-
geführt.
Es folgte 1. ... d4 2.♔d6 a5
3.g4 a4 4.g5 d3 5.♔e7 a3!
6.♗:a3 d2 7.♔:f7 d1♕ 8.♗e7
♕d5 9.g6 ♕f3+ 10.♗f6 ♕f5
11.g7 ♕e6+, und Weiß gab
auf.
Wäre Weiß am Zuge gewesen,
hätte er sich retten können:
1.♔d6 d4 2.♔e7 a5 3.♔:f7 a4
4.g4 d3 5.g5 a3 6.g6 a2 7.♗b2
d2 8.g7 d1♕ 9.g8♕.
Wie bereits bekannt, kann ein
Läufer allein gegen weit vorge-
rückte isolierte Bauern nichts
ausrichten.
Ein gutes Beispiel hierfür liefert die folgende Studie.

R. Réti, 1922

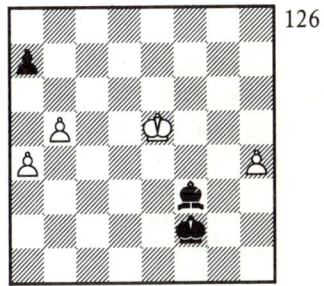

126

Weiß gewinnt

Die Lösung lautet: **1.♔f5!!**
(1.♔f4 ♗e2! remis). Schwarz
hat jetzt zwei Möglichkeiten:
1) 1. ... ♗e2 2.♔f4!! (Schwarz
befindet sich nun im Zug-
zwang) 2. ... ♔g2 3.♔g5 ♔f3
4.h5 ♔e3 5.h6 ♗d3 6.a5.
2) 1. ... ♔e3 2.a5 ♔d4 3.b6
ab 4.ab ♔c5, und wir haben
Stellung 19 erreicht, in der
Weiß durch 5.♔f4 ♗d5
6.♔e5! gewinnt.

Verbundene Bauern benötigen in der Regel die Hilfe des Königs, da ihr Vormarsch sonst durch den Läufer unterbunden werden kann. Vom König unterstützte verbundene Bauern stellen eine gewaltige Kraft dar.

**Charousek–Caro
Berlin 1897**

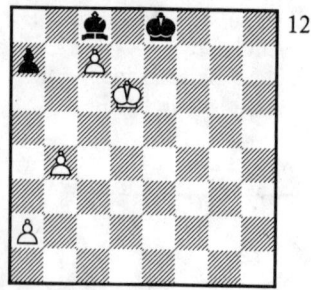

Weiß gewinnt

1.♔c6. Am genauesten. Zum Gewinn führt aber auch 1.b5 ♗b7 2.a3! a6 3.b6 a5 4.a4!! Dagegen hätte 2.a4? nach 2. ... a6! 3.b6 a5 nur ein Remis zur Folge, da Weiß in Zugzwang gerät: 4.♔c5 ♔d7 5.♔b5 ♔d6 6.♔:a5 ♔c5.
1. ... ♔e7 2.b5 ♔e6 3.a4 ♔e5 4.a5 ♔d4 5.b6.

L. Kubbel, 1937

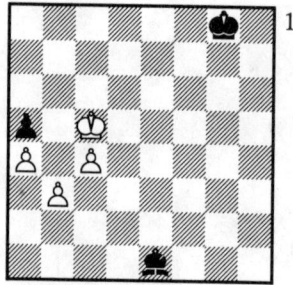

Weiß gewinnt

Weiß gewinnt, da der schwarze König seinem Läufer nicht rechtzeitig zu Hilfe eilen kann. **1.♔b6!** (1.♔c6 ♔f7 2.c5 ♗b4 3.♔b6 ♔e7 4.c6 ♔d8 5.♔b7 ♗d6) **1. ... ♔f7 2.c5 ♔e7** (2. ... ♗f2 3.♔:a5 ♗:c5 4.♔b5 ♗ beliebig 5.a5, und Weiß gewinnt) **3.♔c7! ♗g3+ 4.♔c8! ♔e6 5.c6 ♔d6 6.♔b7 ♔c5 7.c7 ♗:c7 8.♔:c7 ♔b4 9.♔b6.**

Achtes Kapitel

Endspiele mit großer Bauernzahl

In den vorhergehenden Kapiteln wurden Endspiele untersucht, in denen die Läuferpartei entweder gar keinen oder nur einen Bauern besaß.
Hier wenden wir uns Beispielen zu, in denen die Läuferpartei über zwei oder mehr eigene Bauern verfügt.

Wir haben uns in diesem Kapitel nicht die Aufgabe gestellt, Beispiele anzuführen, die die Hauptfälle erschöpfend behandeln. Es werden lediglich einige charakteristische Stellungen gezeigt und an ihnen die Angriffs- und Verteidigungsmethoden in Endspielen mit großer Bauernzahl demonstriert.

Die in den vorhergehenden Kapiteln erläuterten Hauptprinzipien der Behandlung von Endspielen, in denen sich ein Läufer mit Bauern auseinanderzusetzen hat, gelten auch hier.

Bei der Analyse der Beispiele werden wir die Aufmerksamkeit deshalb vor allem auf die Besonderheiten von Endspielen mit großer Bauernzahl lenken.

J. Awerbach, 1954

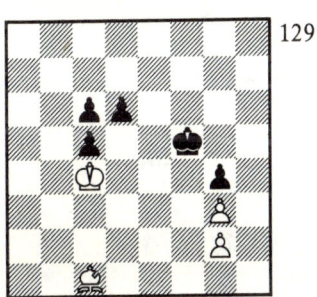

129

Weiß gewinnt

Weiß ist materiell im Vorteil. Er besitzt eine Figur für zwei Bauern. Zwar sind die weißen Bauern verdoppelt, doch spielt der Bauer g2 eine überaus bedeutsame Rolle: Er kontrolliert das Feld f3 und läßt den schwarzen König nicht an den Bauern g3 heran.

Um zu gewinnen, muß Weiß den Bauern g4 erobern, sich dadurch einen Freibauern verschaffen und diesen dann mit Unterstützung des Königs zur Dame führen. Sofort ist dies aber nicht zu verwirklichen. Die schwarzen Bauern sind zu gefährlich, z. B. 1.♔d3 ♔e5 2.♔e3 d5, und der weiße König kommt nicht nach f4, da 3.♗b2+ mit 3. ... d4+ 4.♔d3 ♔d5 beantwortet würde.

Weiß realisiert daher einen Plan, der für derartige Stellungen typisch ist und aus mehreren Etappen besteht:

1. Durch die Drohung, sich mit dem König dem Bauern g4 zu nähern, erzwingt Weiß den Zug d6–d5, der den Bauern c5 schwächt.

2. Durch einen Angriff des Läufers auf den Bauern c5 erzwingt Weiß den Vorstoß c5–c4, der seinem König die Möglichkeit einräumt, sich zu den Bauern am Damenflügel zu begeben.

3. Weiß erobert einen Bauern am Damenflügel, wobei er gleichzeitig darüber wacht, daß der schwarze König nicht seine Hauptreserve – den Bauern g3 – antastet.

4. Nachdem die schwarzen Bauern weniger gefährlich geworden sind, greift der weiße

König den Bauern g4 an und vernichtet ihn.

5. Schließlich pariert der weiße König im Verein mit dem Läufer den letzten Versuch eines Gegenangriffs – das Vorgehen der beiden von ihrem König unterstützten schwarzen Bauern.

Sehen wir uns an, wie dieser Plan praktisch verwirklicht wird.

1.Lf4 Ke6 2.Kd3 Kd5 3.Kc3! Ke6.

3. ... c4 kostet nach 4.Kb4 einen Bauern, z. B. 4. ... c5+ 5.Kc3 Kc6 6.K:c4 d5+ 7.Kc3 Kb5 8.Ld6 Kc6 9.Le7 Kb5 10.Lf8 Kc6 11.Kd3 (jetzt begibt sich der König zum Bauern g4) 11. ... Kb5 12.Ke3 Kc4 13.Kf4 d4 14.K:g4 Kd5 15.Kf3 c4 16.g4 c3 17.Lg7 Kc4 18.Ke4 d3 19.Ke3, und Weiß gewinnt, oder 4. ... Kd4 5.L:d6 c3 6.Kb3 Kd3 7.Le5 c2 8.Lf4 c5 9.Kb2 c4 10.Lc1 c3+ 11.Kb3 Ke2 12.K:c2 usw.

4.Kc4 Ke7 5.Kd3 Ke6 6.Ke4 d5+.

Schwarz hat sich lange gesträubt, ist nun aber doch zu diesem Zug gezwungen, da 6. ... Ke7 7.Kf5 die Aufgabe von Weiß erleichtern würde.

7.Kd3 Ke7.

Schwarz versucht, eine weitere Schwächung seiner Bauern zu vermeiden, und widersetzt sich dem Zug Lf4–d6.

8.Lb8 Ke6 9.La7 Kd6 10.Lb6 c4+ 11.Kd4.

Die schwarzen Bauern sind geschwächt, und der weiße König kann sich ihnen nähern. Das Spiel erfordert jedoch noch große Genauigkeit.

11. ... Ke6 12.Lc7!

Fehlerhaft wäre 12.Kc5?, da 12. ... Ke5 13.K:c6 Ke4 14.La5 Ke3 15.K:d5 Kf2 16.Lc7 c3 17.Ke4 c2 18.Lf4 c1♛ 19.L:c1 K:g3 zum Remis führt.

12. ... Kf5 13.Ld6! Ke6 14.Kc5!

Jetzt ist die Zeit reif!

1) 14. ... c3 15.Lf4 Kf5 16.Kd4! (16.K:c6?? d4 17.Kd5 d3, und es gewinnt sogar Schwarz) 16. ... c2 17.Kd3 (17.Lc1 Ke6 18.Kc5? Ke5 19.K:c6 Kd4! 20.Kd6 Kc4 21.Ke5 d4 22.Ke4 Kc3! 23.Lf4 Kd3 24.Ke5 Ke2! 25.K:d4 Kf2 remis) 17. ... c5 18.K:c2 Ke4 19.Kc3 c4 20.Lc1 Ke5 21.Ld2 Ke4 22.Lf4 Kf5 23.Kd4 Ke6 24.Lb8, und Weiß gewinnt.

2) 14. ... Kf5 15.K:c6 Ke4 (15. ... d4 16.Kd5 d3 17.Lb4) 16.Kc5 c3 (16. ... Ke3 17.K:d5 c3 18.Ke5! c2 19.La3 Kf2 20.Kf4) 17.Lf4 c2 18.Lc1 Kd3 19.K:d5 Ke2 20.Ke4 Kf2 21.Kf4 usw.

Stände auf g2 kein Bauer, könnte Schwarz die Partie leicht remis halten, indem er z. B. in der letzten Variante 17. ... Kf3 18.K:d5 c2 19.Ke5 c1♛ 20.L:c1 K:g3 spielt.

Versetzen wir nunmehr den

Bauern g4 nach g5, um zu untersuchen, wie sich dies auf die Bewertung der Stellung auswirkt.

A. Havasi, 1937

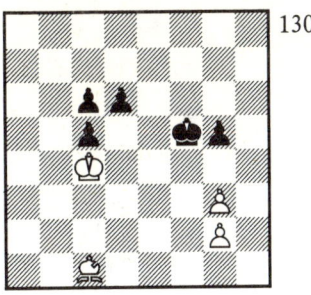

Weiß gewinnt

Im vorigen Beispiel bestand die Hauptdrohung von Schwarz in einem Angriff auf den Bauern g3. Weiß mußte ständig auf der Hut sein, um den gegnerischen König nicht an den Bauern heranzulassen. Hier kann Schwarz den g-Bauern direkt angreifen, was seine Chancen auf eine erfolgreiche Verteidigung natürlich erhöht. Trotzdem gelingt es Weiß, den Widerstand zu brechen. Die Autorlösung lautet:
1.♗e3 ♔g4 2.♗f2 ♔f5 3.♗g1!!
1) **3. ... ♔g4 4.♗h2!** (der Läufer wird in die günstigste Ausgangsposition gebracht) **4. ... ♔f5 5.g4+! ♔e6 6.♗g3 ♔e7 7.♗e1 ♔e6 8.♗d2 ♔f6 9.g3!** (Schwarz hat zwei Schwächen: die Bauern d6 und g5; alles Weitere ist deshalb einfach; mit seinem letzten Zug drängt Weiß den gegnerischen König noch mehr ab) **9. ... ♔g6 10.♗a5 ♔f6 11.♗d8+ ♔g6 12.♗e7**, und die schwarzen Bauern gehen nacheinander verloren.

Der Autor ließ eine andere Fortsetzung außer acht, bei der Weiß aber auch zum Erfolg kommt:
2) **3. ... ♔e4! 4.g4 d5+! 5.♔:c5 ♔f4 6.♔d4** (6.♔:c6 ♔:g4 7.♗f2 d4 8.♔d5 d3 remis) **6. ... ♔:g4** (6. ... ♔g3 7.♔e5 ♔:g2 8.♗b6 ♔f3 9.♔f5 mit Eroberung des g-Bauern), und wir haben die für Weiß gewonnene Stellung 114 vor uns.

Bleibt noch zu ergänzen, daß 3. ... g4 4.♗e3 zum vorhergehenden Beispiel führt.
Die Auflockerung der schwarzen Bauernstellung, ein sich anschließender Angriff des Läufers auf die Bauernschwächen und die Herbeiführung einer Zugzwangsituation – dies ist der Plan, den Weiß im folgenden Beispiel verwirklicht.

D. Godes, 1959

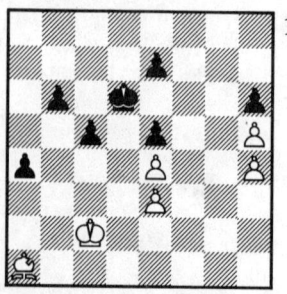

131

Weiß gewinnt

1.♔b2! (aber nicht 1.♗c3 b5
2.♗a5 b4, und die schwarzen
Bauern werden gefährlich)
1. ... b5 2.♔a3 ♔e6 3.♗b2
♔d6 4.♗c1 ♔c6 5.♗d2 ♔b6
6.♗e1!
Durch die Drohung 7.♗g3
zwingt Weiß den schwarzen
König, die Kontrolle über das
Feld a5 aufzugeben, von dem
aus der Läufer die gegnerischen Bauern wirksam attak-
kieren kann.
6. ... ♔c7 7.♗a5+! ♔c6
8.♗d8 ♔d7 9.♗b6 ♔c6
10.♗a7 ♔d6 11.♗b8+ ♔e6
12.♗c7 (Zugzwang!) 12. ...
♔f6 13.♗b6 c4 14.♔b4 ♔e6
15.♔:b5 a3 16.♗a5!, und
Weiß gewinnt.

D. Godes, 1959

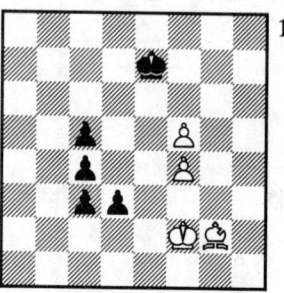

132

Weiß gewinnt

Die Aufgabe von Weiß besteht
darin, eine Zugzwangsituation
zu schaffen. Er erreicht dies
mit Hilfe eines feinen Läufermanövers. Zunächst müssen
jedoch die Bauern gestoppt
werden.
1.♔e1 ♔f6 2.♗h3!
Keinen Erfolg bringt 2.♗e4 c2
3.♔d2 c3+ 4.♔c1 c4, denn
nun wäre Weiß selbst im Zugzwang.
2. ... ♔e7 3.♔d1!
Aber nicht 3.♗g4 c2 4.♔d2
c3+ 5.♔c1 ♔f7 6.♗h3 ♔f6.
3. ... ♔f6 4.♗g4! c2+ 5.♔c1
c3 6.♗h3 ♔e7 7.♗f1 c4.
Jetzt folgt das entscheidende
Läufermanöver.
8.♗g2! ♔f6 9.♗e4 ♔e7
10.♗d5 ♔f6 11.♗e6!, und
Weiß ist am Ziel.

Bondarenko–Ostrowski
Stalinogorsk 1949

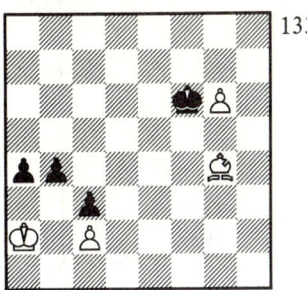

Weiß gewinnt

Schwarz droht, mit 1. ... b3+ 2.cb ab+ 3.♔:b3 ♔:g6 alle Bauern abzutauschen. Durch genaues Spiel kann Weiß jedoch gewinnen.
1.♗f5! (pariert beide Drohungen) **1. ... ♔g7 2.♗e6! ♔:g6 3.♗b3! ab+** (3. ... a3 4.♗c4 ♔f5 5.♔b3 ♔e4 6.♔:b4 usw.) **4.♔:b3 ♔f6 5.♔:b4 ♔e6 6.♔:c3** mit gewonnenem Bauernendspiel.

Wir haben schon mehrfach gesehen, daß die Läuferpartei ihr Übergewicht nicht verwerten konnte, weil der Gegner eine „Festung" errichtete. Der Versuch, den König aus ihr zu verdrängen, führte nur zum Patt. Eine große Anzahl von Bauern kann sich, wie wir wissen, für die schwächere Seite nachteilig auswirken, da die Möglichkeit zu eigenen Bauernzügen die Schaffung einer Pattstellung erschwert.

J. Kling und B. Horwitz, 1851

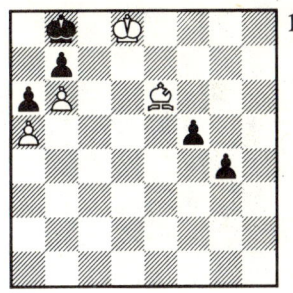

Weiß gewinnt

Ohne die Bauern am Königsflügel wäre die Stellung remis, da 1.♗d5 ♔a8 2.♔c7 zum Patt und 1.♗c4 ♔a8 2.♗:a6 ba! zu einem unentschiedenen Bauernendspiel führt. Fehlerhaft wäre daher 1.♗:f5?? g3 2.♗e4 g2.

Richtig ist **1.♔d7 g3.**
Oder 1. ... f4 2.♗:g4 f3 3.♗h3! f2 4.♗f1 ♔a8 5.♗:a6 und weiter wie in der Hauptvariante.
2.♗d5 f4 3.♗f3 g2 4.♗:g2 f3 5.♗f1 f2 6.♔d8 ♔a8 7.♗:a6!! ♔b8 (7. ... ba 8.♔c7 nebst Matt in zwei Zügen) **8.♗f1 ♔a8 9.♗g2 ♔b8 10.♔d7 ♔a8 11.♔c7 f1♕ 12.♗:b7** matt.

Bei einem Turmbauern, dessen Umwandlungsfeld nicht der Farbe des Läufers entspricht, können zusätzliche Bauern ebenfalls eine negative Rolle spielen, wenn sie dem König wichtige Felder nehmen.

A. Herbstman, 1928

Weiß gewinnt

Der weiße König steht abseits, seine Bauern sind durch den gegnerischen König angegriffen. Schwarz hält scheinbar leicht remis. Weiß gelingt es jedoch, auf studienartigem Wege zum Erfolg zu kommen.
1.b6 ab 2.a6! ♔c6 3.♗e7!! (3.♗:d6? b5 4.♗c5 b4! 5.♔d3 b3! 6.♔c3 ♔c7 7.♗a7 ♔c6 remis) 3. ... ♔c7.
Der schwarze b-Bauer spielt eine negative Rolle, indem er das Feld b6 blockiert. 3. ... b5 4.♗d8 b4 5.♔d3 d5 6.♔d4 b3 7.♔c3 brächte jetzt keine Rettung mehr.
4.♗:d6+! ♔c6 5.♔d3 b5 6.♗c5 ♔c7 7.♗a7 ♔c6 8.♔c3 usw.
Dem gleichen Thema begegnen wir im folgenden Beispiel.

O. Duras, 1923

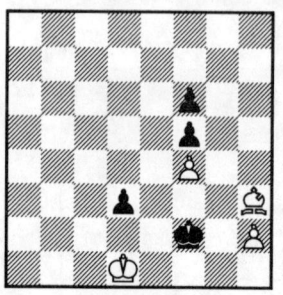

Weiß gewinnt

Schwarz hat für den Läufer nur einen Bauern, und der f-Bauer ist obendrein verdoppelt. Er droht jedoch, den Bauern f4 zu erobern und anschließend mit dem König in die Ecke h8 zu gelangen. Wie soll Weiß dies verhindern?
1.♗g2! ♔e3 2.h4 ♔:f4 3.♗f3!
Weiß hat den Bauern f4 eingebüßt, läßt den gegnerischen König aber nicht nach h8. Dabei spielen die Bauern f6 und f5 eine bedeutsame Rolle, da sie diese beiden Felder blockieren.
3. ... ♔e5 4.h5 ♔e6 5.♗d5+! (der Läufer legt dem schwarzen König unablässig Hindernisse in den Weg) 5. ... ♔e7 6.h6 ♔f8 7.♔d2 f4 8.♔:d3, und Weiß gewinnt.

**Aljechin–Taylor
Nottingham 1936**
(Partievariante)

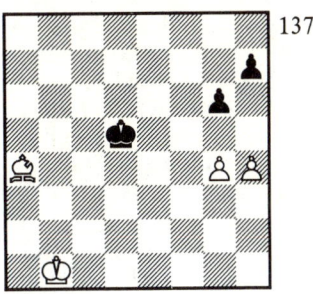

Weiß gewinnt

Um zu gewinnen, muß Weiß ein Endspiel mit Turmbauern vermeiden. Dies erreicht er wie folgt: **1.♗e8! ♔e5 2.h5 ♔f6** (2. ... gh 3.♗:h5) **3.hg hg 4.♗d7** usw.

**Portisch–Stein
Sousse 1967**

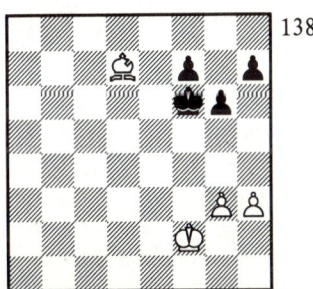

Weiß am Zuge

Der erste Eindruck von der Stellung besagt, daß es für Schwarz an der Zeit ist aufzugeben: Er hat für die Figur nur einen Bauern. Der Weg zum Gewinn ist aber keineswegs so einfach, wie es scheinen mag. Weiß braucht nur 1.♔e3 ♔e5 2.♗b5 zu spielen, und schon ergibt sich nach 2. ... f5! 3.♗d3 g5 4.♔f3 f4! 5.g4 h5! eine Stellung, in der er nichts mehr auszurichten vermag, z. B. 6.gh ♔f6 7.h6 ♔f7 8.♗h7 ♔f6 9.♔g4 ♔f7 10.♔:g5 f3, und der schwarze König bricht in die rettende Ecke h8 durch, oder 6.♗g6 hg 7.hg, und es ist die bekannte Remisstellung 85 entstanden. In der Partie kam es zu alldem aber nicht, da Weiß einen exakten Gewinnplan demonstrierte.
1.♗e8! (dies gewinnt ein wichtiges Tempo) **1. ... ♔e7 2.♗b5 f5.**
Falls 2. ... ♔d6, so 3.♗c4 f6 4.♗g8 h6 5.♗h7 g5 6.♔f3, und das Weitere ist einfach.
3.♔e3 ♔f6 4.♔d4 h5.
Mehr Probleme stellte 4. ...♔g5 5.♔e5 h5. In diesem Fall hätte Weiß nur einen Weg zum Erfolg: 6.h4+! ♔g4 7.♔f6! ♔:g3 8.♔g5 f4 9.♗e8 f3 10.♗:g6 f2 11.♗d3.
5.♔e3 h4 6.g4 ♔e5 7.♗f1 ♔f6 8.♔f4 g5+ 9.♔e3 ♔e5 10.♗a6. Schwarz gab auf.

A. Utjazki, 1969

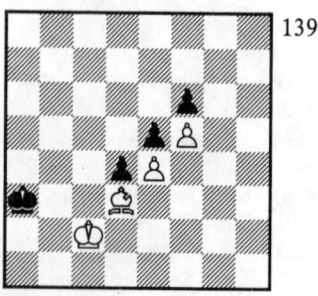

Weiß am Zuge

Um zu gewinnen, muß Weiß mit dem König zum Bauern f6 durchbrechen. Wie ist dies zu bewerkstelligen? Es zeigt sich, daß eine Umgehung von links mißlingt: 1.♗c4 ♔b4 2.♗a2 ♔a3 3.♗b3 ♔b4 4.♔b2 ♔c5 5.♔a3 d3! 6.♔b2 ♔d4 7.♗d5 ♔e3 8.♔c1 ♔e2 mit Remis analog Stellung 85.
Zum Gewinn führt eine Umgehung von rechts, die aber akkurat verwirklicht werden muß.
1.♔d2 ♔b3 2.♔e1! ♔b2 3.♔f2 ♔c3 4.♔e2 (dieser Zug wäre auch auf 3. ... ♔c1 gefolgt) 4. ... ♔b3 5.♔f3 ♔c3 6.♗b5!
Utjazki gelangte etwas anders zu dieser Stellung: 1.♗a6 ♔b4 2.♔d2 ♔a5 3.♗c8 ♔b4 4.♔e2 ♔c4 5.♗a6+ ♔c3 6.♗d3 ♔b3 7.♔f3 ♔c3 8.♗b5. Der von uns angegebene Weg ist kürzer.
Hier beendete der Autor seine Analyse und überließ es den Lesern, die weitere Lösung selbst zu finden.
Zieht Schwarz 6. ... d3, ist der Gewinnweg einfach – es entscheidet die Rückkehr des Königs: 7.♔e3! d2 8.♗a4 ♔b4 9.♗c2 ♔c3 10.♗d1. Dagegen brächte das weitere Vordringen des Königs keinen Erfolg: 7.♔g4 ♔d4 8.♔h5 ♔:e4 9.♔g6 ♔d4 10.♔:f6 e4 mit Remis.
Schwarz kann jedoch stärker spielen: 6. ... ♔d2! 7.♔g4 ♔e3 8.♔h5 ♔:e4 9.♔g6 d3 10.♔:f6 d2, aber hier gewinnt 11.♗a4 ♔d4 12.♔g5! e4 13.♔f4 e3 14.♗d1! usw.
In Ausnahmefällen kann die Läuferpartei trotz eines materiellen Übergewichts des Gegners triumphieren, indem sie Mattdrohungen nutzt.

W. Lomow, 1934

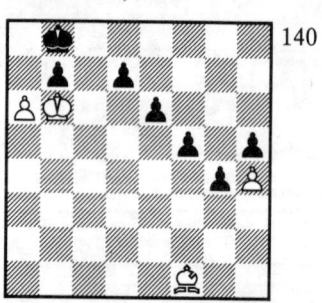

Weiß gewinnt

Um zu gewinnen, muß Weiß nach 1.a7+ ♔a8 den Punkt b7 mit dem Läufer angreifen, bevor die schwarzen Bauern zur Dame gehen.

2.♗b5! g3 (sonst geschieht
3.♗:d7 nebst 4.♗c8) 3.♗f1
e5!
Der einzige Zug. Falls 3. ...
d5, so 4.♗g2 f4 5.♗f3, und
Schwarz ist letzten Endes doch
zu e6–e5 gezwungen.
4.♗h3! (4.♗g2? e4 5.♗h3 d5
6.♗g2 d4 7.♗h3 d3 8.♗:f5 g2)
4. ... e4 (4. ... d5 5.♗g2 e4
6.♗h3 usw.) 5.♗g2! (5.♗f1?
f4 6.♗g2 f3) 5. ... d6 6.♗f1
d5 7.♗h3 d4 (der Bauer verstellt die Diagonale a7–g1)
8.♗:f5! g2 9.♗c8 g1♕
10.♗:b7 matt.
Wie wir bereits wissen, macht
ein Läufer gegen drei Bauern
remis, wenn diese nicht zu
weit vorgerückt sind. Bei einer
größeren Bauernzahl bleibt
diese Bedingung bestehen.
Die folgende Studie verdeut-
licht einen solchen Fall.

**Fine–Kevitz
New York 1936**

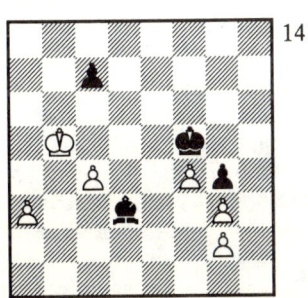

141

Remis

1.♔c6 ♔e4 2.♔:c7 ♗:c4 3.a4
♔d5.

Ein grober Fehler wäre 3. ...
♔e3 4.a5 ♔f2 5.f5 ♔:g2 6.f6
♔:g3 7.a6, und einer der Bauern geht zur Dame.
4.a5 ♔e6 (nach 4. ... ♔c5
5.♔d7 ♔b5? 6.f5 ♔:a5 7.f6
♔b4 8.♔e7 zieht Schwarz den
kürzeren) 5.♔b7 ♗d5+!
6.♔c7 (6.♔b6 ♔d6 7.a6 ♗:g2
8.a7 ♗c6 führt ebenfalls zum
Remis) 6. ... ♗c4 7.♔b7 remis.
Erwähnt sei, daß die verdoppelten Bauern g2 und g3 eine
Rolle spielten. Wäre der Bauer
g2 nicht gewesen, hätte
Schwarz gewonnen: 1.♔c6
♗:c4 2.♔:c7 ♔e4 3.a4 ♔f3!
4.f5 ♔:g3 5.f6 ♔f4 6.a5 ♔e5
7.a6 ♔:f6 8.a7 ♗d5 usw.
In Ausnahmefällen läßt sich die
Mehrfigur trotz ungenügender
materieller Kompensation nicht
verwerten, weil entweder die
eigenen Kräfte ungünstig postiert sind oder König und Bauern des Gegners so stark stehen,
daß sie den Materialnachteil
völlig aufwiegen und ein Gewinnmanöver unmöglich ma-
chen.

R. Réti, 1928
(Schluß einer Studie)

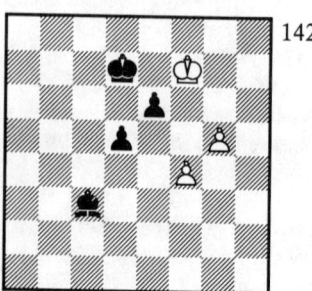

142

Remis

Schwarz hat eine ganze Figur mehr. Dennoch kann sich Weiß retten.
1.g6 ♚d6 2.♔f8! ♝b2 3.♔f7 ♝h8 4.♔g8 ♝f6 5.♔f7 mit Remis, da es Schwarz nicht gelingt, den d-Bauern vorzurücken, ohne die Diagonale des Läufers zu verstellen.

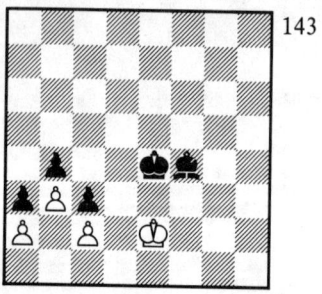

143

Remis

Weiß hält remis, indem er eine Pattmöglichkeit nutzt.
1.♔d1 ♔e3 2.♔e1 ♝g3+ 3.♔d1 ♔f2 4.♔c1 ♔e2 5.♔b1 ♔d2 6.♔a1 remis.

Nähme man in Stellung 143 die Bauern a2 und a3 vom Brett, würde Schwarz gewinnen, da das Patt entfiele.

S. Birnow, 1928

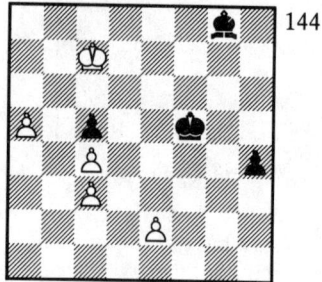

144

Remis

Dank dem starken Freibauern und der ungünstigen Aufstellung des schwarzen Königs kann Weiß remis machen.
1.a6 ♝:c4 2.e4+!! (der rettende Zug; der schwarze König wird auf die Diagonale des Läufers gelenkt) 2. ... ♔:e4 3.a7 ♝d5 4.c4! (engt den Wirkungskreis des Läufers noch mehr ein) 4. ... ♝a8 5.♔b8 ♝c6 6.♔c7 mit der uns schon vertrauten „fortwährenden Verfolgung".
Das Problem, die gegnerischen Bauern blockieren zu müssen, ergibt sich dann, wenn der König seinem Läufer nicht helfen kann und dieser gegen die Bauern auf sich allein gestellt ist.

J. Awerbach, 1954

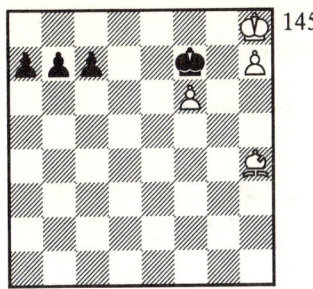

Kann Weiß gewinnen?

Schwarz hat nur einen Bauern für den Läufer. Der weiße König ist jedoch lediglich ein hilfloser Augenzeuge des Geschehens. Ein Läufer kann drei verbundene Bauern, die auf ihren Ausgangsfeldern stehen, allein aufhalten. Gelingt es ihm aber, noch eine zweite Aufgabe zu lösen, nämlich dem schwarzen König das Feld f8 zu nehmen und ihn zu zwingen, den weißen König freizugeben?
1.♗g3.
Am stärksten. Nach 1.♗f2 a5 2.♗c5 b5 3.♗e7 b4! tut Weiß gut daran, mit 4.♗:b4! das Remis zu forcieren.
1. ... c5 2.♗f2 b6 3.♗g3 c4! 4.♗e5 ♔f8 5.♗d6+ ♔f7.
Remis, denn auf 6.♗b4 geschieht 6. ... a5 7.♗c3 a4 8.♗b4 b5, wonach bereits Weiß Rettung im Patt suchen muß.
Ein weit vorgerückter Freibauer kann sich einem Läufer überlegen erweisen, vor allem,
wenn letzterer keine Unterstützung durch den König findet. Dies gilt auch für Endspiele mit großer Bauernzahl.
Taktische Verfahren, die im Kampf zwischen einem Freibauern und dem Läufer angewandt werden können, sind: *Verstellung der Läuferdiagonale, Einschränkung des Aktionsradius des Läufers, Blockade, Ablenkung.*
Ein klassisches Beispiel für Verstellung und Blockade ist eine Studie von Troitzky.

A. Troitzky, 1924

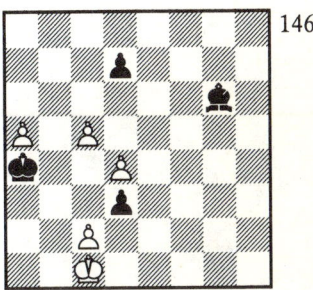

Weiß gewinnt

1.c6 (Verstellung) **1. ... dc 2.a6 d2+** (2. ... ♗e4 3.d5! cd 4.cd ♗h1 5.d4) **3.♔:d2 ♗e4 4.d5!** ♗:d5 (4. ... cd 5.♔e3! ♗h1 6.♔d4) **5.c4! ♗h1 6.c5.** Eine prächtige Studie!

G. Sachodjakin, 1929

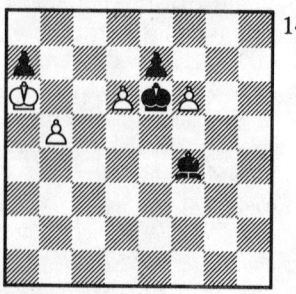
147

Weiß gewinnt

Thema dieser Studie ist ein Bauernopfer mit dem Ziel, den Wirkungskreis des Läufers einzuschränken.
1.f7 ♗:f7 2.b6!! ab 3.d7 ♗c7 4.♔b7 ♗d8 5.♔c8, und Weiß gewinnt.

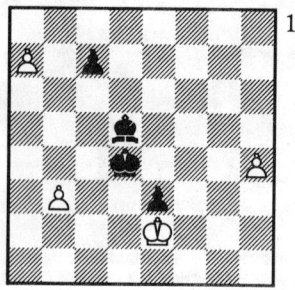
148

Schwarz am Zuge

Dieses Beispiel behandelt das Thema Pflichtenverteilung – den einen Bauern bekämpft der Läufer, den anderen der König. Wenn Schwarz jedoch den König zum Bauern a7 beordert, verliert er: 1. ... ♔c5 2.h5 ♔b6 3.h6, und ein weißer Bauer geht zur Dame.

Von Wert ist hier folgende Regel:
Im Kampf gegen zwei Bauern kontrolliert der König gewöhnlich besser den weniger weit vorgerückten Bauern, während der Läufer den weiter vorgerückten übernimmt.

Demzufolge muß sich der König zum Bauern h4 begeben. Zunächst ist es jedoch notwendig, den Läufer wegzuziehen, damit er dem weißen König kein Tempo liefert, wenn dieser dem Bauern a7 zu Hilfe kommt.
Schwarz spielte 1. ... ♗b7, mußte aber nach 2.h5 ♔e5 3.b4 ♔f5 4.♔:e3 ♗c6 5.♔d4 ♔f6 6.h6 ♔g6 7.♔e5 aufgeben, da der König den Läufer nicht rechtzeitig unterstützen konnte.
Zum Remis führt das feine Manöver 1. ... ♗a8!, z. B. 2.h5 ♔e5 3.♔:e3 ♔f5 4.♔d4 ♔g5 5.♔e5 ♔:h5 6.b4 ♔g6 7.♔e6 c6! 8.♔d7 ♔f7 9.♔c7 ♔e7 10.♔b8 ♔d8 11.♔:a8 ♔c7.
Mit drei weit vorgerückten Bauern wird ein Läufer selbst mit Hilfe des Königs nicht fertig.

**Iljin-Genewski–Mjassojedow
Leningrad 1932**

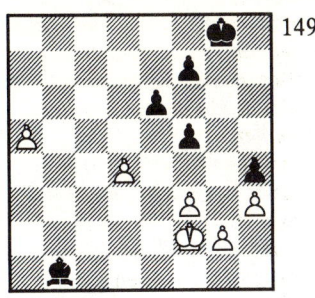

Weiß am Zuge

Weiß steht auf Verlust. Um zu gewinnen, braucht Schwarz lediglich die Aufstellung des Läufers zu verbessern und den König ins Zentrum zu führen. Weiß versucht seine letzte Chance.
1.d5!
Keine Rettung bringt 1.♔e3 ♗a2 2.♔f4 f6 3.a6 ♗d5 4.g3 hg 5.♔:g3 e5 6.de fe 7.♔h4 e4 8.fe fe, und Schwarz gewinnt.
1. ... ♗d3?
Ein schablonenhafter Zug, der den Gewinn vergibt. Schwarz mußte mit 1. ... f4! die Bildung eines weiteren Freibauern verhindern, z. B. 2.a6 ♗a2 3.de fe 4.a7 ♗d5 5.♔e2 e5, und Weiß kann getrost aufgeben.
2.d6 ♔f8 3.g3! f4?
Dies verliert sogar. Nach 3. ... hg+ 4.♔:g3 ♔e8 5.h4 ♔d7 6.h5 ♔:d6 7.h6 f4+ 8.♔:f4 f6 9.♔e3 ♗f5 10.a6 ♔c6 11.a7 ♔b7 12.♔d4 ♔:a7 13.♔c5 ♔b7 14.♔d6 ♔b6 15.♔e7 ♔c5 16.♔:f6 ♔d6 17.f4 ♔d5 18.♔f7 würde die Partie remis enden, da Schwarz seine Stellung nicht verstärken kann.
4.gh ♔e8 5.♔e1!
Der Läufer kontrolliert von d3 aus zwei Diagonalen. Er muß deshalb unbedingt von dort vertrieben werden.
Weiß konnte hier noch fehlgreifen: 5.h5 ♔d7 6.h6 ♔:d6 7.a6 ♔c6, und Schwarz gewinnt doch.
5. ... e5 6.♔d2 e4 7.h5 ♗b1 8.a6, und Weiß gewann.
Bekanntlich entspricht der Wert eines Läufers im Durchschnitt dem dreier Bauern. Je nach Aufstellung der Figuren und Bauern kann sich ein Läufer indes stärker oder schwächer als drei Bauern erweisen.

**Capablanca–Lasker
New York 1924**

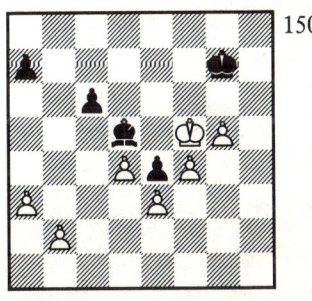

Weiß gewinnt

Weiß hat zwar nur drei Bauern für den Läufer, aber der schwarze Bauer e4 ist schwach, und der weiße König steht bedeutend aktiver als der schwarze. Dieser Positionsvorteil reicht zum Gewinn völlig aus.

1.b4 a6 2.♔g4 (Weiß verstärkt seine Stellung weiter, indem er den Bauern nach f5 bringt) **2. ... ♗c4 3.f5 ♗b3 4.♔f4 ♗c2 5.♔e5 ♔f7 6.a4! ♔g7** (6. ... ♗:a4 7.♔:e4 wäre genauso unersprießlich für Schwarz) **7.d5 ♗:a4** (oder 7. ... cd 8.♔:d5 ♗:a4 9.♔:e4, und die drei verbundenen Freibauern auf der 5. Reihe gewinnen ebenfalls) **8.d6 c5 9.bc ♗c6 10.♔e6 a5 11.f6+.** Schwarz gab auf.

Schumow–Tschigorin
Petersburg 1874

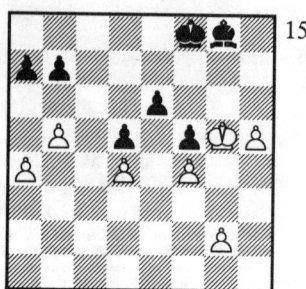

Weiß gewinnt

Die schwarzen Figuren sind eingeengt, und das macht das solide materielle Übergewicht – Läufer gegen einen Bauern – wertlos. Nach **1.♔f6!** wurde Schwarz der Schwierigkeiten nicht Herr.

1. ... ♗h7 2.h6 ♗g8 3.a5 b6! 4.a6!
Umgeht eine feine Falle. Wenn 4.ab? ab 5.g3, so 5. ... ♔e8!! 6.♔g7 ♗h7!! 7.♔:h7 ♔f7, und der weiße König ist hinter Schloß und Riegel.
4. ... ♗h7 5.♔:e6 ♔e8.
Am einfachsten gewann hier 6.♔:d5 ♔d7 7.♔e5 ♔e7 8.d5 ♗g6 9.d6+ ♔f7 10.d7 ♔e7 11.d8♕+! ♔:d8 12.♔f6 ♗h7 13.♔g7 ♔e7 14.♔:h7 ♔f7 15.g3 usw.

In Ausnahmefällen kann die Läuferpartei zwar den Freibauern nicht aufhalten, trotzdem aber remis halten, indem sie eine Situation herbeiführt, in der die neu entstandene Dame das Spiel nicht zu entscheiden vermag.

W. Tschechower, 1947

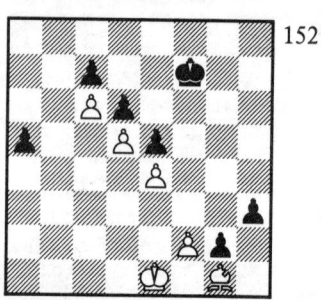

Remis

Der Versuch, den Freibauern mit dem König zu stoppen, führt zum Verlust: 1.♔d2 ♔g6 2.♔c3 ♔g5 3.♗h2 g1♕ 4.♗:g1 ♔f4.

Weiß hält remis, wenn er eine „Festung" errichtet: **1.f3!! a4 2.♔f2! a3 3.♔g3 a2 4.♔:h3 a1♕ 5.♔:g2**, und wie leicht zu sehen ist, kann der schwarze König nirgendwo einbrechen, z. B. **5. ... ♕b2+ 6.♗f2 ♔g6 7.♔g3 ♕d2 8.♔g2 ♔g5 9.♔g3 ♕c1 10.♗a7** (der einzige Zug; der schwarze König gelangt weder nach f4 noch nach a7) **10. ... ♕f4+ 11.♔g2 ♔h5 12.♗f2 ♕g5+ 13.♔h2** remis.

Trotz gewaltiger materieller Überlegenheit vermag Schwarz nicht zu gewinnen. Eine bemerkenswerte Stellung!

Auch im Finale einer anderen Studie von Tschechower kann sich Weiß retten, nachdem er den schwarzen König lahmgelegt hat.

W. Tschechower, 1952

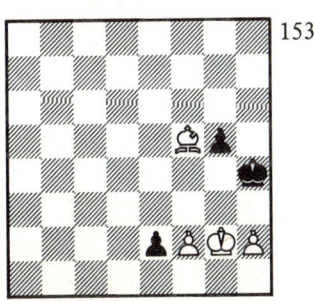

Remis

1.♗g4!! e1♕ (1. ... ♔:g4 2.f3+ nebst 3.♔f2 mit Remis) **2.h3** remis.

Zweiter Abschnitt

Gleichfarbige Läufer

Erstes Kapitel

Läufer und Bauer gegen Läufer

Die Beurteilung derartiger Endspiele hängt davon ab, wie effektiv die schwächere Seite den Vormarsch des Bauern bekämpfen kann.

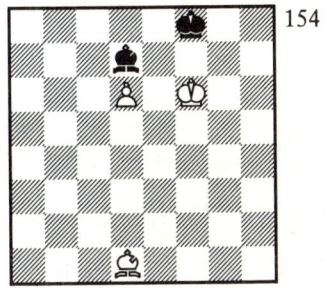

Anzug beliebig. Remis

Schwarz am Zuge spielt **1. ... ♔e8!** und **2. ... ♔d8**, wonach das Remis offensichtlich ist, da der weiße Bauer nicht vorrücken kann.

Eine Stellung, in der der König der schwächeren Seite ein Feld vor dem Bauern besetzt hat, das dem Läufer unzugänglich ist, bezeichnen wir als *erste Hauptremisstellung*.

Weiß am Zuge spielt **1.♗h5** und läßt den schwarzen König nicht nach e8.

1. ... ♗h3 (möglich ist auch ein Zug des Läufers auf der Diagonale a4–e8). Nach 2.♗g6 scheitert nun 2. ... ♗g4? an 3.♗f5 ♗:f5 4.♔:f5 ♔f7 5.♔e5 ♔e8 6.♔e6 ♔d8 7.d7. Schwarz hat aber die einzige und ausreichende Fortsetzung 2. ... ♗d7, um auf 3.♗f5 mit 3. ... ♔e8 remis zu halten.

Weiß kann versuchen, den König durch ein Umgehungsmanöver nach c7 zu bringen. Verfolgt Schwarz in diesem Fall eine passive Taktik, gerät er nach 2.♔e5 ♗d7 3.♔d5 ♗a4 4.♔c5 ♗d7 5.♔b6 ♗a4 (auch 5. ... ♗f5 hilft nicht; Weiß verdrängt den Läufer durch 6.♔c7 ♗h3 7.♗f3, 8.♗b7 und 9.♗c8 von der Diagonale h3–c8) 6.♔c7 ♗b5 in eine Verluststellung.

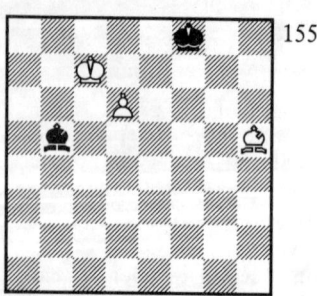

Anzug beliebig. Weiß gewinnt

Weiß spielt 7.♗f3 ♗a4 8.♗c6 ♗:c6 9.♔:c6 ♔e8 10.♔c7 und führt den Bauern zur Dame.

Wir haben uns davon überzeugt, daß der Läufer der schwächeren Seite den gegnerischen Bauern ohne die Hilfe des Königs nicht aufhalten kann. Die stärkere Seite versperrt dem Läufer durch ein typisches Manöver die Diagonale, oder sie verdrängt ihn.

Eine Stellung, in der der König der schwächeren Seite kein Feld vor dem Bauern zu besetzen vermag, das dem Läufer unzugänglich ist, und in der er auch dem Läufer nicht helfen kann, die Sperrung der Diagonale und damit das Vorrücken des Bauern zu unterbinden, bezeichnen wir als *erste Hauptgewinnstellung*.

War der schwarze König im letzten Beispiel in der Lage, die Sperrung der Diagonale seines Läufers zu verhindern? Die Sperrung erfolgte durch den Zug ♗c6, der nur abzuwenden gewesen wäre, wenn der schwarze König auf c5 gestanden hätte.

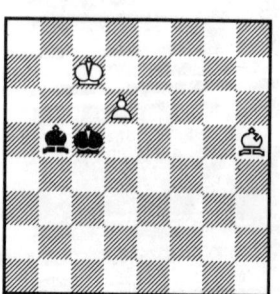

Anzug beliebig. Remis

Nach 1.♗g4 ♝a4 2.♗d7 ♝d1 3.♗c6 ♝g4 zeigt sich, daß Weiß seine Stellung nicht verbessert hat. Er kann den gegnerischen Läufer nicht von zwei Diagonalen verdrängen. Die Stellung ist remis.

Eine Stellung, in der der König der schwächeren Seite kein Feld vor dem Bauern zu besetzen vermag, das dem Läufer unzugänglich ist, in der er aber die Sperrung der Läuferdiagonale verhindern kann, bezeichnen wir als *zweite Hauptremisstellung*.

Kehren wir zur Diagrammstellung 154 zurück. Aus dem soeben Dargelegten folgt, daß, während sich der weiße König nach c7 begibt, der schwarze rechtzeitig nach c5 gelangen muß.

2.♔e5 ♚g7 3.♔d5 ♚f6 4.♔c6 ♚e5 5.♔c7 ♚d4 6.♗e8 ♚c5, und wir haben die zweite Hauptremisstellung erreicht.

Schwarz braucht sich mit der Überführung seines Königs nach c5 nicht einmal zu beeilen. So konnte er 5.♔c7 mit 5. ... ♝f5 beantworten, um erst auf 6.♗e8 mit 6. ... ♚d4 7.♗d7 ♝c2 8.♗c8 ♝a4 9.♗b7 ♚c5! fortzusetzen. Bemerkt sei, daß 6. ... ♚d4 hier allerdings schon unerläßlich war. Jeder andere Zug hätte verloren, z. B. 6. ... ♝h3 7.♗d7 ♝f1 8.♗c8 ♝b5 9.♗b7 ♚d4 10.♗c6 mit Sperrung der Diagonale.

Anstelle von 3.♔d5 konnte Weiß 3.♗e8 spielen, um zu versuchen, den Läufer in eine günstigere Position zu bringen und ein Tempo zu gewinnen. Schwarz hat jedoch ein Tempo in Reserve, und nach 3. ... ♝g4 4.♔d5 ♚f6 5.♔c6 ♚e5 6.♔c7 ♚d4 ergibt sich wiederum die zweite Hauptremisstellung. Mit 3. ... ♚f8 steht Schwarz indes eine noch stärkere Fortsetzung zur Verfügung. Falls darauf 4.♗b5, so 4. ... ♚f7 5.♔d5 ♝g2+! 6.♔c5 ♚e6!, und der weiße König gelangt überhaupt nicht nach c7.

J. Awerbach, 1954

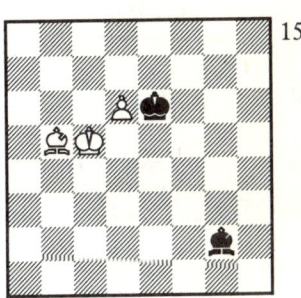

157

Anzug beliebig. Remis

Schwarz kann hier durch 1. ... ♝h3 2.♔c6 ♚e5! 3.♔c7 ♚d4! usw. die zweite Hauptremisstellung herbeiführen.

J. Kling und B. Horwitz, 1851

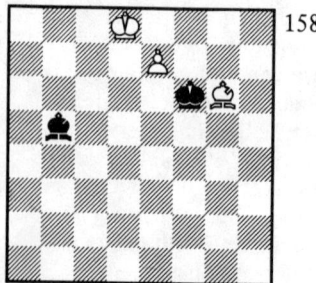

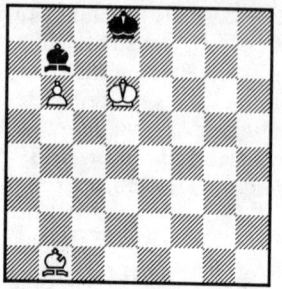

Anzug beliebig. Remis

Remis

Befände sich sein Läufer auf h5, würde Weiß nach 1.♗g4 nebst 2.♗d7 gewinnen. Der Läufer steht jedoch auf g6 ... **1.♗e8 ♗e2!** (der einzige Zug; wenn 1. ... ♗d3 oder 1. ... ♗c4, so 2.♗h5! ♗b5 3.♗g4 usw.) **2.♗f7 ♗b5 3.♗h5 ♔e5! 4.♗g4 ♔d6**, und wir haben die zweite Hauptremisstellung vor uns.

Versetzt man Stellung 154 um eine Linie nach links, bleiben alle unsere Überlegungen in Kraft.

Bei einem Springerbauern wird das Ziel auf etwas anderem Wege erreicht.

Nach 1.♗f5 hält nur ein Zug des Läufers auf der Diagonale h1–a8 remis.
Auf 1. ... ♗a6? gewinnt Weiß durch 2.♔c6! ♗c8 3.♗d3! Gerade bei einem Springerbauern ist diese Fortsetzung höchst wirkungsvoll, da der Läufer keine weiteren Felder auf der Diagonale a6–c8 besitzt. Nach 3. ... ♗g4 4.♔b7! und 5.♔a7 erreicht Weiß die erste Hauptgewinnstellung.

In Beispiel 159 ist ein Umgehungsmanöver des weißen Königs nach a7 gewöhnlich nicht möglich. Nach ♔b5 wird ihm durch ♗b7 das Feld a6 verwehrt.

Betrachten wir diesen Fall ausführlicher.
1.♗f5 ♗f3 2.♗e6 ♗b7! 3.♔c5 (3.♗d5 ♔c8!) **3. ... ♗f3** (ein Zug des Läufers entlang der Diagonale ist das einzige; auf 3. ... ♔e7 gewinnt 4.♗d5) **4.♗d5 ♗e2 5.♗b7** (sonst folgt 5. ... ♔c8) **5. ... ♔d7** remis.

Versuchen wir nunmehr zu ermitteln, wie die Beurteilung derartiger Stellungen in Abhängigkeit davon ausfällt, auf welcher Linie oder Reihe der Bauer steht.

Verschieben wir Beispiel 156 um eine Linie nach links.

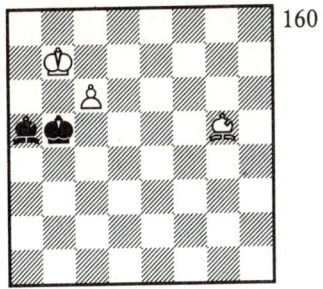
160

Anzug beliebig. Remis

In dieser Stellung ist die Diagonale des schwarzen Läufers kürzer. Dennoch verfügt der Läufer über zwei freie Felder. Sehen wir uns die gleiche Stellung mit einem Springerbauern an.

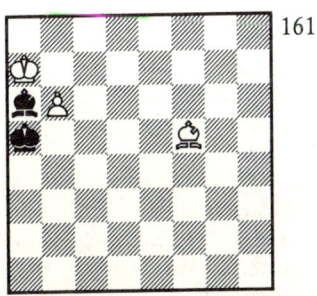
161

Anzug beliebig. Weiß gewinnt

Hier besitzt der schwarze Läufer auf der kleinen Diagonale nur ein freies Feld. Deshalb bringt jeder beliebige Abwartezug des weißen Läufers auf der Diagonale h3–c8 (außer 1.♗c8) Schwarz in eine Zugzwangsituation, z. B. 1.♗g4 ♔b5 2.♗e2+.

Eine Stellung, in der der König die Sperrung der Diagonale verhindert, diese aber zu kurz ist und die schwächere Seite in Zugzwang gerät, bezeichnen wir als *zweite Hauptgewinnstellung*.

Versetzen wir Beispiel 161 um eine Reihe nach unten.

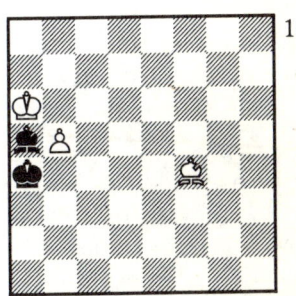
162

Remis

Der schwarze Läufer hat zwei freie Felder, und eine Zugzwangsituation tritt nicht ein. Daraus ergibt sich:

Besitzt der schwarze Läufer auf der kurzen Diagonale zwei freie Felder, ist die Stellung remis, sind es weniger als zwei, ist sie für Weiß gewonnen (diese Schlußfolgerung zog Centurini Mitte des 19. Jahrhunderts).

Um diese Regel zu überprüfen, sehen wir uns noch einige

charakteristische Stellungen an.

L. Centurini, 1847

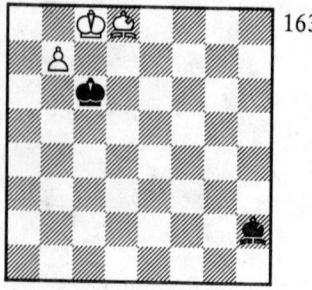

163

Anzug beliebig. Weiß gewinnt

Hier besteht die kurze Diagonale aus insgesamt zwei Feldern, und wenn es Weiß gelingt, seinen Läufer nach a7 zu bringen, kommt er durch 1.♗b8 ♗g1 2.♗g3 ♗a7 3.♗f2 zum Erfolg. Nach 1.♗h4 kann Schwarz indes versuchen, dem gegnerischen Läufer das Feld a7 durch 1. ... ♔b5! 2.♗f2 ♔a6 streitig zu machen. Der schwarze König verhindert, daß die Diagonale auf c7 gesperrt wird, und läßt den weißen Läufer auch nicht nach a7.
Nehmen wir an, daß Weiß den Abwartezug 3.♗e3 macht, um nach 3. ... ♗g3 4.♗g5 ♔b5 5.♗d8 ♔c6 6.♗h4! ♗h2 7.♗f2 das entscheidende Tempo zu gewinnen. Anstelle von 3. ... ♗g3 zieht Schwarz jedoch 3. ... ♗d6!, und nach 4.♗g5 ♔b5 5.♗d8 ♔c6 6.♗e7 ♗h2! ist Weiß nicht weitergekommen, da der schwarze König das Feld c5 kontrolliert.

Weiß kann aber stärker spielen: 3.♗c5! (nimmt dem schwarzen Läufer das Feld d6) 3. ... ♗f4 4.♗e7 ♔b5 5.♗d8 ♔c6 6.♗g5! ♗h2 7.♗e3, und der weiße Läufer gelangt nach a7.

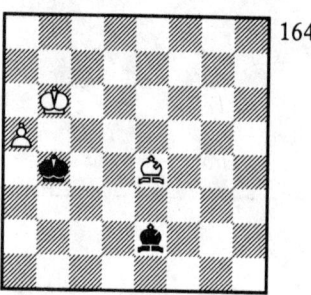

164

Weiß gewinnt

In dieser Stellung besteht die kurze Diagonale aus drei Feldern. Gelingt es, dem Läufer zwei Felder zu nehmen, gerät Schwarz in Zugzwang und verliert. Dies geschieht so: 1.♗b7 ♗b5 2.♗a6 ♗c6 3.♗d3 ♗b7 4.♗b5! ♗c8 5.♗c6!, und Schwarz befindet sich im Zugzwang.
Wie sich zeigt, genügte es nicht, dem Läufer die freien Felder zu nehmen. Notwendig war auch, den schwarzen König zum Ziehen zu zwingen. Dies bewirkt die Fortsetzung 5.♗c6. Auf einen beliebigen Königszug wird nun 6.♗b7 möglich, da sich der schwarze

König vom Bauern a5 entfernen muß.
In derartigen Positionen, in denen der König der schwächeren Seite durch senkrechte Opposition die Sperrung der Läuferdiagonale verhindert, läßt sich eine bequeme Regel anwenden:
Hat der weiße Bauer die Grenze, die bei schwarzfeldrigen Läufern durch die Felder a4–b5–c6–d7–e6–f5–g4–h3 und bei weißfeldrigen Läufern durch die Felder a3–b4–c5–d6–e7–f6–g5–h4 gebildet wird, noch nicht überschritten, ist die Stellung remis (siehe die Diagramme 165 und 166).

J. Awerbach, 1954

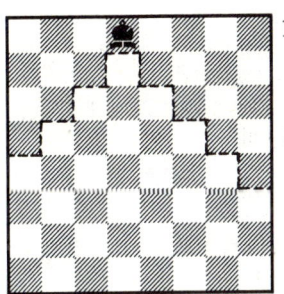

Remiszone

J. Awerbach, 1954

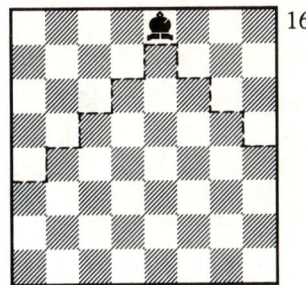

Remiszone

Hat der Bauer die genannten Grenzen überschritten, ist die Stellung für Weiß gewonnen. Bei dieser Regel gibt es jedoch zwei Ausnahmen.

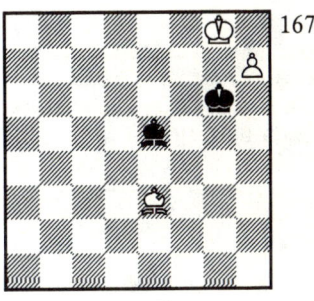

Remis

Schwarz hält remis, da sein Läufer nicht von der großen Diagonale zu vertreiben ist.

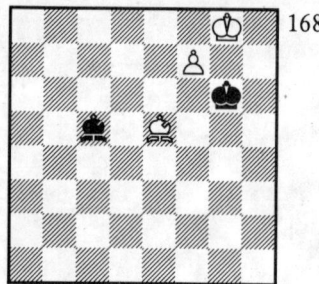

Weiß gewinnt

Hier kommt Weiß in Übereinstimmung mit der Regel zum Erfolg: **1.♔g7 ♗b4 2.♗f8 ♗d2** (oder 2. ... ♗c3 3.♗c5 ♗g7 4.♗e3) **3.♗c5 ♗h6 4.♗d4**, und Schwarz ist im Zugzwang.
Es genügt indes, die Könige nach e8 und e6 zu versetzen, um das Ergebnis zu ändern und es in Widerspruch zur Regel zu bringen.

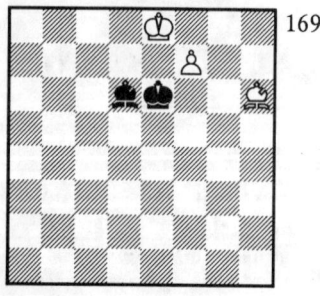

Anzug beliebig. Remis

Nach **1.♗f8 ♗e5 2.♗c5 ♗g7 3.♗e3** hat Weiß dem Läufer alle freien Felder genommen, Schwarz aber nicht in Zugzwang gebracht. Es folgt **3. ... ♔d6 4.♗d4 ♗h6** usw.
Statt 3. ... ♔d6 kann auch 3. ... ♔f5 4.♔e7 ♗g6 (fehlerhaft wäre 4. ... ♗f6+ 5.♔f8, und der weiße König gelangt nach g8) geschehen. Nach 5.♔e6 ergibt sich dann eine weitere Remisstellung (170).

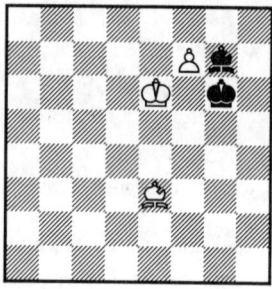

Remis

Hat der Bauer die 6. Reihe noch nicht erreicht, kann es vorkommen, daß der typische Gewinnplan – Abdrängung des Läufers oder Sperrung der Diagonale – für die schwächere Seite ungefährlich ist, da er nur zum Abtausch der Läufer und zu einem unentschiedenen Bauernendspiel führen würde. Beispiel 171, das entsteht, wenn man in Stellung 164 den schwarzen König von b4 nach d6 versetzt, sowie Beispiel 172 veranschaulichen diesen Typ von Remisstellungen.

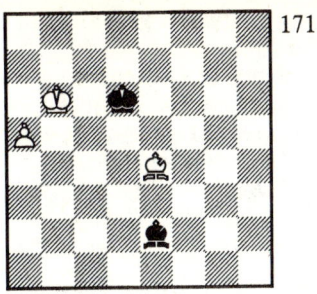

Remis

Sowohl ♗e4–b7–a6 als auch ♗e4–c6–b5 hätte Läufertausch nebst ♔c7 zur Folge.

J. Awerbach, 1954

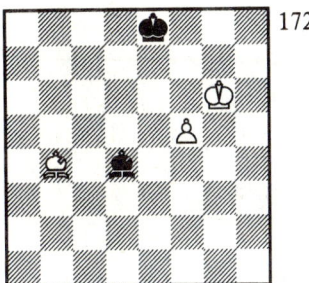

Anzug beliebig. Remis

Auf 1.♗d2 besteht der einzige Remisweg in 1. ... ♔f8! (es drohte 2.♗h6 nebst 3.♗g7 mit Abdrängung des Läufers) 2.♗g5 ♔g8! 3.♗f6 ♗f2 4.♗e5 ♗h4, und falls 5.♗f4 ♗e7 6.♗g5, so 6. ... ♗:g5! 7.♔:g5 ♔f7.

Zusammenfassend läßt sich sagen, daß es in Endspielen Läufer und Bauer gegen Läufer drei Haupttypen von Remisstellungen gibt:

1. Der König der schwächeren Seite besetzt ein Feld vor dem Bauern, das dem Läufer unzugänglich ist.
2. Der König der schwächeren Seite kann die Abdrängung des Läufers oder die Sperrung seiner Diagonale verhindern.
3. Die Abdrängung des Läufers oder die Sperrung seiner Diagonale führt lediglich zum Abtausch der Läufer und zu einem unentschiedenen Bauernendspiel.

Die Kenntnis der Hauptstellungen gestattet, sich auch in komplizierteren Endspielen mit unterschiedlicher Anordnung der Figuren und Bauern zurechtzufinden.

Als Grundlage für die Systematisierung wählen wir die Linie, auf der der Bauer steht.

1. Bauer auf einer der zentralen Linien

Wie aus den Diagrammen 165 und 166 hervorgeht, sind Zentralbauern am wenigsten gefährlich. Aber auch hier ist eine genaue Verteidigung unerläßlich.

J. Awerbach, 1954

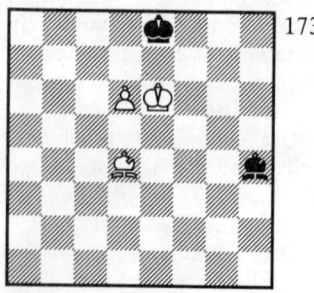

Schwarz am Zuge hält remis

Fehlerhaft wäre in dieser Stellung sowohl 1. ... ♔d8? 2.d7 ♔c7 3.♗c5 ♗d8 4.♗e7 usw. als auch 1. ... ♗d8? 2.♗g7! ♗g5 3.d7+ ♔d8 4.♗d4 ♔c7 5.♗c5 ♗d8 6.♗e7.
Rettung bringt nur 1. ... ♔f8!, was den König aus der Gefahrenzone herausführt, z. B. 2.d7 ♗d8 3.♗f6 ♗a5 4.♗h4 ♗b6 5.♔d6 ♔f7 6.♔c6 ♗a5 7.♔b7 ♔e6 8.♔c8 ♔d5 mit Remis.

J. Awerbach, 1954

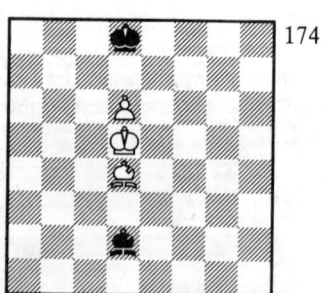

Remis

Nach 1.♔e6 droht Weiß, den Bauern sofort in eine Dame zu verwandeln. Wie muß Schwarz spielen?
1. ... ♗g5 verliert wegen des soeben betrachteten Manövers 2.d7 ♔c7 3.♗c5 ♗d8 4.♗e7.
Richtig ist 1. ... ♗a5!, z. B. 2.♗f6+ ♔c8! (aber nicht 2. ... ♔e8 3.♗e7 nebst 4.d7 matt) 3.d7+ ♔b7 4.♔e7 ♔c6 5.♔e8 ♔d5, und der schwarze König gelangt nach e6.
Auf 1.♔c6 hingegen führt nur 1. ... ♗g5! zum Remis.
Die Verteidigung erfordert hier höchste Präzision.
Ein lehrreicher Fehler unterlief Schwarz in dem folgenden Endspiel.

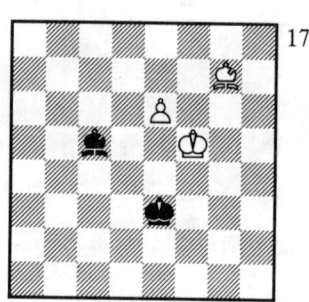

Weiß am Zuge

Es leuchtet ein, daß sich nach 1.♔f6 ♔e4 2.♔f7 ♔f5 ein einfaches Remis ergäbe. Weiß versuchte deshalb, den König auf die andere Seite zu beordern.
1.♔e5! ♗b4 2.♔d5 ♔d3?
Diese Fortsetzung entpuppt sich überraschend als entschei-

dender Fehler. Weiß kann seine Kräfte nunmehr vorteilhaft umgruppieren und ein Gewinnmanöver verwirklichen. Schlecht war selbstverständlich 2. ... ♔f4 wegen 3.♗e5+ und 4.♗d6. Zum Remis führte aber 2. ... ♗e7! 3.♗e5 ♔d3 4.♗c7 ♗h4 5.♔d6 ♔e4 6.♔d7 ♔d5.
3.♗f6!
Schwarz ist nun völlig hilflos und muß zuschauen, wie Weiß seinen Läufer nach c7 bringt.
3. ... ♗a3 4.♗d8 ♗b4 5.♗c7! ♗e7.
Anders ist die Drohung 6.♗d6 nicht zu parieren.
6.♔c6 ♔e4 7.♔d7. Schwarz gab auf. Je nachdem, wohin der Läufer zieht, stellt Weiß durch 8.♗d6 bzw. 8.♗d8 den Gewinn sicher.
Abschließend eine Ausnahme, die nicht unter die allgemeinen Regeln fällt.

L. Centurini, 1856

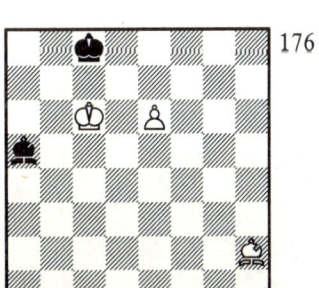

Remis

Es sieht so aus, als könne Weiß mit **1.e7** schnell gewinnen. Nach **1. ... ♗d8!** wird indes deutlich, daß sich Weiß weder eine Dame noch einen Turm holen kann, ohne den Gegner patt zu setzen.
2.e8♘ (falls 2.e8♗, so 2. ... ♗a5! 3.♗g3 ♔d8 und 4. ... ♔e7 mit Remis) **2. ... ♗h4!** (2. ... ♗a5 oder 2. ... ♗g5 scheitert an 3.♘d6+; auf 2. ... ♗e7 geschieht 3.♗c7! ♗f8 4.♘f6 und 5.♘d5) **3.♗c7 ♗e7 4.♘g7 ♗d8 5.♗f4 ♗c7!**
Interessant ist, daß, stände der weiße Läufer in der Anfangsstellung auf g3, f4 oder e5, Schwarz nach 2.e8♘ ♗a5 3.♗d7+ matt gesetzt würde.

2. Läuferbauer

B. Horwitz, 1880

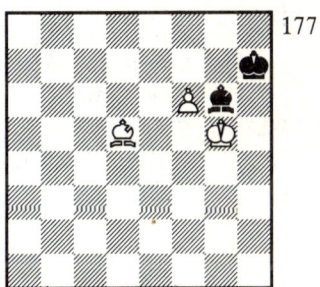

Weiß gewinnt

Um zu gewinnen, muß Weiß den König nach e7 bringen, ohne seinen Opponenten nach e5 zu lassen. Ein unverzüglicher Königsmarsch brächte jedoch nichts ein: 1.♔f4 ♔h6 2.♔e5 ♗g5 3.♔e6 ♔f4 4.♔e7 ♔e5 mit Remis.

Auch im Fall von 1.♗e6 ♝e8! (es drohte 2.♗f5) 2.♔f5 ♔h6 3.♗d5 ♝h5 (3. ... ♝d7+ 4.♔e5 ♔g6 5.f7 ♔g7 6.♗d6! und 7.♔e7) 4.♔e6 ♔g5 5.♔e7 ♔f4 6.♗f7 ♝d1 7.♗e8 ♝b3 8.♗d7 ♔e5! wäre der schwarze König rechtzeitig zur Stelle.
Um zum Erfolg zu kommen, muß Weiß ein Tempo gewinnen.
1.♗g8+ ♔h8 2.♗e6! ♝e8. Auf 2. ... ♔h7 geschieht 3.♗f5. Wenn 2. ... ♝d3, so 3.♔f4 ♝b5 4.♔e5 ♝e8 5.♔d6 ♔h7 6.♔e7 ♔g6 7.♗d7 ♗f7 8.♗f5+.
3.♔f5 ♔h7 4.♗d5 ♔h6. Falls 4. ... ♝d7+ 5.♔e5 ♔g6, so wieder 6.f7 ♔g7 7.♔d6 und 8.♔e7. Keine Abhilfe schafft auch 4. ... ♝h5 5.♔e6 ♔g6 6.♔e7 ♔f5 7.♗f7 ♝d1 8.♗e6+.
5.♔e6 ♔g5 6.♔e7 ♝h5 7.♗f7 ♝d1 8.♗e8 ♝b3 9.♗d7 ♔f4 10.♗e6 usw.

Um eine Hauptgewinnstellung zu erreichen, muß Schwarz den Bauern bis c2 vorrücken und den König dabei nach b1 bringen.
1. ... ♔e4 2.♔g2 (oder 2.♔g4 ♝d3 3.♔f5 ♝e3 4.♔e6 ♝d2, und der weiße König ist zu spät gekommen) 2. ... ♔d3 3.♔f1 ♝c3 4.♗d8 ♝b4 5.♗f6 ♔c2!
Schwarz überführt den König nach b3 und spielt dann ♝a3–b2 nebst c3–c2 und ♔b1. Weiß ist nicht in der Lage, die Verwirklichung dieses Planes zu stören.
6.♔e2 ♔b3! 7.♗e5 ♝a3 8.♗f6 ♝b2 9.♗g5.
Hier hätte 9. ... c3! 10.♗h6 c2 11.♔d3 ♝a3 12.♗g5 ♔b2 13.♔c4 ♔b1 14.♔b3 ♗c1 usw. sofort entschieden.
Zwei weitere Variationen zum gleichen Thema veranschaulichen die Beispiele 179 und 180.

Sokolski–Lipnizki Moskau 1950

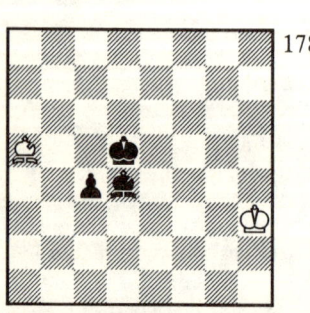

Schwarz am Zuge

L. Centurini, 1856

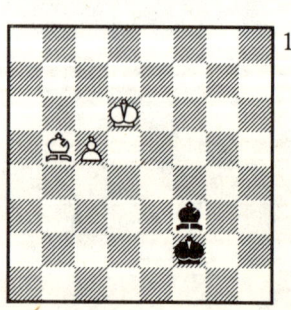

Weiß gewinnt

Wäre in dieser Stellung Schwarz am Zuge, würde er durch 1. ... ♗e3 2.♗c6 ♗e2 3.♗d5 ♗b5 4.♗e6 ♔d4 remis halten. Das Zugrecht liegt jedoch bei Weiß, der das Mehrtempo zum Gewinn nutzt.
1.♗c6.
Möglich ist auch 1.♗c4 ♔e3 2.♗d5 ♗e2 3.c6 ♔d4 4.c7 ♗a6 5.♔c6 ♗c8 6.♗g2 ♔e5 7.♗f1!, wonach Schwarz nicht verhindern kann, daß Weiß mit dem König nach b8 gelangt und die zweite Hauptgewinnstellung herbeiführt.
1. ... ♗e2 2.♗d5 ♗b5 3.♗e6 ♔e3 4.♗d7 ♗a6 5.c6 ♔d4 6.c7 ♔c4 7.♗h3 ♔b4 8.♔c6 ♗a5 9.♗g4 ♔b4 10.♔b6, und Weiß gewinnt.

J. Crum, 1921

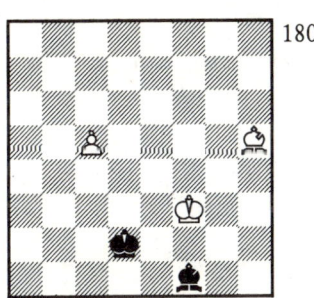

Weiß gewinnt

Auch in dieser Stellung hängt das Ergebnis davon ab, ob Schwarz den weißen König daran hindern kann, nach b8 zu gehen.
1.c6 ♔c3.
Keine Rettung bringt 1. ... ♗a6 2.♔e4! (aber nicht 2.c7? ♗b7+! 3.♔f4 ♔d3 4.♔e5 ♔c4 5.♗f3 ♗c8 6.♔d6 ♔b5 mit Remis; in dieser Variante entfernte Schwarz den Läufer mit Tempogewinn von a6 und erhielt dadurch die Möglichkeit, sich über die Felder c4 und b5 zu bewegen und den weißen König nicht nach b8 zu lassen) 2. ... ♔c3 3.♔d5 ♔b4 4.♗g4! ♗a5 5.♔c5! ♗b5 6.c7 ♗a6 7.♔c6, und Weiß gewinnt.
2.c7 ♗a6 3.♔e3! ♔b4.
Das zum Remis erforderliche Feld c4 ist jetzt wegen 4.♗e2+ unzugänglich.
4.♗e2 ♗c8 5.♔d4 ♗b7 6.♗f1 ♗c8 7.♔d5 ♗b7+ 8.♔d6 ♔a5 9.♔c5! ♗c8 10.♔c6 ♗g4 11.♔b7 ♗f5 12.♔b8 usw.
Weiß ist es gelungen, den gegnerischen König vom Bauern fernzuhalten, indem er ihm mit Läufer und König den Weg verlegte.
Dem gegnerischen König den Weg abzuschneiden ist ein gefährliches Verfahren, wenn es darauf ankommt, wessen König eher ans Ziel gelangt.

3. Springerbauer

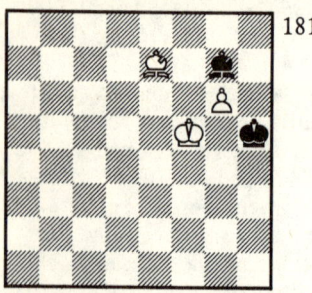

181

Weiß gewinnt

Um eine Hauptgewinnstellung herbeizuführen, muß Weiß den König nach f7 bringen.
1.♗g5! ♗f8 (auf einen Zug des Läufers entlang der Diagonale a1–h8 entscheidet 2.♗f6) 2.♔f6 ♗e7+ 3.♔f7.
Etwas schwieriger ist die Aufgabe, wenn das Zugrecht bei Schwarz liegt.
1. ... ♔h6 2.♗f6 ♗f8 3.♗d4 ♗e7 (3. ... ♗g7 4.♗e3+ ♔h5 5.♗g5 oder 3. ... ♗b4 4.♔f6 nebst 5.♔f7) 4.g7 ♔h7 5.♔e6! und 6.♔f7.

Hallström

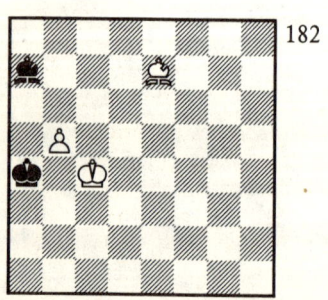

182

Remis

Hier vermag es Weiß nicht, den Gewinnplan zu verwirklichen.
1.♗c5 ♗b8 2.b6 (2.♗b6 ♗f4 3.♗f2 ♗c7! 4.♔c5 ♔b3! 5.♔c6 ♔c4 mit Remis) 2. ... ♔a5 3.♔d5 (die ungünstige Aufstellung des Läufers c5 erlaubt es Weiß nicht, seinen König nach c6 zu führen) 3. ... ♔b5! 4.b7 ♗c7! usw.

183

Remis

Nach 1.♗c4 erscheint die schwarze Stellung kritisch, da 1. ... ♗e8 oder 1. ... ♔h7 mit 2.♗f7 beantwortet würde.
Durch 1. ... ♗g6!! wird den Absichten von Weiß indes ein Riegel vorgeschoben.
Auch 1.♗g6 ♗e2 2.♗f7 ♗d3 3.♗e6 ♗c2 4.♗f5 brächte wegen 4. ... ♗:f5 nichts ein.

N. Grigorjew, 1931

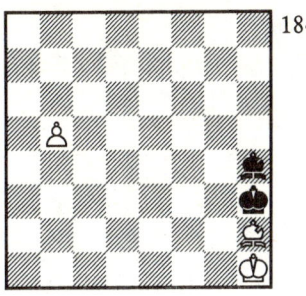

Weiß gewinnt

Wir haben eine Studie zum Thema „Abschneiden des Weges" vor uns.
Weiß gewinnt durch **1.b6 ♗f2 2.b7 ♗a7 3.♔g1 ♗b8 4.♔f2! ♗h2!** (falls 4. ... ♔g4, so 5.♔g2 ♔f5 6.♔g3! ♗a7 7.♔f3 ♔e6 8.♔e4 ♔d7 9.♔d5 ♔d8 10.♔c6, und es ist dem schwarzen König nicht gelungen, zum weißen Bauern durchzubrechen) **5.♔e1! ♗b8 6.♔g1 ♔g4 7.♔g2 ♔f5 8.♔g3 ♗a7 9.♔f3 ♔e6 10.♔e4 ♔d7 11.♔d5 ♔d8 12.♔c6** usw.

J. Awerbach, 1954

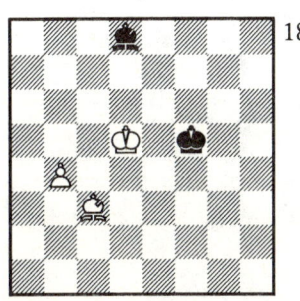

Schwarz am Zuge hält remis

Diese Stellung stammt aus einer Partie Capablanca–Janowski (New York 1916). Die Lage von Schwarz erscheint völlig hoffnungslos. Janowski gab deshalb auf. Wäre er mit den Hauptremisstellungen vertraut gewesen, hätte er sich jedoch retten können! Schwarz muß mit dem König von hinten kommen, um die zweite Hauptremisstellung zu erreichen.
1. ... ♔f4!! 2.♗d4 (2.♗e5+ ♔e3 3.b5 ♔d3 4.♔c6 ♔c4) **2. ... ♔f3!! 3.b5** (3.♗c5 ♔e2!! 4.♔c6 ♔d3! 5.♔d7 ♔g5 6.b5 ♔c4) **3. ... ♔e2!! 4.♔c6 ♔d3 5.♗b6 ♔g5.**

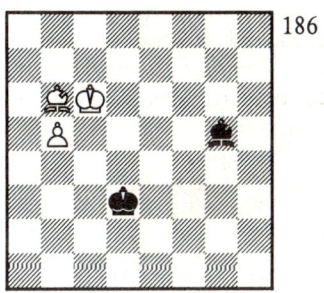

Weiß am Zuge

6.♔b7!
Da auch 6.♗c7 ♗e3 7.♗d6 ♔c4 nicht viel verspricht, unternimmt Weiß einen letzten Gewinnversuch.
6. ... ♔c4 7.♗a6 ♔b3! 8.♗f2 ♗d8 9.♗e1 ♔a4!, und der schwarze König ist rechtzeitig zur Stelle.
Einen interessanten Versuch,

das schwarze Verteidigungsmanöver zu widerlegen, machte Issler (BRD). In der Diagrammstellung 186 empfahl er nach 6.♗c7 ♗e3 den Rückzug 7.♔d5! Falls jetzt 7. ... ♔c3, so 8.♗d6 ♔b3 9.♗c5 ♔a4 10.♔c6, und Weiß gewinnt. Aber auch diese Idee wird pariert. Auf 7.♔d5! hat Schwarz die einzige, doch völlig ausreichende Antwort 7. ... ♗d2! Die Fortsetzung 8.b6 scheitert nämlich an 8. ... ♗a5! Spielt Weiß 8.♗d8, folgt 8. ... ♗e3 9.♗e7 ♗b6 10.♔c6 ♗a5 mit Remis.
Kehren wir nunmehr zur Diagrammstellung 185 zurück. Wäre in ihr Weiß am Zuge gewesen, hätte er durch 1.♗e5 ♔g4 2.b5 ♔f3 3.♔c6 ♔e4 4.♗c7 leicht gewonnen. Bemerkt sei, daß, stände der Läufer auf d2 (statt auf c3), Weiß sogar bei schwarzem Zugrecht zum Erfolg kommt: 1. ... ♔g4 2.b5 ♔f3 3.♔c6 ♔e4 (Schwarz kann zu seinem Leidwesen durch 3. ... ♔e2 keinen Tempogewinn erzielen, da Weiß nicht die Remisfortsetzung 4.♗b4 ♔d3 5.♗d6 ♔c4 wählt, sondern 4.♗f4 ♔d3 5.♗c7 spielt) 4.♔b7!! (der einzige Gewinnzug) 4. ... ♔d3 5.♗e1! ♔c4 6.♔a6 ♔b3 7.♗a5 ♗g5 8.b6, und es entsteht die zweite Hauptgewinnstellung.

J. Awerbach, 1954

Weiß gewinnt

Hier steht der schwarze König in der Nähe des gegnerischen Bauern. Weiß ist jedoch am Zuge, und Schwarz wird die ungünstige Aufstellung seines Läufers zum Verhängnis.
1.♗f3+ ♔h6 2.g4 ♔h7 (Schwarz kommt nicht dazu, den Läufer auf die Diagonale b1–h7 zu überführen, da 2. ... ♗h7 an 3.g5 matt scheitert) **3.g5 ♗c4 4.g6+ ♔g8** (4. ... ♔h6 5.♗e4 ♗b3 6.g7 ♗c4 7.♗g6 ♔g8 8.♗e8 ♔h7 9.♗f7) **5.g7 ♔h7 6.♗h5** (scheinbar würde Weiß durch 6.♗e4+ ♔g8 7.♔g6 sofort gewinnen; in Wirklichkeit wäre das ein Fehler, der nach 7. ... ♗d3! zum Remis führt) **6. ... ♔g8 7.♗e8 ♗b3 8.♔g6 ♗c2+ 9.♔h6 ♗b3** (falls 9. ... ♗g6, so 10.♗b5 ♗f7 11.♗d3) **10.♗g6, und Weiß gewinnt.**

N. Grigorjew, 1931

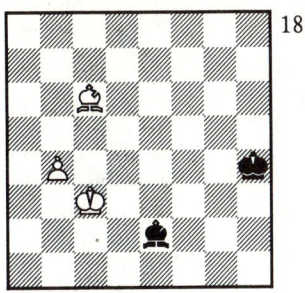

Weiß gewinnt

Weiß hat den Bauern bis b6 vorzurücken, darf den schwarzen König nicht nach b8 lassen und muß den eigenen nach a7 bringen. In diesem Fall würde eine Hauptgewinnstellung entstehen. Durch genaues Spiel kann Weiß diesen Plan verwirklichen.

1.♗d5.
Nur zum Remis führt 1.♔d4 ♔g5 2.♗d5 ♔f6 3.♗c4 ♔g4! 4.♔c5 ♔e7 5.♗a6 (5.b5 ♔d8 6.♔b6 ♔d7 und 7. ... ♗:b5) 5. ... ♗f3 6.♔b6 ♔d8 7.♔a7 ♗c6.

1. ... ♔g5 2.♗c4 ♔g4!
Einfacher hat es Weiß im Fall von 2. ... ♗f3 3.b5 ♔f6 4.♔b4! ♔e7 5.♔a5, und der König gelangt nach a7.

3.b5 ♔f6 4.b6 ♗c8.
Wenn 4. ... ♗f3 5.♔d4 ♔e7, so 6.♗d5!

5.♔d4 ♔e7 6.♔c5 ♔d7 (auf 6. ... ♗b7 gewinnt 7.♗d5 ♗c8 8.♔c6) **7.♗b5+!**
Fehlerhaft wäre 7.♗f1 ♗b7! 8.♗h3+ ♔e7 mit Remis.

7. ... ♔d8 8.♔c6!
Lediglich Remis ergäbe 8.♔d6 ♗b7! 9.♗d7 ♗g2! 10.♗e6 ♗b7!

8. ... ♗d7+ 9.♔d6! ♗c8 10.♗c4! (auf diese Möglichkeit wies Chatschaturow hin; die Autorfortsetzung 10.♗c6 führt nach 10. ... ♗f5 11.b7 ♗c8!! nur zum Remis) **10. ... ♗b7 11.♗e6!**, und Weiß gewinnt wie schon betrachtet.

4. Turmbauer

Wichtige Stellungen mit Turmbauern wurden bereits eingangs ausreichend behandelt (164, 167, 171). Hier sehen wir uns eine Studie von Grigorjew an, die noch einmal das Thema „Abschneiden des Weges" demonstriert.

N. Grigorjew, 1931

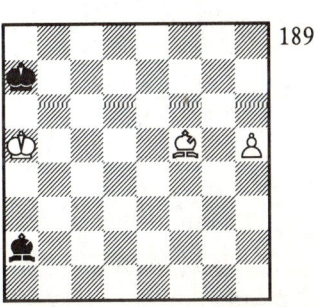

Weiß gewinnt

Weiß schneidet dem gegnerischen König durch **1.h6 ♔g8 2.♗c8 ♗h7** (wenn 2. ... ♔b8, so 3.♗e6! ♗h7 4.♔b6)

3.♗a6! ♗g6 4.♗b5 ♔b7
5.♔b4! ♔b6 6.♗a4! den Weg
ab. Auf 6. ... ♗h7 folgt jetzt
7.♔c4, und der weiße König
gelangt nach g7. Wäre Schwarz
am Zuge, würde er nach 1. ...
♔b7 remis halten.

Zweites Kapitel

Läufer und zwei Bauern gegen Läufer

1. Verbundene Bauern

In der Regel gewinnt die Seite,
die über Läufer und zwei Bauern verfügt, ohne große
Schwierigkeiten.
Ein typisches Beispiel zeigt das
folgende Diagramm.

J. Awerbach, 1954

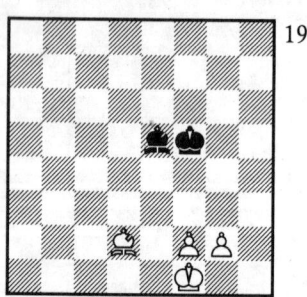

Weiß gewinnt

Die Aufgabe ist leicht zu bewältigen.
1.♔e2 ♗g4 2.♗e1 ♗d6 3.f3+
♔f4 4.g3+ ♔f5 5.g4+ ♔e6.
Oder 5. ... ♔f4 6.♗d2+ ♔g3

7.g5 ♗e5 8.g6 ♗g7 9.♔e3
♗h4 10.♔e4 ♗h5 11.♔f5
usw.
6.♔d3 ♔d5 7.♗d2 ♗c7 8.f4
♗b6.
Sonst spielt Weiß 9.♔e3,
10.♔f3, 11.g5 und 12.♔g4.
9.♗c3 ♗c5 10.g5 ♗b6 11.g6
♔e6 12.♔e4 ♗d8 13.f5+
♔e7 14.♔d5 ♔f8 15.♔e6
♗g5 16.f6, und Weiß gewinnt.
Dieser Gewinnweg ist nicht der
einzige. Weiß muß nur vermeiden, daß seine Bauern festgelegt werden, denn Schwarz hat
seine Remischancen gerade in
der Möglichkeit einer Blockade
zu suchen.
So kann Weiß z. B. in der folgenden Stellung nicht gewinnen.

R. Fine, 1941

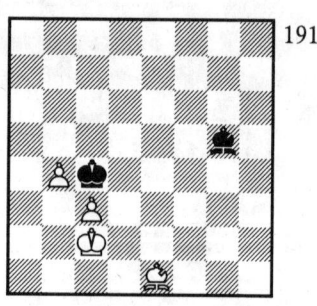

Anzug beliebig. Remis

1.♔d1 ♔d3 2.b5 ♗d8 nebst
3. ... ♔c4 oder 1.♔b2 ♗f4
2.♔a3 ♗g5 3.♔a4 ♗d8! (der
König darf nicht nach a5 gelassen werden) 4.b5 ♗b6. Ein
klassisches Beispiel für Blockade!

Versetzen wir diese Stellung um eine Reihe nach oben.

R. Fine, 1941

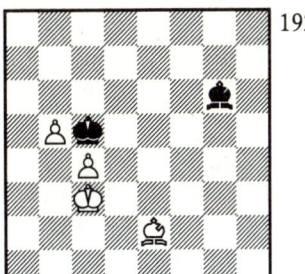

Weiß gewinnt

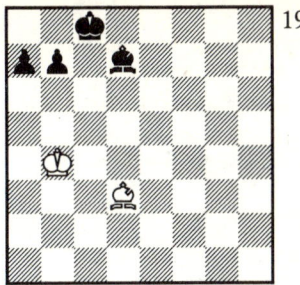

Remis

Weiß hält durch **1.♗a6!** remis. Komplizierter ist Stellung 194.

Hier kommt Weiß durch **1.♔b3 ♗f5 2.♔a4 ♗d7 3.♔a5 ♗c8 4.b6 ♗b7 5.♗f1 ♗c8 6.♗h3! ♗b7 7.♗e6** zum Erfolg, da Schwarz, in Zugzwang geraten, die Blockade aufgeben muß.

Möglich ist auch ein anderer, mit einem Bauernopfer verbundener Gewinnplan: **4.♗f3 ♔:c4 5.♔b6 ♔b4 6.♗c6** usw.

In Stellungen mit am Rande stehenden verbundenen Bauern können sich für die schwächere Seite zusätzliche Remismöglichkeiten ergeben. Dafür zwei Beispiele.

J. Moravec, 1927

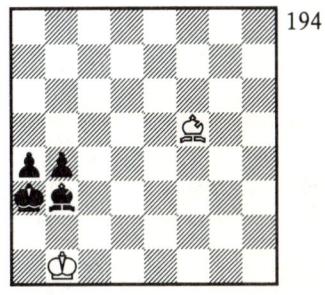

Remis

Nach **1.♔a1!** reicht der schwarze Materialvorteil nicht zum Gewinn, z. B. 1. ... **♗a2 2.♗c2! b3 3.♗:b3**. Falls 1. ... **♗c4**, so **2.♗d3!**, und auf 1. ... **♗d1** führt **2.♗c2!** zu fortwährender Verfolgung.

2. Doppelbauern

Kann der König der schwächeren Seite ein Feld vor den Doppelbauern besetzen, das dem Läufer unzugänglich ist, endet das Spiel remis. Gelingt dies nicht, kommt die stärkere Seite gewöhnlich zum Erfolg. Die Analyse der Stellung 195 macht dies deutlich.

J. Awerbach, 1954

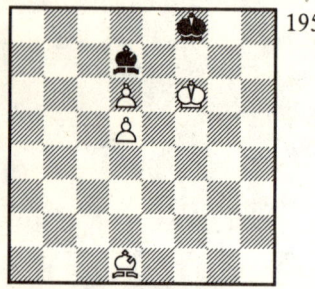

Weiß am Zuge gewinnt
Schwarz am Zuge hält remis

Schwarz am Zuge spielt 1. ... ♔e8 und 2. ... ♔d8.
Weiß am Zuge gewinnt durch 1.♗h5 ♗h3 (oder 1. ... ♗b5 2.♔e6 ♗e8 3.d7) 2.♗f7 ♗d7 (es drohte 3.♗e6) 3.♗g6! ♗b5 (oder 3. ... ♗g4 4.♗f5 usw.) 4.♔e6 ♗e8 5.d7.

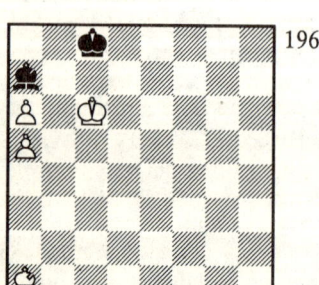

Anzug beliebig. Remis

1.♗e5 ♗e3 (1. ... ♗b8
2.♗d4, und Weiß gewinnt)
2.♗c7 ♗a7 mit Remis.

3. Isolierte Bauern

Auch bei isolierten Bauern ist ein Gewinn möglich.

R. Fine, 1941

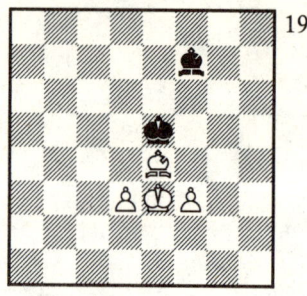

Weiß gewinnt

Fine gab folgenden Lösungsweg an: **1.f4+ ♔d6 2.f5 ♔e5 3.d4+ ♔f6 4.♔f4 ♗b3 5.♗c6 ♗c2 6.♗d7 ♗b3 7.♔e4 ♗c4** (falls 7. ... ♗c2+, so 8.♔d5) **8.d5 ♗b3 9.♗e6 ♗c4 10.♔d4 ♗e2** (oder 10. ... ♗a2 11.♔c5 ♗b3 12.d6) **11.d6 ♗b5 12.d7 ♔e7 13.f6+ ♔d8 14.f7 ♔e7 15.d8♕+ und 16.f8♕+.**
Kehren wir zu der Stellung nach dem 4. Zug von Weiß zurück.

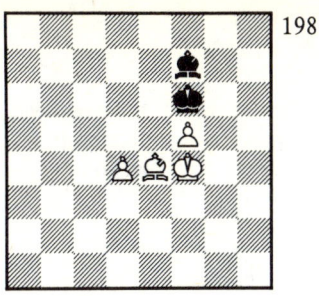

198

Schwarz am Zuge

Fine berücksichtigte hier nicht den starken Verteidigungszug **4. ... ♗e8!**, nach dem jedes Zögern den Gewinn überraschend vergeben würde, z. B. 5.d5 ♗d7 6.d6 ♗c8, und Weiß kann seine Stellung nicht verbessern. Auch 5.♔e3 ♗d7 6.♔d3 ♔e7 7.♔c4 ♔d6 brächte nichts ein, da das Opfer 8.f6 ♔e6 9.♗f5+ an 9. ... ♔:f5 10.f7 ♗e6+ scheitert. Der einzige Gewinnweg besteht in **5.♗f3! ♗d7 6.♗g4**. Nachdem Weiß den Läufer auf diese wichtige Diagonale gebracht hat, beabsichtigt er, das Feld c4 für ein Manöver des Königs zu nutzen. Falls z. B. 6. ... ♗c8, so 7.♔e4 ♗b7+ 8.d5 ♗c8 9.♔d4 ♗d7 10.d6 ♗c8 11.♔c5 ♗d7 (11. ... ♔e5 12.f6) 12.♔b6, und Weiß gewinnt.

6. ... ♗c6.

Die beste Verteidigung. Schwarz nimmt den Bauern d4 und das Feld e4 unter Kontrolle. Wenn Weiß jetzt mit 7.♔e3 ♗d5 8.♗d3 zu einer Umgehung ansetzt, endet das Spiel nach 8. ... ♔g5! 9.♗h3 ♔h4 remis.

7.♗h5! ♗d7.

Falls 7. ... ♗b5, so 8.d5 ♗d3 9.♗g4 ♗c2 10.d6 ♗a4 11.♔e4 ♗b5 12.♔d5 ♗a4 13.♔c5 ♔e5! (am hartnäckigsten; um zu gewinnen, muß Weiß nun einen Bauern opfern) 14.♗e2 ♗d7! 15.♗d3 ♗e8 16.f6! ♔:f6 17.♗b5 ♗h5 18.♔b6 ♗g4 19.♔c7 ♔e5 20.♗d7 ♗e2 21.♗c8 ♗b5 22.♗b7, und Weiß gewinnt.

8.♗g6 ♗c6 9.♔e3! (endlich kann sich der König auf den Weg machen) **9. ... ♗d5 10.♔d3 ♔e7 11.♔c3 ♗a2 12.♔b4 ♔d6.**

Sonst folgt 13.♔c5. Jetzt droht Schwarz seinerseits, durch 13. ... ♗b1! das Remis zu forcieren.

13.f6! ♗d5 14.f7 ♔e7 15.♔c5 ♗e6 16.d5 ♗d7 17.d6+ ♔f8 18.♔b6 und **19.♔c7**, und Weiß ist am Ziel.

Angesichts der drohenden Blockade erwies sich der Gewinnweg in diesem Beispiel, in dem die isolierten Bauern durch nur eine Linie voneinander getrennt sind, als keineswegs einfach. Dies lag aber daran, daß Weiß zu sorglos die Bauern vorrückte. Nach 1.f4+ ♔d6 wäre 2.♗f5!, womit der Läufer die wichtige Diagonale besetzt, viel genauer gewesen. In diesem Fall hätte Weiß die Blockade vermieden und leicht gewonnen, z. B. 2. ... ♗b3 3.♔d4!

Mit 2. ... ♔d5 konnte Schwarz diesen Zug selbstverständlich verhindern. Doch dann folgt sehr stark 3.♗c8 nebst 4.f5 und 5.♗e6+.

3. ... ♗f7 4.♗c8 (droht 5.f5 und 6.♗e6) 4. ... ♔c7 5.♗a6! ♔d6 6.f5 ♗e8 7.♗c4 ♗d7 8.f6 ♗c8 9.f7 ♔e7 10.♔e5 ♗h3 11.♗e6! ♗f1 (11. ... ♗:e6 12.f8♕+ nebst 13.♔:e6) 12.d4, und alles Weitere ist einfach.

Bevor die isolierten Bauern in Marsch gesetzt werden, ist es also sehr wichtig, den Läufer bestmöglich zu postieren, um eine Blockade auszuschließen. Einen analogen Plan verwirklichte Weiß im folgenden Endspiel.

erleichtern würde. Dieser findet jedoch eine andere Möglichkeit.

Erwähnt sei, daß das Manöver, welches Weiß im letzten Beispiel anwandte, hier nicht fruchtet: 5.♗d3 ♗b7 6.g5 ♗d5 7.g6 ♔f6 8.♔f4.

R. Cholmow, 1978

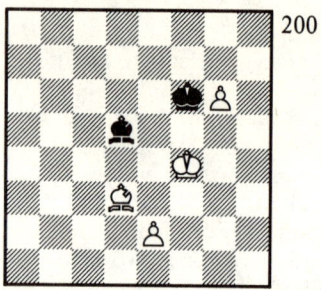

200

Schwarz am Zuge hält remis

Cholmow–Bronstein
Baku 1972

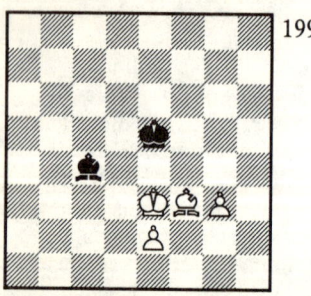

199

Weiß gewinnt

1.♗g4! ♗b5 2.♗c8 ♗c6 3.g4 ♗d5 4.♗f5 ♗c6.

Schwarz läßt den gegnerischen König nicht nach f3, was die Aufgabe von Weiß bedeutend

Da der weiße Bauer noch nicht die vorletzte Reihe erreicht hat, ist es nach 8. ... ♗e6! nicht möglich, mit 9.♗f5 die wichtige Diagonale in Besitz zu nehmen. Weiß kann schon nicht mehr gewinnen, z. B. 9.♔g3 ♔g7! 10.♔h4 ♔h6!, und Weiß ist nicht in der Lage, die Blockade zu brechen. Auch ein Umgehungsmanöver des Königs bringt nichts ein. Schwarz manövriert mit dem Läufer auf der Diagonale h3 – c8 und zieht, sobald der weiße König nach e8 gelangt, den eigenen nach g7. Betritt der weiße König wieder das Feld d6, geht der schwarze nach f6 zurück.

Kehren wir zu der Stellung nach dem 4. Zug von Schwarz zurück.

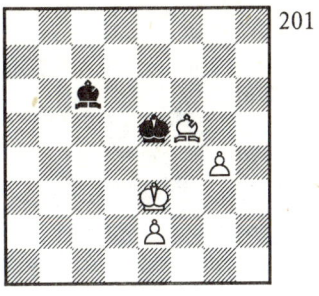

Weiß am Zuge

Cholmow fand den einzigen Gewinnweg: **5.♔f2! ♔f4 6.e3+ ♔g5 7.♔g3 ♗a4 8.♔f3.** Möglich war auch sofort 8.e4 ♗d1 9.e5. Falls darauf 9. ... ♗e2, so 10.♔f2 ♗d1 11.♔e3, und der weiße König kommt dem e-Bauern zu Hilfe.
8. ... ♗c6+ 9.e4 ♗a4 10.♔e3 ♗c6 11.e5 ♗b7 12.♔d4 ♔f4 13.e6 ♗c6 14.♔c5 ♗a4 15.♔d6 ♔g5 16.e7 ♗e8 17.♔c7. Schwarz gab auf.
Wäre in Stellung 199 Schwarz am Zuge gewesen, hätte er mit **1. ... ♗e6!** versuchen können, die Aufgabe von Weiß zu erschweren.
Nur zum Remis führt danach **2.g4 ♗d7 3.♔f2 ♔f4 4.e3+ ♔g5 5.♔e2 ♔f6 6.e4** (6.♔d3 ♔e5) **6. ... ♔e5 7.♔e3 ♗c6 8.g5 ♗e8 9.♗e2 ♗g6 10.♗d3 ♗h7 11.♔f3 ♗g6 12.♔g4 ♗e8** oder **8.♗g2 ♗b7! 9.g5 ♗c6 10.g6 ♗e8 11.g7 ♗f7.**

Richtig ist **2.♗h5!** mit der Absicht, 3.♔f3 zu spielen und durch 4.♗g4 die wichtige Diagonale h3–c8 zu erobern. Beantwortet Schwarz 3.♔f3 mit 3. ... ♗d5+, sprengt Weiß die Blockade durch 4.♔g4.
2. ... ♔f5 3.♔d4 ♗c8 4.e4+ ♔g5 5.♗e2 ♗b7 (es drohte 6.e5 ♔f5 7.♔d5) **6.e5 ♔f5 7.g4+ ♔e6 8.♗c4+ ♔e7 9.♔e3,** und Weiß gewinnt.
Man kann somit schlußfolgern, daß in Stellungen mit Springer- und Zentralbauern vom Typ des Beispiels 199, in denen eine Umgehung vom Rand her nicht möglich ist, die Blockade zu einer realen Drohung wird. Wir führen noch einige Fälle an, in denen die Gewinnführung an der Blockade scheitert.

R. Cholmow, 1978

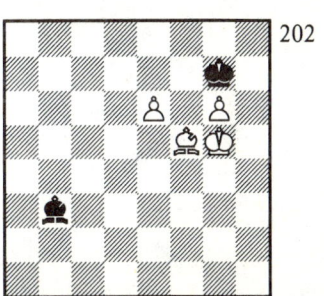

Remis

Um zu gewinnen, müßte Weiß mit dem König dem e-Bauern zu Hilfe kommen. Bei genauer Verteidigung gelingt dies jedoch nicht, z. B. 1.e7 ♗a4 2.♗e4 ♗e8 3.♗d3 ♗d7! 4.♗e2 ♗e8 5.♗h5 ♗d7 6.♔f4 ♔f6.

Versuchen wir, den e-Bauern vorerst an seinem Platz zu belassen: 1.♗g4. Wenn Schwarz jetzt mit dem Läufer die Diagonale a2–g8 räumt, zieht er den kürzeren: 1. ... ♗c2? 2.♗h5! ♗d3 3.e7 ♗b5 4.♔f5 ♗d7+ 5.♔e5 ♗a4 (5. ... ♗e8 6.♔d6 ♔f6 7.g7!) 6.♔d6 ♔f6 7.♗g4! ♗e8 8.♗f5! ♔g7 9.♔c7 usw. Nach 1. ... ♗c4! 2.e7 (2.♔f5 ♗:e6+) 2. ... ♗b5 3.♗h5 (3.♔f5 ♗d3+ und 4. ... ♗:g6) 3. ... ♗d7! hält Schwarz das Gleichgewicht indes aufrecht.

R. Cholmow, 1978

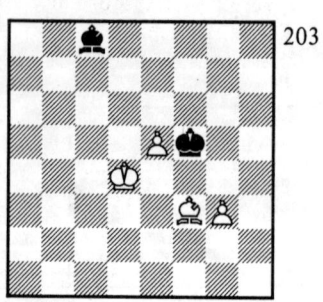

Remis

Es sieht so aus, als sei Weiß dem Ziel nahe: Um zu gewinnen, muß er mit dem König nach d6 gelangen. Wie ist dies aber zu verwirklichen?
1.♗d1 ♗e6!
Der Läufer muß den Punkt d5 gerade von hier aus kontrollieren. Im Fall von 1. ... ♗b7 entscheidet sofort 2.g4+ ♔f4 3.e6.

2.♗e2 ♗f7 3.♗f3 ♗e6 4.♗d5 ♗d7!
Die einzige Antwort! Zum Verlust führt 4. ... ♗c8? 5.e6 ♔f6! (5. ... ♔g4 6.e7 ♗d7 7.♗e6+) 6.♔e3! (6.♔e4? ♗:e6! mit Remis) 6. ... ♗a6! 7.♔f4 ♗e2 8.g4 ♗e7 9.g5 ♗d3 10.♔e5 ♗c2 11.♗f3 ♗g6 12.♔g4 ♗c2 13.♗f5 usw. 5.e6 ♗e8 6.♔c5 ♔g4 7.♔d6 ♔:g3 8.♔e7 ♗a4!
Schlecht ist 8. ... ♗h5 9.♔f8 ♔g4 10.e7 ♗d7 11.♗f7 ♔f4 12.♗e8 ♔g4 13.♗b5 ♗h5 14.♗c4, und Weiß gewinnt.
9.♔d8 ♔f4 10.e7 ♔e5, und der schwarze König kommt rechtzeitig nach d6. Remis.
Statt mit 6.♔c5 den Bauern zu opfern, konnte Weiß den König auch auf die andere Seite beordern: 6.♔e3 ♔g4 7.♔f2 ♔f5 8.♔f3 ♗h5+ 9.♔g2 ♔f6! 10.♗f3 (10.♔h3 ♔g5) 10. ... ♗g6 11.♗g4 ♗e4+ 12.♔f2 ♗d5 13.♔e3 ♗b3 14.♔f4 ♗c2! Damit ist eine Stellung entstanden, die dem Beispiel 200 ähnelt.

R. Cholmow, 1978

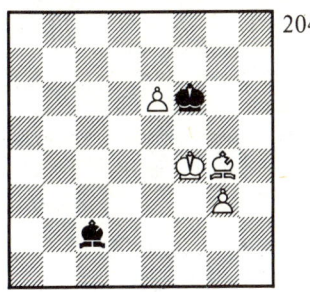

Larsen–Patterson
Siegen 1970

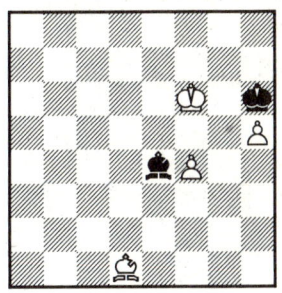

Remis

Weiß am Zuge

Das schwarze Verteidigungssystem ist elementar einfach: Wenn der weiße König auf f4 steht, manövriert der Läufer auf der Diagonale b1–h7, wenn der König nach d4 geht, wechselt der Läufer auf die Diagonale a2–g8 über. Begibt sich der König indes nach h3, kann sich der Läufer auf einem beliebigen Feld der Diagonale a2–g8 aufhalten, nur nicht auf a2. Steht der Läufer auf b3 und der König auf h3, wird der Zug ♔g5 möglich. Steht einer der Bauern auf einer Randlinie und wird das Umwandlungsfeld dieses Bauern nicht durch den Läufer kontrolliert, ist die Verwertung des Vorteils erschwert, weil die schwächere Seite droht, den Läufer gelegentlich für den anderen Bauern zu opfern und mit dem König in die sichere Ecke zu gehen.

In dieser Stellung blieben alle Gewinnversuche von Weiß erfolglos.
1.♗g4 ♗d3 2.♗f5 ♗e2
3.♗g6 ♗g4 4.♗f7 ♗h3
5.♗g6 ♗g4 6.♗e8 ♗h3
7.♔e7 ♗f5.
Weiß hatte die Drohung 8.♗d7 vorbereitet, doch Schwarz ist auf der Hut. Möglich war auch 7. ... ♗g4. Dies erforderte aber eine genaue Berechnung, z. B. 8.♗d7 ♗:h5 9.f5 ♔g5! 10.f6 ♗g6! 11.♗e6 ♔f4 12.♗f7 ♗d3 13.♗e8 ♗c4 14.♔d7 ♔e5! mit Remis.
8.♗d7 ♗d3 9.♗g4 ♗c2
10.♔f6 ♗d3 11.♗f3 ♗c2
12.♔e5 ♔g7 13.♗e2 ♔h6
14.♗g4 ♗d3 15.♗d1 ♔g7
16.♗f3 ♗c2 17.♗c6 ♗d1
18.♗e8 ♗g4 19.♗g6 ♔h6
20.♔f6.
Weiß ist nicht weitergekommen, und die Partie endete bald remis.

111

**Fischer–Keres
Zürich 1959**

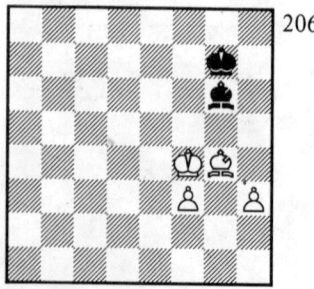

Weiß am Zuge

Wäre Schwarz am Zuge, könnte er durch 1. ... ♔h6 leicht remis halten. Das Zugrecht liegt indes bei Weiß, der den König nach g5 stellt und auf lehrreiche Art zum Erfolg kommt.
1.♔g5! ♗d3 2.f4 ♗e4 3.h4 ♗d3 4.h5 ♗e4 5.h6+ ♔h8.
Auf 5. ... ♔f7 entscheidet 6.♗h5+ ♔g8 7.♗g6 nebst f5–f6.
6.♗f5 ♗d5 7.♗g6 ♗e6 8.♔f6 ♗c4 9.♔g5 ♗e6 10.♗h5 ♔h7 11.♗g4! ♗c4.
Läufertausch hätte zu einem mühelos gewonnenen Bauernendspiel geführt.
12.f5 ♗f7 13.♗h5 ♗c4 14.♗g6+ ♔g8 15.f6. Schwarz gab auf.
Es konnte folgen: 15. ... ♗b3 16.♔f4 ♔h8 17.♔e5 ♗c4 18.♔d6 ♗b3 19.♔e7 ♗c4 20.♗f7 ♗d3 21.♗e8! ♗c4 22.♗d7, und gegen 23.♗e6 gibt es keine Verteidigung mehr.

Sind die Bauern durch mehr als eine Linie voneinander getrennt, ist der Gewinn einfacher zu erzielen. Schwierigkeiten können nur dann auftreten, wenn ein Randbauer beteiligt ist, dessen Umwandlungsfeld nicht der Farbe des Läufers entspricht.

**Sokolski–Lipnizki
Moskau 1950**

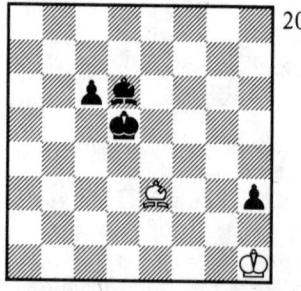

Schwarz am Zuge gewinnt

Ein grober Fehler wäre 1. ... c5 wegen 2.♗:c5 mit Remis. Der schwarze Plan sieht vor, den h-Bauern zu geben, dafür aber ein gewonnenes Endspiel mit dem anderen Bauern zu erhalten.
Am einfachsten ist dies durch 1. ... ♗e5 2.♗b6 ♗d4 3.♗a5 c5 4.♔h2 c4 5.♔:h3 zu erreichen, wonach wir die für Schwarz gewonnene Stellung 178 vor uns haben.
Doch keine Regeln ohne Ausnahmen!

**Goglidse–Kasparjan
Tbilissi 1929**

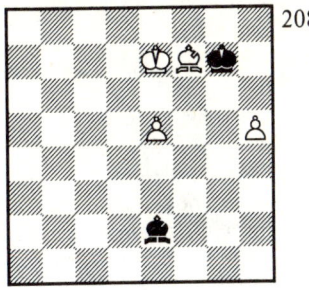

208

Remis

Stände der Bauer auf h4,
würde Weiß leicht gewinnen,
z. B. 1.♗e8 ♗g4 2.♔d6 ♔h6
3.♗d7 ♗h5 4.e6 ♔g7 5.e7
♔f6 6.♗b5 ♗g6 7.♔d7 ♔e5
8.♔d8 ♔d6 9.♗e8 ♗d3
10.♗f7 ♗b5 11.h5.
Die Notwendigkeit, den Bauern verteidigen zu müssen, läßt
Weiß trotz seines materiellen
Übergewichts nicht zum Erfolg
kommen.
1.♗e8 (falls 1.e6, so 1. ... ♗g4
nebst 2. ... ♗:e6) **1. ... ♗g4
2.♔d8.**
Oder 2.♔d6 ♔h6 3.♗d7 ♗:h5
4.e6 ♔g7 5.e7 ♔f6.
2. ... ♔h6.
Möglich ist auch 2. ... ♗e6
3.♗d7 ♗f7 4.♗g4 ♗b3
5.♔e7 ♗c4 6.♔d6 ♗b3
7.♗f3 ♗f7 8.♗d5 ♗:h5 9.e6
♔f6 10.e7 ♗e8 mit Remis.
**3.♗d7 ♗:h5 4.e6 ♔g7 5.e7
♔f6!**
Zum Verlust führt 5. ... ♗g6
6.♗e8 ♗e4 7.♗h5 ♗c6
8.♗g4.

6.♗e8 ♗e2 7.♗g6 ♗b5 remis
(siehe Beispiel 158).
Wenn Weiß zu dem Manöver
♔e7-d6-d5-e4-f5-g5 greifen
will, muß Schwarz ♔e4 mit
♔g5! beantworten können.
Bleibt zu ergänzen, daß
Schwarz auf 1.h6+ ♔:h6
2.♔f6 durch 2. ... ♗g4 3.♗g6
♗e2 4.e6 ♗c4 5.e7 ♗b5
6.♔f7 ♔g5! eine Hauptremisstellung erreicht.

**Benediktsson–Olafsson
Reykjavik 1956**

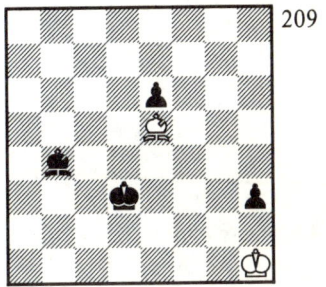

209

Schwarz am Zuge

Eine Besonderheit dieser Stellung besteht darin, daß es
Schwarz bei genauer Verteidigung des Gegners nicht gelingt, den Bauern e6 vorzurücken.
In der Partie geschah **1. ...
♗c3 2.♗d6 ♔e4 3.♗e7.**
Einfacher war, mit dem Läufer
so zu manövrieren, daß dieser
die Kontrolle über das Feld e5
behielt. Aber auch der Textzug
verliert noch nicht, da 3. ... e5
auf die Erwiderung 4.♗f6
träfe.

3. ... ♗e5 4.♗b4 ♗c7.
Hätte Weiß jetzt 5.♗c3! gespielt, wären alle Gewinnversuche von Schwarz zum Scheitern verurteilt gewesen. Es folgte jedoch 5.♗e7? ♔f5 6.♗h4 ♗f4! 7.♗e1 e5 8.♗c3 e4, wonach Schwarz mit Hilfe des Gegners die entscheidende Hürde überwunden hatte. Nach 9.♗d4 ♔g4 10.♗f2 ♔f3 11.♗h4 e3 12.♗f2 e2 13.♗e1 ♗g3 14.♗b4 ♔f2 15.♗c5+ ♔f1 16.♗b4 ♗e1 17.♗e7 ♗d2 18.♗h4 ♗e3 stellte Weiß den Widerstand ein.

A. Jaroslawzew, 1947

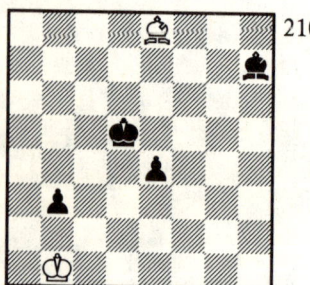

Remis

Es scheint, als habe Weiß nach 1.♗f7+ ♔d4 2.♗:b3 ♔c3 gegen 3. ... e3+ und e3–e2 keine Verteidigung.
Er hält jedoch wie in der Studie Centurinis (Beispiel 176) durch 3.♗c2!! e3 4.♔c1 e2 5.♗d1! auf elegante Weise remis.

Drittes Kapitel

Läufer und Bauer gegen Läufer und Bauer

Derartige Endspiele sind gewöhnlich remis. Ein Gewinn ist nur in folgenden Ausnahmefällen zu erzielen:
1. Wenn es möglich ist, den gegnerischen Bauern zu erobern und ein gewonnenes Endspiel mit einem Mehrbauern zu erreichen.
2. Wenn es sich um Freibauern handelt und es gelingt, den eigenen Bauern eher zur Dame zu führen oder aber im Fall einer gleichzeitigen Verwandlung der Bauern das entstehende Endspiel für sich zu entscheiden.

J. Awerbach, 1954

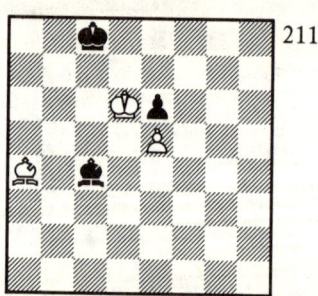

Anzug beliebig. Remis

1.♔e7.
Noch weniger Chancen bietet 1.♗d7+ ♔d8 2.♗:e6 ♗e2 3.♗f5 ♗c4 4.♗e4 ♗b3. Wenn nun 5.♗d5, so 5. ... ♗:d5 6.♔:d5 ♔d7 remis.

1. ... ♔c7 2.♗d7 ♗b3 3.♗:e6
♗d1 4.♗f5 ♗b3 5.♔f6 ♗c4
6.♗g6 ♗b3 7.♗f7 ♗a4 8.e6
♔d6 9.e7 ♗b5 10.♗h5 ♗a4
11.♔f7 ♔e5 12.♔f8 ♔f6. Damit ist eine Hauptremisstellung entstanden.

Verschiebt man Stellung 211 um eine Linie nach rechts, hängt das Ergebnis vom Zugrecht ab.

J. Awerbach, 1954

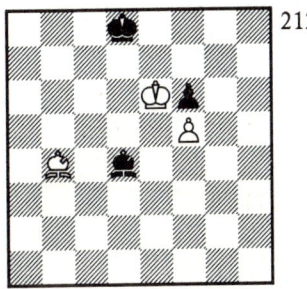

Weiß am Zuge gewinnt
Schwarz am Zuge hält remis

Schwarz am Zuge spielt 1. ...
♔e8! 2.♗e7 ♗c3 3.♗:f6 ♗d2
4.♗h4 ♗c3. Möglich ist auch
4. ... ♔f8 5.f6 ♗h6! 6.♗f2
♔g8! 7.♗c5 ♔h7.
Weiß am Zuge gewinnt durch
1.♔f7! ♔d7 2.♗e7 ♗c3
3.♗:f6 ♗e1 4.♗g5 ♗c3
5.♔g6!, da Schwarz dem Manöver ♗h6–g7 nebst f5–f6 mit Übergang zur zweiten Hauptgewinnstellung nichts entgegenzusetzen hat.

Interessant ist, daß die Stellung unabhängig vom Zugrecht wiederum remis wird, wenn man sie um eine weitere Linie nach rechts verschiebt.

J. Awerbach, 1954

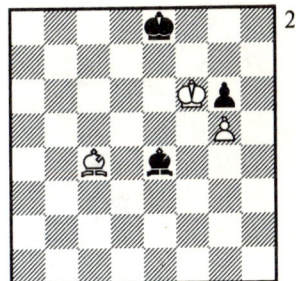

Remis

Nach 1.♔g7 ♔e7 2.♗f7 ♗d3
3.♗:g6 ♗b5 4.♔h6 ♔f8
5.♗h5 ♗d3 sind alle Gewinnversuche von Weiß zum Scheitern verurteilt, da er seinen Läufer nicht nach h7 bringen kann, ohne den gegnerischen auf die Diagonale h5–e8 zu lassen. Im vorigen Beispiel gelang dies durch das Manöver ♗g5–h6–g7. Bei einem Springerbauern liegt das Feld, das dem Umsteigepunkt h6 entspräche, aber nicht mehr auf dem Brett.

Teichmann–Marshall
San Sebastian 1911

214

Weiß am Zuge

Weiß zog 1.♔e4? und mußte
nach 1. ... ♗c8 2.♔e3 ♗d7!
aufgeben, da 3.♔e4 auf die Erwiderung 3. ... ♗c6+ 4.♔e3
♗:g2 trifft, während 3.♔d2
mit 3. ... ♔f2! 4.♗c4 ♔:g2
5.♔e1 ♔g1! (5. ... h3
6.♗f1+) 6.♗f1 ♗e6 7.♗b5
h3 8.♗c6 h2 9.♗e4 ♗h3
nebst 10. ... ♗g2 beantwortet
wird.
Statt dessen konnte er die Partie remis halten.
1.♗b5! ♔:g2.
Oder 1. ... ♗e6 2.♗c6 ♗c4
3.♔e4 ♗f1 4.♗d5 ♗:g2
5.♔e6, und es ist mit vertauschten Farben Stellung 171
entstanden.
2.♔f4!
Aber nicht 2.♗c6+ ♔g3 nebst
h4-h3-h2 und ♗g4-h3-g2.
2. ... ♗e6 3.♗c6+ ♔f2.
Im Fall von 3. ... ♔h2 4.♗b7
h3 5.♗e4 ♔g1 6.♔g3 h2 er-
gibt sich bei vertauschten Farben Stellung 167.

4.♗d5! ♗d7 (oder 4. ... ♗:d5
5.♔g4) **5.♗c6! ♗h3 6.♗d5
♗g2 7.♗e6** remis.
In den folgenden Studien kann
Weiß seinen Bauern dank der
besseren Figurenstellung zur
Dame führen.

S. Isenegger, 1940

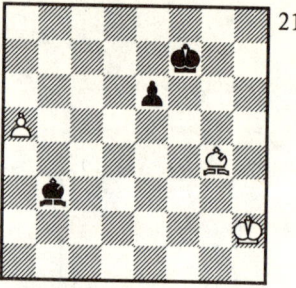

215

Weiß gewinnt

1.a6 ♗d5 2.♔g3 e5.
Falls nun 3.♗f3, so 3. ... e4
4.♗g2 ♔e7 5.♔f4 ♔d6 6.a7
♔c7, und Schwarz hält den
Bauern auf.
3.♗c8!
Jetzt droht Weiß von der anderen Seite. Gegen 4.♗b7 hat
Schwarz nur eine Verteidigung.
3. ... ♗c4 4.a7 ♗d5 5.♗h3!
Nachdem Weiß den Bauern bis
an die Schwelle des Umwand-
lungsfeldes vorgerückt hat,
kehrt er zu seinem ursprünglichen Plan zurück.
**5. ... ♔e7 6.♗g2 e4 7.♔f4 e3
8.♗f3 ♔d6 9.♔:e3**, und der
weiße Bauer geht zur Dame.

A. Troitzky, 1913

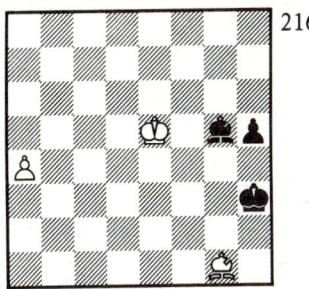

216

Weiß gewinnt

1.a5 ♗h4.
1. ... ♔g3 scheitert an 2.♔f5!
♗f4 3.♗h2+! Auf 1. ... ♗d8
folgt 2.♗b6. Falls schließlich
1. ... ♔g4, so 2.a6 ♗f4+
3.♔d5! ♗b8 4.♔c6 ♔g3
5.♔b7 ♔g2 6.♔:b8 ♔:g1 7.a7.
**2.a6 ♗g3+ 3.♔e4 ♗b8
4.♔f3! ♗h4.**
Zu Bauernverlust führt 4. ...
h4 5.♗f2.
5.♗e3!
Schwarz ist überraschend in
Zugzwang geraten.
5. ... ♔h3 6.♗f2 ♔h2 (oder
6. ... h4 7.♗g1) **7.♗g3+.**
In dieser Studie besticht das
Spiel des zentralisierten Königs, der an beiden Flügeln
rechtzeitig kommt.

In Stellung 217 ist der weiße
Bauer ebenfalls bedeutend gefährlicher als der des Gegners.
Wenn Schwarz aber e5–e4 ziehen kann, hält er mühelos remis.

P. Heuäcker, 1930

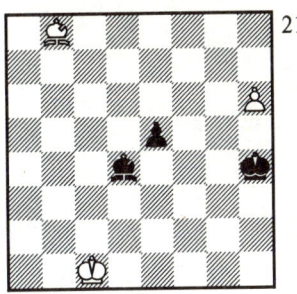

217

Weiß gewinnt

Weiß gelingt es auf studienartigem Wege, den Zug e5–e4
nicht zuzulassen.
**1.♗a7! ♗a1 2.♔b1 ♗c3
3.♔c2 ♗a1 4.♗d4!!**
Diese Fortsetzung würde sogar
drei Ausrufezeichen verdienen.
Nach 4. ... ed 5.♔d3 bzw.
4. ... ♗:d4 5.♔d3 nebst
6.♔e4 ist Schwarz nicht in der
Lage, den Bauern aufzuhalten.
Ein klassisches Beispiel zum
Thema Sperrung!*

---

* Dieses Thema wurde erstmals 1914 in folgender Studie von A. Mouterd dargestellt: ♔c1; ♗b4; a3, f2, h5 – ♔b7; ♗b6; a5, e5, h4. Die Lösung: 1.h6 ♗d4 2.♗c5 ♗a1 3.♔b1 usw.

W. Issler, 1970

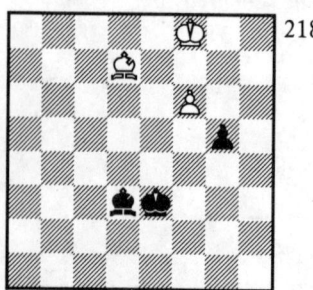

Weiß gewinnt

Ein zu direktes Spiel führt hier nicht zum Erfolg: 1.♔e7 ♗g6 2.♗e8 g4! 3.♗:g6 g3. Schwarz holt sich ebenfalls eine Dame und hält remis.
Der Gewinn wird durch den feinen Zug 1.♔f7!! erzwungen. Weiß droht, nach 2.♗e6 und 3.♔g7 den Bauern in eine Dame zu verwandeln. Was soll Schwarz tun? Es liegt nahe, den Bauern zu opfern, um Zeit für die Annäherung des Königs zu gewinnen: 1. ... g4 2.♗:g4 ♔f4. Nach 3.♗e6 ♔g5 4.♔e7! ♗g6 5.♗f7 ♗c2 6.♗e8 ♗b3 7.♗d7 zeigt sich jedoch, daß es gegen 8.♗e6 keine Verteidigung gibt.
Es bleibt nichts anderes übrig, als 1. ... ♗e2 zu ziehen, um den Läufer auf die Diagonale e8–h5 zu überführen.
2.♔e7! ♗h5 3.♗e8 g4 4.♗:h5 g3 5.♗f3! (eine effektvolle Pointe) 5. ... ♔:f3 6.f7 g2 7.f8♕+, und Weiß gewinnt.
Sehen wir uns einen Fall an, wo die Damen gleichzeitig entstehen, eine von ihnen aber sofort verlorengeht.

G. Cohn, 1929

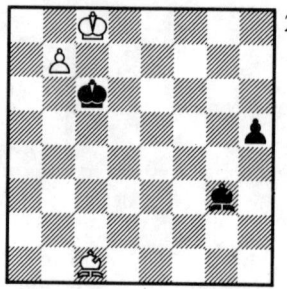

Weiß gewinnt

Wäre der schwarze Bauer h5 nicht auf dem Brett, würde Weiß, wie wir bereits gesehen haben, gewinnen. Es zeigt sich indes, daß auch der Bauer h5 nicht rettet.
1.♗e3 ♗e5.
Schwarz muß den Läufer ziehen und ein Tempo verlieren, da 1. ... h4 an 2.♗f2! ♗h2 3.♗:h4 usw. scheitert.
2.♗a7 h4 3.♗b8 ♗:b8 4.♔:b8 h3 5.♔c8 h2 6.b8♕ h1♕ 7.♕a8+.
Zu einem gleichen Finale kommt es in einer Studie Liburkins (1940).

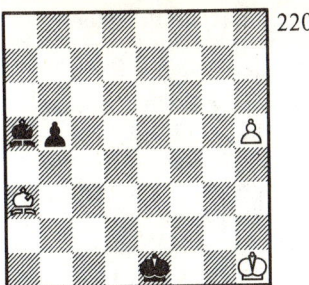

220

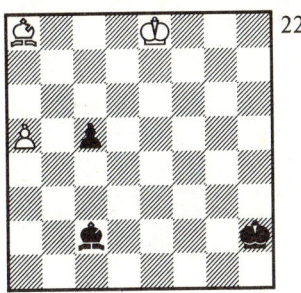

A. Troitzky, 1925

221

Weiß gewinnt

1.h6 ♗c3.
Sofort verlieren würde 1. ...
♗d2 2.h7 ♗c3 3.♔b4. Stände
der König auf e2, könnte
Schwarz durch 1. ... ♗d2 remis halten, z. B. 2.h7 ♗c3
3.♔g2 ♔d3 4.♔f3 ♔c4
5.♗d6 b4 6.♔f4 b3 7.♗e5
♗:e5 8.♔:e5 b2.
2.♗f8 b4 3.♗g7.
Es ist eine brisante Situation
entstanden. Weiß strebt mit
dem König nach g6, um
h6–h7 zu ermöglichen.
Schwarz versucht, dies zu verhindern.
**3. ... ♔f2 4.♔h2 ♔f3 5.♔h3
♔f4.**
Es sieht so aus, als könne
Schwarz das Gleichgewicht
aufrechterhalten. Es folgt jedoch **6.♗:c3! bc 7.h7 c2
8.h8♕ c1♕ 9.♕h6+.**

Weiß gewinnt

Diese Studie hat ein ähnliches
Finale, das allerdings erst nach
kompliziertem Spiel zustande
kommt.
1.a6 c4 2.a7 c3 3.♗h1! ♗a4+.
Falls 3. ... ♗g6+, so 4.♔e7 c2
5.a8♕ c1♕ 6.♕g2 matt.
4.♔f7! (nur dieser Abzug des
Königs gewinnt) **4. ... ♗c6!**
Schwarz opfert die Figur in der
Annahme, mit seiner Dame gegen Dame und Läufer remis zu
halten.
**5.♗:c6 c2 6.a8♕ c1♕
7.♕a2+ ♔g3! 8.♕g2+ ♔f4.**
Auf 8. ... ♔h4 geschieht
9.♕f2+ ♔g4 (9. ... ♔g5
10.♕g3+ oder 9. ... ♔h5
10.♗f3+ und 11.♕g3+)
10.♗d7+ ♔h5 11.♕f3+ mit
schnellem Matt.
9.♕f3+ ♔g5 (oder 9. ... ♔e5
10.♕f6 matt) **10.♕g3+ ♔f5
11.♕g6+ ♔f4 12.♕h6+.**

Viertes Kapitel

Läufer und zwei Bauern gegen Läufer und Bauer

Die Seite, die über den Mehrbauern verfügt, kommt zum Erfolg, wenn es ihr gelingt:
1. den Bauern in eine Dame zu verwandeln oder für ihn wenigstens den Läufer zu erobern und ein gewonnenes Endspiel mit einer Mehrfigur herbeizuführen;
2. den gegnerischen Bauern zu erobern und ein gewonnenes Endspiel mit zwei Bauern zu erreichen;
3. nach Abtausch eines Bauernpaares ein gewonnenes Endspiel mit Läufer und Bauer gegen Läufer zu erhalten;
4. die Läufer abzutauschen und in ein gewonnenes Bauernendspiel einzulenken.

Natürlich sind hier nur die hauptsächlichen Möglichkeiten erfaßt.
Ein charakteristisches Stellungsmerkmal ist die Bauernstruktur. Sie soll bei der Untersuchung von Beispielen zugrunde gelegt werden. Wir betrachten folgende Fälle:
1. Verbundene Freibauern;
2. Verbundene Bauern, ein Freibauer;
3. Verbundene Bauern, kein Freibauer;
4. Isolierte Freibauern;
5. Isolierte Bauern, ein Freibauer.

1. Verbundene Freibauern

Zwei verbundene Freibauern gewinnen gegen einen Bauern in der Regel ohne große Schwierigkeiten. Wenn erforderlich, kann der Läufer sogar für den einzigen Bauern des Gegners geopfert werden.

**Santasiere–Fine
New York 1938**

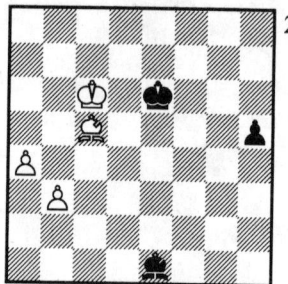

Weiß gewinnt

1.b4 h4 2.b5 ♗g3 3.♗g1 h3 4.a5 ♔f5 (falls 4. ... h2, so 5.♗:h2 ♗:h2 6.a6 ♗b8 7.b6 usw.) 5.b6 ♔e4 6.a6 ♔f3 7.a7 ♔g2 8.♗c5 (am einfachsten) 8. ... h2 9.a8♕ h1♕ 10.♕d7+ ♔h2 11.♕:h1+ ♔:h1 12.♗d6, und Schwarz gab auf.

Schwierigkeiten können nur dann auftauchen, wenn der Freibauer des Gegners weit vorgerückt ist.

Bronstein–Ragosin
Stockholm 1948

M. Michailow, 1951

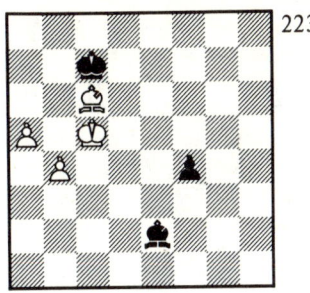

223

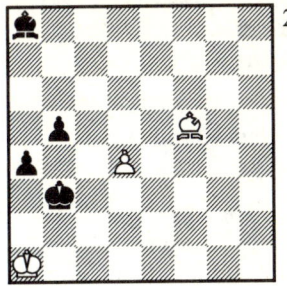

224

Remis

Weiß gewinnt

Schwarz droht, durch Vorrücken des f-Bauern den Läufer zu erobern. Es gelingt Weiß jedoch, diese Absicht zu durchkreuzen.
1.b5 f3 2.a6! (fehlerhaft wäre 2.b6+ ♚b8, wonach die weißen Bauern ihre Beweglichkeit eingebüßt hätten) 2. ... f2 3.b6+ ♚d8 4.a7 f1♛ 5.a8♛+ ♚e7 6.♛e8+ ♚f6 7.♛f8+ nebst Damentausch. Deshalb stellte Schwarz den Widerstand bereits nach 2.a6 ein.
Doch keine Regeln ohne Ausnahmen.

Weiß rettet sich, indem er eine Pattmöglichkeit nutzt.
1.♗d3 b4 2.d5! ♗:d5 3.♗c2+!! (ein unvermuteter Schlag!) 3. ... ♚a3 (3. ... ♚c3 4.♗:a4 ♗e4 5.♗b3!!) 4.♗e4! ♗g8 5.♗h7! ♗a2 6.♗c2! ♗b3 7.♗e4 ♗d1 8.♗c2! mit Remis wie in Beispiel 194.
Ein weit vorgerückter Freibauer kann sich sogar zwei Bauern als überlegen erweisen, wenn es nicht gelingt, ihn zuverlässig zu stoppen.

O. Duras, 1906
(Schluß einer Studie)

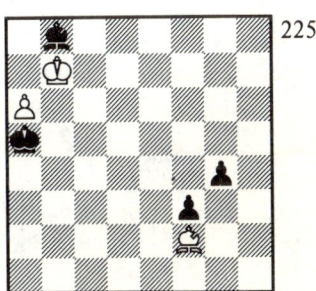

225

Weiß gewinnt

Nach 1.♗h4! ♔b5 2.♗e1! g3 3.♗:g3 ♗:g3 4.a7 f2 5.a8♕ f1♕ 6.♕a6+ verliert Schwarz die Dame.

2. Verbundene Bauern, ein Freibauer

Ist nur einer der Bauern ein Freibauer, hängt das Ergebnis in der Regel davon ab, ob die stärkere Seite den gegnerischen Bauern erobern kann.

J. Awerbach, 1954

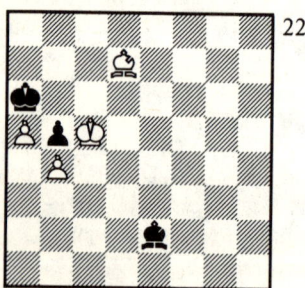

226

Weiß gewinnt

Die Aufgabe von Weiß besteht darin, den Gegner in Zugzwang zu bringen. Dazu muß er dessen Möglichkeiten einschränken. Zunächst ist der Läufer auf die kurze Diagonale zu drängen.
1.♗f5 ♗f1 2.♔d4 ♗e2 3.♗d3! ♗g4 4.♔c5 ♗d7.
Der Läufer hat nur zwei Felder – e8 und d7. Könnte man ihm eines davon nehmen, würde Schwarz in Zugzwang geraten. Dies gelingt.

5.♗f1 ♗e8 6.♗h3!!
Schwarz verfügt über keinen nützlichen Zug, z. B. 6. ... ♔a7 7.♗g2 ♔a6 8.♗c6 oder 6. ... ♗f7 7.♗c8+, und Schwarz verliert den Bauern. Verschiebt man die Stellung um eine Linie nach rechts, ist sie ebenfalls für Weiß gewonnen.

J. Awerbach, 1954

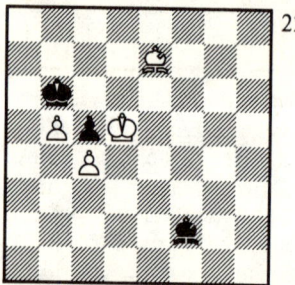

227

Weiß gewinnt

Auf 1.♗g5 kann Schwarz 1. ... ♗d4 2.♔e4 ♗c3 3.♗e3 ♗b4 4.♔d5 ♗a3 spielen, doch auch in diesem Fall hat der Läufer zu wenig Raum. Weiß antwortet 5.♗g5 ♗b4 (oder 5. ... ♔b7 6.♗e7 ♔b6 7.♗d8+ ♔b7 8.♗a5) 6.♗e7 ♗a3 7.♗d8+ ♔b7 8.♗a5!, wonach sich Schwarz erneut im Zugzwang befindet.
Zum Verlust führt dann sowohl 8. ... ♔a7 9.♔c6 als auch 8. ... ♗b4 9.♗:b4 cb 10.♔d4 ♔b6 11.♔d3 ♔c5 12.♔c2 ♔b6 13.♔b2. Stellung 228 erweist sich dage-

gen als remis, da der schwarze Läufer auf der Diagonale a2–c4 genug Felder besitzt.

J. Awerbach, 1954

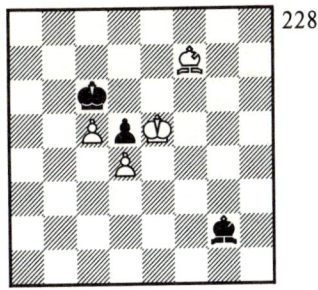

228

Remis

1.♗h5 ♗e4 2.♔f4 ♗d3 3.♗f3 ♗c4 4.♔e5 ♗b3 5.♗h5 ♗c4 6.♗f7 ♗b3 7.♗e8+ ♔c7 8.♗b5 ♗a2, und Weiß hat nichts erreicht.
Verschiebt man Stellung 228 um eine weitere Linie nach rechts, ist sie wieder für Weiß gewonnen, da sich diesem eine neue Angriffsmöglichkeit bietet.

J. Awerbach, 1954

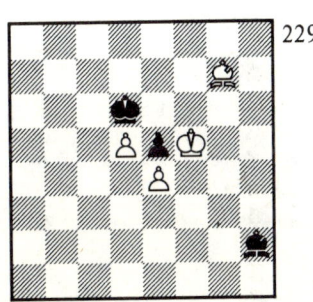

229

Weiß gewinnt

Weiß zieht 1.♗f8+ ♔d7 2.♗c5 ♗g3 3.♗a7 und kommt leicht zum Erfolg. Es droht 4.♗b8, und auf 3. ... ♔c7 geschieht 4.♔e6.

3. Verbundene Bauern, kein Freibauer

Ohne Freibauern besitzt die stärkere Seite bei sonst gleichen Bedingungen wenig Gewinnchancen.
Betrachten wir die folgende Stellung.

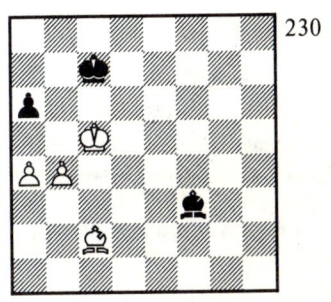

230

Anzug beliebig. Remis

Alle aggressiven Versuche werden hier von Schwarz leicht pariert.
1.♗d3 ♗d1 2.a5 ♔b7 mit klarem Remis oder 1.b5 ab 2.ab ♔b7 3.b6 ♔b8 usw.
Gewinnchancen ergeben sich, wenn man die Stellung um eine Reihe nach oben versetzt.

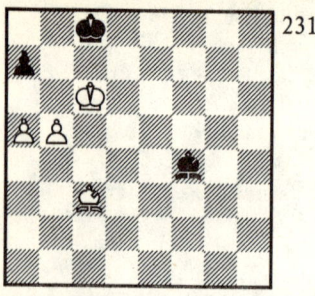

231

Remis

Der schwarze König ist auf die letzte Reihe zurückgedrängt, die weißen Bauern sind gefährlicher geworden. Schwarz muß sich genau verteidigen. Auf **1.b6** würde z. B. 1. ... ab 2.ab ♔b8 3.b7 ♗g3 4.♔b6 ♗c7+ 5.♔a6 usw. zum Verlust führen. Die richtige Fortsetzung ist **1. ... ♔b8!**, z. B. 2.♗f6 ♗g3 3.♗d8 ♗f4 4.♗c7+ ♗:c7 5.bc+ ♔c8 6.♔d6 a6 mit Remis.

Verschiebt man die Stellung um eine Linie nach rechts, muß Schwarz ebenfalls auf der Hut sein.

J. Awerbach, 1954

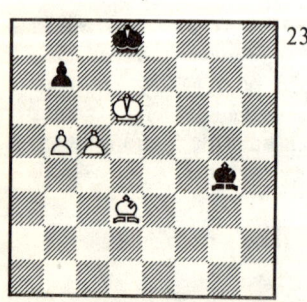

232

Anzug beliebig. Remis

Nach **1.c6 ♔c8!** (1. ... bc? 2.bc führt zu einem verlorenen Endspiel) **2.♗g6** wäre die passive Verteidigung 2. ... ♗h3 3.♗e8 ♗g4 zum Scheitern verurteilt: 4.♗d7+ ♗:d7 5.cd ♔d8 6.♔e6 b6 7.♔e5! ♔:d7 8.♔d5!, und Weiß gewinnt. Das Remis wird durch 2. ... ♔b8 3.♗e8 bc! 4.bc ♔a7 gesichert, z. B. 5.♔e7 ♔b6 6.♔d8 ♔c5 usw.

Anstelle von 1.c6 kann 1.♗c4 geschehen. Falls darauf 1. ... ♗f5? (oder 1. ... ♗h3?), so 2.b6! ♗g4 (2. ... ♔c8 3.♗e6+ oder 2. ... ♗e4 3.♗d5 oder schließlich 2. ... ♗c2 3.c6! bc 4.b7) 3.♗d5 (aber nicht 3.c6 ♔c8 mit Remis) 3. ... ♔c8 4.♗e6+, und Weiß gewinnt im Bauernendspiel.

Der Zug 2.b6 ist nicht der einzige. Eine Alternative bildet 2.♗e6 ♗d3 (2. ... ♗e4 3.b6) 3.c6 bc 4.bc, und Weiß gewinnt.

Vermerkt sei, daß Weiß in der letzten Variante auch mit 3.♗d7 (nicht 3.b6 ♗b5! remis) 3. ... ♗e4 4.b6 ♗g2 5.♗e6! (5.c6?? ♗:c6 6.♗:c6 ♔c8!!) 5. ... ♗f3 6.♗d5 usw. zum Erfolg kommt.

Nach 1.♗c4 hält Schwarz jedoch durch 1. ... ♗d7! 2.b6 ♗a4 3.♗e6 ♗b5 remis. Weiß ist nicht in der Lage, seine Stellung zu verstärken.

J. Awerbach, 1954

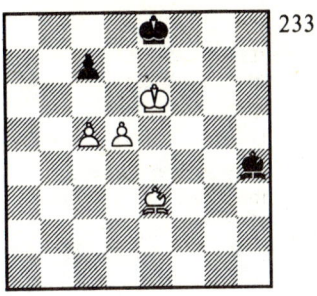

233

*Weiß am Zuge gewinnt
Schwarz am Zuge hält remis*

Diese Stellung ist noch ungünstiger für Schwarz. Aber auch hier brächte das sofortige 1.d6 Weiß keinen Erfolg. Im Gegensatz zu den vorhergehenden Stellungen führt dann allerdings nur der Abtausch 1. ... cd! zum Remis. Nach 2.cd entstände Beispiel 173, in dem 2. ... ♔f8! das Gleichgewicht aufrechterhält.
Schlecht wäre hingegen 1. ... ♔d8 2.d7 ♗e7 (2. ... c6 3.♔d6 ♗e7+ 4.♔:c6 ♗:c5 5.♗g5+) 3.c6 ♗f6 4.♗f4 ♗h4 5.♗e5 ♗g5 6.♗g3 ♗f6 7.♗:c7+ usw.
Weiß gewinnt auf außerordentlich interessante und lehrreiche Art.
1.♗d4!
Ein wichtiger Zug. Weiß läßt den schwarzen König nicht nach c8.
1. ... ♗e7!
Die stärkste Erwiderung, die mehr als andere die Realisierung des weißen Vorteils erschwert.
2.c6! ♗a3 3.♗f6! (der König darf nicht nach c8 gelassen werden) **3. ... ♗b4 4.♔f5 ♔f7** (falls 4. ... ♗d6, so 5.♗e5) **5.♗g5! ♗c5 6.♔e4.**
Weiß hat seine Figuren so postiert, daß er auf 6. ... ♗d6 mit 7.♗f4 die Läufer tauschen kann. Jetzt schickt er sich an, den König nach c8 zu führen und den Bauern c7 zu erobern. Schwarz darf deshalb nicht an seiner passiven Taktik festhalten. Er muß sich schleunigst mit dem König zum Bauern d5 begeben, um zu versuchen, ein unentschiedenes Endspiel mit Läufer gegen Läufer und Bauer zu erreichen.
6. ... ♔g6 7.♗f4 ♗b6 8.♔d3 ♔f5 9.♗g3 ♗a5 10.♔c4 ♔e4.
Es sieht so aus, als würde Weiß jetzt mit 11.d6 cd 12.♔b5 ♗d8! 13.♗f2 ♗c7 14.♗b6 ♗b8 15.♗a7! ♗c7 16.♔a6 d5 17.♔b7 zum Erfolg kommen. Nach 17 ... ♗h2!! 18.♗b8 d4 19.♗:h2 d3 gehen die Bauern jedoch gleichzeitig zur Dame.
Zum Gewinn führt **11.♗h2 ♗b6 12.♗g1! ♗a5.**
Wenn 12. ... ♗:g1, so 13.d6 ♗h2 14.d7, und der schwarze Läufer kann den d-Bauern nicht mehr stoppen.
13.♔c5!
Diese von Dshenandjan gezeigte Fortsetzung gewinnt am einfachsten.

13. ... ♗b6+.
Falls 13. ... ♗c3, so 14.d6
cd+ 15.♔b5, falls aber 13. ...
♔e5, so 14.♗h2+ ♔ beliebig
15.♗:c7 ♗:c7 16.d6 usw.
14.♔b5 ♗:g1 15.d6, und Weiß
gewinnt.

4. Isolierte Freibauern

Sind die Bauern vereinzelt und
besitzt die schwächere Seite
ebenfalls einen Freibauern,
kommt die stärkere Seite zum
Erfolg, wenn es ihr gelingt, den
Bauern des Gegners mit König
oder Läufer zu blockieren und
gleichzeitig die eigenen Freibauern vorzurücken.
Ein prächtiges Beispiel dafür
ist folgende Studie Rétis.

R. Réti, 1925

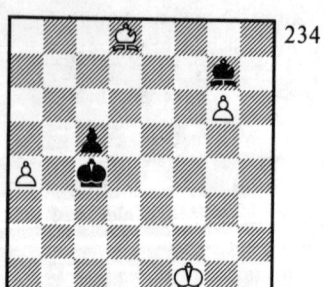

Weiß gewinnt

Schwarz droht, 1. ... ♔b4 2.a5
♔b5 zu spielen und den Läufer an die Verteidigung des
Bauern a5 zu binden, wonach
die weißen Bauern gestoppt
wären.

Weiß zieht daher 1.♗a5 ♔b3
(1. ... ♔d5 2.♔e2 ♔c6 3.♔d3
♔b7 4.♗c3 ♗h6 5.♔e4! ♔b6
6.♔d5 ♗f8 7.♗d2 ♗g7
8.♗e3 ♗a5 9.♗:c5 ♗:a4
10.♗d4 ♗h6 11.♔e6 ♔b4
12.♔f7 ♔c4 13.♗e3)
2.♗c3!! ♔:c3 (nach 2. ...
♗:c3 3.a5 wird der Läufer
nicht mit beiden Bauern fertig)
3.a5 ♔b2 4.a6 c4 5.a7 c3
6.a8♕ c2 7.♕b7+ ♔a2
8.♕f7+ ♔a3 9.♕c7 ♔b3
10.♔e2 ♗h6 11.♔d3 und ge-
winnt.

5. Isolierte Bauern, ein Freibauer

Wir kommen nun zu Stellungen, in denen nur einer der
isolierten Bauern ein Freibauer
ist.
Wenn die stärkere Seite den
gegnerischen Bauern erobern
kann, gibt es am Gewinn in
der Regel keinen Zweifel. Ein
typisches Beispiel ist das folgende.

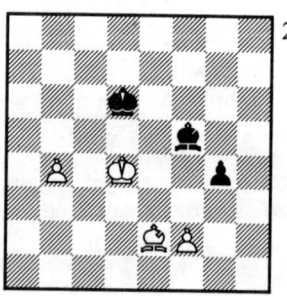

Weiß gewinnt

Weiß gewinnt am einfachsten durch 1.♗d3 ♗d7 2.♔e4 ♗c6+ 3.♔f4 ♗f3 4.♗f5 usw.

Sokolski–Lipnizki
Moskau 1950

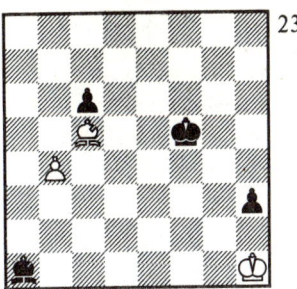

Schwarz am Zuge gewinnt

1. ... ♗e5 2. ♗f8 ♔e4 3.♗e7 ♔d5 4.♗h4 ♗d6! 5.♗e1 ♔c4 6.♗d2 ♗:b4 7.♗f4 ♔d5! 8.♗e3 ♗d6.
Es ist Stellung 207 erreicht. Schwarz kann nicht c6–c5 spielen wegen ♗d6:c5, aber er gewinnt, wenn er den Bauern h3 opfert.
Bekanntlich können sich Läufer und zwei Bauern in bestimmten Fällen nicht gegen einen Läufer durchsetzen. Eine solche Ausnahmesituation zeigt die folgende Stellung.

Goglidse–Kasparjan
Tbilissi 1929

Remis

Weiß erobert einen zweiten Bauern, doch nach 1.♔d6 ♗g4 2.♔d7 ♔g7 3.♔e7 ♗d1! 4.♔:e6 ♗g4+ (4. ... ♗b3+ 5.♔e7 ♗:f7? 6.h6+ ♔g6 7.h7) 5.♔e7 ♗e2 entsteht die Remisstellung 208.
Nicht immer gelingt es, den gegnerischen Bauern zu erobern, ohne einen eigenen hergeben zu müssen. Manchmal kommt es nur zu Bauerntausch, so daß sich ein Endspiel mit Läufer und Bauer gegen Läufer ergibt. Alles hängt dann davon ab, wie dieses Endspiel einzuschätzen ist.

Santasiere–Kashdan
Boston 1938

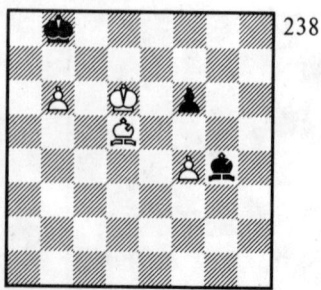

238

Kann Weiß gewinnen?

Stände sein Läufer auf e4, könnte Weiß nach 1.f5 nebst 2.♔e6 den Bauern f6 erobern. Jetzt ist diese Möglichkeit nicht gegeben, da 1.♗e4 mit 1. ... f5 beantwortet würde. Dennoch kommt Weiß zum Erfolg, wenngleich das Resultat von einem einzigen Tempo abhängt.
1.♔e7 f5 2.♔f6 ♗h3 3.♔e5.
Falls 3.♔g5, so 3. ... ♔c8 4.♗e6+ ♔b7 5.♗:f5 ♗g2 6.♗d3 ♗h3 7.♗e2 ♔:b6 8.♗g4 ♗f1 9.f5 ♔c5 10.f6 ♗c4 11.♔g6 ♔d6 12.♔g7 ♔e5 13.♗h5 ♔f4! mit Remis.
3. ... ♔c8 4.♗e6+ ♔b7 5.♗:f5 ♗f1 6.♗e6 ♔:b6.
Die Partie verlief anders. Schwarz zog 6. ... ♗d3? und gab nach 7.♔d4 auf.
7.f5 ♔c7 8.f6 ♔d8 9.♗f7! ♔d7 10.♔f5 ♔d6 11.♔g6 ♗b5 12.♔g7 ♔e5 13.♗g8, und Schwarz fehlt ein einziges Tempo.

Hartnäckiger als 3. ... ♔c8 war 3. ... ♗g4! In diesem Fall führt 4.♗e6? ♔b7 5.♗:f5 ♗e2 6.♗e6 ♔:b6 7.f5 ♔c5 8.f6 ♗h5 nur zum Remis.
Aber auch diese Fortsetzung rettet nicht. Weiß gewinnt auf elegante Art: 4.♗g2! ♔c8 5.♔f6! ♔b8 6.♔g5 ♔c8 7.♗e4!! ♔b8 (7. ... fe 8.♔:g4 ♔b7 9.f5 usw.) 8.♗:f5 ♗f3 9.♗h7 ♔b7 10.f5 ♔:b6 11.f6 ♗d5 12.♔g6 ♔c5 13.♔g7 ♔d6 14.♗g8 usw.
Der schwarze Läufer stand auf g4 und h3 gleichermaßen ungünstig. Weiß nutzte dies, um jedesmal das entscheidende Tempo für das nachfolgende Endspiel mit Läufer und Bauer gegen Läufer zu gewinnen. Stände der schwarze Läufer auf d3, könnte Weiß schon nicht mehr gewinnen, obwohl sich Schwarz exakt verteidigen muß.

J. Awerbach, 1954

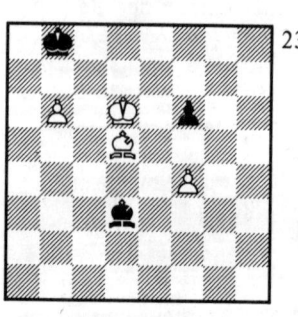

239

Kann Weiß gewinnen?

1.♔e6 f5 2.♔e5 ♗c2 3.♗e6 ♔b7 4.♗:f5 ♗d1 5.♗e4+

♗:b6 6.f5 ♔c7 7.f6 ♗h5, und man kann sich anhand des bisher Dargelegten leicht davon überzeugen, daß weitere Gewinnbemühungen nutzlos sind. Weiß kann mit 3.♔d4 versuchen, den Läufer von der Diagonale b1–e4 zu verdrängen. Darauf führt 3. ... ♗b1 tatsächlich zum Verlust. Weiß gewinnt in wahrhaft studienartiger Manier.
4.♗c4! ♔b7 5.♗d3 ♗a2 6.♔c5 ♗e6 7.♗c2! ♗c8. Oder 7. ... ♔b8 8.♔d6 ♗c8 9.♔e5 ♗a6 10.♗:f5 ♔b7 11.♗e6 ♔:b6 12.f5 ♔c7 13.f6 ♔d8 14.♗f7 ♔d7 15.♔f5 ♔d6 16.♔g6 ♗d3+ 17.♔g7 ♔e5 18.♗g8, und Weiß gewinnt.
8.♗b3 ♗d7 9.♗d5+ ♔b8 10.♗c4! ♔b7.
Oder 10. ... ♔c8 11.♔d6 ♗a4 12.♗e6+ ♔b7 13.♗:f5 ♔:b6 14.♗e4 ♗e8 15.f5 ♔b5 16.f6 ♔c4 17.♔e7 ♗h5 18.♗c6 und 19.♗e8 bzw. 10. ... ♗a4 11.♗d3 ♗d7 12.♔d6 ♗c8 13.♔e5 usw.
11.♗b3! ♔b8.
Zu Zugzwang führt 11. ... ♗c8 12.♗d5+ ♔b8 13.♔d4!! ♗a6 14.♗c4! ♗c8 15.♔e5 ♗d7 16.♗d5 ♗c8 17.♗c6!
12.♔d6! ♗e8.
Oder 12. ... ♗b5 13.♗c2 ♔b7 14.♗:f5 ♔:b6 15.♗e4 ♗e8 16.f5 ♔b5 17.f6 usw.
13.♗e6 ♔b7 14.♗:f5 ♔:b6 15.♗d3! ♔b7 16.f5 ♔c8 17.♔e7 ♗h5 18.f6, und Weiß gewinnt.

Setzt Schwarz jedoch richtig mit 3. ... ♗d1! fort, wäre das weiße Vorhaben nicht zu verwirklichen, da 4.♗c4 auf die Antwort 4. ... ♔b7 5.♔c5 ♗c2 träfe.
Möglich ist auch 3. ... ♔c8, und falls 4.♗c4, so 4. ... ♔b7 5.♗d3 ♗d1! 6.♔c5 ♗g4. In dieser Stellung könnte Weiß ebenfalls nicht gewinnen, z. B. 7.♗c2 ♔b8 8.♔d4 ♔b7 usw.
Noch schwerer ist Stellung 240 zu beurteilen. Auch hier gelingt es Weiß nicht, den Bauern zu erobern, ohne den eigenen Freibauern herzugeben. Einerseits stehen die Bauern weiter auseinander, so daß der schwarze König nach dem Abtausch weiter vom weißen Bauern entfernt ist. Andererseits muß der Bauer b3 dreimal die Diagonale des gegnerischen Läufers überschreiten (auf b4, b6 und b8), was dem schwarzen König die Möglichkeit gibt, sich zu nähern.

Capablanca Janowski
New York 1916

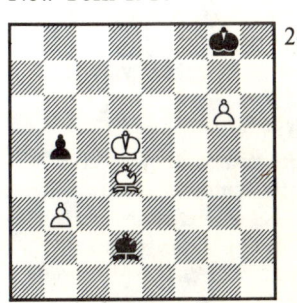

240

Weiß am Zuge

Capablanca spielte 1.♔e4. Weshalb setzte er nicht mit 1.♔c5 b4 2.♔c4 ♗e1 3.♔c5 ♔g7 4.♗:b4 fort? Weil, wie eine sorgfältige Analyse zeigt, Schwarz in diesem Fall zum Remis käme.

4. ... ♗g3! (wie wir noch sehen werden, ist dies am genauesten) 5.♗c3+ ♔:g6 6.b4 ♔f7 7.b5 ♗c7! Bekanntlich würde Weiß gewinnen, wenn der Bauer nach b7 gelangt. 8.♔d5 ♔e7 9.♔c6 ♔d8 10.♔b7 ♔d7, und es ist die bereits untersuchte Remisstellung 213 erreicht.

Auch 4. ... ♗f2 würde nicht verlieren. In diesem Fall ist das Remis allerdings nur auf studienartigem Wege sicherzustellen. Nach 5.♗c3+ ♔:g6 6.b4 ♔f7 7.♗d4 ♗g3 8.b5 ♗c7! 9.♔d5 ♔e7 10.♔c6 ♔d8 11.♗b6 rettet 11. ... ♔c8!!

Interessanterweise führt lediglich 4. ... ♗h4 zum Verlust: 5.♗c3+ ♔:g6 6.b4 ♔f7 7.b5 ♗d8 (7. ... ♔e6 8.b6 ♔d7 9.♔b5 nebst 10.b7 und 11.♗a6) 8.♔d5 ♔e8 9.♔c6 nebst ♗c3–e5–c7 und b6–b7. Auch 6. ... ♔f5 7.♔d5 ♗d8 8.b5 ♔f4 9.♗e5+ ♔e3 10.♔c6 ♔d3 11.♗c7 und 12.b6 vermag daran nichts mehr zu ändern.

Der Zug 1.♔e4 war für Capablanca charakteristisch. Er überstürzt nichts und schöpft zunächst alle Chancen aus.

1. ... b4 2.♗e3 ♗c3 3.♔d3 ♗e1 4.♗d2 ♗f2 5.♔e4 ♗c5?

Nach 5. ... ♔g7 6.♔f5 ♗c5 7.♗f4 ♗f2 8.♗e5+ ♔g8 blieb Weiß nichts anderes übrig, als den König nach c4 zu bringen, was zum Remis führen mußte. Der Textzug gestattet Weiß, das fehlende Tempo zu gewinnen.

6.♔d5! ♗e7.

Oder 6. ... ♗f2 7.♗:b4 ♔g7 8.♗c3+ ♔:g6 9.b4 ♔f7 10.♗d4 ♗g3 11.b5 ♗c7 12.♔c6 ♗a5 13.♗e5 nebst 14.♗c7 und 15.b6.

7.♔c4 ♔g7 8.♗:b4 ♗d8 9.♗c3+? ♔:g6 10.b4 ♔f5 11.♔d5.

Damit ist Stellung 185 entstanden, in der Janowski aufgab, obwohl er, wie wir nachgewiesen haben, remis halten konnte. Anstelle von 9.♗c3+? hätte 9.♗d2! gewonnen, was bereits bei der Analyse der Stellung 185 deutlich wurde. Dieses Beispiel zeigt anschaulich, daß die Realisierung des Vorteils in derartigen Endspielen mit großen Schwierigkeiten verbunden ist, da das Resultat mitunter von einem einzigen Tempo abhängt.

Es verwundert nicht, daß die folgende Stellung remis ist.

"Schach in der UdSSR", 1937

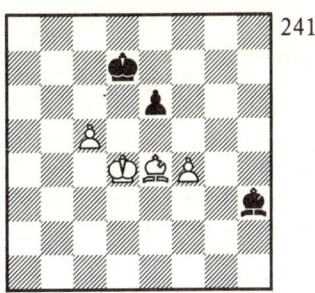

Remis

1.♗c2 ♗g4 2.♗a4+ ♔c7!
Der einzige Zug. Nach 2. ...
♔e7 3.♔e5 ♗h3 4.c6 ♗g2
5.c7 ♗b7 6.♗b5! ♗c8 7.♗c4
kann Schwarz aufgeben.
3.♔e5 ♗h3!
Zum Verlust führt 3. ... ♗f5
4.♗b3 ♔d7 5.♗d5!! ed (5. ...
♗h3 6.c6+ ♔e7 7.♗b3 ♗g2
8.♗a4 ♗f3 9.c7 ♗b7 10.♗b5!
oder 6. ... ♔c7 7.♗:e6 ♗g2
8.♗d5) 6.♔:f5 ♔c6 7.♔e5
♔:c5 8.f5 ♔c6 9.f6 ♔d7
10.♔:d5 usw.
4.♗b3.
Falls 4.♔f6, so 4. ... ♔d8!
5.♔f7 (5.c6 ♔c7 6.♔e7 ♗g4
7.♗b3 e5!) 5. ... ♗g4 6.♗b5
♗f5 7.♗e8 ♗g4 8.♔f8 ♗e2!
9.c6 ♗c4 10.♗d7 ♗d5
11.♔g7 ♔e7 mit Remis.
**4. ... ♔d7 5.c6+ ♔:c6 6.♗:e6
♗f1 7.f5 ♗d3 8.f6 ♗g6
9.♗b3.**
Wenn 9.♔f4, so 9. ... ♔d6
10.♔g5 ♗e8 11.♗b3 ♔e5 mit
Remis.
9. ... ♔c5 10.♔f4 ♔d6
11.♔g5 ♗e8 12.♔h6 ♔e5
13.♔g7 ♔f4 remis.
Auch im nächsten Beispiel
blieben alle Gewinnversuche
von Weiß ergebnislos.

**Aljechin–Euwe
3. Wettkampfpartie 1937**

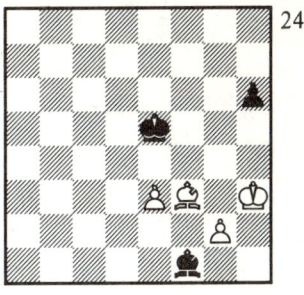

Remis

1.♘h4 ♔f6 2.♘h5 ♔g7 3.e4
♗d3 4.e5 ♗g6+ 5.♔g4 ♔f7
6.♗d5+ ♔e7 7.♔f4 ♗h7 8.g3
♔f8 (oder 8. ... ♔d7 9.♗e6
♗g8 10.♗f5+ ♔e7 11.♗c8
♗h7) 9.♔e4 ♗g8 10.♗f3
♔e7 11.♔g4 ♔e6 12.♔f4
(12.♔h5 ♔:e5 13.♔:h6 ♗e6
mit Remis) 12. ... ♔e7
13.♗g4 ♗b3 14.♗c8 ♔f7 remis.

Awerbach–Weressow
Moskau 1947

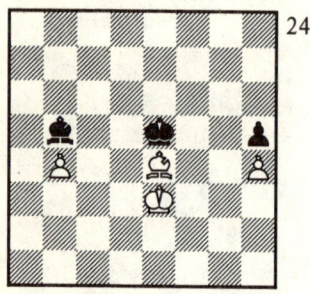

Schwarz am Zuge

Ist einer der Bauern ein Turmbauer, dessen Umwandlungsfeld nicht der Farbe des Läufers entspricht, tauchen bei der Realisierung des Vorteils zusätzliche Schwierigkeiten auf. Hier kann der b-Bauer nicht vorrücken, und ein Durchbruch des weißen Königs zum schwarzen Bauern scheitert an der starken Aufstellung des gegnerischen Königs. Trotzdem ist ein Gewinn möglich, weil der schwarze Bauer auf einem Feld der Läuferfarbe steht. Stände der Bauer auf h6, könnte Schwarz remis halten.
1. ... ♗a4.
Falls 1. ... ♗e8, so 2.♗f3 ♔f5 3.♗e2! (3.♔d4? ♔f4 4.♗d5 ♔g3 5.♔c5 ♔:h4 6.♗c6 ♗:c6 7.♔:c6 ♔g4 8.b5 h4 remis) 3. ... ♔e5 4.♗d3! ♔d5 (4. ... ♗d7 5.♗g6 ♔d5 6.♗:h5 ♔c4 7.♗e2+ ♔:b4 8.h5 ♗f5 9.♗d3 ♗e6 10.h6 ♗g8 11.♔d4 usw.) 5.♔f4 ♔d4 6.♗e2 ♔c3 7.♗:h5! ♗:h5 8.b5 usw.
2.♗g6 ♗d1 3.b5 ♔d5 4.♔f4 ♔c5 5.♗g5! ♗e2!
Auf 5. ... ♔:b5 geschieht 6.♗:h5 ♗c2 7.♗e8+ ♔c5 8.h5 ♔d6 9.♔f6! usw.
6.♗e8!
Fehlerhaft wäre 6.♗:h5? ♗:b5 7.♗g4 ♗e8 8.♗f5 ♔d6 9.♗g6 ♔e7! mit Remis.
6. ... ♔b6 7.♗:h5 ♗:b5 8.♗g4 ♗e8 9.♗f5 ♔c7 10.♗g6 ♔d8 11.♔f6! Schwarz gab auf.
Weiß konnte bis zuletzt fehlgreifen: 11.♗:e8? führte zum Remis.
Sehr lehrreich ist das folgende Endspiel.

Eliskases–Capablanca
Semmering-Baden 1937

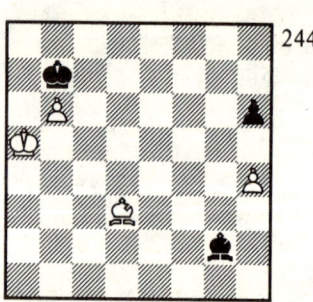

Weiß am Zuge

1.♗a6+ ♔c6?
Es ist interessant, daß sich gerade dieser Zug als entscheidender Fehler entpuppt. Weiß beabsichtigt, den König auf den Königsflügel zu führen,

um den h-Bauern zu erobern. Hätte Schwarz jetzt die richtige Erwiderung 1. ... ♔b8! gewählt, wäre dieses Manöver jedoch erfolglos geblieben, z. B. 2.♔b4 ♗b7! 3.♗e2 (3.♔b5 h5! oder 3.♗:b7 ♔:b7 4.♔c5 h5! mit unentschiedenem Endspiel) 3. ... ♗g2 4.♔c5 ♔b7 5.♔d6 ♔:b6 6.♔e6 ♔c6 7.♔f6 ♔d6 8.♔g6 ♔e7 9.♔:h6 ♔f8 remis.
2.♗c8! ♗f1 (es drohte 3.♔a6) **3.♗g4 ♗d3.**
Hier rettet auch 3. ... ♔b7 4.♗f3+ ♔b8 5.♔b4 ♗a6 6.♔c5 ♗b7 7.♗:b7 ♔:b7 8.h5! nicht mehr.
4.♗f3+ ♔d6 5.♗b7 ♗e2 6.♗a6!
Ein lehrreiches Duell der Läufer. Weiß drängt den schwarzen Läufer von der Diagonale f1–a6 auf die Diagonale c8–a6, d. h., er schränkt seinen Aktionsradius ein.
6. ... ♗f3 7.♗f1 ♗b7 8.♗h3 ♔e7.
Falls 8. ... ♔c5 9.♗g4 ♔c4, so 10.♗e2+ ♔c5 11.♗a6 ♗f3 12.♗c8, und der weiße König gelangt nach a7.
9.♔b5 ♔d6 10.♗g4 ♔e7 11.♔c5 ♗g2 12.♗c8 ♔d8 13.♗a6 ♗f3.
Oder 13. ... ♔d7 14.♗c4 ♔c8 15.♗d5 ♗:d5 16.♔:d5 ♔b7 17.♔e5 usw.
14.♔d6 ♗g2 15.♗c4 ♔c8 16.♗d5 ♗f1 (endlich hat sich der König freie Bahn verschafft) **17.♔e6 ♗e2 18.♔f6 ♔d7 19.♔g6 h5 20.♔g5 ♔d6 21.♗f7 ♔c6 22.♗:h5.** Schwarz gab auf.
Dieses Beispiel demonstriert anschaulich die Schwierigkeiten, die bei der Realisierung eines Mehrbauern auftreten. Obwohl ganze fünf Linien zwischen den Bauern lagen, gestaltete sich die Gewinnführung ziemlich schwierig.
Im folgenden Beispiel beträgt der Zwischenraum zwischen den Bauern drei Linien. Untersuchen wir, wie sich dies auf die Stellungsbeurteilung auswirkt.

**Seibold–Keres
Fernpartie 1934**

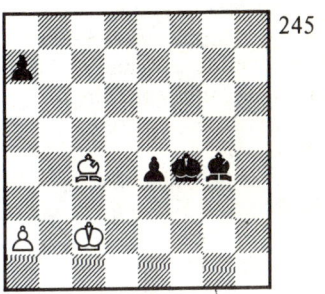
245

*Weiß am Zuge
Kann Schwarz gewinnen?*

1.♗d5 e3 2.♔d3 ♗f5+ 3.♔e2 ♗d7 4.♗c4 ♔e4 5.♗d3+ ♔d4 6.♗a6 ♗g4+ 7.♔e1 ♔c5 8.a4.
Es drohte ♔b4–a3, z. B. 8.♗b7 ♔b4 9.♗d5 ♔a3 10.♗c4 a5 11.♗b3 a4 12.♗c2 ♔b4 13.♗e4 a3 14.♗d5 ♔c3 15.♗f7 ♔b2 16.♗d5 ♗f5

17.♔e2 ♗b1 18.♔:e3 ♗:a2 usw.
8. ... ♔b4 9.♗b5 ♔a5 10.♗e8 a6 11.♗c6 ♔b6 12.♗e8 ♔c5 13.♔f1 ♗e6 14.♔e2 ♔d4 15.♗c6 ♗c4+ 16.♔e1 ♔c5 17.♗d7 ♔b4 18.♗c6 a5 19.♗d7.
Schwarz hat den üblichen Plan verwirklicht. Er beorderte den König zum einzigen weißen Bauern und schickt sich nun an, ihn zu erobern. Die von Weiß gewählte Verteidigung ist zweifellos die beste. Der Bauer muß auf einem Feld von der Farbe des Läufers stehen, damit dieser ihn decken kann.
19. ... ♗b3 20.♔e2 ♗:a4 21.♗g4!!
Der einzige Zug, der das Remis sicherstellt. Zum Verlust führt sowohl 21.♗e6 ♗b5+ 22.♔:e3 ♔c3 als auch 21.♗f5 ♗b5+ 22.♔:e3 ♔c3.
21. ... ♔c3.
Falls 21. ... ♗b5+, so 22.♔:e3 a4 23.♔d2 mit Remis.
22.♔:e3 ♗b5 23.♗d1 ♗c4 24.♗a4 remis.
Erwähnt sei, daß auch 4. ... a5 5.♗d3 a4 6.a3! ♗c6 7.♗c2 ♗b5+ 8.♔e1 ♔e5 9.♗d1 ♔d4 10.♗c2 ♔c4 11.♗d1 ♔c3 Schwarz wegen des Problemzuges 12.♗c2!! keinen Erfolg brachte.
Im Verlauf des Spiels machte Weiß indes Fehler, die von Schwarz nicht bestraft wurden. Schlecht war z. B. 1.♗d5? (statt dessen hätte 1.♔d2! e3+ 2.♔e1 remis gehalten). Mit 2. ... ♗f5+? vergab Schwarz danach die ihm gebotene Chance, die er durch 2. ... ♗d7! oder 2. ... ♗c8 wahren konnte, z. B.:
3.♔e2.
Falls 3.♗c4, so 3. ... ♔f3 4.♔d4 ♔f2 5.a3 ♗g4 6.♔e5 ♗e2 7.♗e6 ♗f1 8.♗g4 a5 9.♔f4 a4 10.♗h5 e2 11.♗:e2 ♔:e2, und Schwarz gewinnt.
3. ... ♗b5+ 4.♔e1 a5 5.a3 ♔e5 6.♗b3 ♔d4 7.a4.
Oder 7.♗c2 ♔c3 8.♗d1 ♗c4 9.a4 ♗b3, und Schwarz gewinnt.
7. ... ♗d7 8.♔e2 (8.♗c2 ♔c3 9.♗d1 ♔e8!) 8. ... ♗g4+ 9.♔e1 ♔c3 10.♗d5 ♗d7 11.♔e2 ♗:a4! 12.♔:e3 ♗b5! 13.♔f2 a4 14.♔e1 ♔c2 15.♗e4+ ♔c1 16.♗d5 a3 17.♗e6 ♗a4 18.♗d5 ♔c2 19.♔e2 ♗b3, und Schwarz ist am Ziel.
Zum Schluß noch zwei Beispiele, in denen der Freibauer auf einer Randlinie steht. Bekanntlich ist ein Freibauer besonders wirksam, wenn er durch den König unterstützt werden kann.

Keres–Lilienthal
Tallinn 1945

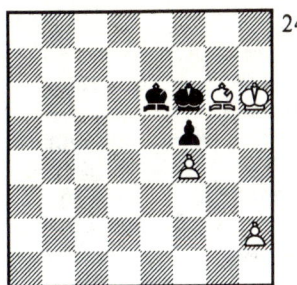

Weiß gewinnt

Alatorzew–Awerbach
Moskau 1950

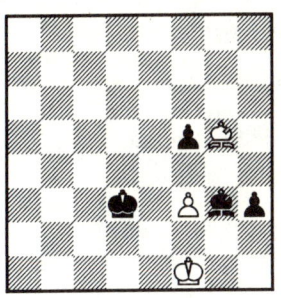

Remis

In dieser Stellung unterstützt der weiße König seinen Bauern, steht ihm aber auch im Wege. Alles wird davon abhängen, ob es Schwarz gelingt, den gegnerischen König am Rand festzuhalten.
1.♔h7 ♗d5 2.h4 ♗c4 3.h5 ♗d5 4.♗e8! (selbstverständlich nicht 4.h6 ♗f7! remis)
4. ... ♗e6 5.h6 ♗f7 6.♗d7! ♗c4 7.♗:f5! (die Pointe) **7. ... ♔f7 8.♗d7 ♗d3+ 9.f5 ♔f8 10.♗e6** usw.

Der schwarze König hat große Bewegungsfreiheit, ist aber nicht in der Lage, seinen eigenen Bauern zu unterstützen oder den des Gegners anzugreifen.
Schwarz versuchte die letzte Chance: **1. ... ♗e1**.
Zum Verlust führt jetzt **2.♗h6 ♗d2! 3.♗g7 ♔e3 4.♗h6+ ♔:f3 5.♗:d2 h2**.
Nach **2.♔g1!** hatte Schwarz jedoch nichts erreicht: **2. ... ♗d2 3.♗f6 ♔e2 4.♔h2 ♔:f3 5.♔:h3** remis.
Der Turmbauer spielte eine negative Rolle. Wenn man Stellung 247 um eine Linie nach links verschöbe, käme Schwarz durch **1. ... e4** nebst **2. ... ♔d3** zum Erfolg. Hier aber würde **1. ... f4** mit **2.♗:f4!** beantwortet.

Fünftes Kapitel

Endspiele mit großer Bauernzahl

In diesem Kapitel werden Stellungen untersucht, in denen jede Seite mindestens zwei Bauern besitzt.

1. Verwertung eines Mehrbauern

In Endspielen mit großer Bauernzahl reicht ein Mehrbauer in der Regel zum Gewinn. Der Plan zur Verwertung des Übergewichts läßt sich in folgende Hauptetappen einteilen:
1. König und Läufer besetzen die besten Positionen (Verstärkung der Figurenstellung).
2. Durch die vorteilhafteste Anordnung der Bauern wird die Bildung eines Freibauern vorbereitet (Verstärkung der Bauernstellung).
3. Nach Verbesserung der Aufstellung der Figuren und Bauern wird ein Freibauer gebildet, der mit Hilfe des Königs vorrückt.
Die weiteren Operationen richten sich nach dem Plan des Verteidigers.
4. Wenn der Gegner versucht, den Bauern mit dem Läufer zu blockieren, müssen König und Läufer ihn verdrängen oder seine Diagonale sperren, um das weitere Vorgehen des Bauern zu sichern.
5. Wenn der Bauer durch den gegnerischen König auf einem Feld blockiert wird, das durch den Läufer nicht angegriffen werden kann, ist ein weiterer Vormarsch des Bauern unmöglich. In diesem Fall muß die Tatsache genutzt werden, daß der gegnerische König durch den Freibauern abgelenkt ist, um mit dem eigenen König die gegnerischen Bauern am anderen Flügel anzugreifen und dort ein entscheidendes materielles Übergewicht zu erzielen. Mit verschiedenen Details dieses Planes werden wir uns bei der Analyse der Beispiele vertraut machen.

J. Awerbach, 1954
Nach R. Fine, 1941

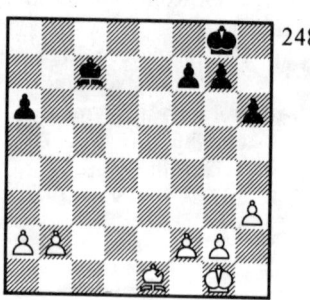
248

Weiß gewinnt

Untersuchen wir, wie Weiß sein Übergewicht in dieser Stellung verwertet.
1.♔f1 ♔f8 2.♔e2 ♔e8 3.♔d3!
Der König begibt sich auf das günstige Feld c4, von dem aus er bei der Bildung des Freibauern helfen kann.

3. ... ♔d7 4.♔c4! (die Verstärkung der Königsstellung ist abgeschlossen) 4. ... ♔c6 5.♗c3 g6 6.b4 ♗b6 7.f3 ♗c7 8.a4 ♗b6 9.♗d4.
Der Läufer hat ebenfalls eine starke zentrale Position bezogen, um in der Folge den auf der b-Linie entstehenden Freibauern zu unterstützen.
9. ... ♗c7 10.b5+.
Nachdem Figuren und Bauern bestmöglich aufgestellt sind, kann die nächste Etappe in Angriff genommen werden.
10. ... ab 11.ab+ ♔b7.
Der Versuch, den Bauern mit dem Läufer zu bekämpfen, verliert sofort: 11. ... ♔d7 12.b6 ♗g3 13.♔d5 ♗f4 14.♗e5 usw.
12.♔d5.
Alles verläuft nach Plan. Weiß hat mit dem Freibauern den gegnerischen König abgelenkt und die Möglichkeit erhalten, sich mit dem eigenen König den schwarzen Bauern zu nähern.
12. ... ♗b8.
Falls 12. ... ♗f4 13.♗e5 ♗e3, so 14.♔d6, und Weiß gewinnt für den b-Bauern mindestens zwei Bauern am Königsflügel.
13.b6 ♗h2 14.♗e5 ♗g1 15.♔d6 ♔:b6 16.♔e7 ♔c5 17.♔:f7 ♔d5 18.♗g7 h5 19.♔:g6 usw.
Das soeben betrachtete Beispiel ist ein Idealfall. Weiß konnte seinen Plan ohne Schwierigkeiten ausführen, Schwarz hatte ihm nichts entgegenzusetzen. In der Praxis ist die Verwirklichung des Planes meist mit bestimmten Problemen verbunden – die schwächere Seite verfügt über Gegenchancen, die in Rechnung zu ziehen sind. In der Folge wollen wir uns eine Reihe solcher Stellungen ansehen.
In Stellung 249 besitzt Schwarz bereits einen Freibauern. Er muß in erster Linie die Aufstellung seines Königs verbessern.

**Nei–Kan
Moskau 1952**

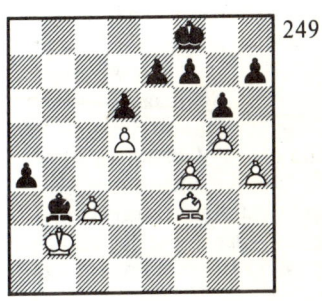

249

Schwarz am Zuge

1. ... ♔e8 2.♔a3 ♔d8 3.♔b4 ♔c7 4.♗e4 ♔b6.
Das Feld c5, das einzige, über das der schwarze König einbrechen könnte, wird durch den gegnerischen König verteidigt. Die Aufgabe besteht deshalb darin, den Freibauern zu opfern, um den weißen König abzulenken und den eigenen nach c5 zu bringen. Dies muß zu Materialgewinn führen.

In der Partie geschah 5.♗g2
♗c2 6.♘f3 ♗b3 7.♗e4 ♗d1
8.♗g2 a3! 9.♔:a3 ♔c5
10.♗e4 ♗e2 11.f5 ♗c4 12.fg
hg 13.♗f3 ♗:d5 14.h5 gh
15.♗:h5 ♔c4 16.♔b2 ♔d3
17.g6 fg 18.♗:g6+ ♔d2
19.♗e8 ♗c4 20.♗h5 e5
21.♗g6 d5, und Weiß gab auf.
Hätte Weiß 8.c4 gespielt, wäre
Schwarz durch 8. ... a3! 9.♔b1
♗c2! 10.♗a2 ♗f5 11.♔b3
♗b1! 12.♔:a3 ♔c5 13.♔b2
♔b4! (nach 13. ... ♗f5?
14.♔c3 gäbe es für den
schwarzen König kein Durchkommen) 14.c5 dc 15.d6 ed
16.♗:f7 ♗e4 17.♗g8 d5
18.♗:h7 d4 19.h5 d3 20.♗:g6
d2 ebenfalls ans Ziel gelangt.
Wir haben hier ein wichtiges
Verfahren kennengelernt: Um
einen positionellen Vorteil zu
erhalten (aktiver König),
trennte sich Schwarz von seinem Materialvorteil (Mehrbauer). Der aktive König
brachte seinerseits neuen Materialgewinn. Man kann ohne
Übertreibung sagen, daß in
Endspielen mit gleichfarbigen
Läufern ein aktiver König
einen Bauern wert ist.
Diesem interessanten Verfahren, das man als *Transformie-
rung eines Vorteils* bezeichnet,
werden wir noch oft begegnen.
Noch schwerer ist die Aufgabe
von Weiß im folgenden Beispiel.

**Fine–Kashdan
New York 1938**

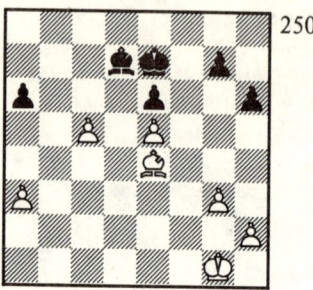

250

Weiß gewinnt

Es sieht so aus, als sei ein
Durchbruch des weißen Königs
zum schwarzen Bauern am Damenflügel nicht zu verwirklichen. Aber gerade er führt zum
Gewinn.
**1.♔f2 ♔d8 2.♔e3 ♔c7
3.♔d4.**
Der König wurde zentralisiert,
aber nicht das war das Ziel seiner Wanderung. Der König
muß an den a-Bauern heran-
kommen.
3. ... a5.
Nach 4.♔c4 wäre Schwarz wegen der Drohung 5.♔b4 ohnehin zu diesem Zug gezwungen.
4.♗d3.
Weiß beginnt, die Aufstellung
seines Läufers zu verbessern,
der helfen muß, den König
nach b5 zu bringen.
4. ... ♗e8 5.♗c4 ♗d7 6.♗b3!
Da Weiß auf 6. ... ♔b7 durch
7.c6+! ♗:c6 (7. ... ♔:c6
8.♗a4+ ♔c7 9.♗:d7 ♔:d7
10.♔c5 mit für Weiß gewonne-

nem Bauernendspiel) 8.♔:e6
♔c7 9.♔c5 leicht zum Erfolg
kommen würde, ist der nächste
Zug von Schwarz erzwungen.
6. ... ♗c8 7.♗a4! ♗a6! (in
der Partie geschah 7. ... ♗b7
8.♔c4 ♗a6+ 9.♔b5 ♗b7
10.♔b3, und Schwarz stellte
den Widerstand ein, da der
Bauer a5 verlorengeht).
Wie soll Weiß jetzt den Durchbruch erzwingen? Um den Weg
zu ebnen, muß der Freibauer
geopfert werden.
8.c6! ♔b6! 9.c7! ♗c8 10.♗e8
♔:c7 11.♔c5.
Durch das Bauernopfer erhielt
Weiß die Möglichkeit, seine
Königsstellung weiter zu verstärken.
11. ... ♗a6 12.♗a4 g5
13.♗b3 ♗c8 14.♔b5 ♗d7+
15.♔:a5.
Weiß hat sein Ziel erreicht: Er
konnte den c- gegen den a-
Bauern eintauschen. Der Weg
für den König ist frei, und alles Weitere ist einfach.
15. ... ♔b7 16.♗a4 ♗c8
17.♔b5 ♗d7+ 18.♔b4 ♗c8
19.♔c5 ♔c7 (sonst geschieht
20.♔d6) 20.♗b3 ♗d7 21.a4
♗c8 22.a5 ♗d7 23.a6 ♗c8
24.♗c4 ♗d7 25.♔b5 ♗c8
26.g4, und Schwarz kann aufgeben.
Leser der Zeitschrift „Schach
in der UdSSR" fanden einen
anderen Gewinnplan: 1.c6!
♗c8 2.a4 a5 (sonst folgt 3.a5)
3.♗d3! ♔d8 4.♔f2 ♔c7
5.♔b5 ♔b6 6.♔e3 ♔c5
7.♔e4.

Ein Bauernopfer mit dem Ziel,
das Eindringen des Königs ins
gegnerische Lager zu erreichen, ist ein typisches End-
spielverfahren. Im nächsten
Beispiel führt ein derartiges
Opfer zu einem gewonnenen
Bauernendspiel.

**Donner–Smyslow
Havanna 1964**

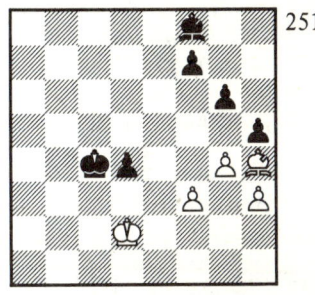
251

Schwarz am Zuge

Um zu gewinnen, muß
Schwarz mit dem König zu
den weißen Bauern durchbrechen. Diese Aufgabe löst er
auf lehrreiche Art.
1. ... ♗h6+ 2.♔c2 d3+
3.♔d1 ♔d4 4.♗f2+ ♔c3
5.♗b6 d2! (sonst gelangt der
König nicht auf den anderen
Flügel) 6.♗f2 ♔d3 7.♗b6
♗f4 8.♗f2 ♗e5 9.♗g1 h4!
Der Bauer wird in die für das
bevorstehende Bauernendspiel
erforderliche Position gebracht.
10.♗f2 ♔c3 11.♗g1 ♗d4!
12.♗:d4.
Nach 12.♗h2 ♔e3 13.♗g1+
♔:f3! 14.♗:d4 ♔g2 15.♔:d2

♔:h3 16.g5 ♔g2 17.♔e3 h3
18.♗e5 h2 kommt Schwarz
ebenfalls zum Erfolg.
**12. ... ♔:d4 13.♔:d2 ♔e5
14.♔e3 g5. Weiß gab auf.**
Es könnte folgen: 15.f4+
(15.♔e2 ♔f4 16.♔f2 f6)
15. ... gf+ 16.♔f3 f6 17.♔f2
♔e4 18.♔e2 f3+ 19.♔f1 ♔e3
20.♔e1 f2+ 21.♔f1 ♔e4!
22.♔:f2 ♔f4, und Schwarz gewinnt.
Man beachte, daß Weiß an der
Schwäche des Bauern f3 scheiterte. Hätte der Bauer g4 auf
g2 gestanden, wäre der Bauer
f3 zuverlässig gedeckt und
Schwarz nicht in der Lage gewesen, sein materielles Übergewicht zu verwerten.

**Botwinnik–Bondarewski
Wettkampfturnier 1941**

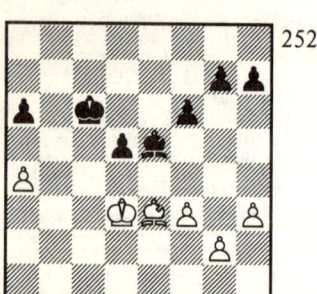

252

Schwarz am Zuge

Schwarz muß sich entscheiden,
wie er die gegnerischen Bauern
angreifen will. Er kann versuchen, mit dem König auf den
Damen- oder Königsflügel zu
gelangen.

1. ... f5.
Einfacher war, wie Botwinnik
zeigte, 1. ... ♗d6 2.♗f2 ♗c5
3.♗e1 ♔b6 4.♗d2 ♗d6
5.♔d4 ♔c6 6.♗e1 ♗e5+
7.♔d3 ♗c5 8.♗d2 ♗a1
9.♗e1 d4 10.♗d2 ♗c3! (ein
uns bereits vertrautes Verfahren, Einbruchsfelder zu schaffen) 11.♗:c3 dc 12.♔:c3 a5,
und Weiß ist letzten Endes gezwungen, dem schwarzen König den Weg freizugeben.
Nach dem Zug in der Partie ist
dieser Plan schon nicht mehr
zu verwirklichen: 2.♗f2 ♗d6
3.♗d4 g6 4.♗e3 ♗c5 5.♗g5,
und der Läufer läßt den gegnerischen König nicht durch, indem er ihn von hinten angreift.
Schwarz hat jedoch eine andere, wenn auch kompliziertere
Möglichkeit – ein Eindringen
am Königsflügel. Zu diesem
Zweck müssen dort Einbruchsfelder geschaffen werden.
**2.♗f2 ♔d6 3.♗a7 ♔e6
4.♗e3 ♔f6 5.♗d2 ♔g6
6.♔e2 ♔h5 7.♗e1 ♔g5
8.♗d2+ ♔h4 9.♗e1+ ♔g3
10.♗c3 g5.**
Schwarz verfolgt konsequent
seinen Plan. Er brachte seinen
König in die für ein Sprengungsmanöver geeignete Ausgangsposition und beabsichtigt
nun, Linien zu öffnen.
**11.♗d4 g4 12.♗f6+ ♔h5
13.hg+ fg 14.♗d8 ♗f4
15.♗e7 gf+!**
In der Partie spielt Schwarz
15. ... g3? und vergab damit
die Möglichkeit zu einem

Durchbruch. Nach 16.♔d3 ♚g6 17.♔d4 ♚f7 18.♗h4 ♚e6 19.♗d8 h5 20.♗h4 ♚d6 21.♗f6 ♚c6 22.♗h4 wurde klar, daß dem schwarzen König der Weg versperrt und an einen Gewinn schon nicht mehr zu denken war.
16.♔:f3 ♗e5 17.♗d8 ♚g6 18.♗e7 ♚f5 19.g4+ (sonst geschieht 19. ... h5) **19. ... ♚g6 20.♗d8 ♗f6 21.♗a5 ♚g5.** Endlich sind am Königsflügel Einbruchsfelder entstanden. Wegen des reduzierten Materials muß sich Schwarz allerdings noch einer gewissen Genauigkeit befleißigen.
22.♗e1 d4 23.♔g3 ♗e5+ 24.♔f3 ♗c7 25.♗d2+ ♚h4 26.♗e1+ ♚h3 27.♗d2 ♗d8 28.♗f4 d3 29.♗d2 ♗e7 30.♗f4 ♗b4 31.g5 ♗e7 32.♔e3 ♚g4 33.♗e5 ♗:g5+ 34.♔:d3 ♚f3, und Schwarz gewinnt.

Petrosjan–Seinalli
Leningrad 1946

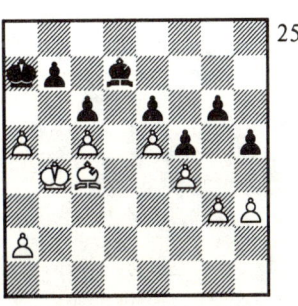

253

Weiß am Zuge

In dieser Stellung ist der materielle Vorteil von Weiß gering – er beträgt lediglich einen verdoppelten Mehrbauern. Weiß verfügt indes über ein solides positionelles Übergewicht. Die schwarzen Figuren stehen beengt, und alle Bauern befinden sich auf Feldern der Läuferfarbe, d. h., sie können zu Angriffsobjekten werden.

Die Aufgabe von Weiß wäre einfach, wenn sein König im gegnerischen Lager Einbruchsfelder vorfände. Dies ist aber nicht der Fall. Wenn Weiß versucht, am Königsflügel durchzubrechen, mit dem König nach f2 geht und g3–g4 zieht, kommt er nach h5–h4 nicht weiter. Seine einzige Chance besteht in einem Bauernopfer mit dem Ziel, Felder am Damenflügel frei zu machen.

1.a6! ba (1. ... b6 2.a4 nebst 3.cb+ und 4.a5+) **2.♔a5 ♚b7!**
Der Bauer ist ohnehin nicht zu verteidigen. In der Partie geschah schwächer 2. ... ♗c8 3.h4 ♗d7 4.♗:a6 ♗e8 5.♗c8 ♗f7 6.♗d7 ♚b7 7.a4 ♚c7 8.♔a6! ♔:d7 9.♔b7, und Schwarz war nicht in der Lage, den a-Bauern aufzuhalten. Der Zug 2. ... ♚b7 ist bedeutend besser.
3.♗:a6+ ♚c7! 4.♗c4 ♚b7!
Weiß hat seine Stellung verstärkt, indem er einen Freibauern bildete. Schwarz fährt jedoch fort, den König an einem

Durchbruch zu hindern, und es ist vorerst nicht zu sehen, wie Weiß den Widerstand brechen soll.

5.h4 ♔c7.

Im Fall von 5. ... ♗c8 entscheidet 6.♗a6+, und auf 5. ... ♔a7 folgt wie in der Partie 6.♗a6 ♗e8 7.♗c8 ♗f7 8.♗d7 ♔b7 9.a4. Schwarz beabsichtigt, den weißen König nach a7 oder a8 zu lassen, wo dieser seinem eigenen Freibauern im Wege stände.

6.♔a6 ♗c8+ 7.♔a7 (Schritt für Schritt verwirklicht Weiß seinen Plan) **7. ... ♗d7 8.a4 ♗c8 9.a5 ♗d7 10.♗a6 ♗e8 11.♗c8!!**

Ein überraschender Schlag, der das Vorhaben von Schwarz vereitelt.

11. ... ♔:c8.

Offensichtlich erzwungen. Wenn 11. ... ♗f7, so 12.♗d7!! (der Läufer fühlt sich im gegnerischen Lager wie zu Hause) 12. ... ♗g8 13.♗e8 ♗h7 14.♗f7 usw.

12.♔b6 ♔b8 13.a6 ♔a8!

Oder 13. ... ♗d7 14.a7+ ♔a8 15.♔c7 ♗e8 16.♔d8 ♗f7 17.♔e7 ♗g8 18.♔f8 ♗h7 19.♔g7 (der gewöhnlich schnelle Läufer konnte dem König wegen der durch eigene Bauern verursachten Enge nicht entkommen) 19. ... ♔:a7 20.♔:h7 ♗a6 21.♔:g6 ♔b5 22.♔f6 ♔:c5 23.♔:e6 ♔d4 24.♔:f5 c5 25.e6, und der weiße Bauer geht eher zur Dame.

14.♔c7 ♔a7 15.♔d8 ♗f7 16.♔e7 ♗g8 17.♔d7!

17.♔f8 ♗h7 18.♔g7 würde das Spiel in die Länge ziehen, da Schwarz nach 18. ... ♔:a6 19.♔:h7 ♔b5 20.♔:g6 ♔:c5 21.♔:h5 ♔d5 ebenfalls eine Dame erhält.

17. ... ♗f7.

Falls 17. ... ♔:a6, so 18.♔:c6 ♗f7 19.♔d7, und Schwarz muß für den c-Bauern den Läufer geben.

18.♔:c6 ♗e8+ 19.♔d6 ♔:a6 20.c6 ♔b6 21.c7 ♔b7 22.♔e7!, und Weiß gewinnt.

Wir konnten uns davon überzeugen, daß das Vorhandensein oder Fehlen von Einbruchsfeldern wichtige Faktoren bei der Beurteilung von Läuferendspielen sind. Dies trifft für fast alle Endspiele zu. Wenn es im gegnerischen Lager keine Einbruchsfelder gibt, kann sich selbst ein sehr großer Materialvorteil als nutzlos erweisen.

N. Grigorjew, 1934

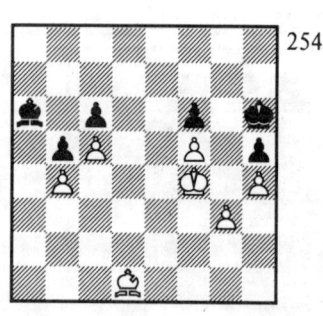

Weiß gewinnt

In dieser Studie von Grigorjew besitzt Weiß außer dem Mehrbauern noch ein positionelles Übergewicht. Die schwarzen Bauern können durch den Läufer angegriffen werden, und die Figuren sind in ihrer Beweglichkeit eingeengt. Weiß hat mehr Raum und daher volle Manövrierfreiheit. Es fehlen aber Einbruchsfelder, so daß es scheint, als ob Weiß nicht gewinnen kann.

Der Versuch, mit 1.g4 einen Freibauern zu bilden, bleibt ergebnislos, da der schwarze König ihn zuverlässig blockiert. Dennoch kommt Weiß zum Erfolg.

1.♗f3! ♗b7 2.♔e3 ♗a8 3.♔e4! ♗b7 4.♔f4! ♗a8.

Mit Hilfe eines Dreiecksmanövers des Königs hat Weiß den Läufer auf das äußerst ungünstige Feld a8 gedrängt.

5.♗:h5!!

Weiß nutzt die Abseitsstellung des schwarzen Läufers, um durch ein Figurenopfer das Eindringen des Königs zu erzwingen und Freibauern zu bilden.

5. ... ♔:h5 6.g4+.

Schwarz hat jetzt zwei Fortsetzungen:
1) 6. ... ♔:h4 7.g5 fg+ 8.♔e4! ♔h5 (8. ... g4 9.f6 g3 10.♔f3 ♔h3 11.f7 g2 12.f8♕ g1♕ 13.♕h8 matt) 9.♔e5 g4 10.f6 g3 11.f7 g2 12.f8♕ g1♕ 13.♕h8+, und Weiß gewinnt.
2) 6. ... ♔h6 7.g5+ ♔g7 8.h5! ♗b7 9.h6+ ♔f7 10.gf! ♔:f6

11.h7 ♔g7 12.♔e5! ♔:h7 13.♔d6, und Weiß gewinnt.

In den untersuchten Beispielen hatte die stärkere Seite Schwierigkeiten, den Vorteil zu realisieren, weil ein unmittelbarer Durchbruch des Königs nicht zu verwirklichen war. Um diesen zu erzwingen, mußte sie materielle Opfer eingehen. Besitzt der Gegner einen Freibauern oder die Möglichkeit, sich einen solchen zu verschaffen, kann dies zu einem ernsthaften Gegenspiel führen, so daß der materielle Vorteil keine wesentliche Rolle mehr spielt. Zum Gewinn kommt dann jene Seite, die als erste einen Bauern in eine Dame verwandelt.

O. Duras, 1906

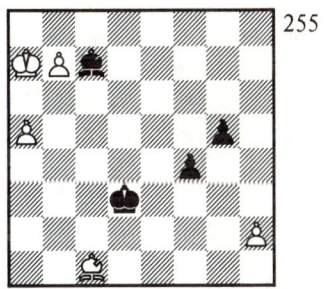

Weiß gewinnt

Schwarz droht, mit 1. ... f3 zu gewinnen. Der erste Zug von Weiß ist deshalb erzwungen. Er muß den Läufer in eine Position bringen, aus der er den f-Bauern am besten bekämpfen kann.

1.♗a3 ♔c4 2.♗e7! f3 3.♗d8!
Dieser Zug gewinnt ein außerordentlich wichtiges Tempo. Der Verlust des Bauern h2 ist unerheblich.
3. ... ♗:h2 4.♗b6 ♔b5 5.a6 g4 6.♗f2 ♔c7 7.b8♕+!! ♗:b8 8.♔b7!
Die Rollen sind vertauscht. Jetzt besitzt Schwarz einen Mehrbauern, doch sein Läufer steht ungünstig. Dies ist entscheidend.
8. ... ♔a5 (225) 9.♗h4! ♔b5 10.♗e1!
Schwarz befindet sich im Zugzwang. Er muß 10. ... g3 11.♗:g3 ♗:g3 12.a7 f2 13.a8♕ f1♕ spielen und verliert nach 14.♕a6+ die Dame.

Positionelle Mängel können sich so negativ auswirken, daß ein Materialvorteil nicht zu verwerten ist. Ein Beispiel dafür zeigt Stellung 256.

Kotow–Estrin
Moskau 1952

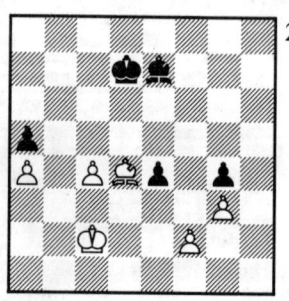

256

Remis

Weiß hat einen Freibauern mehr. Sein König muß das Vorrücken dieses Bauern unterstützen oder zu den gegnerischen Bauern durchbrechen. Weder das eine noch das andere ist aber zu verwirklichen, da sich Weiß ständig um die Verteidigung des schwachen Bauern f2 kümmern muß, z. B.:

1) 1.♗c3 ♗c5 2.♗e1 ♔c6 3.♔d1 ♗b6 4.♔e2 ♔c5 5.♔e3 ♗:c4+ 6.♔:e4 ♔b3 7.♔f4 ♗:a4 8.♔:g4 ♔b3 9.♗:a5 ♗:f2 mit Remis.
2) 1.♔d2 ♗g5+ 2.♔e2 ♔c6 3.♗c3 ♗b6! 4.c5+ ♔:c5 5.♗:a5 ♔c6!
Schwarz darf ♗a5–b6 nebst a4–a5 nicht zulassen.
6.♗d2 ♗d8 7.♗e3 ♗a5 8.♗d2.
Falls 8.♔d1, so 8. ... ♔d5 9.♔c2 ♔c4. Komplizierter ist die Aufgabe für Schwarz nach 8.♗a7 ♔d5 9.♔e3. Er hält dann jedoch durch 9. ... ♔e5 10.♗b8+ ♔d5 11.♔f4 ♗b6 12.♔:g4 ♗:f2 13.a5 ♔c6 14.a6 ♗:g3! remis.
8. ... ♗d8 9.a5 ♔b5 10.♗c3 ♗g5, und der weiße König kommt nicht an die schwarzen Bauern heran.

Interessant erscheint, daß Weiß auf 3. ... ♔c5? durch 4.♗:a5 ♔:c4 5.♗b6! ♔b4 6.a5 ♔b5 7.♔d1 ♗e7 8.♔d2! ♗g5+ 9.♔c3 ♗f6+ 10.♔b3 ♗g5 11.♗e3 nebst 12.a6! und 13.♔c4 gewonnen hätte.

**Keres–Lilienthal
Tallinn 1945**

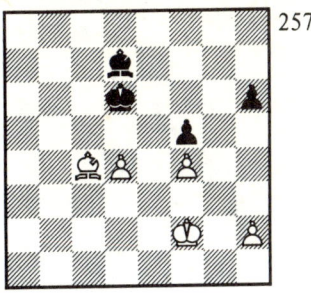

Kann Weiß gewinnen?

Weiß verfügt über einen klaren Plan – er muß versuchen, mit dem König an den Bauern h6 heranzukommen. Kann Schwarz dies verhindern?
1.♔g3 ♗e8 2.♔h4 ♔c6
3.♗e6 ♗g6 4.♗b3 ♔d6
5.♗d1! ♔e7!
Zum Verlust führt 5. ... ♔d5
6.♗h5 ♗h7 7.♗f7+ ♔:d4
8.♔h5 ♔e4 9.♔:h6 ♔f4
10.h4 ♔g4 11.h5 usw.
6.♗h5.
In der Partie machte Weiß diesen Zug erst später. Bemerkt sei, daß auf 6.♗e2 nur 6. ... ♔f8! remis halten würde. Falls statt dessen 6. ... ♔f6, so 7.♗h5 ♗h7 8.♗e8 ♔e7 9.♔h5!! ♔:e8 10.♔:h6 ♗g8 11.♔g6, und Weiß gewinnt.
6. ... ♗h7 7.d5.
Mit 7.♗e8 ♔:e8 8.♔h5 ♔f7 9.♔:h6 ♗g8 10.♔g5 ♔e6 11.h4 käme Weiß über ein Remis nicht hinaus, z. B. 11. ...

♗f7 12.h5 ♗g8 13.h6 (13.♔g6 ♗f7+) 13. ... ♗h7 14.d5+ ♔:d5 15.♔f6 ♔d6 16.♔g7 ♔e7! 17.♔:h7 ♔f7 usw.

7. ... ♔d6!
Der einzige Zug, der zum Remis führt, von Schwarz aber nicht gefunden wurde. In der Partie geschah 7. ... ♗g8? 8.♗g6 ♗:d5 9.♔h5 ♔f6 10.♔:h6 ♗e6 11.♔h7, und Weiß gewann (246).
8.♗e8 ♔e7 9.♔h5 ♔:e8
10.♔:h6 ♗g8 11.d6 ♔d7
12.h4 ♗f7! oder 8.♗f7 ♔e7
9.♔h5 (falls 9.♗e6, so 9. ... ♗g6 10.♔g3 ♔d6 11.♔f2, und nun genügt 11. ... ♗h5, da der Abtausch der Bauern ein unentschiedenes Endspiel zur Folge hätte) 9. ... ♔:f7 10.♔:h6 ♗g8 11.d6 ♔f6!
Stehen alle Bauern an einem Flügel, ist es häufig ebenfalls nicht möglich, mit dem König zu den gegnerischen Bauern durchzubrechen. In diesem Fall endet das Spiel remis. Charakteristisch ist Stellung 258.

**Stahlberg–Fine
Kemeri 1937**

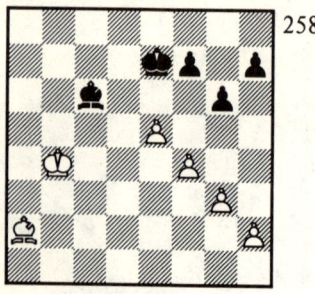

258

Remis

1. ... f6 2.♔c5 ♗d7 3.♗g8 h6
4.♔d5 ♗a4 5.♔d4 ♗d7
6.♗c4 ♗a4 7.♗d3 ♗e8 8.h4
g5 usw.

Wie wir bereits wissen, wiegt
ein aktiver König nicht selten
einen Bauern auf. Um Stellung 259 herbeizuführen, hatte
Weiß einen Bauern geopfert.

**Lilienthal–Tolusch
Pärnu 1947**

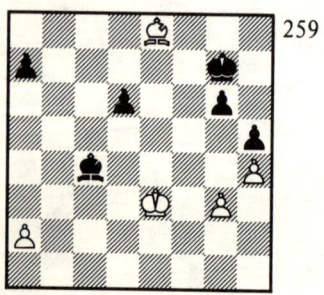

259

Remis

Nach 1.a3 ♗f7 2.♔b5 ♔f6
3.♔d4 g5 4.♗d3 gh 6.gh ♗e6

6.♗e2 ♗g4 7.♗d3 ♗f3 einigte man sich auf Remis. Die
starke Aufstellung des gegnerischen Königs und die Schwäche des Bauern h5 lassen
Schwarz nicht zum Erfolg
kommen.

2. Endspiele mit Stellungsvorteil

Die Beurteilung eines Läuferendspiels hängt von der Bauernstruktur und der Aufstellung der Läufer und Könige
ab. Diese Faktoren sind eng
miteinander verbunden und
können sich ändern. Der wohl
bestimmendste und prägnanteste von ihnen ist die Bauernstruktur, die wir deshalb der
Einteilung des Materials zugrunde legen wollen.

Wir haben bereits gesehen, daß
ein positioneller Vorteil einen
materiellen wettmachen und
der eine in den anderen transformiert werden kann. Hier
werden wir Stellungen untersuchen, in denen eine Seite über
einen bestimmten Positionsvorteil verfügt. Wir wollen feststellen, welchen Charakter dieser
Vorteil trägt und mit welchen
Methoden er zu realisieren ist.

a) Freibauer

Das Vorhandensein eines Freibauern oder die Möglichkeit,
einen solchen zu bilden, ist
eines der wichtigsten Momente

bei der Beurteilung einer Stellung.

In Beispiel 260 besitzt Weiß einen gefährlichen Freibauern, den Schwarz nur mit dem Läufer aufhalten kann.

W. Platow, 1922

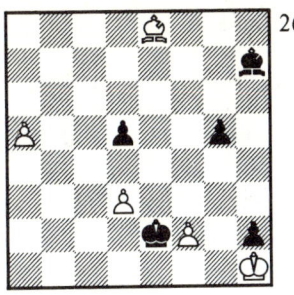

Weiß gewinnt

1.a6 ♗:d3 2.a7 ♗e4+ 3.f3! ♗:f3+.

Im Fall von 3. ... ♔:f3 wird der Läufer durch 4.♗g6! von seiner Hauptaufgabe, dem Kampf gegen den Freibauern, abgelenkt.

4.♔:h2 d4 5.♗h5! g4 6.♗:g4.

Dem Läufer ist es nicht gelungen, den Freibauern zu stoppen.

Ein klassisches Beispiel für die Bildung eines entfernten Freibauern ist das folgende.

**Goglidse–Bannik
Riga 1954**

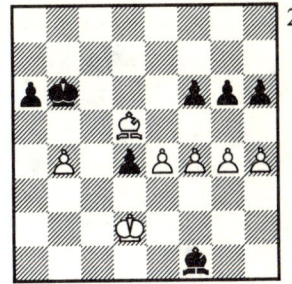

Weiß gewinnt

1.e5! fe 2.f5 gf 3.g5!! hg 4.hg.

Schwarz ist trotz seines großen materiellen Übergewichts verloren, z. B. 4. ... e4 5.g6 e3+ 6.♔e1 ♗b5 7.g7 d3 8.g8♕ d2+ 9.♔d1 ♗a4+ 10.♗b3 usw.

In der Partie geschah statt dessen 1.g5, und nach 1. ... fg 2.fg hg 3.hg ♗b5 4.♗f7 ♔:b4 5.♗:g6 ♔c5 6.♗h7 ♗c4 7.g6 ♔d6 einigte man sich auf Remis.

Oft kommt es vor, daß der feindliche König am Kampf gegen den Freibauern teilnehmen kann. Es ist dann sehr wichtig, den König von der Erfüllung dieser Aufgabe abzulenken oder ihn umgekehrt so an den Freibauern zu binden, daß es gelingt, den eigenen König an die gegnerischen Bauern heranzuführen.

**Balogh–Barcza
Budapest 1946**

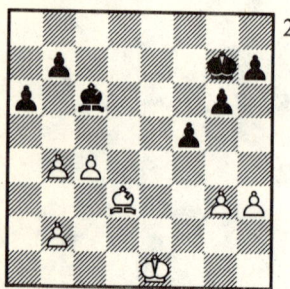

Schwarz am Zuge gewinnt

Schwarz kann sich am Königsflügel einen Freibauern verschaffen. Sein König steht wesentlich aktiver als der des Gegners.
Die weißen Bauern am Damenflügel sind verdoppelt, so daß sich kein Freibauer bilden läßt. Schwarz verfügt deshalb im Grunde genommen über einen Mehrbauern und muß gewinnen.
Der Gewinnplan unterscheidet sich durch nichts von dem schon eingangs dieses Kapitels erläuterten. Schwarz verbessert zuerst seine Figurenstellung und bildet dann einen Freibauern, der den gegnerischen König ablenkt. Danach begibt sich der schwarze König zu den gegnerischen Bauern und verbucht dort ein materielles Übergewicht. Die Methode, den Stellungsvorteil zu realisieren, besteht folglich darin, ihn in einen entscheidenden Materialvorteil zu verwandeln.
Es folgte 1. ... ♔f6 2.♔f2 ♔e5 3.h4.
Wenn 3.♔e3, so 3. ... g5 4.♗f1 f4+ 5.gf gf+ 6.♔d3 ♗e4+ 7.♔c3 f3, und der schwarze König dringt nach g3 vor.
3. ... ♔d4 4.♗e2 ♗e4 5.c5 h6 6.♗f1 g5 7.hg hg 8.♗e2 f4 9.gf gf 10.♗f1 ♗c6 11.♗e2 ♔e4 12.♗c4 f3! 13.♗e6 (13.♗f1 ♔d4) 13. ... ♔d3 14.♗b3 ♔d2. Weiß gab auf.
Der schwarze König erobert alle Bauern des Damenflügels.

**Eliskases–Capablanca
Semmering-Baden 1937**

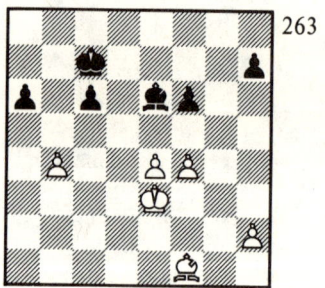

Weiß am Zuge

Weiß kann den Bauern a6 schlagen, doch nach 1.♗:a6 ♔b6 2.♗d3 c5 3.bc+ ♔:c5 erlangt Schwarz dank seinem aktiven König und angesichts des reduzierten Bauernmaterials Rettungschancen. Weiß verstärkt deshalb zunächst seine Figurenstellung.

1.♘d4! ♔b6 2.♗c4! ♗g4 3.e5
fe 4.fe h6 5.h4 ♗h5 6.e6 ♗e8,
und hier gewann am einfachsten 7.e7, z. B. 7. ... ♗h5
8.♔e5 c5 9.bc+ ♔:c5
10.♗:a6, und der e-Bauer kostet Schwarz die Figur.
Können beide Seiten Freibauern bilden oder sind diese
schon vorhanden, ist unter
sonst gleichen Bedingungen
der entferntere stärker.

Geller–Tan
Petropolis 1973

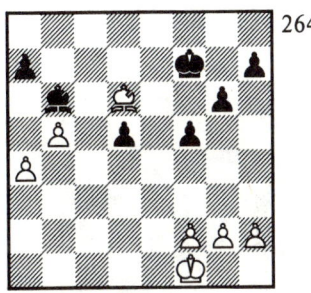

264

Weiß am Zuge

Um zu gewinnen, muß Weiß
einen entfernten Freibauern
bilden, durch ihn den gegnerischen König ablenken und mit
dem eigenen zu den Bauern
am Königsflügel gehen. Das
einzige, worauf er achten muß,
ist, daß der Gegner keine Festung errichtet. In diesem Fall
könnte sich ein Durchbruch
als undurchführbar erweisen.
1.♔e2 ♔e6 2.♗b4 d4.
Ein antipositionell erscheinen-
der Zug: Schwarz stellt seinen

Bauern freiwillig auf ein Feld
von der Farbe des Läufers, was
gewöhnlich ungünstig ist. In
der vorliegenden Situation gibt
es dafür aber eine Rechtferti-
gung – der schwarze König
wird aktiv und erhält gelegentlich die Möglichkeit, die weißen Bauern am Damenflügel
anzugreifen.
3.♔d3.
Derartige natürliche Züge
macht man in der Regel, ohne
viel zu überlegen. Tatsächlich
ist diese Fortsetzung jedoch
schlecht: Sie vergibt den Löwenanteil des weißen Vorteils.
Richtig war 3.a5!, z. B. 3. ...
♗c7 (3. ... d3+ 4.♔:d3 ♗:f2
5.♔c4 und 6.♗c5) 4.♗c5!
♔d5 5.♗:a7 ♗:a5 6.♔d3 ♗c3
7.♗b6 ♗b2 8.♗d8 ♔c5 9.b6
♔c6 10.♗f6. Weiß erobert den
Bauern d4 und muß gewinnen,
wenngleich noch einige technische Schwierigkeiten zu bewältigen sind.
3. ... ♔d5 4.♗f8.
Nach 4.a5 ♗c7 steht dem Läufer das Feld c5 jetzt nicht zur
Verfügung, so daß die Bildung
eines Freibauern am Damenflügel zu einem Problem wird.
4. ... ♗a5 5.♗g7 ♗b6 6.f3 h5
7.h4.
Es fällt schwer, diesen offensichtlich antipositionellen Zug
mit einem Fragezeichen zu
versehen, da sein Motiv durch-
aus verständlich ist. Auf 7.♗f6
könnte Schwarz nämlich durch
7. ... ♔c5! 8.♗:d4+ ♔b4 den
schwachen Bauern d4 gegen

einen guten weißen eintauschen und die Chancen völlig ausgleichen. Da auf üblichem Wege nicht mehr zum Erfolg zu kommen ist (ein Resultat des Fehlers im 3. Zuge), greift Geller zu außergewöhnlichen Mitteln – er macht den Bauern h4 zu einem Köder und legt gleichzeitig den Bauern g6 fest, zu dem er mit dem König durchzubrechen gedenkt.

7. ... ♗c5.

Der Köder hat seine Rolle gespielt! Der Textzug verliert, während sich Schwarz nach dem logischen 7. ... ♔c5 8.♗f8+ ♔d5 9.♗b4 ♗d8 10.♗e1 ♔c5 keine Sorgen mehr zu machen brauchte.

8.a5 ♗b4 9.b6 ab 10.a6.

Weiß „sieht den Wald vor lauter Bäumen nicht". Nach dem natürlichen 10.ab ♔c6 11.♔:d4 ist nicht zu erkennen, wie Schwarz die Partie retten will, z. B. 11. ... ♗e7 12.♔e5 ♗:h4 13.♔e6 ♗d8 14.b7! ♔:b7 15.♗f6 ♗b6 16.♔f7 ♔c6 17.♔:g6 f4 18.♔:h5 ♔d5 19.♔g4 ♗e3 20.♔f5 oder 11. ... ♔:b6 12.♔d5 ♗e7 13.♔e6 ♗:h4 14.♔f7 f4 (14. ... g5 15.♗f6) 15.♔:g6 ♔c5 16.♔:h5 ♗g3 17.♔g4 ♔d5 18.♔f5, und Weiß muß gewinnen.

10. ... ♔c6 11.♗:d4 ♗e1.

Der Köder hat erneut seine Schuldigkeit getan! Mit 11. ... b5! 12.♗f2 ♗a5 13.♔c2 ♗b4 14.♔b3 ♗d2! konnte Schwarz das Gleichgewicht wahren.

12.a7 ♔b7 13.♗:b6 ♗g3.

Nicht besser ist 13. ... ♗:h4 14.f4 ♗g3 15.♗e3, und der weiße König begibt sich zum Bauern g6. Nun verläuft alles wie ursprünglich geplant. Der entfernte weiße Freibauer spielt die entscheidende Rolle, indem er den König des Gegners ablenkt.

14.♔e2 ♗e5 15.♗f2 ♗d6 16.♔d3 ♗c7 17.♔c4 f4 18.♔d5 ♗d8 19.♔e5 g5 20.hg ♗:g5 21.♔f5 ♗h6 22.♗c5.

Schwarz gab auf.

Awerbach–Weressow
Moskau 1947

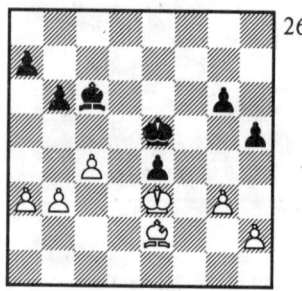

Weiß am Zuge

Bei statischer Betrachtung dieser Stellung scheint es, als sei Schwarz im Vorteil: Er besitzt einen Freibauern, sein König steht aktiver, und die weißen Bauern am Damenflügel befinden sich auf Feldern der Läuferfarbe. Es ist jedoch sehr wichtig, eine Endspielstellung in ihrer Dynamik zu beurteilen, unter Berücksichtigung al-

ler möglichen Veränderungen. Betrachtet man das Beispiel 265 von diesem Gesichtspunkt, so erkennt man, daß der schwarze Freibauer durch den König blockiert ist und daß die weißen Bauern am Damenflügel vorrücken und einen Freibauern bilden können, der vom gegnerischen König weiter entfernt und deshalb gefährlicher ist. Die schwarzen Bauern am Königsflügel lassen sich auf weißen Feldern festlegen und werden folglich schutzbedürftig, was wiederum die schwarzen Figuren bindet. Weiß hat einen großen Positionsvorteil.
1.h4!
Die schwarzen Bauern müssen unbedingt auf weißen Feldern festgelegt werden.
1. ... ♗d7 2.♗f1 a5 3.♗g2! ♗c6.
Auf 3. ... ♗f5 gerät Schwarz durch 4.♗h1! in Zugzwang.
4.♗h3!
Weiß verstärkt mit jedem Zug seine Stellung. Sein Läufer wird immer aktiver, der schwarze, gezwungen, die schwachen Bauern zu verteidigen, immer passiver. Einen Läufer, dessen Aktivität eingeschränkt ist, nennt man einen „schlechten". Eine schlechte Bauernstellung führt somit zu einem schlechten Läufer.
1) 4. ... b5 (dies geschah in der Partie; bezüglich 4. ... ♗a8 siehe die Variante 2) **5.cb ♗:b5 6.♗c8 ♗c6 7.b4 ab 8.ab ♗b5 9.♗b7 g5.**

Die beste Chance. Auf 9. ... ♗d3 folgt 10.♗c6 g5 11.hg ♔f5 12.g6 usw. bzw. 10. ... ♔f5 11.b5 ♔g4 (11. ... ♗:b5 12.♗:b5 ♔g4 13.♔f2 e3+ 14.♔g2! usw.) 12.b6 ♗a6 13.♔f2 e3+ 14.♔g2, und Weiß gewinnt.
10.♗:e4 gh 11.gh ♗a4, und wir haben Stellung 243 vor uns, die für Weiß gewonnen ist.
2) 4. ... ♗a8 5.♗d7 ♗b7 6.b4 ab 7.ab ♗a8 8.c5 bc 9.bc ♔d5.
Oder 9. ... ♗d5 10.♗e8 ♔f5 11.c6! ♔g4 12.c7 ♗e6 13.♗:g6 ♔:g3 14.♗:h5 ♔:h4 15.♗f7! ♔c8 16.♔:e4 ♔g5 17.♔e5 ♗a6 18.♗e6 ♗b7 19.♗h3 ♗a6 20.♔d6 ♔f6 21.♔c6 usw.
10.♗e8 g5!
Oder 10. ... ♔:c5 11.♗:g6 ♔d6 12.♗:h5 ♔e5 13.♗g6 ♗c6 14.g4 usw.
11.hg ♔:c5 12.♗g6! ♗d5 13.♗:e4 ♗g8 14.♔f4 ♔d6 15.♔f5 ♔e7 16.♔g6, und Weiß gewinnt.

Noch einmal sei hier die wesentliche Besonderheit eines Freibauern hervorgehoben – die Fähigkeit, den gegnerischen König abzulenken. Gerade darin liegt seine Stärke.

**Lissizyn–Löwenfisch
Leningrad 1932**

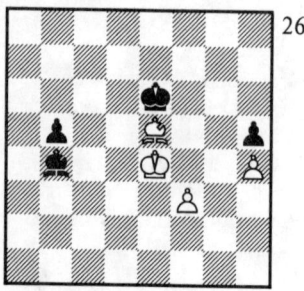

266

Remis

In dieser Stellung verfügt Schwarz über einen entfernten Freibauern, und obendrein ist der weiße h-Bauer schutzbedürftig. Weiß kommt entgegen, daß auf dem Brett wenig Material verblieben ist, sein König gut steht und das Umwandlungsfeld des schwarzen h-Bauern nicht der Farbe des Läufers entspricht.
In der Partie geschah 1.♗g3 ♗c3 2.♔d3 ♗e5 3.♗e1 ♔f5 4.♔e3 ♗f6!
Zugzwang! Auf 5.♔e2 geschieht 5. ... ♔f4, während ein Läuferzug entweder den Verlust des h-Bauern oder das Vorrücken des b-Bauern zur Folge hätte.
5.f4 ♗b2.
Nur zum Remis führt 5. ... ♔g4 6.♔e4 ♗e7 7.f5 b4 8.♗:b4 ♗:b4 9.♔e3 ♔g3 10.♔e2 ♔g2 11.f6.
6.♗d2 ♗g7 7.♗b4 ♗f6 8.♗e1 ♗e7! (jetzt muß Weiß den König ziehen) 9.♔f3 ♗d6 10.♗d2 ♗c7! 11.♗c3 ♗:f4 12.♗b4 ♗e5 13.♗a5 ♗f6 14.♗e1 ♗e7! 15.♔g3 ♔e4.
Schwarz gewinnt am einfachsten, indem er sofort mit dem König zum b-Bauern geht, z. B. 16.♗a5 ♔d3 17.♗e1 ♔c4 18.♔f3 ♗b4 19.♗g3 ♗c3 20.♗d6 ♗d4 21.♗e7 ♗c5 22.♗d8 b4 23.♔e2 b3 24.♔d2 ♗e3+ 25.♔d1 ♔d3 26.♗f6 ♗d4 27.♗:d4 ♔:d4 28.♔d2 ♔c4 usw.
Der erste Zug von Weiß war indes nicht der stärkste. Mit **1.f4!** konnte er remis halten, z. B.:
1. ... ♗e1 2.f5+ ♔f7 3.♔d5! ♗f2.
Oder 3. ... ♗:h4 4.♔c5 ♗f2+ 5.♔:b5 h4 6.♔c4 ♗g3 7.♔d3!! ♗:e5 8.♔e2 h3 9.♔f2 ♗h2 10.♔f3 mit Remis.
4.♔c6!
Aber nicht 4.♗c3 ♗:h4 5.♔c5 ♗g3 6.♔:b5 h4 7.♔d4 h3 8.♗g1 ♔f6 9.♔c4 ♔:f5 10.♔d3 ♗c7! (10. ... ♔f4? 11.♔e2 ♔e4 12.♔f1 ♔f3 13.♗f2! h2 14.♗g1! remis) 11.♔e3 ♗g4! 12.♔f2 ♗d6 13.♔f1 ♔f3, und Schwarz gewinnt.
4. ... b4 5.♔b5 ♗e1.
Oder 5. ... b3 6.♔c4 ♗g3! 7.♔:b3 ♗:e5 8.♔c4 mit Remis.
6.♔c4 ♗:h4 7.♔:b4 ♗e1+ 8.♔c4 h4 9.♔d3 remis.
Der f-Bauer hat seine Mission erfüllt – er lenkte den schwarzen König ab.

Wenn beide Seiten über Freibauern verfügen, hängt die Stellungsbeurteilung davon ab, wie weit die Freibauern von den Umwandlungsfeldern entfernt sind und wie wirksam die Figuren ihren Vormarsch aufhalten können.

**Euwe–Lilienthal
Stockholm 1937**

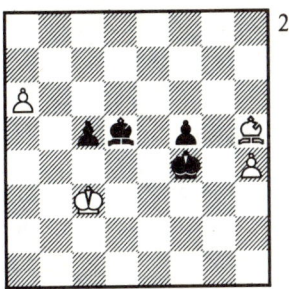

Weiß am Zuge

Die beiderseitigen Pläne liegen auf der Hand. Die eigenen Freibauern sind so weit wie möglich vorzurücken, ohne daß sie blockiert werden können. Wer die gefährlicheren Freibauern hat, gewinnt.
1.a7 ♔e5 2.♗f7! ♗b7 3.h5! f4 (keine Rettung bringt 3. ... ♔f6 4.♗g6 ♗d5 5.♔d3! ♔g5 6.♗f7! ♗a8 7.♔c4 nebst 8.♗d5) **4.h6 ♔f6 5.h7 ♔g7 6.♔c4 f3 7.♗g6!** (in der Partie geschah 7.♗d5?? f2, und Weiß mußte die Waffen strecken) **7. ... f2 8.♗d3 ♗a6+** (8. ... f1♕ 9.♗:f1 ♔:h7 10.♔c5 usw.) **9.♔:c5 ♗:d3 10.a8♕**, und Weiß gewinnt.

Sehen wir uns nunmehr Beispiele an, in denen jede Seite zwei verbundene Freibauern besitzt.

„Schachblättchen", 1924

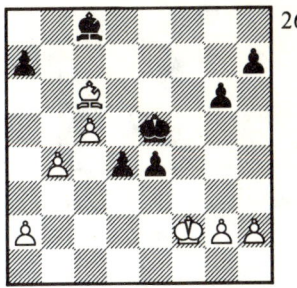

Schwarz am Zuge gewinnt

Die schwarzen Bauern sind weiter vorgerückt und deshalb gefährlicher. Auch ihr König steht besser. Nach **1. ... ♗g4! 2.b5 e3+ 3.♔e1 d3 4.♗f3 ♗e6 5.b6 ab 6.cb ♔d6 7.a4 ♗b3!** ist Weiß verloren, denn es droht 8. ... d2+ 9.♔f1 ♗c4+ 10.♔g1 e2 usw. Auf 8.♗d1 entscheidet 8. ... ♗c4.

**Alatorzew–Löwenfisch
Leningrad 1934**

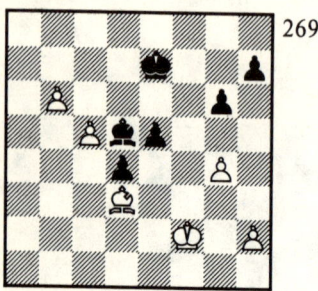

269

Schwarz am Zuge. Weiß gewinnt

Hier dagegen sind die Freibauern am Flügel stärker als die zentralen (die Variante stammt von Alatorzew).
1. ... e4 2.♗a6! ♔d8 3.♗b5 g5 (oder 3. ... ♔e7 4.g5! ♔d8 5.c6 e3+ 6.♔g3! ♗e4 7.♔f4 e2 8.c7+ ♔c8 9.♗:e2 usw.)
4.c6 h6 5.h3 e3+ 6.♔e2 ♗e4 7.c7+ ♔c8 8.♗a6+ ♔b7 9.♗d3! ♗c6 10.♗f5+ ♗d7 11.♔d3, und Weiß gewinnt.
In der Partie geschah 1. ... g5 2.♗a6 ♔d8 3.♗b5 ♔e7 4.c6 ♔d6 5.c7 ♗b7 6.♗d3 ♔c5 7.♗f5 ♔:b6 8.c8♕ ♗:c8 9.♗:c8 e4 10.♗f5 e3+ 11.♔f3 h6 12.♗d3, und Schwarz gab auf.
Wenn beide Seiten über Freibauern verfügen, können sich, je nachdem, wie weit diese vorgerückt sind, die verschiedenartigsten Situationen ergeben. Die folgende Studie von Duras behandelt eine Idee, die des öfteren auch in der Praxis anzutreffen ist.

O. Duras, 1906

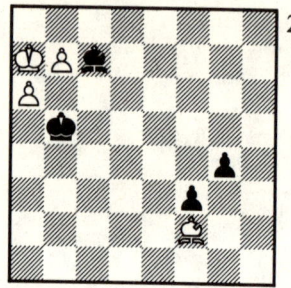

270

Weiß gewinnt

1.b8♕+! ♗:b8+ 2.♔b7! ♔a5 (falls 2. ... g3, so 3.♗:g3 ♔:g3 4.a7 f2 5.a8♕ f1♕ 6.♕a6+) 3.♗h4 ♔b5 4.♗e1!, und Schwarz wird ein Opfer des Zugzwanges.
Das wirksamste Verfahren im Kampf gegen Freibauern ist, sie mit dem König zu blockieren. Gerade deshalb können zwei verbundene Bauern schwächer sein als zwei isolierte, da sich erstere durch den König blockieren lassen.

**Strandström–Belowa
Riga 1950**

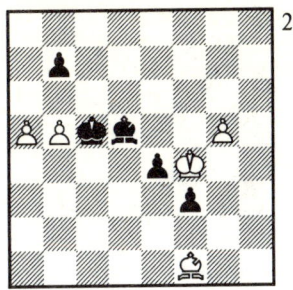

Weiß gewinnt

1.♔e3 ♔d6 2.♗h3.
Nachdem die gegnerischen Bauern zuverlässig blockiert wurden, leitet Weiß die nächste Etappe ein – die Aktivierung des Läufers, um anschließend mit dem Vormarsch der Bauern zu beginnen.
2. ... ♔c5.
Auf 2. ... ♔e7 folgt 3.♗f5 ♔d6 4.♔d4 ♔e7 5.♗g4 ♔d6 6.g6, und Weiß gewinnt, da der schwarze Läufer nicht allein mit den beiden weit vorgerückten isolierten Bauern zurechtkommt.
3.♗d7 ♗c4 (falls 3. ... ♔d6, so 4.♗e8 ♔e7 5.♗h5! ♔e6 6.♔d4 ♔d6 7.g6 usw.) 4.g6 ♔d6 5.♗e8 ♔e7 6.a6! ba 7.b6! ♗d5 8.g7 ♔d8 9.b7 ♔c7 10.♗c6! (der Rest ist einfach) 10. ... ♗g8 11.♗:e4 a5 12.♗c6! a4 13.♗:a4 ♔:b7 14.♔:f3 ♔c7 15.♔f4, und Weiß gewinnt.
Zu Stellung 272 konnte es in einer Partie Friedstein–Awerbach (Tula 1950) kommen.

J. Awerbach, 1956

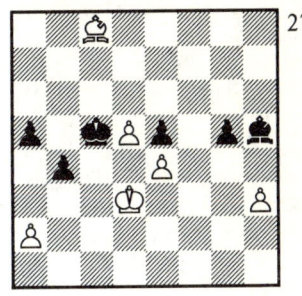

Schwarz am Zuge gewinnt

Weiß verfügt über einen gedeckten Freibauern, doch alle seine Bauern stehen auf Feldern von der Farbe des Läufers und sind deshalb schutzbedürftig. Schwarz hat einen aktiven König und die Möglichkeit, einen entfernten Freibauern zu bilden. Es ist offensichtlich, daß Weiß keinerlei Gewinnchancen besitzt. Mit was aber kann diesbezüglich Schwarz aufwarten? Sehen wir uns mögliche Varianten an.
1. ... a4 2.♗f5 (falls 2.♔c2, so 2. ... ♗g6) 2. ... ♗e2+!! 3.♔c2 a3!
Eine auf den ersten Blick unerwartete Entscheidung. Statt einen Freibauern zu bilden, scheint sich Schwarz diese Möglichkeit selbst zu nehmen. In Wirklichkeit ist dies jedoch die stärkste Fortsetzung. Schwarz legt den schwachen

Bauern a2 fest und bindet den weißen König an dessen Verteidigung.

4.♔b1.
Sofort zum Verlust führt
4.♗g6 ♗d3+! 5.♔c1 b3 6.ab ♔d4! 7.d6 ♔c3 und 8. ... a2 (gezeigt von Lesern der Zeitschrift „Schach in der UdSSR").

4. ... ♗d3+ 5.♔a1!
Schwarz hat seine Stellung erheblich verstärkt. Der weiße König kann nicht ziehen, und der Läufer ist an die Deckung des Bauern e4 gebunden. Wie läßt sich dieses Übergewicht aber verwerten?

5. ... ♔d6!
Eine originelle Lösung. Schwarz geht mit dem König nach g7 und bringt den Gegner dadurch in Zugzwang.

6.♗h7 ♔e7 7.♗g6 ♔f6 8.♗h7 ♔f7! 9.♗f5 ♔g7!
Das Ziel ist erreicht. Weiß muß den d-Bauern vorrücken.

10.d6 ♔f6 11.d7 ♔e7 12.♗g6 ♔:d7, und Schwarz gewinnt, indem er den König nach d4 führt.

Konnte Weiß vielleicht stärker spielen? Eine Möglichkeit wäre 2.♗g4 ♗e8 3.a3!, und falls 3. ... b3, so 4.♔c3 mit Remis. Doch auch dann kommt Schwarz mit der gleichen Methode zum Erfolg: 3. ... ♗b5+ 4.♔c2 ba 5.♗f5 ♗d3+ 6.♔c3 ♔d6!, und der Marsch des Königs nach g7 entscheidet.

Flohr–Sagorowski
Minsk 1952

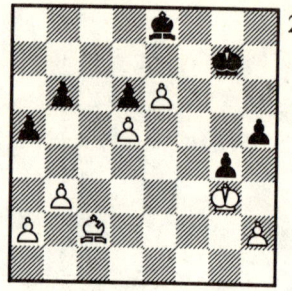

Weiß am Zuge

Diese Stellung ist ebenfalls schwer zu beurteilen. Weiß verfügt über einen starken gedeckten Freibauern und den aktiveren König, aber die zentralen Bauern stehen auf weißen Feldern und müssen verteidigt werden. Schwarz kann am Königsflügel einen Freibauern bilden.

Es folgte **1.♗d3!**
Nimmt dem schwarzen Läufer die Möglichkeit, sich von der Stelle zu rühren. Läufertausch nach 1. ... ♗g6 würde zu einem für Weiß gewonnenen Bauernendspiel führen.

1. ... a4 2.b4 a3 3.b5!
Weiß hat die Beweglichkeit des gegnerischen Läufers weitgehend eingeschränkt. Schwarz verbleiben nur Königszüge.

3. ... ♔g8 4.♔f4 ♔f8 5.♔f5 ♔g8 6.♔f6 h4.
Falls 6. ... ♔f8, so 7.e7+ ♔g8 8.♗g6 ♗:b5 9.♗:h5 ♗d7 10.♗:g4 ♗e8 11.♗e6+ ♔h7 12.♗f7 ♗d7 13.e8♕ usw.

Schwarz versucht seine letzte Chance – er bildet einen entfernten Freibauern.
7.♔e7!
In der Partie geschah 7.e7? g3 8.hg hg 9.♗f1 ♗d7, wonach der schwarze Läufer ins Spiel kam und Weiß nicht mehr gewinnen konnte.
7. ... g3 8.hg hg 9.♗e4 ♗:b5 10.♔:d6.
Die Lage ist zwar gespannt, doch Weiß besitzt die gefährlicheren Bauern.
10. ... ♔f8 11.♔e5 ♗c4 12.d6 ♗:a2 13.e7+, und Weiß gewinnt.
Eine elegante Studie soll den Abschnitt über Freibauern beschließen.

L. Kubbel, 1934

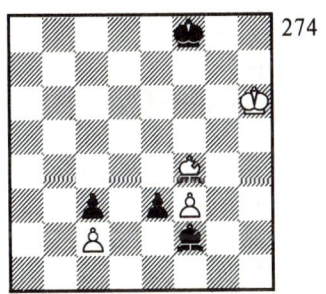
274

Remis

Schwarz verfügt über einen starken Freibauern, der vorzurücken droht. Weiß findet die einzige Möglichkeit, ihn aufzuhalten.
1.♗d6+ ♔f7 2.♗c5 ♔e6 3.♗d4 ♗e1! 4.♗:e3 ♗d2

(Schwarz hat eine neue Drohung geschaffen) **5.♗g5 ♔f5 6.f4 ♗:f4 7.♔h5! ♗:g5 patt!**

b) Gegnerische Bauern auf Feldern der Läuferfarbe

Befinden sich in einem Endspiel Bauern auf Feldern von der Farbe des Läufers, ist dies in der Regel ein positioneller Nachteil. Erstens sind diese Bauern durch den gegnerischen Läufer anzugreifen und müssen deshalb verteidigt werden. Zweitens sind die Felder zwischen den Bauern dem eigenen Läufer unzugänglich, so daß sich der gegnerische König den Bauern nähern kann.

Kamyschow–Schamajew
Fernpartie 1936

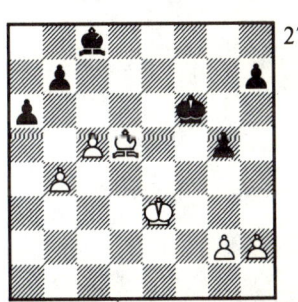
275

Weiß gewinnt

Schwarz hat den schwachen Bauern b7, der den Läufer bindet. Wir sehen hieran, daß eine Bauernschwäche die Aktivität der sie verteidigenden Fi-

gur einschränkt. Der Läufer wird „schlecht".
1.♔d4 h5 2.h3 ♔f5 3.♗f7! h4 4.♗h5 ♔f4 (oder 4. ... ♔f6 5.♗f3, und Schwarz befindet sich im Zugzwang; er muß den weißen König nach e5 lassen) 5.♗f3 ♔g3 (5. ... ♗:h3 6.♗:b7 oder 5. ... g4 6.hg h3 7.gh! ♔:f3 8.♔e5!, und Weiß gewinnt) 6.♔e3 ♔h2 7.♔f2! ♔h1 8.g3+! ♔h2 9.gh gh 10.♗g4 usw.
Schwache Bauern verringern die Aktivität der Figuren, was wiederum zu Zugzwang führen kann.

Smyslow–Keres
Moskau 1951

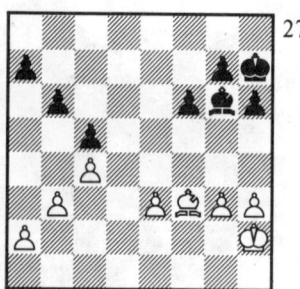

Schwarz am Zuge gewinnt

Schwarz ist zweifellos im Vorteil. Die weißen Bauern am Damenflügel sind schutzbedürftig, was den weißen Läufer in seiner Bewegungsfreiheit einengt. Hinzu kommt, daß auch am Königsflügel die schwarzen Bauern besser stehen. Keres verwertete sein Übergewicht wie folgt:

1. ... ♗b1 2.a3 a5! (legt die Bauern auf weißen Feldern fest) 3.♗d1 ♔g6 4.♔g2 ♔f5 5.♔f3 ♔e5.
Der weiße Läufer kann sich nicht bewegen. Früher oder später muß Weiß deshalb in Zugzwang geraten.
6.a4 g5 7.♔e2 ♗f5! 8.g4.
Offensichtlich erzwungen. Auf 8.h4 führt 8. ... ♗g4+ zu einem für Schwarz gewonnenen Bauernendspiel.
8. ... ♗b1 9.♔f3 f5 10.gf.
Wenn Weiß von diesem Tausch absieht und 10.♔e2 spielt, gerät er nach 10. ... ♗e4 11.♔f2 f4 12.ef ♔:f4 sofort in Zugzwang und muß den gegnerischen König in sein Lager lassen.
10. ... ♔:f5 11.♔f2 ♗e4 12.♔g3 ♔g6.
Bringt die letzte Reserve, den h-Bauern, ins Spiel.
13.♔f2 h5 14.♔g3 h4+ 15.♔f2 ♗f5 16.♔g2 ♔f6 17.♔h2 ♔e6.
Weiß gab auf, da der schwarze König nach 18.♔g2 ♔e5 19.♔h2 ♗b1 20.♔g2 ♔e4 in sein Lager einbricht, z. B. 21.♔f2 ♔d3 22.♔f3 ♔d2 23.♗e2 ♗f5 24.e4 ♗:e4+ 25.♔:e4 ♔:e2 26.♔f5 ♔f3 27.♔:g5 ♔g3 usw.
Die untersuchten Beispiele zeigen, welche Gewinnmethode in derartigen Endspielen anzuwenden ist:
1. Festlegung schwacher Bauern des Gegners.
2. Bindung der gegnerischen

Kräfte an die Verteidigung der schwachen Bauern.

3. Verstärkung der Aufstellung des eigenen Königs – Besetzung der Zugänge zum gegnerischen Lager.

4. Der Kulminationspunkt des Planes ist, den Gegner in Zugzwang zu bringen. Jeder seiner Züge muß danach zu einer entscheidenden Schwächung der Stellung, zum Einbruch des gegnerischen Königs oder zu unmittelbaren Materialverlusten führen.

Mit dem König ins gegnerische Lager eindringen zu können ist gewöhnlich ein sehr wichtiges Moment bei der Realisierung des Planes.

Estrin–Iwaschin
Fernpartie 1947

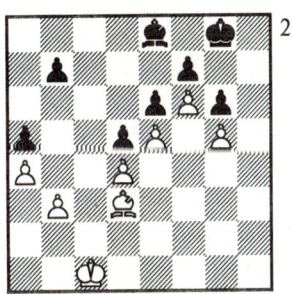
277

Weiß gewinnt

Die weiße Überlegenheit ist deutlich. Wäre indes Schwarz am Zuge, würde er durch 1. ... b6 remis halten, da der weiße König dann nicht mehr in sein Lager eindringen könnte.

Weiß spielte deshalb **1.b4! ab** (1. ... b6 2.ba ba 3.♔b5! ♔f8 4.♔b2, und Schwarz ist im Zugzwang) **2.♔c2! ♔c6 3.♔b2 b6 4.♔b3 ♔f8 5.♔:b4 ♔e8 6.a5!** Schwarz gab auf. Nach 6. ... ba+ 7.♔:a5 ♔d8 8.♔b6 ♔e8 9.♔c5 ♔c7 10.♔d3 gerät er in Zugzwang.

Wenn keine Möglichkeit zu einem unmittelbaren Durchbruch des Königs besteht, muß, um ihm den Weg zu ebnen, mitunter zu Opfern gegriffen werden.

Baslawski–Kondratjew
Tallinn 1947

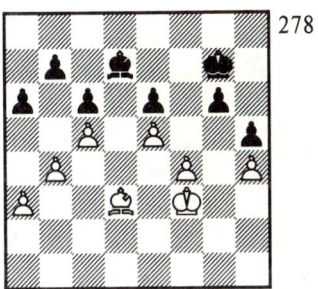
278

Weiß am Zuge

Die schwarzen Figuren sind durch eigene Bauern eingeengt, aber ein Durchbruch des gegnerischen Königs scheint nicht möglich zu sein. Dennoch gelingt es Weiß, einen originellen Gewinnplan zu verwirklichen.

1.♔e3 ♔f7 2.♔d4 ♗e8 3.♔c3 ♔e7 4.♔b3 ♔d8 5.♔a4 ♔c7 6.♔a5 ♗f7.

159

Der schwarze König kann sich nicht von der Stelle rühren, und auch dem Läufer bleiben nur wenige Felder.
7.♗c4! ♗g8.
Wenn Weiß mit dem Läufer gleichzeitig den e- und g-Bauern angreifen könnte, würde er Schwarz sofort in Zugzwang bringen, da er noch Bauernzüge in Reserve hat. Dies ist aber nicht möglich. Deshalb rückt Weiß die Bauern vor und fügt dem Gegner auf b7 eine weitere Schwäche zu, die der schwarze König fortan bewachen muß. Anschließend begibt sich der weiße König auf den anderen Flügel und dringt dort mit Hilfe des Bauernopfers f4–f5 ein.
8.a4 ♗f7 9.b5 ab 10.ab ♗g8
(oder 10. ... cb 11.♗:b5 ♗g8 12.♗e8 ♔h7 13.♗f7 usw.)
11.b6+! ♔d8 12.♔b4 ♗f7.
Die schwarzen Figuren stehen beengt, und es gelingt ihnen nicht, sich so umzugruppieren, daß der Läufer den b-Bauern und der König den g-Bauern verteidigt.
13.♔c3 ♔d7 14.♔d4 ♔d8.
Falls 14. ... ♔e7, so 15.♗a6.
In der Partie geschah 14. ... g5 15.fg ♗g6 16.♔e3 ♗c2 17.g6 ♗:g6 18.♔f4 ♗f5 19.♗e2, und Schwarz gab auf.
15.♔e3 ♔d7 16.f5! gf 17.♔f4 ♗g6 18.♔g5 ♗e8 19.♔f6 f4 20.♗e2, und Weiß gewinnt.

Awerbach–Furman
Odessa 1960

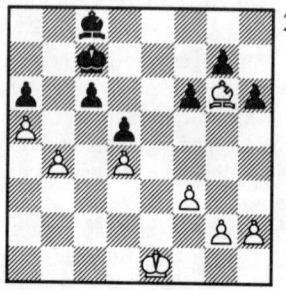

Weiß am Zuge

Schwarz verfügt über den schwachen Bauern a6, den der Läufer zu bewachen hat, während die Bauern c6 und d5 seinen Handlungsspielraum einengen.
Um zu gewinnen, muß Weiß mit dem König ins gegnerische Lager eindringen. Wie ist dies zu bewerkstelligen?
1.g4!
Das Einbruchsfeld ist g6. Dorthin macht sich der weiße König jetzt auf den Weg.
1. ... ♔d6 2.♔f2 ♔e7 3.♔g3 ♔f8 4.♔h4 ♔e6 5.♔h5 ♗c8.
Falls 5. ... ♗f7, so 6.♗:f7 ♔:f7 7.f4 ♔f8 8.♔g6 ♔g8 9.h4 ♔f8 10.♔h7 ♔f7 11.g5! hg 12.hg f5 13.♔h8 ♔g6 14.♔g8, und Weiß gewinnt.
6.♗d3 ♔f7 7.h3 ♔f8 8.♔g6.
Der König hat das Einbruchsfeld besetzt, doch der Kampf ist noch nicht zu Ende: Weiß steht vor der Aufgabe, mit dem König an die Bauern des Damenflügels heranzukommen.

8. ... ♔g8 9.♗f1!
Weiß setzt einen Mechanismus in Bewegung, mit dem er ein Tempo gewinnt.
9. ... ♔f8 10.♗e2! (10.♔h7 wäre wegen 10. ... f5! verfrüht)
10. ... ♔g8 11.♗d3 ♔f8 12.♔h7 ♔f7 13.♗g6+ ♔f8 14.♔h8.
Weiß verfolgt einen komplizierten Plan, bei dem er, um ins gegnerische Lager einzudringen, eine Figur opfert. Etwas einfacher war 14.h4 ♗d7 15.♗d3 ♗c8 16.♗e2 ♔f7 17.f4 ♔f8 18.g5 hg 19.hg fg 20.fg ♔f7 21.♗h5+ ♔f8 22.g6 ♗d7 23.♗e2 ♗c8 24.♗f1 ♗b7 25.♔h3, und Schwarz ist im Zugzwang.
14. ... ♗d7 15.f4 ♗c8 16.f5 ♗d7 17.♗h5 ♗c8 18.♗e8! ♔:e8.
Es gibt nichts Besseres. Ganz schlecht ist 18. ... ♗b7 19.♗d7! ♗a8 20.♗c8.
19.♔:g7 h5.
Die Hauptvariante der Kombination lautet 19. ... ♔e7 20.h4! (20.♔:h6? ♔f7 mit Remis) 20. ... ♗d7 21.g5! hg 22.hg ♗e8 23.gf+ ♔d6 24.f7, und Weiß gewinnt.
20.♔:f6 hg 21.hg ♔f8.
Dank der starken Königsstellung sind die beiden Bauern dem Läufer hier überlegen.
22.g5 ♔g8 23.g6 ♔f8 24.♔g5 ♗d7 25.f6 ♗e8 26.♔f5 ♔g8 27.g7 ♗f7 28.♔e5 ♗g6 29.♔d6 ♗d3 30.♔:c6 ♔f7 31.♔d6 ♗f5 32.b5. Schwarz gab auf.

Bei der Durchführung des Gewinnplanes wird das Resultat sehr oft davon abhängen, ob es gelingt, den Gegner in Zugzwang zu bringen. Selbst ein großes positionelles Übergewicht kann nicht realisiert werden, wenn der Gegner über genügend Verteidigungsressourcen verfügt und ihm nützliche Züge nicht ausgehen.

**Teichmann–Marshall
San Sebastian 1911**

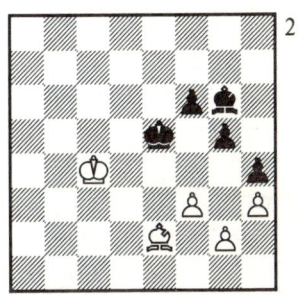

Schwarz am Zuge

Schwarz besitzt die bessere Bauernstruktur, und seinem König steht der Weg ins gegnerische Lager offen.
1. ... ♗f7+ 2.♔d3 ♔f4 3.♗f1! ♔g3 4.♔e3 ♗d5 5.♔e2 f5.
Schwarz ist mit dem König in die gegnerische Stellung eingedrungen. Er hat zwar den Läufer gebunden, doch der weiße König verfügt bei der Verteidigung des Feldes f2 über drei freie Felder. Da keine Zugzwangsituation vorliegt, muß

Schwarz die Bauern vorrücken. Dies aber hat eine Reduzierung der Bauern zur Folge.
6.♔e3 ♗e6.
Zum Remis führt 6. ... f4+ 7.♔e2 ♗b7 8.♔e1 ♗:f3 9.gf ♔:f3 10.♗e2+ ♔g2 11.♗f1+ ♔g3 12.♔e2.
7.♔e2 g4 8.hg fg 9.♔e3.
Falls 9.fg, so 9. ... ♗:g4+ 10.♔e3 ♗d7.
9. ... ♗d7 10.fg! ♗:g4 (siehe Stellung 214) **11.♔e4? ♗c8 12.♔e3 ♗d7.** Weiß gab auf. Hätte er 11.♗b5! gespielt, wäre die Partie remis ausgegangen. Daß Weiß in Stellung 280 remis halten konnte, erscheint völlig unwahrscheinlich. Tatsächlich beweist auch eine Analyse, daß Schwarz nicht die stärkste Fortsetzung wählte. Statt 1. ... ♗f7+ führte 1. ... ♗b1! mühelos zum Gewinn, da der weiße König dann nicht dazu kommt, seine Bauern zu verteidigen, z. B. 2.♗f1 (2.♗d3 ♗a2+! 3.♔c5 ♔f4 4.♔d4 ♔g3 usw.) 2. ... ♔f4 3.♔d4 (der Versuch eines Gegenangriffs schlägt fehl: 3.♔d5 ♔g3 4.♔e6 f5 5.♔f6 ♔f2 6.♗c4 ♔:g2 7.♔:g5 ♔:h3 8.f4 ♔g3 usw.) 3. ... f5! (Zugzwang; Weiß muß den schwarzen König nach f2 lassen, was die Partie entscheidet) 4.♔d5 ♔e3 5.♔e6 ♔f2 6.♗c4 ♔:g2 7.♔f6 ♔:h3 8.♔:g5 ♔g3, und der h-Bauer geht zur Dame. Interessant ist, daß im Verlauf der Partie beide Partner nochmals Fehler begingen.

Anstelle des entscheidenden Fehlzuges 8.hg? mußte 8.fg! fg 9.♔e3 geschehen, was wirklich zum Remis führte, z. B. 9. ... gh (9. ... ♗d7 10.hg!) 10.gh ♗d7 11.♔e2 ♗b5+ 12.♔e1 ♗c6 13.♔e2 usw.
Mit seinem 9. Zug vergab Schwarz seinerseits den Gewinn. Richtig war 9. ... gf! 10.gf und erst jetzt 10. ... ♗d7, z. B. 11.f4 ♗g4! (Zugzwang) 12.♔e4 ♔f2 oder 11.♔e2 ♗b5+ 12.♔e1 ♗c6 13.f4 ♗e4! (13. ... ♗g2 14.f5 h3 15.f6) 14.♔e2 ♗f5! 15.♔e1 ♗g4!, und Schwarz gewinnt. Dies alles blieb den Zeitgenossen verborgen. Auch Euwe, der Stellung 280 in einem seiner Bücher anführte, ließ die genannten Möglichkeiten unbeachtet.

Awerbach–Matanović
Belgrad 1961

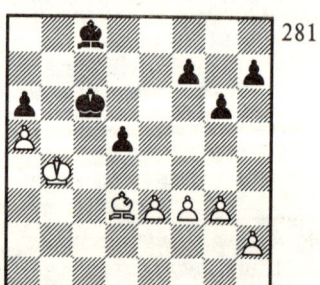

281

Weiß am Zuge

Der weiße Läufer zielt auf zwei Schwächen des Gegners – die reale auf a6 und eine potentielle auf g6. Um zum Erfolg zu kommen, muß Weiß auch die zweite Schwäche festlegen. In diesem Fall erlangt sein Läufer volle Manövrierfreiheit, und Schwarz gerät unweigerlich in Zugzwang.

1.f4 f5.

Danach ist die Aufgabe von Weiß bedeutend erleichtert: Im schwarzen Lager tritt auch die zweite Schwäche klar zutage. Die richtige Fortsetzung 1. ... h6! werden wir anschließend untersuchen.

2.h4 ♔d6.

Der Versuch, mit 2. ... h5 den Königsflügel abzuriegeln, schlägt fehl. Nach 3.♗c2 hat Schwarz gegen das Manöver ♗c2–a4–e8 keine befriedigende Verteidigung.

3.h5 gh.

Es gibt nichts Besseres. Falls 3. ... ♔c6, so 4.h6 ♔d6 5.♔c3 ♔c5 6.♗e2 ♗b7 7.g4 fg 8.♗:g4 ♔b5 9.f5, und Weiß gewinnt.

4.♔c3!

Ein Schritt zurück, um gleich darauf zwei vorwärts zu tun. Schwarz gab auf. Nach 4. ... ♔c5 5.♗f1! ♗b7 6.♗e2 ♗c8 7.♗d3! würde Weiß durch mehrfache Anwendung dieses Zugzwangmechanismus mühelos entscheidenden Materialvorteil erzielen.

Auch der Versuch von Schwarz, das Eindringen des gegnerischen Königs durch das Bauernopfer 7. ... d4+ 8.ed+ ♔d5 9.♗c4+ ♔d6 10.d5 ♔c5 zu verhindern, hilft nicht mehr. Weiß gibt den Bauern sofort zurück: 11.d6! ♔:d6 12.♔d4. Nach 12. ... ♗b7 setzt er dann nochmals den Zugzwangmechanismus 13.♗f1 ♗c8 14.♗d3 usw. in Kraft.

Was wäre geschehen, wenn Schwarz 1. ... h6 gespielt hätte?

Verläßt der Läufer nun die Diagonale b1–h7, kann sich Schwarz mit 2. ... f6! nebst 3. ... g5 sofort seiner Schwäche entledigen.

Weiß hat zwei Möglichkeiten, Initiative zu entwickeln, die aber beide nicht ausreichen:

1) 2.e4 de 3.♗:e4+ ♔d6 4.♔c4 ♗g4 5.♔d4 ♗e2 6.h4 ♗g4 (6. ... ♗b5 7.g4 und 8.g5) 7.♗d3 ♗c8 8.g4 ♗:g4 9.♗:a6 f6. Schwarz setzt g6–g5 durch und hält remis.

2) 2.h4 ♔d6 3.g4 ♗:g4 (3. ... ♗b7 4.♔c3 ♔c5 5.g5 mit entscheidendem Übergewicht) 4.♗:a6 f6 5.♗b7 g5 6.a6 ♔c7 7.♗:d5 ♔b6 8.hg hg 9.fg fg 10.♗c4 ♗c8 mit dem gleichen Ergebnis.

J. Awerbach, 1954

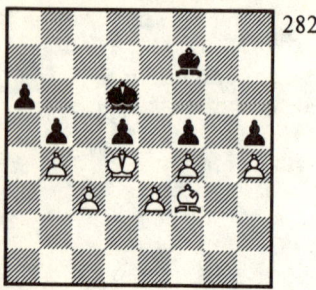

Weiß gewinnt

Die Verteidigungsressourcen von Schwarz sind nahezu erschöpft. Der Läufer deckt die schwachen Bauern, der König bewacht die Einbruchsfelder seines Opponenten. Weiß steht vor der Aufgabe, den Gegner an den Zug zu bringen, da dieser dann entweder einen Bauern geben oder den König durchlassen müßte. Wie ist dies zu bewerkstelligen? Sehen wir uns die Stellung sorgfältig an.

1.♗e2 ♝e8!
Es zeigt sich, daß Schwarz nur eine richtige Antwort besitzt, die den Widerstand hinauszögert. Nach 1. ... ♝g6 2.♗d3 ♝h7 3.♗f1! gerät er sofort in Zugzwang: Im Fall von 3. ... ♝g6 entscheidet 4.♗g2 ♝f7 5.♗f3, und 3. ... ♝g8 hätte 4.♗e2 ♝f7 5.♗f3 zur Folge.
2.♗d3 ♝g6.
Erneut der beste Zug. Auf 2. ... ♝d7 geschieht 3.♗c2 ♝e6 (3. ... ♝c8 4.♗d1 mit Bauerngewinn) 4.♗d1 ♝f7 5.♗f3.
3.♗c2 ♝h7.
Die Züge des schwarzen Läufers sind jeweils erzwungen. Wir können uns leicht davon überzeugen, daß es sich hier um einen typischen Fall der Anwendung von Gegenfeldern handelt, wo jedem Zug des weißen Läufers nur ein ganz bestimmter des schwarzen gerecht wird. Dem Feld f3 entspricht das Feld f7, dem Feld e2 das Feld e8, dem Feld d3 das Feld g6, dem Feld c2 das Feld h7.

Durch das folgende lehrreiche Läufermanöver entscheidet Weiß den Kampf um die Gegenfelder zu seinen Gunsten und bringt den Gegner in Zugzwang.
4.♗b3! ♝g8 5.♗d1! ♝f7 6.♗f3, und wir haben die Ausgangsstellung vor uns, in der nun aber Schwarz am Zuge ist. Schwarz scheiterte daran, daß die Manövrierfähigkeit seines Läufers auf zwei Felder beschränkt war, während der weiße Läufer drei zur Verfügung hatte. Weiß eroberte das Gegenfeld, indem er sich dieses dritte Feld zunutze machte. In komplizierten blockierten Stellungen läßt sich mit Erfolg die Methode der *Gegenfelder* anwenden. Hier ein Beispiel:

J. Awerbach, 1954

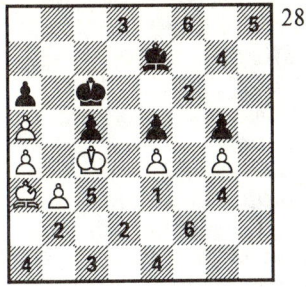

Weiß gewinnt

Weiß muß den Gegner an den Zug bringen. Auf 1. ... ♗d6 oder 1. ... ♗f8 entscheidet dann 2.♗c1 ♗e7 3.♗e3 mit Bauerngewinn.
Nur zum Remis führt 1.b4?? cb 2.♗:b4 ♗:b4, da der weiße König nicht ins gegnerische Lager einbrechen könnte.
Welches Feld entspricht dem Feld b2? Offensichtlich f6. Stände der Läufer auf d6, würde Weiß sogleich mittels 1.♗c1 ♗e7 2.♗e3 usw. gewinnen. Dem Feld c1 entspricht nur das Feld d8, dem Feld d2 nur das Feld f6. Welches Feld entspricht dem Feld e1? Das Feld h8 kommt nicht in Betracht, da nach 1.♗f2 der Bauer c5 verlorenginge. Das Feld d8 scheidet ebenfalls aus, denn Weiß übergibt dem Gegner durch 1.♗f2 ♗e7 2.♗e3 sofort die Zugpflicht. Auch das Feld e7 wird den Anforderungen nicht gerecht: nach 1.♗c3 ♗f6 (1. ... ♗d6 2.♗d2 ♗e7 3.♗e3) 2.♗b2 ♗g7 3.♗a3!

♗f8 4.♗c1! ♗e7 5.♗e3 ist wieder Schwarz am Zuge. Folglich entspricht dem Feld e1 nur das Feld g7. Daraus ergibt sich, daß auch c3 und h8, f2 und f8 sowie a1 und g7 Gegenfelder sind.
Versuchen wir jetzt zu ermitteln, welches Feld dem Feld g3 entspricht. Es muß das Feld g7 sein. Das Feld g7 entspricht aber auch dem Feld e1. Weiß stehen somit zwei identische Felder zur Verfügung, wobei er von einem zum anderen in einem Zug gelangen kann. Dies bedeutet, daß Schwarz das Gegenfeld verliert.
Fertigen wir nun eine Tabelle der Gegenfelder an.

a3	e7
d2 b2	f6
c1	d8
a1 g3 e1	g7
c3	h8
f2	f8

Aus dieser Tabelle ist die Lösung unmittelbar abzulesen:
1.♗b2 ♗f6! 2.♗c3 ♗h8! 3.♗e1! ♗g7! 4.♗g3!! ♗f6 5.♗f2 ♗e7 6.♗e3 usw.

Möglich ist auch 1.♗c1 ♗d8!
2.♗d2 ♗f6! 3.♗e1! ♗g7!
4.♗g3!!
Würde man Stellung 283 ein
weiß-schwarzes Bauernpaar auf
h3 und h4 hinzufügen, wäre
das Feld g3 dem weißen Läufer
unzugänglich. Weiß kann dann
nicht gewinnen, da Schwarz
das Gegenfeld behauptet.

c) Bessere Königsstellung

Der König ist im Endspiel in
der Regel eine aktive Figur. Er
unterstützt seine Freibauern,
bricht ins Lager des Gegners
ein und vernichtet dessen Bauern. Eine bessere Königsstellung ist, wie wir schon mehrfach gesehen haben, im Endspiel von großer Bedeutung.
In Stellung 284 ist Schwarz
völlig hilflos, weil sich sein König an den Operationen am
Damenflügel nicht beteiligen
kann.

Iljin-Genewski–Stepanow
Leningrad 1932

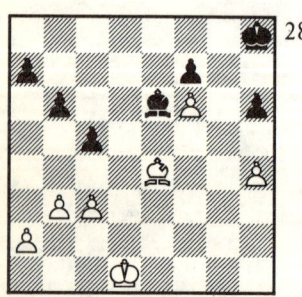

Weiß gewinnt

1.♔d2 ♔g8 2.♔e3 ♔f8 (2. ...
♗d7 3.♔f4 ♔f8 4.♔e5 ♔e8
5.♔d5!) 3.♔c6! ♗f5 4.♔f4
♗b1 5.a3 ♔g8 6.♔e5 ♗c2
7.♗d5 ♔f8 8.♔d6 ♔e8
9.♔c7 ♗d1 10.b4 cb 11.cb
♗a4 12.♔b7. Schwarz gab
auf.

In Ausnahmefällen kann ein
ungünstig postierter König
selbst zum Angriffsobjekt werden. Dann ist selbst ein großes
Übergewicht wertlos.
Ein Beispiel bietet die folgende
Studie.

L. Kubbel, 1926

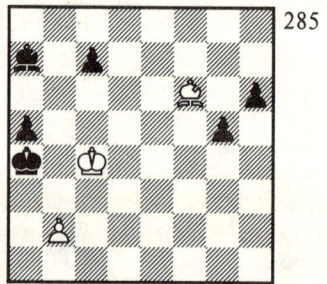

Weiß gewinnt

Schwarz hat drei Bauern mehr,
aber sein König befindet sich
in einer gefährlichen Lage.
1.♗e7 c5 2.♗f8 ♗b6 (2. ... g4
3.♗:h6 g3 4.♗c1 g2 5.b3
matt) 3.♗d6! (selbstverständlich nicht 3.♗:h6 ♗d8 4.♗g7
g4 5.♗h6 ♗f6 6.♗c1 ♗:b2
mit Remis) 3. ... ♗a7 (3. ...
h5 4.♗e7 g4 5.♗g5 usw.)
4.♗c7! (jetzt muß Schwarz die
Bauern ziehen) 4. ... h5
5.♗d6 h4 6.♗e7 h3 7.♗:g5
h2 8.♗c1 h1♕ 9.b3 matt.

Dritter Abschnitt

Ungleichfarbige Läufer

Erstes Kapitel

Läufer und Bauer gegen Läufer

In Endspielen mit ungleichfarbigen Läufern kann der Läufer seinem Bauern nicht helfen, ein durch den gegnerischen Läufer kontrolliertes Feld zu passieren. Folglich hält wie im Endspiel Läufer gegen Bauer der Läufer den Bauern allein und von weitem auf.
Die Seite, die den Bauern besitzt, kann nur gewinnen, wenn:
1. der gegnerische oder der eigene König den Läufer bei der Bekämpfung des Bauern behindert;
2. der Bauer das letzte Feld von der Farbe des gegnerischen Läufers überschreiten kann, ehe dieser es angreift.
Gewöhnlich macht die schwächere Seite remis.

J. Berger, 1922

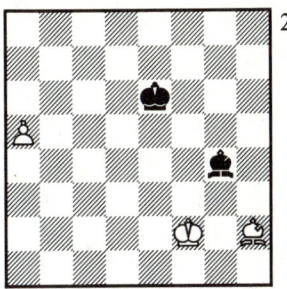

286

Kann Weiß gewinnen?

Nach **1.a6** erscheint die Lage für Schwarz auf den ersten Blick kritisch, z. B. **1. ... ♝f5 2.♔f3 ♚d5 3.a7 ♝e4+ 4.♔e3**, und Weiß gewinnt. Statt 2. ... ♚d5? führt jedoch **2. ... ♚d3! 3.a7 ♝c4 4.a8♕ ♝d5+** zum Remis. Weiß kann auch **2.♔e3 ♝h3 3.♔f3** spielen, aber darauf folgt 3. ... ♝f1 4.a7 ♝c4 nebst 5. ... ♝d5+.
Auf Grund der angegebenen Varianten wertete Berger Stellung 286 mit Recht als remis. Fine jedoch führte sie fälschlicherweise als seltenen Gewinnfall an.

Zweites Kapitel

Läufer und zwei Bauern gegen Läufer

Während zwei Mehrbauern in allen anderen Endspielen fast ausnahmslos eine große Übermacht darstellen, die den Gewinn sichert, ist dies in Endspielen mit ungleichfarbigen Läufern nicht der Fall.

1. Doppelbauern

Bei Doppelbauern ist das Remis am einfachsten zu erreichen, wenn es dem König der schwächeren Seite gelingt, ein durch den gegnerischen Läufer nicht angreifbares Feld vor den Bauern zu besetzen.

J. Berger, 1899

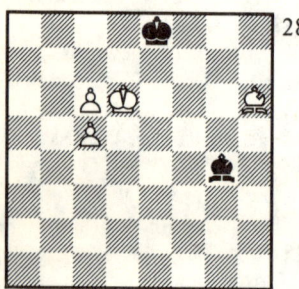

Remis

Liegt das Zugrecht in dieser Stellung bei Schwarz, geschieht 1. ... ♔d8 nebst 2. ... ♔c8, wonach es völlig sinnlos wäre weiterzuspielen, da der schwarze König nicht mehr von c8 zu vertreiben ist. Weiß am Zuge setzt mit 1.♗g5 fort und läßt den schwarzen König nicht nach c8. Danach droht Weiß selbst, mit dem König nach b7 oder b8 zu gehen, für einen der Bauern den Läufer zu erobern und den anderen Bauern zur Dame zu führen. Schwarz darf sich nicht passiv verhalten. Zum Beispiel: 1. ... ♗f5 2.c7! ♗h3 3.c6 ♗g4 4.♔c5 ♗h3 5.♔b6 ♗c8 6.♔a7 ♗ beliebig 7.♔b8 nebst 8.c8♕ usw. Aus dieser Variante schlossen Berger (1899) wie auch Fine (1941), daß die Stellung für Weiß gewonnen sei.

Aber bereits 1937 zeigte Rabinowitsch, daß Schwarz remis hält, wenn er sich aktiv verteidigt. Auf 3.c6 kann er mit 3. ... ♗c8 (möglich ist auch 3. ... ♔f7, was aber nur Zugumstellung bedeutet) 4.♔c5 ♔f7! 5.♔b6 ♔e6! 6.♔a7 ♔d5! 7.♔b8 ♗a6 die Punkteteilung erzwingen.

Bemerkt sei, daß nach 2.c7 ♗g4 3.♔c6 nur 3. ... ♗f3+! zum Remis führt. Schlecht ist 3. ... ♗c8 4.♔b6 ♔d7 5.♗f4 ♔e6 6.♔a7 ♔d5 (6. ... ♔d7 7.♔b8 ♗a6 8.♗d6, und Schwarz befindet sich im Zugzwang) 7.♔b8 ♗ beliebig 8.♗d6 usw.

Auch im Fall von 2.♔c7 ♗e4! 3.♔b7 ♗f3 4.♔b6 ♗e4 5.c7 ♔d7 käme Weiß über ein Remis nicht hinaus.

2. Verbundene Bauern

Mit der systematischen Analyse derartiger Endspiele befaßte sich Tarrasch. Sehen wir uns die Ergebnisse seiner Untersuchungen an.

Beim Vorrücken verbundener Bauern ist es sehr wichtig, dem Gegner keine Gelegenheit zu geben, sie zu blockieren.
Schon der berühmte französische Schachspieler Philidor formulierte folgende Regel: *„Beherrscht mein Läufer die weißen Felder, muß ich die Bauern auf schwarze Felder stellen. In diesem Fall kann der Läufer den gegnerischen König, wenn er zwischen den Bauern Fuß zu fassen versucht, verjagen."*
Entsprechend dieser Regel ist in den zu behandelnden Endspielen zuerst jener Bauer zu ziehen, der damit ein Feld von der Farbe des gegnerischen Läufers betritt. Zöge zuerst der andere Bauer, wäre es nicht möglich, die Felder von der dem eigenen Läufer entgegengesetzten Farbe zu erobern. Die Bauern würden blockiert, und von wenigen Ausnahmen abgesehen gelänge es nicht, das Endspiel zu gewinnen.
Je näher die Bauern den Umwandlungsfeldern stehen, desto gefährlicher sind sie.

a) Bauern auf der 6. Reihe

Auf der 6. Reihe sind die Bauern besonders gefährlich.

S. Tarrasch, 1921

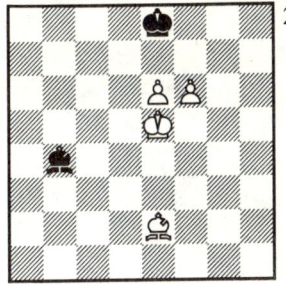

288

Weiß gewinnt

Nach der Philidorschen Regel hat zunächst der e-Bauer zu ziehen. Im Augenblick scheitert dies aber an 1. ... ♗:e7. Der weiße König muß sich deshalb nach d7 oder f7 begeben, um das Vorrücken des Bauern zu unterstützen. Dies ist leicht zu verwirklichen. Weiß bietet auf b5 oder h5 Schach. Antwortet Schwarz 1. ... ♔f8, geht der weiße König über d5 und c6 nach d7, während er sich im Fall von 1. ... ♔d8 über f5 und g6 nach f7 wendet. Schwarz könnte diesen Plan nur durchkreuzen, wenn es ihm gelänge, mit dem Läufer den f-Bauern anzugreifen und den König nicht über d5 und c6 nach d7 zu lassen. Dies ist jedoch nicht möglich, denn auf 1.♗b5+ ♔f8 2.♔d5 ♗c3 geschieht 3.e7+ und 4.e8♕.
Der Läufer muß nicht nur den Bauern f6 bedrohen, sondern auch das Feld e7 kontrollieren. Folglich muß er auf d8 stehen.

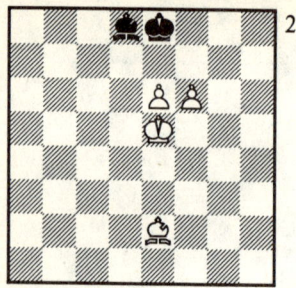

289

Der schwarze Läufer könnte auch auf f8 stehen. Eine Zugzwangsituation tritt nach 1.♗d5+ ♚h8 2.♔h5 nicht ein, denn es folgt 2. ... ♗:h6! mit Patt.
Besäße Weiß den schwarzfeldrigen Läufer, würde er das Eckfeld beherrschen und gewinnen.

Weiß gewinnt

Nach 1.♗b5+ ♚f8 ist das Feld d7 für den weißen König unerreichbar. Die Diagonale des schwarzen Läufers ist indes zu kurz. Es folgt 2.♔f5, und Schwarz wird ein Opfer des Zugzwangs.

Dennoch ist bei Bauern auf der 6. Reihe ein Gewinn nicht immer möglich. Verschieben wir Stellung 289 um eine Linie nach rechts.

C. Salvioli, 1887

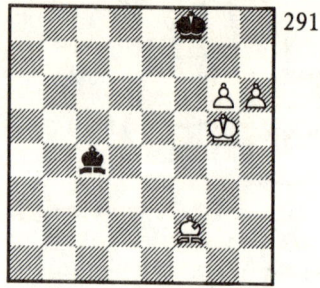

291

Weiß gewinnt

Der h-Bauer ist nicht aufzuhalten. Auf 1. ... ♚g8 geschieht 2.h7+ ♚g7 3.♗d4+, und 1. ... ♗g8 trifft auf die Erwiderung 2.♗c5+ nebst 3.h7.

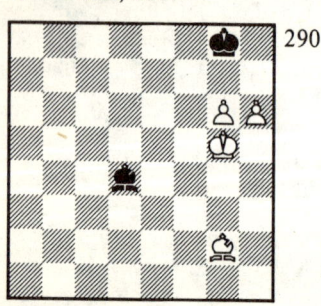

290

Remis

Nach 1.♗d5+ ♚f8 ist ein Umgehungsmanöver des Königs nicht zu verwirklichen, und Schwarz hält remis.

b) Ein Bauer auf der 6., der andere auf der 5. Reihe

S. Tarrasch, 1921

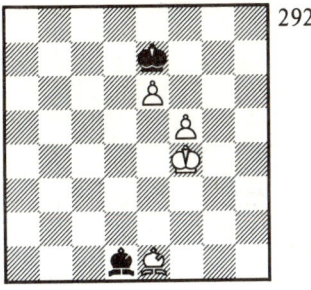

Weiß gewinnt

Weiß am Zuge spielt **1.♔e5** nebst **2.f6** und gewinnt leicht. Liegt das Zugrecht bei Schwarz, kann er mit **1. ... ♔d6** die Realisierung des Übergewichts erschweren. Der weiße König verwirklicht dann eine Umgehung von rechts: **2.♔g5 ♗e2 3.♗g3+ ♔d5** (oder 3. ... ♔e7 4.♔f4 ♔d6 5.♔e3 usw.) **4.e7** (da der schwarze König abseits steht und die Bauern nicht blockiert werden können, gelingt es Weiß, einen von ihnen zur Dame zu führen) **4. ... ♗b5 5.♔g6 ♗e8+ 6.♔g7 ♔c6 7.f6 ♔d7 8.f7 ♔:e7 9.f8♕+**, und Weiß gewinnt.

Stände der weiße König in der Anfangsstellung auf d4, könnte Schwarz, wenn er am Zuge wäre, durch **1. ... ♔f6 2.♔e4 ♗c2+** usw. remis halten.
Verschieben wir Beispiel 292 um zwei Linien nach rechts.

S. Tarrasch, 1921

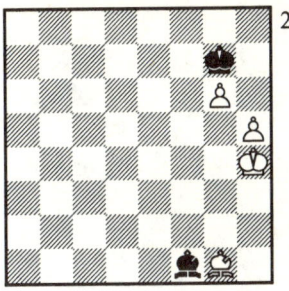

Weiß am Zuge gewinnt
Schwarz am Zuge hält remis

Weiß kommt, wenn er am Zuge ist, durch **1.♔g5** nebst **2.h6+** zum Erfolg. Liegt das Zugrecht indes bei Schwarz, wird nach **1. ... ♔f6!** deutlich, daß Weiß kein Feld besitzt, das dem Feld g5 in Beispiel 292 entspricht, und eine Umgehung folglich nicht möglich ist. **2.♗d4+ ♔f5 3.g7 ♗c4** führt nur zu einer Blockade der Bauern. Das Spiel endet daher remis.

Stände sein König auf g4, würde Weiß nach **1. ... ♔f6 2.♗d4+ ♔e6 3.♔g5** gewinnen.

J. Awerbach, 1954   M. Henneberger, 1916

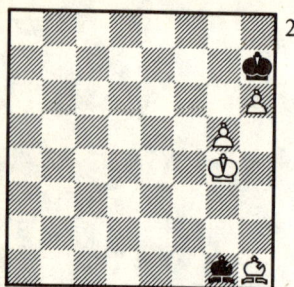
294

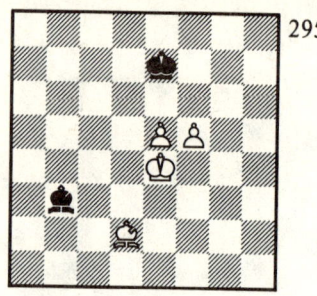
295

Remis   *Weiß gewinnt*

Weiß kann nicht gewinnen, z. B. 1.♔h5 ♔g8! Zum Verlust führt 1. ... ♗d4? 2.♗d5! ♗c3 3.g6+ ♔h8 4.♔g4!, und der weiße König dringt nach f7 vor.
2.♗d5+ ♔f8! 3.♔g6 ♗e3! mit Remis.
Ist Schwarz am Zuge, hält er am einfachsten durch 1. ... ♗e3 nebst 2. ... ♗:g5 remis.

c) Bauern auf der 5. Reihe

Bei Bauern auf der 5. Reihe ist der Gewinnplan der gleiche wie bei Bauern auf der 6. Reihe. Zunächst verdrängt der Läufer den gegnerischen König. Dann dringt der eigene vor, um die Bauern zu unterstützen.

1.♗g5+!
Fehlerhaft wäre 1.♗b4+ wegen 1. ... ♔f7! 2.♔d4 ♗c2! 3.e6+ ♔f6 mit Remis. Weiß stellt seinen Läufer deshalb so auf, daß sich der schwarze König nach e5–e6 nicht auf f6 festsetzen kann.
1. ... ♔d7.
Auf 1. ... ♔f7 entscheidet ein Umgehungsmanöver des Königs von links: 2.♔d4 ♗a2 3.♔c5! ♗b3 (3. ... ♗b1 4.e6+ und 5.f6) 4.♔d6 nebst 5.e6 und 6.f6.
2.♔f4 ♗a2 3.♗h4 ♔f7 4.♔g5 ♔e7 5.♔h6+ ♔d7 6.♔g7 ♗d5 7.♔f6 usw.
Schwarz könnte diesen Plan durchkreuzen, wenn es ihm gelänge, den f-Bauern anzugreifen und den Zug e5–e6 nicht zuzulassen. Dazu müßte der Läufer auf c8 oder d7 stehen. Es ist leicht zu sehen, daß Weiß in diesem Fall nicht zum Erfolg käme, da sein König nach 1.♗g5+ ♔f7! an den f-

Bauern gefesselt und die erforderliche Umgehung von links nicht zu verwirklichen ist. Bei Bauern auf der 6. Reihe bringt diese Verteidigungsmethode nichts ein: Die Läuferdiagonale ist zu kurz, und Schwarz gerät in Zugzwang.

Damit ergibt sich eine wichtige Regel für die Organisierung der Verteidigung:

Im Kampf gegen zwei verbundene Freibauern muß der Läufer so aufgestellt werden, daß er einen von ihnen angreift und zusammen mit dem König das Vorrücken des anderen verhindert. Diese Verteidigungsmethode führt zum Remis, sofern Schwarz nicht in Zugzwang gerät.

Verschieben wir Stellung 295 um eine Linie nach rechts, um zu untersuchen, wie sich dies auf das Ergebnis auswirkt.

M. Henneberger, 1916

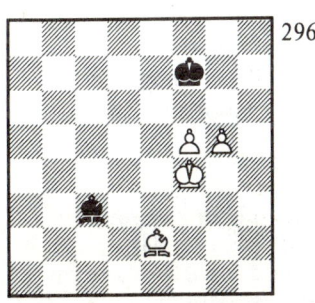

296

Remis

Im vorigen Beispiel benötigte Weiß, um mit dem König vordringen zu können, die h-Linie (5.♔h6). Es liegt daher nahe, daß hier ein Gewinn nicht möglich ist, weil am rechten Brettrand der erforderliche Raum zum Manövrieren fehlt, z. B.:

1.♗h5+ ♔e7! (auf 1. ... ♔g7 geschieht 2.♔e4 mit einer Umgehung von links) 2.♗g6 ♗b2 3.♔g4 ♗c3 4.♔h5 ♗g7! 5.♗h7 ♔f7. Durch aktive Verteidigung läßt Schwarz den weißen König auf der rechten Seite nicht durch.

Weiß kann auch ein anderes Angriffsverfahren versuchen:
1.♔g4 ♗b2 2.♔h5 ♔g7! (zum Verlust führt sowohl 2. ... ♗g7 3.♗c4+ nebst 4.♔g6 als auch 2. ... ♗c3 3.♔h6! ♗g7+ 4.♔h7 nebst 5.♗c4+ oder 5.♗h5+) 3.♗b5 ♗c3 4.♗e8 ♗b2 5.♗g6 ♗d4 6.♔g4! (nachdem er den schwarzen König nach g7 gezwungen hat, will Weiß 7.♗h5 spielen und anschließend seinen König auf die Marschroute f3–e4–d5–e6 schicken). Eine passive Taktik wäre für Schwarz nun fehl am Platze, entschiedene Maßnahmen sind notwendig. Da der Zug f5–f6 im Augenblick nicht möglich ist, gelingt es Schwarz, die Aufstellung seines Läufers zu verstärken. Am besten steht dieser auf der Diagonale d8–f6, d. h. auf den Feldern e7 und d8. Es folgt deshalb 6. ... ♗b6!! (oder 6. ... ♗c5!) 7.♗h5 ♗d8! mit Remis (gezeigt von Berger).

Schwierigkeiten bei der Verwertung von Läufer- und Springerbauern treten nur auf, wenn der Läufer der schwächeren Seite das Eckfeld beherrscht. Anderenfalls ist der Gewinn einfach.

S. Tarrasch, 1921

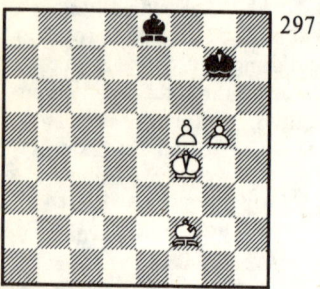

297

Weiß gewinnt

Liegt das Zugrecht bei Weiß, geschieht 1.♗d4+ ♔h7 (1. ... ♔f7 oder 1. ... ♔g8 wird mit 2.g6 beantwortet) 2.♔e5 usw. Beginnt Schwarz, gerät er nach 1. ... ♗h5 2.♗d4+ ♔f7 3.♗c3 in Zugzwang.
Auch die weit aktivere Aufstellung des Läufers auf h7 rettet hier nicht. Es folgt 1.♗d4+ ♔f7 2.♗c3, und wieder befindet sich Schwarz im Zugzwang.
Es ergibt sich somit die Schlußfolgerung, daß in Stellungen mit Läufer- und Springerbauern auf der 5. Reihe die schwächere Seite unabhängig von der Verteidigungsmethode verliert, wenn ihr Läufer nicht das Eckfeld beherrscht.

In Stellungen mit Randbauern kann Weiß nicht gewinnen, wenn die schwarzen Figuren günstig postiert sind.

S. Tarrasch, 1921

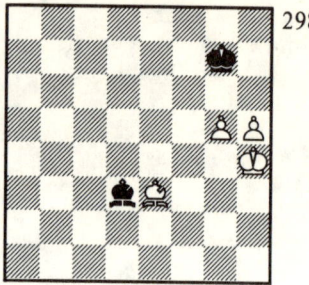

298

Remis

Hier ist das Remis offensichtlich: 1.♗d4+ ♔f7, und Weiß ist nicht in der Lage, irgendetwas zu unternehmen.
Der schwarze König konnte auch nach h7 gehen, da 2.♔g3 auf die Erwiderung 2. ... ♗e2 3.g6+ ♔h6 träfe.

d) Ein Bauer auf der 5., der andere auf der 4. Reihe

Da wir lediglich Beispiele analysieren, in denen der schwarze Läufer die Bauern nicht blockieren kann, ist das Vorrücken auch des zweiten Bauern auf die 5. Reihe nicht zu verhindern. Folglich wird das Resultat davon abhängen, ob es der schwächeren Seite gelingt, eine Remisstellung mit Bauern auf der 5. Reihe zu erreichen.

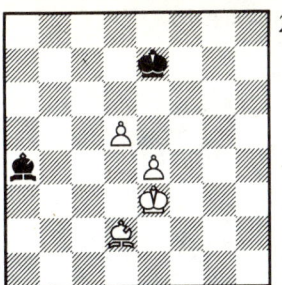

299

Schwarz am Zuge hält remis

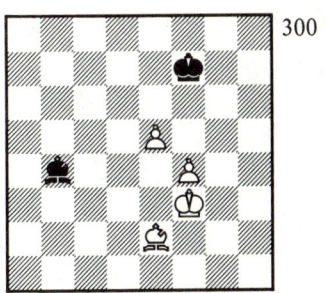

S. Tarrasch, 1921

300

Schwarz am Zuge. Weiß gewinnt

Schwarz spielt 1. ... ♝e8! 2.♝b4+ ♚d7! 3.e5 ♝f7! und bringt den Läufer damit in die bestmögliche Position.
Der Versuch von Weiß, nach 3.♚d4 ♝f7 4.♚e5 den schwarzen Läufer anzugreifen, scheitert an 4. ... ♝g6 5.♝a3 ♝h7. Schwarz kann sich sogar den Zug 4. ... ♚e8 erlauben, z. B. 5.♚f6 ♝g8! (5. ... ♝h5? 6.e5 ♝f3 7.d6 ♝g4 8.e6) 6.♚g7 ♝f7 7.♝a3 ♝h5 8.e5 ♝f3 9.d6 ♝g4 10.♚f6 ♚d7, und die Bauern sind gestoppt.
Verschieben wir jedoch Stellung 299 um eine Linie nach rechts, hilft Schwarz selbst die aktive Aufstellung des Läufers und des Königs nicht.

Auf 1. ... ♝f8 2.♝c4+ ♚e7 geschieht 3.♚e4! (aber nicht 3.f5 ♝g7 mit Remis) 3. ... ♝g7 4.♚f5 ♝h6 5.♚g4! (Schwarz ist im Zugzwang) 5. ... ♝f8 6.♚g5 ♝g7 7.♚g6 ♚f8 (7. ... ♝f8 8.f5 oder 7. ... ♝h8 8.♚h7!) 8.♚h7, und Weiß gewinnt. Der schwarze Läufer hatte zu wenig Platz. Im vorigen Beispiel konnte Schwarz 7. ... ♝h5 ziehen, hier liegt das analoge Feld nicht mehr auf dem Brett.
Bei Läufer- und Springerbauern hilft der schwächeren Seite auch eine aktive Aufstellung des Läufers nicht, wenn dieser nicht zugleich das Eckfeld beherrscht (siehe Beispiel 297). Mit Randbauern auf der 4. und 5. Reihe kann Weiß bei richtiger Aufstellung der schwarzen Figuren nicht gewinnen, da ihm dies auch dann nicht möglich ist, wenn beide Bauern auf der 5. Reihe stehen.

C. Salvioli, 1887

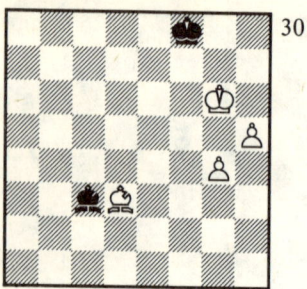

J. Awerbach, 1954

Remis

Weiß würde gewinnen, wenn er den schwarzen König von der Ecke abschneiden, den eigenen König nach h7 bringen und dann den g-Bauern vorrücken könnte. Dieser Plan ist indes bei richtiger Verteidigung des Gegners nicht zu verwirklichen.
1.♗c4 ♗d4 2.g5 ♗e3! (der einzige Zug; falls 2. ... ♗b2, so 3.♔h7 nebst g5–g6, h5–h6 und g6–g7) **3.h6** (es drohte 3. ... ♗:g5) **3. ... ♗d2 4.♔h5 ♗e3 5.g6 ♗d4!**, und es ist Stellung 290 erreicht.

e) Bauern auf der 4. Reihe

Stehen beide Bauern auf der 4. Reihe, nehmen die Remismöglichkeiten weiter zu.
Bei Zentralbauern hält die schwächere Seite remis, wenn es ihr gelingt, eine Verteidigungsstellung mit Bauern entweder auf der 4. oder der 5. Reihe herbeizuführen.

Schwarz am Zuge
Remis bei allen Aufstellungen des schwarzen Läufers außer auf g2 und h1

Um die *erste Verteidigungsstellung* zu erhalten, müßte der schwarze Läufer sofort nach c6 ziehen können und den Zug d4–d5 unterbinden.
Für den Aufbau der *zweiten Verteidigungsstellung* muß der schwarze Läufer nach f7 gelangen, wenn die Bauern auf die 5. Reihe vorrücken.
Eine einfache Analyse zeigt, daß es Schwarz, wenn er am Zuge ist, stets gelingt, eine dieser beiden Verteidigungsstellungen zu errichten, sofern sich sein Läufer nicht gerade auf g2 oder h1 befindet.
Untersuchen wir einen der kompliziertesten Fälle, bei dem der schwarze Läufer auf f1 steht.
1. ... ♗c4!
Zum Verlust führt 1. ... ♗b5? **2.♗b4+!** (aber nicht 2.♗g3+? ♔e7! 3.d5 ♗e8 4.e5 ♗f7

5.♔d4 ♔d7 mit Remis), da es Schwarz nicht gelingt, die erforderliche Verteidigungsstellung aufzubauen, z. B. 2. ... ♔c7 3.d5 ♗e8 4.e5 ♗f7 5.e6 oder 2. ... ♔e6 3.d5+ ♔e5 4.♗c3+ ♔d6 5.♔d4 ♗e8 6.e5+ und 7.e6.
2.♗g3+! ♔c6!
Der einzige Zug. Falls 2. ... ♔d7?, so 3.d5 nebst 4.♔d4 und 5.e5. Auf 2. ... ♔e6 entscheidet 3.♔d2 ♗b3 4.♔c3 ♗a2 5.♗h2, da sich die schwarzen Figuren gegenseitig behindern. Ziel der Fortsetzung 2. ... ♔c6 ist, das Läufermanöver nicht zu stören. Hätte Weiß 2.♗b4+ gespielt, wäre auch 2. ... ♔e6 möglich, denn auf 3.♔d2 ♗b3 4.♔c3 ♗a2 5.♗a3 folgt 5. ... ♗b1! 6.d5+ ♔e5 mit Remis.
3.♔f4 ♗g8 4.♔e5 ♔d7 5.d5 ♗h7!
Dies ist einfacher als 5. ... ♗f7 6.♔f6 ♔e8! 7.♗f4 ♗g8! **6.♔f4 ♗g6 7.e5 ♗f7!** usw. Wenn der Läufer auf g2 steht, wird 1. ... ♗f1 oder 1. ... ♗h3 mit 2.♗b4+ ♔d7 3.d5 beantwortet, wonach Schwarz nicht in der Lage ist, die notwendige Umgruppierung vorzunehmen. Bei einem Läufer- und einem Zentralbauern lassen sich zwei Hauptfälle aussondern:
1. Beherrscht die schwächere Seite mit ihrem Läufer das nächstliegende Eckfeld, hält sie remis, wenn es gelingt, sofort die erforderliche Verteidigungsstellung herbeizuführen.

J. Awerbach, 1954

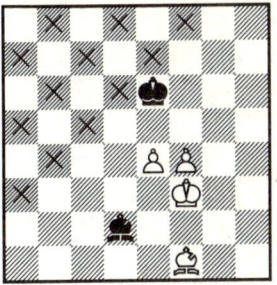

Weiß gewinnt
Schwarz hält nur remis, wenn sein Läufer auf einem der durch Kreuze markierten Felder steht

In dieser Stellung macht Schwarz remis, wenn sein Läufer in einem Zuge auf die Diagonale d6–b8 gelangt. Felder, von denen aus dies möglich wäre, sind auf dem Diagramm angekreuzt.
Wenn der Läufer auf einem ungünstigen Feld steht oder die stärkere Seite am Zuge ist, schlägt die Verteidigung fehl. Befände sich der Läufer beispielsweise auf d2, würde nach **1. ... ♗c3 2.♗h3+ ♔d6 3.♔g4 ♗g7 4.♔f5 ♔e7 5.e5** die für Weiß gewonnene Stellung 300 entstehen.
2. Beherrscht die schwächere Seite mit ihrem Läufer nicht das nächstliegende Eckfeld, hält sie remis, wenn es gelingt, rechtzeitig eine Verteidigungsstellung auf der 4. oder 5. Reihe einzunehmen.

J. Awerbach, 1954

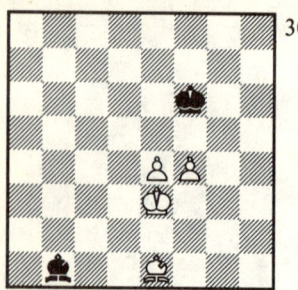

304

J. Awerbach, 1954

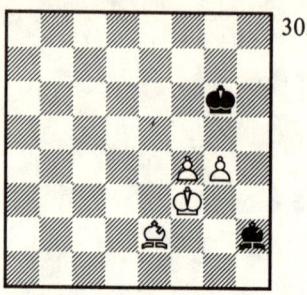

305

*Schwarz am Zuge hält remis
Weiß gewinnt nur, wenn der
schwarze Läufer auf h1 steht*

Eine Analyse zeigt, daß
Schwarz remis hält, sofern sich
sein Läufer nicht gerade auf h1
befindet.
1. ... ♗c2! (aber nicht 1. ...
♗a2 2.♘h4+ ♔e6 3.f5+ ♔e5
4.♗g3+ ♔f6 5.♔f4 usw.)
2.♘h4+ ♔f7! 3.f5 ♗a4! nebst
4. ... ♗d7! mit Remis.
In Beispielen mit Läufer- und
Springerbauern, in denen die
schwächere Seite mit ihrem
Läufer das Eckfeld beherrscht,
reicht es nicht aus, die erste
Verteidigungsstellung aufzubauen, weil dies zu Zugzwang
führt. Angenommen, der Läufer stände auf h6, würde 1. ...
♔f6 mit 2.♗d3 beantwortet,
wonach Schwarz seine Abwehrposition aufgeben müßte. Er
kann sich dann jedoch mit
2. ... ♗f8 3.g5+ ♔g7 4.f5
♗e7 zur zweiten Verteidigungsstellung umgruppieren.
Hier ein Beispiel, in dem der
Läufer auf h2 steht.

*Schwarz am Zuge
Remis bei beliebiger Aufstellung
des schwarzen Läufers*

Zum Remis führt 1. ... ♗g1
2.♗d3+ ♔g7 (am einfachsten;
möglich ist aber auch 2. ...
♔f6 3.g5+ ♔g7! 4.♔g4 ♗e3
5.f5 ♗d4 6.♔f3 ♗b2 7.♔e4
♗c1! 8.f6+ ♔g6) 3.g5 ♗c5
4.f5 ♗e7 usw.
Im allgemeinen kann die
schwächere Seite fast immer
rechtzeitig eine Verteidigungsstellung aufbauen, wenn sie
mit ihrem Läufer das Eckfeld
beherrscht.
Kontrolliert der Läufer das
Eckfeld nicht, ist das Remis
nur dann zu erreichen, wenn
die schwächere Seite den Läufer sofort in die bestmögliche
Position zu bringen vermag.
Randbauern können, wenn
sich die schwächere Seite richtig verteidigt, nicht gewinnen.
Die Methode, für diesen Fall
eine Verteidigungsstellung zu
errichten, wurde bereits früher
gezeigt.

3. Isolierte Bauern

Sind die Bauern isoliert, ist der Abstand zwischen ihnen von großer Bedeutung.

C. Salvioli, 1887

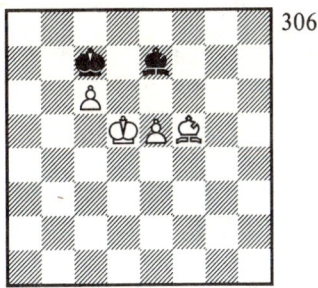

Remis

In dieser Stellung liegt zwischen den Bauern nur eine Linie. Weiß kann nicht gewinnen, z. B.:
1.♔e6 ♝b4 2.♗e4 ♔d8 3.♔f7 ♝a3 4.e6 ♝b4 usw.
Der König verhindert von d8 aus das Vorgehen beider Bauern. Im nächsten Beispiel gelingt dies nicht.

C. Salvioli, 1887

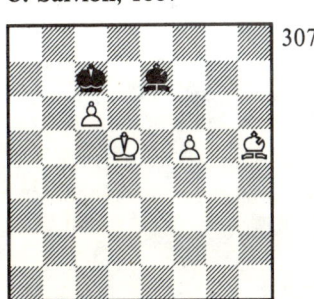

Weiß gewinnt

1.♗f3 ♔d8 2.♔e6 ♝b4 3.f6 ♝a5 4.f7 ♝b4 5.♔f6 ♝c3+ 6.♔g6 ♝b4 7.♔g7, und Weiß gewinnt.

Ausgehend von diesen beiden Beispielen behaupteten einige Theoretiker, daß zwei isolierte Bauern immer gewinnen, wenn der Abstand zwischen ihnen mehr als zwei Linien beträgt. Es zeigt sich jedoch, daß diese These unzulänglich ist. Vergleichen wir die beiden folgenden Stellungen. Sie unterscheiden sich nur dadurch, daß die schwarzen Figuren ihre Plätze tauschen.

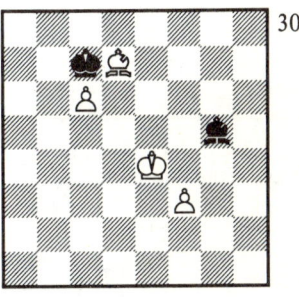

Weiß gewinnt

Weiß gewinnt durch 1.f4 ♝h4 2.♔d5 ♝d8 3.♔e6 ♝h4 4.f5 usw.
Der Platzwechsel der schwarzen Figuren ändert das Resultat.

J. Awerbach, 1950   A. Chéron, 1957

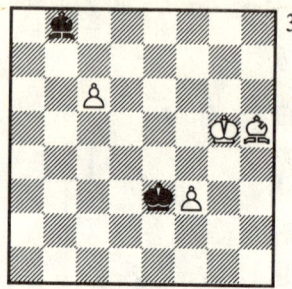

309   310

Remis   *Remis*

Weiß kann nicht gewinnen, da der schwarze Läufer mit Hilfe seines Königs beide Bauern zuverlässig unter Kontrolle hat. Dem weißen König gelingt es nicht, das Vorgehen der Bauern zu unterstützen. Begibt er sich nach b7, führt Schwarz seinen König nach d8 und hält das Gleichgewicht aufrecht.

Wenn die schwächere Seite ihren Läufer so postieren kann, daß er von einer Diagonale aus beide Bauern am Vorgehen hindert, während der König das Eindringen des gegnerischen Königs pariert, endet das Spiel folglich remis.

Im Vergleich zum vorigen Beispiel steht der weiße König hier viel aktiver. Dennoch hält Schwarz remis.
1.♔f5 ♔d4 2.♔e6 (2.f4 ♔e3) 2. ... ♔c5 3.♔d7 (falls 3.♗e8, so 3. ... ♗c7!) 3. ... ♔b6 4.♗e8 ♗c7! 5.♔c8 ♗d6 6.♔d7 ♗c7 remis.
Wäre in dieser Stellung Schwarz am Zuge, würde nur 1. ... ♗c7! (schlecht ist z. B. 1. ... ♗h2? 2.♔f5! ♔d4 wegen 3.f4 und 4.c7) 2.♔f5 ♔d4! 3.♔e6 ♔c5 4.♔d7 ♔b6 5.♗e8 ♗b8! 6.♔e6 ♔c5 7.♔f5 ♔d4 8.♔g4 ♔e3 9.♗h5 ♗c7! zum Remis führen.
In diese Gruppe läßt sich auch die folgende Stellung einordnen.

J. Awerbach, 1950

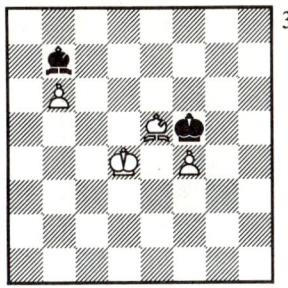

Remis

Der Abstand zwischen den Bauern beträgt hier drei (!) Linien. Trotzdem ist die Stellung remis, da der weiße König seine Bauern nicht unterstützen kann.

J. Awerbach, 1950
G. Lissizyn, 1956

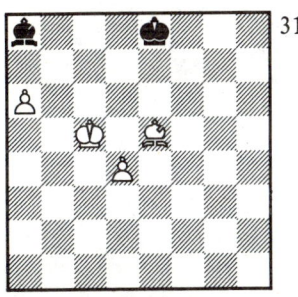

Weiß am Zuge gewinnt
Schwarz am Zuge hält remis

Weiß am Zuge kommt mühelos zum Erfolg: 1.♔b6 ♔d7 2.♔a7 ♗d5 3.♔b8, und der Bauer hat freie Bahn.
Liegt das Zugrecht bei Schwarz, hält er, wie Lissizyn zeigte, durch 1. ... ♔d7 remis. In diesem Fall brächte 2.♔b6 wegen 2. ... ♔c8 nichts ein.
Nach 2.d5 ist der schwarze Läufer bewegungsunfähig, und Weiß kann versuchen, eine Zugzwangsituation zu schaffen: 2. ... ♔e7 3.♔d4 ♔d7 4.♗b8 ♔c8 5.♗d6 ♔d8! (schlecht ist 5. ... ♔d7 wegen 6.♔e5 ♔c8 7.♔e6 ♔d8 8.♗e5 ♔c8 9.♗f4 ♔d8 10.d6 ♗c6 11.a7) 6.♔e4 ♔c8 7.♔e5 ♔d7 8.♗b8 ♔c8 9.♗a7 ♔d7! 10.♗b6 ♔c8 remis.
Im letzten Beispiel war natürlich von wesentlicher Bedeutung, daß der weiße Läufer das Feld a8 nicht beherrschte. Der schwarze König drohte immer wieder, auf dieses Feld durchzubrechen, was Weiß daran hinderte, eine Zugzwangstellung herbeizuführen.

Bhend–Leepin
Luzern 1954

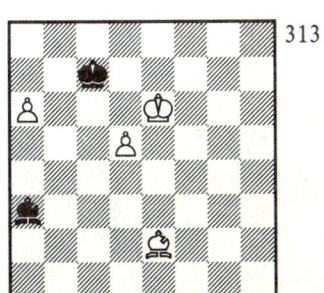

Remis

In dieser Stellung kontrolliert
der weiße Läufer das Feld a8,
und trotzdem kann Schwarz
das Gleichgewicht aufrechterhalten.
1.♗b5 (wenn 1.♗f3, so 1. ...
♚b6) 1. ... ♗b4 2.♗c6 ♚b6
3.♗b5 ♚c7! 4.♗c6 ♚b6
5.♗b7 ♚c7 remis.
Hier kämpfte der schwarze König erfolgreich an zwei Fronten — er ließ den a-Bauern
nicht vorrücken und gab im
Zusammenwirken mit seinem
Läufer auch dem d-Bauern
keine Chance.
Stände sein König in Beispiel
313 jedoch auf b5, könnte
Weiß gewinnen.

J. Awerbach, 1979

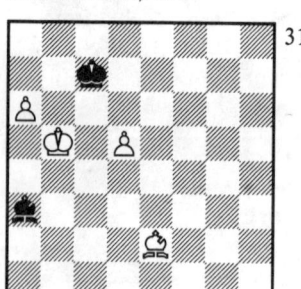
314

Weiß gewinnt

Weiß kommt zum Erfolg, wenn
er mit 1.♗f3! die Drohung
2.d6 aufstellt, z. B. 1. ... ♗d6
2.♗e4 ♗g3 3.d6+! ♚b8 4.d7
♗h4 5.♚c6 ♚a7 6.♗d3 ♗d8
7.♚d6 ♚b8 8.♚e6 ♗h4
9.♚f7 ♚c7 10.♚e8 ♗g5.
Jetzt muß Weiß noch eine
letzte Hürde bewältigen.

11.♗e4 ♚b6 12.♗b7 ♚c7
13.♗c8!
Der Rest ist einfach. Gegen
die Drohung 14.a7 kann sich
Schwarz nur verteidigen, indem er den König nach b6
oder b8 zieht. Dies aber hätte
14.d8♕ zur Folge.
Es gibt Stellungen, in denen
der gegnerische Läufer nur
einen der Bauern kontrolliert,
ein Gewinn aber unmöglich
ist, weil der König nicht vordringen und seinen Bauern zu
Hilfe kommen kann.

**Berger–Kotlerman
Archangelsk 1948**

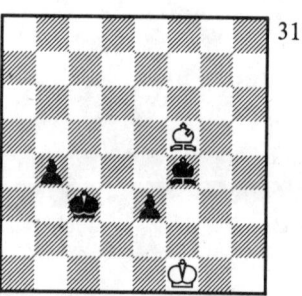
315

Weiß am Zuge hält remis

1.♚e2 b3 2.♚d1 ♚b4 3.♗h7
♚a3 4.♗g6 ♚b2 (falls 4. ...
b2, so 5.♗b1!, wonach der
schwarze König nicht mehr
zum Umwandlungsfeld des
Bauern durchbrechen und dessen weiteres Vorgehen sichern
kann) 5.♗f7! ♚a2 6.♗e6 ♚a3
7.♗f5! remis.
Nunmehr läßt sich eine Regel
für Endspiele mit ungleichfar-

bigen Läufern formulieren, in denen eine Seite über zwei isolierte Mehrbauern verfügt:

1. *Beträgt der Abstand zwischen den isolierten Bauern eine Linie, endet die Partie remis.*
2. *Liegen zwischen den isolierten Bauern zwei oder mehr Linien, gewinnt die stärkere Seite, wenn es ihr gelingt, mit dem König zu einem der Bauern durchzubrechen und seinen Vormarsch zum Umwandlungsfeld zu sichern.*

Ausnahmen von dieser Regel sind Stellungen, in denen einer der Bauern ein Turmbauer ist, dessen Umwandlungsfeld durch den gegnerischen Läufer kontrolliert wird. Wie bereits Berger zeigte, endet die Partie in diesem Fall natürlich remis, wenn der König der schwächeren Seite auf dieses Feld gelangt, weil dann der Läufer für den anderen Bauern geopfert werden kann.

Drittes Kapitel

Läufer und drei Bauern gegen Läufer

Selbst drei Mehrbauern garantieren bei ungleichfarbigen Läufern noch nicht den Sieg. Tripelbauern gewinnen, wenn es dem gegnerischen König nicht gelingt, ein Feld vor den Bauern zu besetzen, das dem Läufer unzugänglich ist.
Drei verbundene nicht blockierte Bauern gewährleisten einen leichten Gewinn. Es ist jedoch zu vermeiden, daß sie bei ihrem Vorgehen festgelegt werden. Im Fall einer Blockade ist die Gewinnführung erheblich komplizierter und in Ausnahmefällen überhaupt nicht möglich.

A. Chéron, 1952

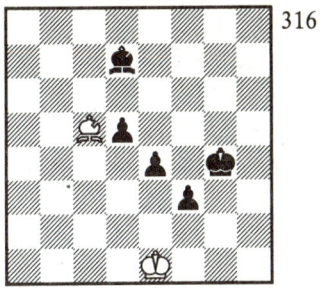

Weiß am Zuge. Schwarz gewinnt

1.♔f2!
Notwendig. Falls 1.♗f2, so
1. ... ♗b5! 2.♗e3 ♔g3!
3.♗f2+ ♔g2 4.♗e3 f2+!
5.♗:f2 ♔f3 6.♗c5 e3 nebst
♔f3–e4 und d5–d4 mit leichtem Gewinn. Nach 1.♔f2 ist es sinnlos, eine Umgehung am Königsflügel zu versuchen. Um die Bauern voranzubringen, muß der schwarze König am Damenflügel durchbrechen.
1. ... ♔f4 2.♗d4 ♗h3 3.♗c5
♗e5 4.♗e3 ♗f1 (fehlerhaft wäre 4. ... f2 5.♗d4+! mit Remis) 5.♗a7 ♔d6 6.♔d2 ♔c6
7.♔c3 ♔b5 8.♔b3.
Der weiße König ist zur Stelle und läßt den Gegner nicht durch.

8. ... ♗c4+ 9.♔c3.
Falls 9.♔a3, so 9. ... ♗a2!
10.♔:a2 ♔c4 11.♔b2 d4 usw.
9. ... ♔a4 10.♗c5 ♗a6
11.♗g1 ♔a3!
Schritt für Schritt bricht der
König ins weiße Lager ein.
12.♔d4 ♗c4 13.♔c3 ♔a2
14.♗d4 ♔b1 15.♔d2 ♗b5
16.♔d1 ♗c6 17.♔d2 ♗a4.
Weiß ist erneut im Zugzwang
und muß den schwarzen König
noch weiter in sein Hinterland
lassen.
18.♔c3.
Oder 18.♗f2 ♔b2, und der
schwarze König gelangt nach
c4 und ermöglicht den Vorstoß
d5–d4.
18. ... ♔c1 19.♗g1 ♔d1
20.♔d4 ♔e2 21.♔:d5 e3
22.♔d4 f2, und Schwarz gewinnt.
Schwarz benötigte zum Manövrieren die Randlinie. Verschieben wir Stellung 316 deshalb um eine Linie nach links, um zu prüfen, ob Schwarz seinen Gewinnplan auch dann verwirklichen kann.

A. Chéron, 1952

Remis

Gelingt es dem schwarzen König jetzt, am Damenflügel durchzubrechen?
1.♔e2! ♔e4 2.♗c4 ♗g3
3.♗b5 ♔d5 4.♔d3 ♗e1
5.♗a6 ♔c6 6.♔c2 ♔b6
7.♗c4 ♔a5 8.♔b3, und dem
schwarzen König ist der Weg
versperrt. Zum Gewinn fehlte
der notwendige Raum.
Ebenfalls remis sind Stellungen, die entstehen, wenn man
Beispiel 317 um eine oder zwei
Linien nach links verschiebt.

J. Awerbach, 1954

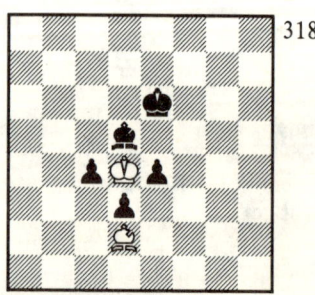

Schwarz am Zuge gewinnt

Die Bauern sind blockiert. Das Ergebnis hängt davon ab, ob Schwarz ihnen mit dem König zu Hilfe kommen und die Blockade brechen kann.
1. ... ♔f5! 2.♔e3!
Der Läufer ist nicht zu schlagen. Auf 2.♔:d5 entscheidet 2. ... c3 3.♗:c3 e3.
2. ... ♗b7!
Die Umgehung fortzusetzen wäre sinnlos, da der König nur bis nach f1 gelangt.
3.♗c3! ♗c6! 4.♗d2 (falls 4.♗b2, so 4. ... ♔e6 und 5. ... ♔d5) 4. ... ♔e5! 5.♗c3+ ♔d5 6.♗b4 ♗e8!
Der Läufer muß auf die Diagonale h7–f5 gebracht werden.
7.♗d2 ♗g6 8.♗b4 ♗h7 9.♗e1 ♔c5 10.♗d2 ♗g6!
Falls sofort 10. ... ♔b5, so 11.♔d4, und Schwarz hat nichts erreicht.
11.♗e1 ♔b5 12.♔d4 ♔a4!!
13.♔:c4 e3, und Schwarz gewinnt.
Verschiebt man Stellung 318 um eine Linie nach links, läßt sich der Gewinnplan nicht mehr realisieren.

J. Awerbach, 1954

319

Remis

Für den schwarzen König gibt es am Damenflügel kein Durchkommen.
Die Stellung bleibt natürlich remis, wenn man sie um eine weitere Linie nach links verschiebt.
Schließlich muß noch auf einen anderen Typ von Remisstellungen verwiesen werden.

J. Awerbach, 1954

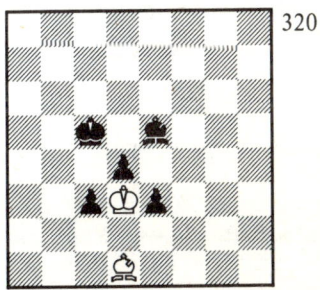

320

Remis

Hier schlägt ein Umgehungsversuch des Königs ebenfalls

fehl: 1. ... ♔b4 2.♔c2 oder
1. ... ♔d6 2.♗c2 ♔e6 3.♗d1
♔f5 4.♗c2 ♔f4 5.♔e2 usw.
Für alle betrachteten Remisstellungen war charakteristisch, daß der schwarze König nicht durchbrechen und das Vorgehen der Bauern unterstützen konnte. Diese Stellungen verdeutlichen anschaulich die Kraft der Blockade, die selbst ein großes materielles Übergewicht zu neutralisieren vermag. Ist einer der Bauern ein Turmbauer, dessen Umwandlungsfeld nicht der Farbe seines Läufers entspricht, ergeben sich zusätzliche Remismöglichkeiten.

321

Remis

Schwarz kann nicht gewinnen, da 1. ... c3 mit 2.♗:c3! beantwortet würde.
Bei isolierten Bauern ist der Gewinn recht einfach. Nur wenn die Bauern blockiert sind und es dem König der stärkeren Seite nicht möglich ist, zu ihnen durchzubrechen, kann das Spiel remis enden.

Die folgende Studie von Tschechower zeigt einen solchen Ausnahmefall.

W. Tschechower, 1950

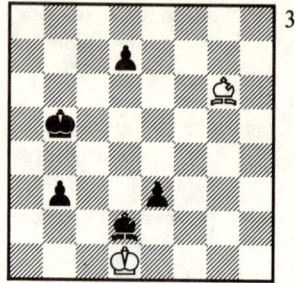

322

Remis

1.♗e8! ♔c6 2.♔e2 ♗c1
3.♔d1 ♗b2 4.♔e2 ♗d4
5.♔d1 ♔d6 6.♗f7! b2 7.♗g6
♔c5 8.♔e2 d5 9.♗f5 ♔b4
10.♗g6 ♔a3 11.♗b1! ♔b3
12.♔d1 ♔c3 13.♔e2 ♗c5
14.♔d1 d4 15.♔e2 ♔b3
16.♔d3 remis.

Viertes Kapitel

Endspiele mit Bauern auf beiden Seiten

In Endspielen mit ungleichfarbigen Läufern reicht der Mehrbesitz von einem oder gar zwei Bauern nicht immer zum Gewinn.

J. Awerbach, 1954

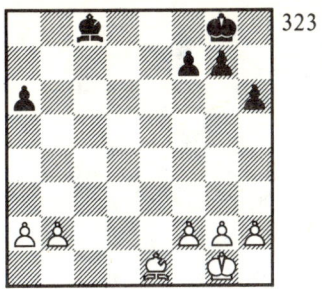

323

Remis

Die Stellung ähnelt sehr dem Beispiel 248. Dort kam Weiß bei gleichfarbigen Läufern leicht zum Erfolg. Hier ergibt sich ein elementares Remis.
1.♔f1.
Weiß verstärkt die Aufstellung seines Königs, um die Bildung eines Freibauern am Damenflügel vorzubereiten.
1. ... ♔f8 2.♔e2 ♔e8 3.♔d3 ♗e6.
Die erste Unannehmlichkeit. Das Feld c4 ist dem König unzugänglich.
4.b3.
Falls 4.a4, so 4. ... ♗b3 5.a5 ♗a4, und der Mehrbauer hat jegliche Bedeutung verloren.
4. ... ♔d7 5.♗b4.
Wieder etwas Unerfreuliches. Der weiße Läufer kann nicht dazu beitragen, einen Freibauern zu bilden.
5. ... g6 6.♗c3 ♔c6 7.a4 ♔b6 8.♗f8 h5 9.b4 ♗d5 10.g3 ♗e6.

Weiß ist es nicht möglich, sich einen Freibauern zu verschaffen. Vielleicht sollte er den König aber sofort zum anderen Flügel beordern?
11.♔d4 ♗b3! (es ist nützlich, die gegnerischen Bauern festzulegen) **12.a5+ ♔b5 13.♔e5 ♗e6 14.♔f6 ♔c6.**
Weiß hat den schwarzen König auf den Damenflügel abgelenkt. Der Läufer wird mit der Verteidigung der Bauern des Königsflügels jedoch ganz allein fertig, weil der weiße Läufer keinen einzigen von ihnen anzugreifen vermag.
15.♔g5 ♔b5 16.h4 ♔c6 17.f3 ♗d5!
Schwarz ist auf der Hut. Falls 17. ... ♔b5, so 18.g4! hg 19.fg, und Weiß bildet einen gefährlichen Freibauern, der ihm den Gewinn verbürgt.
18.♔f4 ♔b5 19.g4 ♔c6 20.gh gh 21.♔g3 ♔b5 usw. Weiß kann nichts weiter unternehmen.

Dieses Beispiel läßt die Besonderheiten von Endspielen mit ungleichfarbigen Läufern deutlich werden.
Die erste Besonderheit besteht darin, daß der Vormarsch eines Freibauern durch den Läufer nicht unterstützt werden kann, da die Felder, die der gegnerische Läufer bedroht, für ihn unzugänglich sind.
Die zweite Besonderheit ist, daß der Läufer gegnerische Bauern, die auf Feldern ande-

rer Farbe stehen, nicht angreifen kann.
Die schwächere Seite macht daher remis, wenn es ihr gelingt, mit dem König ein dem gegnerischen Läufer unzugängliches Feld vor dem Bauern zu besetzen und mit dem Läufer die eigenen Bauern auf beiden Flügeln zu verteidigen. Voraussetzung ist natürlich, daß die stärkere Seite nicht einen weiteren Freibauern bilden kann. Das folgende Diagramm zeigt *die erste typische Remisstellung.*

J. Awerbach, 1954

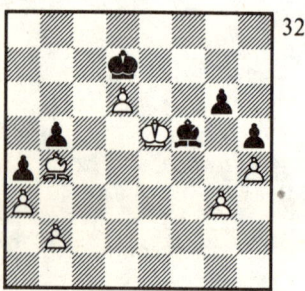

Remis

Schwarz hält remis, indem er eine passive Taktik verfolgt. Der weiße König besitzt große Bewegungsfreiheit, die ihm aber nichts nützt.

**Nimzowitsch–Tarrasch
Bad Kissingen 1928**

Weiß am Zuge

Diese Stellung genügt offenbar allen typischen Merkmalen der vorstehenden Remisstellung. Der schwarze König befindet sich am Damenflügel, wo Weiß einen Freibauern zu bilden droht. Die schwarzen Bauern am Königsflügel stehen auf Feldern von der Farbe des Läufers, der sie scheinbar alle gleichzeitig decken kann. In der Partie geschah 1.♔h2 c4 2.♔g3 ♔c8 3.♔f4 ♔d7 4.♗b4 ♔e6 5.♗c3 ♗d7. Warum setzt Schwarz nicht mit 5. ... ♗g6 fort? Weil Weiß nach 6.♔g5 ♔d5 7.g3 b5 8.h4 ♔c6 9.b3 cb 10.cb ♔b6 11.a4 ba 12.ba ♔a6 13.a5 ♔b5 durch 14.h5! ♗e8 15.♔:f5 ♗:h5 16.♔:e4 einen zweiten Freibauern erhält und gewinnt. Jetzt muß der Bauer h7 durch den König gedeckt werden, wobei Schwarz wohl hofft, daß sein Läufer die Bildung eines Freibauern am Damenflügel verhindern kann.

6.g3 b5 7.♔g5 ♗f7 8.h4 ♗c8 9.♔h6 ♗g8 10.b3 cb 11.cb ♗d7 12.♗e5!
Schwarz ist im Zugzwang und verliert. Im Fall von 12. ... ♗c8 entscheidet 13.a4, und auf 12. ... ♗e8 folgt 13.♔g5 ♗d7 14.♔f6 ♔f8 15.♗d6+ ♔g8 16.♔e7 ♗c8 (16. ... ♗c6 17.♔e6) 17.a4, wonach der weiße König den a-Bauern zur Dame führt.

Sollte der erste Eindruck wirklich falsch gewesen sein? Konnte Schwarz nicht stärker spielen?
Hauptbestandteil des weißen Planes war die Annäherung des Königs an die schwachen Bauern des Gegners. Zu verhindern ist dies nur, indem Schwarz seinerseits die schwachen Bauern g2 und h3 angreift.
Prüfen wir: **1. ... ♗b5!!** 2.♔g3 (2.g4 fg 3.hg ♗e2 4.♔g3 ♗f3) **2. ... ♗f1!** Nach **3.h4 h5!** **4.♔f4 ♗:g2 5.♔:f5** wird klar, daß der schwarze Läufer die Verteidigung der Bauern am Königsflügel ganz allein ausgezeichnet bewältigt. Weiß kann nicht gewinnen.
Seltsamerweise wird Stellung 325 in einer Reihe von Endspiellehrbüchern als für Weiß gewonnen angeführt.
Grundlage der ersten Verteidigungsmethode ist eine strenge Aufgabenverteilung: Der Läufer deckt die Bauern, der König bekämpft den gegnerischen Freibauern.

Bricht der König der stärkeren Seite zu seinem Freibauern durch, bevor dieser durch den gegnerischen König blockiert werden kann, führt dies wie in anderen Endspielen zum Gewinn, wenn es dem König gelingt, den Vormarsch des Bauern zum Umwandlungsfeld zu sichern.

A. Kasanzew, 1950

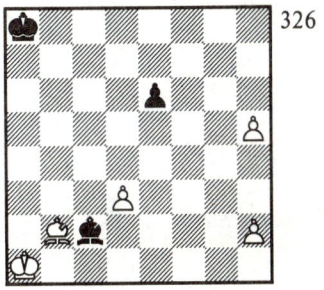

326

Weiß gewinnt

Weiß gewinnt, wenn er den König nach g7 führen kann. Er erobert dann für den einen Bauern den Läufer und verwandelt den anderen in eine Dame.
Schwarz hält remis, wenn er mit dem König nach g8 gelangt. In diesem Fall wären die gegnerischen Bauern gestoppt. Der Kampf läuft folglich auf einen originellen Wettlauf der Könige hinaus. Wer kommt zuerst?
1.♗h8!! (Weiß macht seinem König den Weg frei) **1. ... ♔b7 2.♔b2 ♗:d3** (ein er-

zwungener Zug, der aber Zeitverlust mit sich bringt, so daß der weiße König seinen Rivalen überflügeln kann) 3.♔c3 ♗f5 4.♔d4 ♔c6 5.♔e5 ♔d7 6.♔f6 ♔e8 7.♔g7 e5 8.h6 e4 9.h7 e3 10.♔h6 e2 11.♗c3 usw.

J. Awerbach, 1951

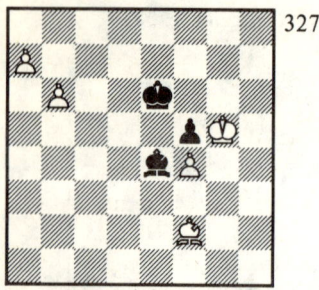

327

Weiß am Zuge. Schwarz hält remis

Weiß würde gewinnen, wenn es ihm gelänge, sich mit dem König den Bauern des Damenflügels zu nähern und ihr Vorgehen zu unterstützen. Lassen wir es auf einen Versuch ankommen.
1.♔g6 ♗c6 2.♔g7 ♗d5 3.♔f8 ♔d7! (zum Verlust führt 3. ... ♗c6 4.♗g1 ♔d7 5.♔f7 ♗e4 6.♔f6 nebst 7.a8♕ ♗:a8 9.♔:f5 usw.) 4.♗h4 ♔c8! 5.♔e7 ♔b7!, und Schwarz hat eine Hauptverteidigungsstellung errichtet. Weiß kann nicht gewinnen.
Verändern wir das Beispiel etwas, indem wir den Bauern b6

nach a6 stellen. Diese scheinbare Verschlechterung der weißen Bauernstruktur hat entscheidenden Einfluß auf das Ergebnis.

Weiß gewinnt, da es dem schwarzen König jetzt unmöglich ist, das Feld a8 zu betreten und eine Verteidigungsstellung aufzubauen.

J. Awerbach, 1951

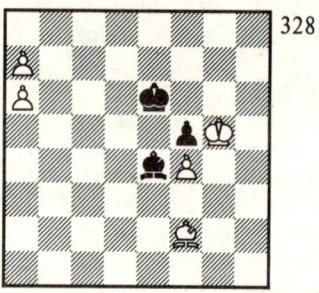

328

Weiß gewinnt

1.♔g6 ♗c6 2.♔g7 ♗d5 3.♔f8 ♔d7 4.♗b6! ♗c6.
Falls 4. ... ♗a8, so 5.♔f7 ♔c6 6.♗f2 ♔b5 (Schwarz versucht, sich aktiv zu verteidigen) 7.♔e7! ♔:a6 8.♔d7! ♔b7 9.♗e3 ♔a6 10.♔c7, und Weiß gewinnt.
5.♔f7 ♗e4 6.♔f6 ♔d6 7.♗e3.
Fehlerhaft wäre 7.a8♕ ♗:a8 8.♔:f5, da Schwarz remis hält, indem er den König nach a8 bringt und für den f-Bauern den Läufer gibt: 8. ... ♗f3 9.♔g5 ♔c6 10.♗f2 ♔b5 11.a7 ♔a6! 12.f5 ♔b7 13.f6 ♗d5 usw.

7. ... ♔d7 8.♗c5! ♔c7 (der schwarze König wird allmählich abgedrängt) 9.♔e6 ♔d8 10.♗b6+! ♔e8.
Wenn 10. ... ♔c8, so 11.♗a5!, und der f-Bauer geht verloren.
11.♔d6 nebst 12.♔c7 und 13.♔b8.

**Kotow–Botwinnik
Moskau 1955**

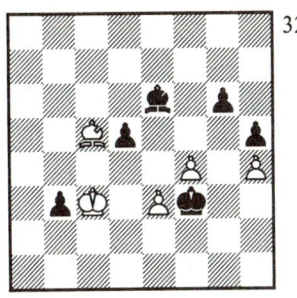

Schwarz am Zuge

Die Diagrammstellung scheint allen Anforderungen der ersten Remisstellung zu entsprechen. Der weiße König kämpft gegen den Freibauern, während der Läufer die Bauern im Zentrum und am Königsflügel verteidigt.
In Wirklichkeit ist die weiße Festung aber leicht aufzubrechen: Schwarz opfert einen Bauern und erhält dadurch einen zweiten Freibauern, der die Partie schnell entscheidet.
1. ... g5!! 2.fg.
Ganz schlecht ist 2.hg h4 3.♗d6 ♗f5 4.g6 ♗:g6 5.f5 ♗:f5 6.♔:b3 ♔g2, und der h-Bauer kostet Weiß den Läufer.

2. ... d4+!
Es ist außerordentlich wichtig für Schwarz, sich den Bauern b3 zu erhalten.
3.ed ♔g3 4.♗a3.
Auch 4.♗e7 ♔:h4 5.g6+ ♔g4 rettet nicht.
4. ... ♔:h4 5.♔d3 ♔:g5 6.♔e4 h4 7.♔f3 ♗d5+. Weiß gab auf.

Kann der König zum Bauern durchbrechen und sein Vorgehen sichern, führt dies, von sehr seltenen Ausnahmen abgesehen, zum Gewinn.
Zu den Ausnahmen gehört die folgende Stellung, in der Weiß, nachdem er den Läufer für den Freibauern geben mußte, trotzdem remis hält.

**Marshall–Lewitt
Coburg 1904**

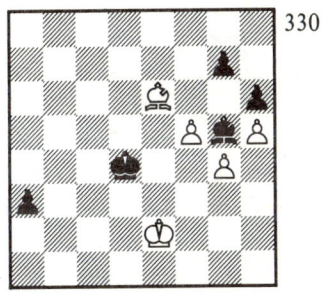

Weiß am Zuge

Weiß kann nicht verhindern, daß der gegnerische König nach b2 gelangt. Er nähert sich daher mit dem eigenen König den schwarzen Bauern.
1.♔f3! ♔c3 2.♔e4 ♔b2

3.♔e5 ♗f6+ 4.♔d6 a2
5.♗:a2 ♔:a2 6.♔e6 ♔b3
7.♔f7 ♗c3 8.♔g6 ♗f6 9.g5!
hg 10.h6! gh 11.♔:f6 g4
12.♔g6! g3 13.f6 g2 14.f7
g1♕+ 15.♔:h6 remis.

Der Durchbruch eines Königs zu seinem Freibauern ist in einem Endspiel mit ungleichfarbigen Läufern an sich bedeutungslos. Wichtig ist, daß der König den Vormarsch dieses Bauern unterstützen kann. Wenn es dem gegnerischen König gelingt, gemeinsam mit dem Läufer den Bauern zu stoppen, genügt dies ebenfalls zum Remis, vorausgesetzt natürlich, daß keine Stellungsschwächen vorhanden sind.
Das folgende Diagramm zeigt *die zweite typische Remisstellung.*

J. Awerbach, 1954

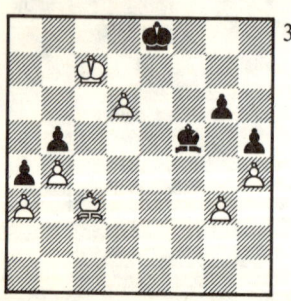

331

Remis

Beide schwarzen Figuren kämpfen gegen den Freibauern, wobei der Läufer gleichzeitig die Bauern verteidigt. Auf 1.♔b6 wäre 1. ... ♗d3? ein verhängnisvoller Fehler, der Weiß mit 2.♔c6! gewinnen ließe. Nach 1. ... ♗d7! ist das Remis dagegen offensichtlich.
Das Vorhandensein auch nur einer Schwäche in der Stellung des Verteidigers kann ihren Wert jedoch entscheidend mindern.

Awerbach–Ljublinski
Moskau 1950

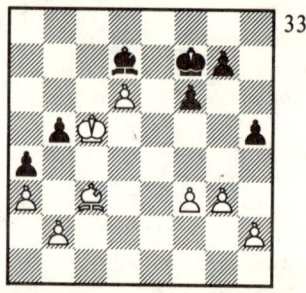

332

Weiß am Zuge

Nach 1.♔b6 hatte Schwarz die Wahl, den König auf e8 oder e6 zu postieren. Ständen die schwarzen Bauern auf f5 und g6, wären beide Felder gleichwertig, da sich Weiß keinerlei Möglichkeiten am Königsflügel böten.
1. ... ♔e6.
Dieser Zug ist ein entscheidender Fehler.
2.♔c7 ♗e8 3.h4!
Nun scheitert 3. ... g6 an 4.♗:f6!
3. ... ♗d7 4.g4!
Angesichts der ungünstigen Anordnung der schwarzen Bau-

ern am Königsflügel gelingt es Weiß, sich einen zweiten Freibauern zu verschaffen.
4. ... hg 5.fg ♗e8 6.h5.
Schwarz gab sich geschlagen, denn auf 6. ... ♗d7 folgt 7.♗:f6! gf 8.h6.
Wegen der schlechten Aufstellung seiner Figuren vermochte Schwarz das weiße Spiel am Königsflügel nicht zu behindern.
Was aber, wenn Schwarz die richtige Antwort 1. ... ♔e8! 2.♔c7 ♗e6 gewählt hätte? Kann Weiß dann gewinnen? Betrachten wir eine mögliche Fortsetzung.
3.h3! ♗f5 4.g4 hg 5.fg ♗d7.
Weiß scheint der einzigen Schwäche im gegnerischen Lager, dem Bauern g7, nicht beikommen zu können, denn wie soll er den Läufer nach f8 bringen?
6.♗d4 ♗e6 7.♗a7 ♗d7 8.♗b8.
Die Manöver des weißen Läufers sehen auf den ersten Blick unsinnig aus.
8. ... ♗e6 9.♔b6.
Nehmen wir an, daß Schwarz nach wie vor eine passive Taktik verfolgt.
9. ... ♗d7 10.♗c7 ♔f7 11.♗d8!
Kommt der Läufer tatsächlich an den g-Bauern heran?
11. ... ♔e8 12.♗e7 ♔f7 13.♔c7 ♔e8 14.♗f8!!
Unglaublich, aber wahr!
14. ... g6 15.♗g7 f5 16.g5! f4 17.h4 f3 18.♗d4 ♗f5 19.♗f2!
♗e6 20.h5 gh 21.g6, und Weiß gewinnt mühelos.
Doch Schwarz konnte stärker spielen. Die richtige Fortsetzung war 9. ... ♔d7! 10.♔:b5 ♗b3! 11.♗c7 ♗d1.
Stände sein b-Bauer bereits auf b4, würde Weiß leicht gewinnen. Jetzt hingegen hält Schwarz wegen der ungünstigen Aufstellung der weißen Figuren trotz zweier Minusbauern remis, z. B. 12.♔c5 ♗f3 13.♗a5 ♗g2! (Schwarz muß die Drohungen am Königsflügel beseitigen) 14.h4 ♗f3 15.g5 fg 16.hg ♗d1 17.♗c3 g6 18.b4 ab 19.♗b2 (Weiß hat sich durch das Bauernopfer einen zweiten Freibauern verschafft) 19. ... ♗c2 20.a4 ♗d1 21.a5 ♗e2 22.♗a3 ♗f1 23.♔d5 ♗e2 24.♔e5 ♗f1 25.♔f6 ♗d3 26.♔f7 b2 mit Remis.
Auch nach 9. ... ♗d7 war die Partie noch nicht verloren, nur mußte Schwarz auf 10.♗c7 mit 10. ... f5!! 11.gf ♗:f5 12.♔:b5 ♗c2 13 ♔c6 ♗e4+ usw. fortsetzen.
Bemerkt sei, daß Schwarz nur remis hielt, weil der weiße b-Bauer rückständig war. Hätte der Bauer auf b4 gestanden, wäre Schwarz verloren.
Wenn Läufer und König gemeinsam einen Freibauern bekämpfen, ist es sehr wichtig, daß sie im Einklang miteinander handeln und ihre Manövrierfähigkeit nicht beeinträchtigt wird.

A. Herbstman, 1930

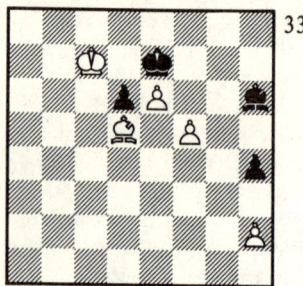

Weiß gewinnt

J. Awerbach, 1951

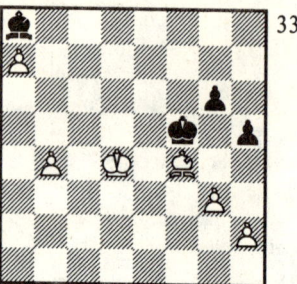

Remis

Wenn Schwarz zu 1. ... ♗g7 oder 1. ... ♗g5 käme, würde das Spiel remis enden. Am Zuge ist indes Weiß.
1.f6+! ♔:f6 2.♔d7 ♗f8.
Damit ist ein uns bereits vertrauter Aufbau entstanden, bei dem beide schwarzen Figuren den gegnerischen Freibauern aufhalten. Es zeigt sich jedoch, daß der Bauer d6 eine äußerst negative Rolle spielt.
3.♔e8! ♗e7 (oder 3. ... ♔g7) **4.h3!**, und Schwarz befindet sich im Zugzwang.
In Endspielen mit ungleichfarbigen Läufern kann das Vorgehen von Freibauern nur durch den König unterstützt werden. Gelingt es der schwächeren Seite, dies zu verhindern, ist ein Gewinn in der Regel nicht möglich.

Dies ist *die dritte typische Remisstellung*. Trotz der beiden Mehrbauern kann Weiß nicht gewinnen, da der Gegner eine Annäherung des Königs an die Bauern nicht zuläßt.
1.♔c5 ♔e6 2.♔b6 ♔d7 3.b5 ♔c8! mit Remis.
Fehlerhaft wäre 3. ... ♗f3 4.a8♕! ♗:a8 5.♔a7 ♗f3 6.♔b8! (Weiß hat einen Bauern geopfert, ist aber zum Umwandlungsfeld durchgebrochen und führt nun den b-Bauern zur Dame) 6. ... ♗g2 7.b6 ♔c6 8.♗a7 usw.
In den ersten beiden Remisstellungen bediente sich die schwächere Seite im wesentlichen einer passiven Taktik. Für die dritte Stellung ist ein aktives Spiel des Königs charakteristisch.

J. Awerbach, 1954

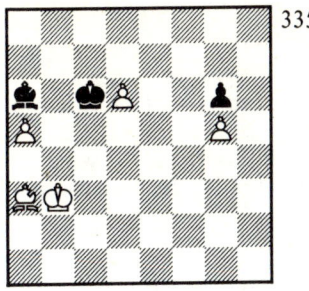

335

Weiß am Zuge gewinnt
Schwarz am Zuge hält remis

Wenn Weiß beginnt, bricht er mit dem König zum anderen Flügel durch und bringt den Gegner anschließend in Zugzwang.
1.♔c3 ♗f1 2.♔d4 ♗e2 3.♔e5 ♔d7 4.♔f6 ♗d3 5.♔f7!
Aber nicht 5.a6 ♗:a6 6.♔:g6 ♗c4 7.♔g7 ♔e8 8.g6 ♗d3! 9.♔h6 ♗c4! mit Remis wie in Beispiel 315.
5. ... ♔d8 6.♗b4! ♔d7 7.♗c5 ♔d8 8.♗b6+ ♔d7 9.♗c7, und Weiß gewinnt.
Liegt das Zugrecht indes bei Schwarz, kann dieser seine Figuren umgruppieren und die dritte Remisstellung erreichen.
1. ... ♔d7! 2.♔c3 ♔e6 3.♔d4 ♗b7!
Ein Eindringen des gegnerischen Königs am Damenflügel braucht Schwarz nicht zu fürchten.
4.♔c5 ♔d7 5.♔b6 ♗f3 6.a6 ♔c8!
Schwarz muß sich genau verteidigen. Falls 7. ... ♗g2, so 8.♔a7 ♔c8 9.d7+ ♔:d7 10.♔b8, und Weiß gewinnt.
7.♔a7 ♗g4!
Wiederum der einzige Zug, der das Gleichgewicht aufrechterhält. Schlecht ist 7. ... ♗c6?, da Schwarz nach 8.♗b4! in Zugzwang gerät. Auf 8. ... ♗d7 9.♔b6 ♗f5 entscheidet 10.d7+! ♔:d7 (10. ... ♗:d7 11.a7) 11.♔b7.
8.♔b6 ♗f3! 9.♔c5 ♔d7 10.♔d4 ♔e6!
Weiß kommt nicht weiter. Durch exaktes Manövrieren vermag der schwarze König alle Einbruchspunkte zu verteidigen.
Die stärkere Seite gewinnt dennoch, wenn es ihr in Stellungen des dritten Typs gelingt, den gegnerischen König an der Erfüllung seiner aktiven Aufgabe zu hindern.

Euwe–Yanofsky
Groningen 1946

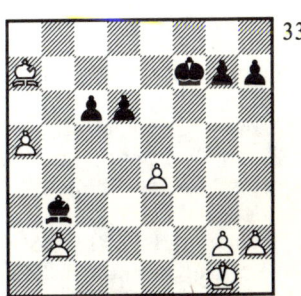

336

Schwarz am Zuge

Schwarz machte den unvor-

195

sichtigen Zug 1. ... ♗c2? und mußte sich nach 2.♗c5! von einem weiteren Bauern trennen.

Es folgte 2. ... ♗d3 3.♗:d6 ♗:e4 4.a6 c5! 5.♗:c5 h5! Schwarz kann sich aus der Affäre ziehen, wenn es ihm gelingt, die dritte Remisstellung aufzubauen.
6.♔f2 ♗d3!
Dies ist wichtig, damit der weiße König nicht nach a7 gelangt.
7.a7 ♗e4 8.g3 ♔e6 9.♔e3 ♗g2?

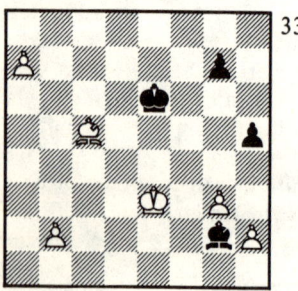

337

Weiß gewinnt

Es ist kaum zu glauben, daß Weiß nun zu den Bauern am Damenflügel durchbricht, nachdem er zuvor eine Aktion am Königsflügel unternimmt und den schwarzen König abschneidet.
Zum Remis führte 9. ... ♔f5!, was das wichtige Einbruchsfeld f4 verteidigt, z. B. 10.♗f8 g6 11.♔d4 ♗a8 12.♔c5 ♗e6! 13.♔b6 ♔d7.
10.♔f4! g6 11.g4! hg 12.♔:g4 ♗h1 13.♔g5 ♔f7 14.♗d4 ♗g2 15.h4 ♗h1 16.b4 ♗g2 17.b5 ♗h1 18.♗f6!
Ein Hauptkettenglied des weißen Planes. Der Läufer versperrt dem schwarzen König den Weg zu den Bauern am Damenflügel und kontrolliert das Vorgehen des h-Bauern.
18. ... ♗g2.
Falls 18. ... ♗e4, so 19.b6 und weiter wie in der Partie.
19.h5! gh 20.♔f5! Schwarz gab auf, da er nicht in der Lage ist, das Vordringen des weißen Königs zu den Bauern des Damenflügels zu verhindern.

**Solomenko–Bessmertni
Swerdlowsk 1952**

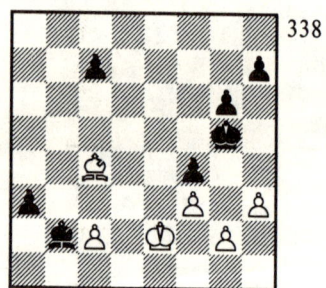

338

Schwarz am Zuge gewinnt

Der Versuch, sofort mit dem König zum Damenflügel zu gehen, würde fehlschlagen. Zum Erfolg führt der gleiche Plan wie im vorigen Beispiel.
1. ... ♔h4! 2.♔f2 ♗d4+ 3.♔f1 ♔g3 4.♗g8 h5 5.♗f7 g5 6.♗e6 c6 7.♗c4 g4 8.hg hg 9.fg ♔:g4 10.♗e6+ ♔g3 11.♗c4 ♗f2!

Das schon bekannte Verfahren. Schwarz schneidet dem weißen König den Weg ab.
12.♗e6 f3 13.gf ♔:f3 14.♗g8 ♔e3, und nach 15. ... ♗h4 gelangt der schwarze König nach b2.

In einer komplizierteren Situation, aber auf die gleiche Art kommt Schwarz im folgenden Beispiel zum Erfolg.

**Makarytschew–Awerbach
Lwow 1973**

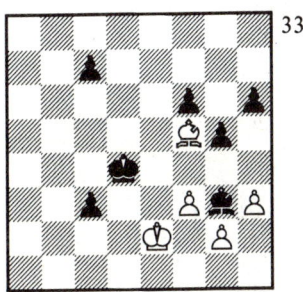

339

Schwarz am Zuge

1. ... ♔e5 2.♗c2 ♔f4 3.♗b1 ♗h2 4.♔f2 ♗g1+!
Ein wichtiges Moment. Der Läufer ist nicht zu schlagen: Nach 5.♔:g1 ♔e3 6.♔f1 ♔d2 eilt der schwarze König den Bauern am Damenflügel zu Hilfe.
5.♔e2 ♔g3 6.♔f1 ♗f2!
7.♗c2 f5! 8.♗b1.
Falls 8.♗:f5, so 8. ... ♔f4 9.♗c2 ♔e3 usw.
8. ... f4 9.♗g6 ♗e3 10.♗c2 h5 11.♗f5 c5 12.♗g6 h4 13.♗f5 g4! 14.hg (oder 14.fg f3 15.gf ♔:h3) 14. ... h3 15.gh ♔:f3 16.g5 ♔g3 17.g6 ♗d4 18.h4 f3 19.h5 ♗g7 20.♔e1 f2+.

Die verbundenen weißen Bauern sind gestoppt, und nach 21.♔f1 ♔f3 gelangt der schwarze König auf den Damenflügel. Weiß gab auf.

Die Ablenkung des gegnerischen Königs von der Erfüllung seiner Aufgabe, sei es von der Blockade eines Freibauern oder der Verteidigung von Einbruchsfeldern, ist in derartigen Endspielen ein charakteristisches Gewinnverfahren. Es kann auf verschiedene Weise verwirklicht werden. Sind auf anderen Brettabschnitten Schwächen vorhanden, die nur durch den König verteidigt werden können, führt ein Angriff auf sie zu seiner Ablenkung. Dem gleichen Ziel kann auch die Bildung eines zweiten Freibauern dienen.

**Chenkin–Dubinski
Moskau 1963**

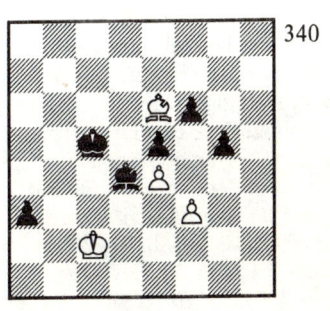

340

Weiß am Zuge

Den a-Bauern hat Weiß zuverlässig unter Kontrolle. Wenn es Schwarz jedoch gelingt, am Königsflügel einen zweiten Freibauern zu bilden, ist die Partie entschieden.
1.♔d3 ♔d6 2.♗g8 ♔e7 3.♗c4 ♔f8 4.♔c2 ♔g7 5.♔b3 ♗b2 6.♗b5.
Weiß beabsichtigt, den a-Bauern mit dem König aufzuhalten und mit dem Läufer den Durchbruch f6–f5 und das Eindringen des gegnerischen Königs zu verhindern. Spielt er zu diesem Zweck 6.♗e6 ♔g6 7.♗g4, tritt der schwarze König den Rückweg an: 7. ... ♔f7! 8.♔c2 ♔e7 9.♗h5 ♔d6 10.♗f7 (anders ist die Drohung ♔c5–d4 nicht zu parieren), und nun ist bereits der Durchbruch 10. ... f5! 11.ef e4 12.fe ♔e5 möglich, z. B. 13.♔d3 ♔f4 14.♗d5 ♔g3 15.♔e2 g4 16.♔f1 ♔h2, und einer der schwarzen Bauern geht zur Dame.
6. ... ♔f7 7.♔c2 ♗d4 8.♔b3 ♗b2.
Warum setzte Schwarz nicht mit 8. ... ♗c5 fort? Chenkin nahm zu Unrecht an, daß sich Weiß in diesem Fall durch 9.♗d7 retten würde, da der schwarze Läufer das Vordringen des eigenen Königs nach d4 behindert. In Wirklichkeit kann Schwarz aber nach 9. ... ♔e7 10.♗g4 ♔d6 11.♗f5 ♗b4 12.♗g4 ♔c5 13.♗e6 durch 13. ... ♔d4! 14.♔:b4 ♔e3 15.♔:a3 ♔:f3 gewinnen.

9.♔c2 ♔g7.
Hier ist der Durchbruch ungefährlich: 9. ... f5 10.ef e4 11.fe ♔f6 12.♔b3 ♔e5 13.♗e2 usw.
10.♔b3 ♔g6 11.♗e8+ ♔h6! 12.♗f7.
Wenn 12.♔c2, so 12. ... ♗d4! 13.♔b3 ♗c5 14.♗f7 f5! (nun ist der Durchbruch möglich) 15.ef e4 16.fe g4 17.♗c4 ♔g5 18.♗f1 ♔f4 19.♗g2 ♔g3 20.♗h1 (20.e5 ♔f4) 20. ... ♔h2 21.e5 ♔:h1 22.f6 ♗d4.
12. ... ♔g7 13.♗h5.
Keine Rettung bringt 13.♗e8 ♔f8 14.♗b5 ♔e7 15.♗c4 ♔d6 16.♔c2 ♔c5 17.♔d3 wegen 17. ... f5! 18.ef g4! 19.f6 e4+ 20.fe g3, und Schwarz gewinnt.
13. ... ♔f8 14.♗g6 ♔e7 15.♔c2 ♔d6 16.♗f7 f5! 17.ef e4 18.fe ♔e5 19.♗c4 ♔:e4 20.♗d3+ ♔e3. Weiß gab auf. Nach 21.♗c4 ♗e5 22.♔b3 ♗d6 müßte er für den g-Bauern den Läufer geben.
Es erhebt sich die Frage: Konnte Weiß nicht die dritte Remisstellung anstreben, d. h. mit dem Läufer den a-Bauern bewachen und mit dem König sowohl den Bauerndurchbruch als auch das Eindringen des schwarzen Königs in sein Lager verhindern?
Kehren wir zur Ausgangsstellung zurück, um dieses Verteidigungssystem zu untersuchen.
1.♔d3 ♔d6 2.♗c4 ♔e7 3.♔e2.

Der Durchbruch 3. ... f5 bringt
jetzt nichts ein: 4.ef ♔f6
5.♗e6 e4 6.fe g4 (6. ... ♔e5
7.♔f3) 7.♔f1 ♔e5 8.♔g2
♔f4 (8. ... ♔:e4 9.♔g3)
9.♗d5 ♔e5 10.♔f2 ♔f6
11.♔g2 ♗d4 12.♗e6! mit Remis.

**3. ... ♔f8 4.♔f1 ♔g7 5.♔g2
♔g6 6.♗e6 ♔h5 7.♔g3.**
Der König darf nicht nach h4
gelassen werden, da Weiß sonst
in Zugzwang gerät, z. B.
7.♔h2? ♔h4 8.♔g2 ♗c3
9.♔f2 ♗d2 10.♔g2 (10.♔e2
♔g3!) 10. ... ♗e1 11.♔h2 g4!
12.fg ♔g5 13.♔g2 ♔f4
14.♗d5 ♔:g4 15.♔f1 ♗b4
16.♔e2 ♔f4 17.♔d3 f5, und
Schwarz gewinnt.

7. ... ♔h6! (Schwarz versucht,
ein Tempo zu gewinnen)
8.♗a2 ♔g6 9.♔g4!
Falls 9.♗e6, so 9. ... ♔g7!
10.♔g2 ♔f8 11.♔f1 ♔e7
12.♗a2 f5! (hier ist der Durchbruch entscheidend) 13.ef ♔f6
14.♗e6 e4 15.fe ♔e5 16.♗d5
♔f4 17.♔g2.
Diese originelle kritische Stellung verdient ein Diagramm.
Die schwarzen Bauern zeigen sich den weißen überlegen.

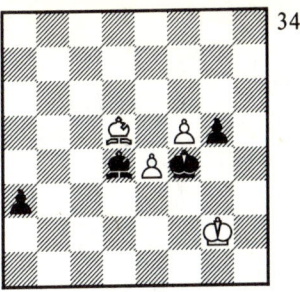

341

Schwarz am Zuge

17. ... ♗f6 18.♔h3 ♗e5!
19.♔g2 ♔e3! 20.♔f1 ♔f3!
21.f6 ♔g3 22.f7 ♗d6 23.e5
♗c5 24.e6 ♔h2, und die
schwarzen Bauern sind nicht
aufzuhalten.

9. ... ♔g7 10.♔f5.
Auf den ersten Blick hat Weiß
viel erreicht, doch Schwarz besitzt Möglichkeiten, seine Stellung zu verstärken.

**10. ... ♗f2! 11.♗c4 ♗h4!
12.♗b3 ♔f8!** (der Bauer f6 ist
nun tabu) **13.♔e6 ♔e8
14.♗a2 ♔d8 15.♔d6 ♗f2!**
Dies ist genauer als 15. ...
♔c8 16.♔c5! f5 17.♔b4 g4
18.fg fg 19.♔:a3 g3 20.♗e6+
nebst 21.♗h3 mit Remis oder
16. ... ♗e1 17.♔c4 ♗d2
18.♔d3, und Schwarz muß
von vorn anfangen.

16.♔e6 ♗d4! 17.♔d5.
Es drohte 17. ... f5. Wenn
Weiß mit 17.♔:f6 den Bauern
schlägt, kommt sein König
nach 17. ... ♔d7 18.♔:g5
♗e3+ 19.f4 (19.♔g4 ♗f4
20.♔h3 ♔d6 21.♔g2 ♔c5
22.♔f1 ♔d4 usw.) 19. ...

♗:f4+ 20.♔g4 ♔d6 21.♔f3
♔c5 22.♔e2 ♔d4 um ein
Tempo zu spät.
17. ... ♔e7 18.♔c4 ♔f8
19.♔b3!
Den Wettlauf zum Königsflügel würde Weiß verlieren:
19.♔d3 ♔g7 20.♔e2 ♔g6,
und der schwarze König gelangt nach h4.
19. ... ♗b2 20.♔c2 ♔g7
21.♗e6 (anders ist ein Eindringen des Königs nicht zu
verhindern) 21. ... ♔g6
22.♗g4 ♔f7! 23.♗h5+ ♔e6
24.♗g6 ♔d6 25.♗f7.

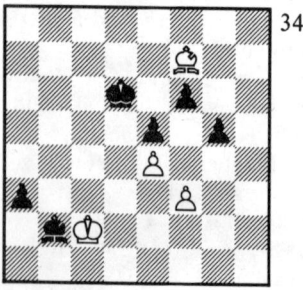

342

Die Stellung kennen wir bereits aus den Anmerkungen
zum 6. Zug der Partie. Hier
hat der Durchbruch Erfolg:
25. ... f5! 26.ef e4 27.fe ♔e5
28.♔d3 ♔f4 29.♗d5 ♔g3
30.♔e2 g4 31.♔f1 ♔h2, und
Schwarz gewinnt.

J. Awerbach, 1951

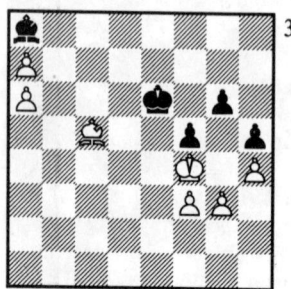

343

Weiß gewinnt

Diese Stellung hätte in einer
Partie Smyslow–Awerbach
(Moskau 1950) entstehen können. Sie stellt eine sehr feine
Studie dar.
1.♔g5 ♔f7.
Nach 1. ... ♗:f3 2.♔:g6
♔e5 3.♗e3 ♔e6 4.♗f4 verliert Schwarz noch einen der
Bauern und mit ihm die Partie.
2.f4!!
Ein seltsamer und überraschender Zug. Weiß plant, mit
dem König zu den Bauern
des Damenflügels durchzubrechen. Dazu sperrt er zunächst
den eigenen König am anderen
Flügel ein. Welch ein Widersinn, möchte man meinen.
Doch sehen wir weiter.
Untauglich ist 2.g4? hg! 3.fg fg!
4.♔:g4 ♔e6 5.♔g5 ♗e4!
6.a8♕ ♗:a8 7.♔:g6 ♔d7 8.h5
♔c7, da Schwarz remis hält,
indem er für den h-Bauern den
Läufer gibt.
2. ... ♗e4! 3.♗f2!

Zum Remis führt 3.♗d4 ♗f3
4.g4 hg! 5.h5 gh 6.♔:f5 h4.
3. ... ♔g7.
Falls 3. ... ♗f3, so trotzdem
4.g4! hg (4. ... fg 5.♗g3! ♔g7
6.f5 gf 7.♔:h5 f4 8.♗:f4 g3+
9.♔g5 g2 10.♗e3, und Weiß
gewinnt mühelos, indem er
sich mit dem König zum Damenflügel begibt) 5.h5! gh
6.♔:f5, und Weiß kommt noch
einfacher zum Erfolg als in der
Hauptvariante.
4.g4!! hg.
Auf 4. ... fg geschieht 5.f5 gf
6.♔:h5 ♔f6 7.♗g3 ♗f3
8.♔h6 ♗e4 9.h5 ♗f3
10.♗h4+ ♔f7 (10. ... ♔e5
11.♔g5 f4 12.h6) 11.♔g5 ♗e4
12.♗g3 ♔g7 13.♗e5+ ♔f7
14.h6 usw.
**5.h5! gh 6.a8♕! ♗:a8 7.♔:f5
♔f7.**

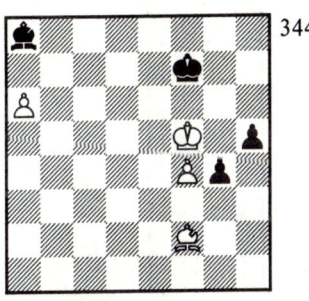

344

Weiß gewinnt

Weiß hat seine Mehrbauern
zurückgegeben und gewinnt
das Endspiel nun bei gleicher
Bauernzahl.
8.♔g5 ♗f3.
Wenn 8. ... ♔e7, so 9.f5 ♔d7
10.f6 ♗d5 11.a7 usw.

9.a7 ♗a8 10.♔h4 ♗f3! 11.f5
(nur zum Remis führt 11.♔:h5
g3+ und 12. ... g2) **11. ...
♔g7 12.♗g3 ♔f7 13.♗e5!
♗e4!**
Auf 13. ... ♔f8 folgt 14.♔f6
h4 15.♗d6+. Falls dann
15. ... ♔g8, so 16.♔e7, und
falls 15. ... ♔e8, so 16.♔g7.
**14.♔:h5!! g3 15.♗:g3 ♔f6
16.♔g4! ♗:f5+ 17.♔f4!,** und
der a-Bauer geht zur Dame.
Wir haben uns einige Beispiele
angesehen, in denen beide Seiten über Freibauern verfügten,
die einen von ihnen sich aber
als gefährlicher erwiesen. Untersuchen wir solche Stellungen noch etwas ausführlicher.

J. Berger, 1895

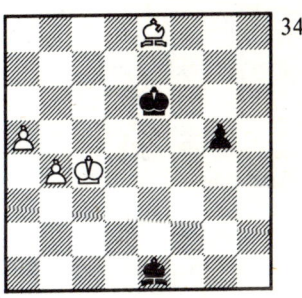

345

Weiß gewinnt

Weiß besitzt zwei verbundene
Freibauern, der Gegner einen.
1.♔c5 ♔e7 2.♔c6! (falls
2.♗h5, so 2. ... ♔d7 3.a6
♔c7 4.b5 ♗f2+ mit Remis;
Weiß darf den schwarzen König deshalb nicht durchlassen)
2. ... ♔:e8 3.a6 ♗f2 4.b5 g4

5.b6 g3 6.a7 g2 7.a8♕+ ♔e7!
8.♕a3+ ♔e8 9.b7, und Weiß
gewinnt.
Hätte Schwarz 1. ... g4 gespielt, wäre 2.♔c6 g3 3.♗d7+
♔e7 4.♗h3 ♔d8 5.a6 ♗f2
6.b5 usw. gefolgt.

A. Norlin

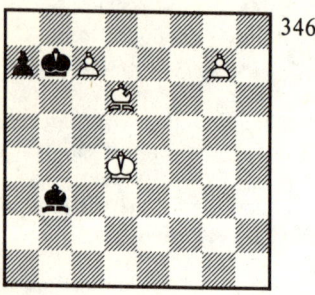

346

Weiß gewinnt

Hier hat Weiß zwei isolierte
Freibauern gegen einen
schwarzen. Wenn sich der
weiße König unmittelbar dem
Bauern g7 zuwendet, setzt
Schwarz den a-Bauern in
Marsch. Um zu gewinnen,
muß Weiß seinen Läufer so
postieren, daß er den a-Bauern
blockiert und gleichzeitig den
Bauern c7 deckt, d. h. auf a5.
Durch exaktes Manövrieren
läßt sich dies erreichen.
**1.♔c3 ♗f7 2.♔b4 ♗e6 3.♗e5
♔c8.**
Falls 3. ... ♗f7, so 4.♔c5
♗b3 5.♔d6! ♔c8 6.♗c3 und
7.♗a5 oder 4. ... ♔c8 5.♔c6!
♗e8+ 6.♔d6 ♗f7 7.♗c3 usw.
4.♔b5! (droht 5.♔a6) **4. ...**
♗b7 **5.♔c5** ♗b3 **6.♔d6** ♔c8
7.♗c3 usw.

Im Kampf mit Freibauern ist
es notwendig, die Aufgaben
richtig zu verteilen. Wie in
Endspielen mit Läufer gegen
Bauern setzt sich der Läufer
am besten mit den gegnerischen Bauern auseinander,
während der König bestrebt
sein muß, den eigenen Freibauern zu unterstützen.
Wir haben bereits mehrfach gesehen, daß es, wenn die Freibauern beider Seiten vorrücken, wichtig ist, eine Blockade
der eigenen zu vermeiden und
die des Gegners unter Kontrolle zu bringen. Die folgenden beiden Beispiele veranschaulichen in dieser Beziehung lehrreiche Fehler.

**Polner–Tschigorin
Petersburg 1881**

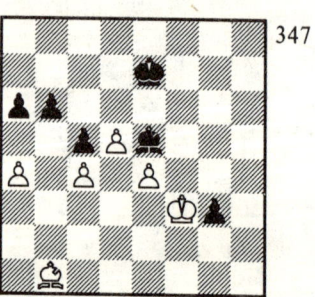

347

Schwarz am Zuge

1. ... b5! 2.ab ab 3.cb.
Bei oberflächlicher Betrachtung der Stellung ist Weiß materiell im Vorteil. In Wirklich-

keit sind die beiden schwarzen Bauern aber viel gefährlicher als die drei weißen. Der schwarze Läufer blockiert alle gegnerischen Bauern, so daß sein König freie Hand hat und den eigenen Bauern zu Hilfe kommen kann.

3. ... ♔d7.

Dieser Zug entpuppt sich als ein Fehler, der den Gewinn vergibt. Richtig ist 3. ... c4! 4.♗a2 c3 5.♗b1 ♔d7, um sich erst jetzt mit dem König dem c-Bauern zu nähern.

4.♗d3 ♔c7 5.♗f1 ♔b6 6.♔g2.

Weiß greift seinerseits daneben. Notwendig war, die Kräfte umzugruppieren. Mit 6.♔e3! ♔a5 7.♔d2 ♔b4 8.♔c2 c4 9.♗g2 ♔:b5 10.♗f3 ließ sich das Gleichgewicht behaupten. Wenn Schwarz dann mit dem König auf f2 eindringt und den Läufer erobert, stößt Weiß den d-Bauern vor und liquidiert den einzigen Bauern des Gegners.

6. ... ♔a5 7.♔f3 ♔b4 8.b6 c4 9.b7 c3 10.♗d3 ♔b3 11.♔g2 c2, und Schwarz gewann.

Kotow–Botwinnik
Moskau 1947

348

Weiß am Zuge

Schwarz verfügt über einen entfernten Freibauern und die Möglichkeit, einen zweiten Freibauern am Damenflügel zu bilden.

1.bc bc.

Ein Versehen. Schwarz hat vergessen, daß Freibauern an verschiedenen Flügeln erst wirkungsvoll werden können, wenn es gelingt, sie mit dem König zu unterstützen. Hier aber ist der schwarze König an den schwachen Bauern d6 gebunden.

Es folgte 2.♗e1! (der richtige Zug; sonst gehen die Bauern e4 und d5 verloren) 2. ... h3 3.♗g3, und Schwarz war nicht in der Lage, seine Stellung zu verstärken.

Statt 1. ... bc führte 1. ... dc!! zum Gewinn, z. B. 2.♗e1 h3 3.♗g3 b5 4.♔d3 a5 5.♗h2 a4 6.♗g3 a3 7.♗h2 b4 8.♔c4 ♗:e4 usw.

Wenn es gelingt, in einem

Endspiel mit ungleichfarbigen Läufern zwei verbundene Freibauern zu bilden, reicht dies in der Regel zum Gewinn. Man muß allerdings darauf achten, daß der Gegner sie nicht blockiert.

**Leonhardt–Schlechter
San Sebastian 1912**

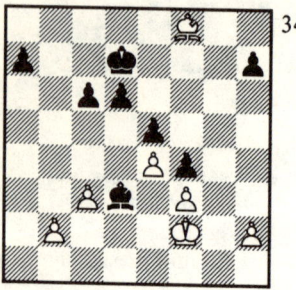

Schwarz am Zuge

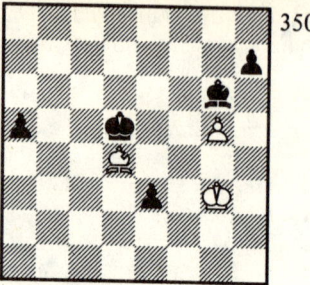

Weiß am Zuge

Schwarz konnte sein Übergewicht mühelos verwerten, indem er sich zwei verbundene Freibauern verschaffte.
1. ... d5! 2.ed cd 3.b4 ♔e6 4.♗c5 a6 5.♗b6 ♔f5 6.♗c7 ♗b5! (der Läufer wird nach h5 gebracht, um den f-Bauern anzugreifen) 7.♗d6 ♗e8 8.♗e7 ♗h5 9.♗h4 e4! 10.fe de 11.c4 ♗f7 12.c5 ♗e8 13.♗e7 e3+ 14.♔e1 ♔g4. Weiß gab auf, da 15.♗d6 mit 15. ... f3 16.♗g3 ♔h3 17.♔f1 ♗b5+ 18.♔e1 ♔g2 nebst 19. ... f2+ beantwortet würde.
Einige Besonderheiten des Kampfes mit am Rande stehenden Freibauern zeigen die folgenden Beispiele.

Diese Stellung hätte in einer Partie Sherwin–Gufeld (Helsinki 1961) entstehen können. Es sieht so aus, als müßte Schwarz zum Erfolg kommen, z. B. 1.♗:e3 a4 2.♔f3 a3 3.♗c1 a2 4.♗b2 ♔c4 5.♔e3 ♔b3 6.♗f6 ♔c2, und nach 7. ... ♔b1 gewinnt Schwarz den Läufer und mit ihm die Partie.
Weiß kann jedoch stärker spielen: **1.♗b6!!** (dies gewinnt ein wichtiges Tempo) 1. ... a4 2.♔f3 a3 3.♔:e3 ♔c4 4.♔d4 ♔b3 5.♔d2 ♔a2 6.♗c1!, und der schwarze König ist nicht in der Lage, dem Bauern den Weg zum Umwandlungsfeld zu ebnen.

Worotnikow–Kaminski
Leningrad 1973

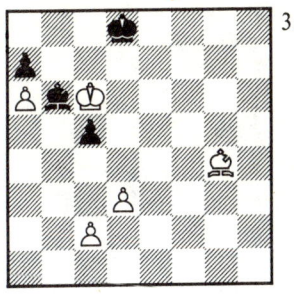

351

Weiß am Zuge

Der Läufer b6, der beide Bauern deckt, steht ungünstig. Wäre Schwarz jedoch am Zuge, würde er durch 1. ... c4! remis halten. Das Bauernopfer gestattet ihm nämlich, die erste Remisstellung aufzubauen, z. B. 2.dc ♗f2 (der Läufer muß ins Freie gebracht werden) 3.c5 ♗e3 4.♔d6 ♗f4+ 5.♔c6 ♗e3 6.♔d5 ♔c7, und Schwarz hat sein Ziel erreicht. Am Zug war indes Weiß. Er spielte 1.c4!, was eine Befreiung des Läufers unmöglich machen sollte und eine Zugzwangsituation schuf.
1. ... ♔e7 2.♗h3 ♔d8 3.♗f5 ♔e7 4.d4! cd 5.c5 ♗a5 6.♔b7 ♔d8.
Schwarz setzt alle Hoffnungen in 7.♔:a7? ♔c7 mit Remis.
7.♗d3!
Die einzige Gewinnfortsetzung. Falls sofort 7.c6, so 7. ... d3! 8.♗:d3 ♗b6 9.c7+ ♗:c7 10.♔:a7, wonach ein beliebiger Zug des Läufers in Richtung h2 zum Remis führt. Für Weiß ist äußerst wichtig, daß die Diagonale a7–g1 gesperrt bleibt.
7. ... ♔d7 8.c6+ ♔d6.
Wenn 8. ... ♔d8, so 9.c7+! (indem er den Läufer zwingt, den Bauern zu schlagen, verhindert Weiß, daß der schwarze König das Feld c7 betritt) 9. ... ♗:c7 10.♔:a7 ♔c8 11.♗f5+ ♔d8 12.♔b7, und der a-Bauer geht zur Dame.
9.♗b5! ♗b6 10.c7! ♗:c7 11.♔:a7 ♗c5 12.♔b7 ♗b6 13.♗d3. Schwarz gab auf. Schwarz nutzte jedoch nicht alle Verteidigungsmöglichkeiten. Wie Worotnikow später zeigte, hätte **1. ... ♗a5!** remis gehalten. Schwarz verbessert durch ein Bauernopfer die Aufstellung seines Läufers, z. B. 2.♔:c5 ♗b6+ 3.♔c6 ♗e3! Will er jetzt die Bauern in Bewegung setzen, muß Weiß mit dem König auf die 5. Reihe zurückgehen. Dies gestattet dem schwarzen König, das Feld c7 zu betreten.
4.c5 ♗f2 5.♔d6 ♗g3+ 6.♔d5 ♔c7! 7.♔c4 ♗e5 8.d4 ♗f6 9.d5 ♗e7!
Das Abwehrbollwerk ist errichtet. Nach **10.d6+ ♗:d6 11.cd+ ♔:d6** wäre das Remis offenkundig. Andere Möglichkeiten, die weiße Stellung zu verstärken, gibt es nicht. Wenn der Läufer allein gegen einen Freibauern kämpft, muß

er völlige Handlungsfreiheit besitzen. Sonst kann der Bauer sogar ohne Hilfe seines Königs zur Dame gehen.

A. Herbstman und T. Gorgiew, 1929

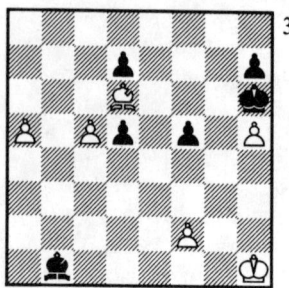

Weiß gewinnt

1.c6! ♗e4+! 2.f3! ♗:f3+ 3.♔h2 dc 4.a6 c5.
Falls 4. ... d4, so 5.♔g3 ♗d5 6.♗c5! d3 7.a7 d2 8.a8♕ d1♕ 9.♕f8+ ♔:h5 10.♕e8+ ♔g5 11.♗e7+ ♔h6 12.♗f8+ ♔g5 13.♕e7+ ♔g6 14.♕g7+ ♔h5 15.♕h6 matt.
5.♔g3 ♗e4 6.♔h4! (eine unvermutete Gefahr; es droht 7.♗f8 matt) 6. ... ♔g7 7.♗e5+ ♔f7 8.♗d4.
In seltenen Fällen ist es denkbar, daß ein ungünstig stehender König selbst zum Angriffsobjekt wird. Dabei kann ein unbeweglicher Läufer eine negative Rolle spielen, indem er nicht nur bei der Verteidigung fehlt, sondern dem König auch wichtige Felder nimmt.

T. Gorgiew, 1935

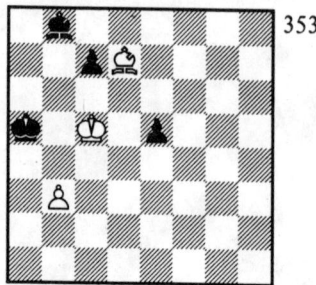

Weiß gewinnt

Nach 1.b4+ ♔a6 2.♔c6 e4 (2. ... ♔a7 3.♗f5) 3.♗e6! e3 4.♗c4+ ♔a7 5.b5 ♔a8 6.♗d5 ♔a7 (6. ... e2 7.b6) 7.♗f3 ♔a8 setzt Weiß durch 8.b6 cb 9.♔:b6 matt.

A. Herbstman, 1954

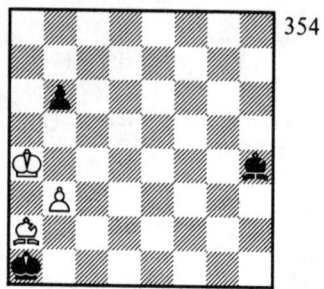

Remis

Hier wird der in seiner Bewegungsfreiheit eingeengte weiße Läufer zum Angriffsobjekt.
1.♔a3 ♗g5 2.b4 ♗c1+ 3.♔b3 ♗b2 4.b5 ♗f6 5.♔a3 ♗e7+ 6.♔b3 ♗c5.
Weiß ist im Zugzwang und

muß den Läufer geben. Nach 7.♔a4!! ♔:a2 ist er jedoch patt.
War vielleicht 1. ... ♗b6 2.b4 ♗b2+ 3.♔b3 b5 stärker? Weiß befindet sich erneut im Zugzwang, wird nach 4.♗b1!! aber wiederum patt gesetzt.

Springerendspiele

Erster Abschnitt

Springer gegen Bauer

Erstes Kapitel

Springer gegen einen Bauern

Kann der gegnerische König den Bauern blockieren, ergibt sich ein elementares Remis. Die Seite, die über den Bauern verfügt, erlangt Gewinnchancen, wenn der gegnerische König abseits steht und der Springer allein gegen den von seinem König unterstützten Bauern kämpfen muß. Mit solchen Stellungen wollen wir unsere Untersuchungen beginnen.
Der Springer hält den Bauern auf, indem er eines der Felder vor ihm kontrolliert. Dazu muß er sich in der Nähe des Bauern befinden.
Bemerkt sei, daß die Aufstellung des Springers in der Nähe des Bauern noch nicht garantiert, daß er ihn auch aufhält.

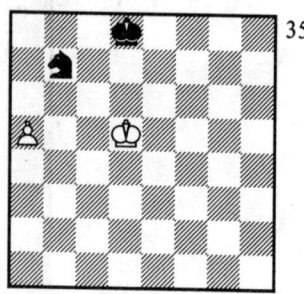
355

Nach **1.a6** geht der Bauer zur Dame, da der Springer kein Feld vor ihm angreifen kann und seinen eigenen König daran hindert, den Bauern zu stoppen. Diese Stellung bildet eine Ausnahme.
Verschieben wir sie um eine Linie nach rechts.

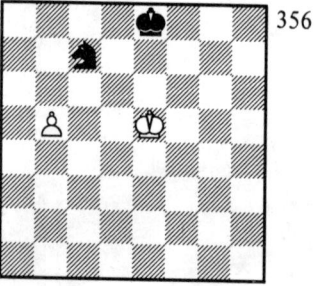
356

Remis

Hier kontrolliert Schwarz nach **1.b6 ♘a6** ein Feld vor dem Bauern.

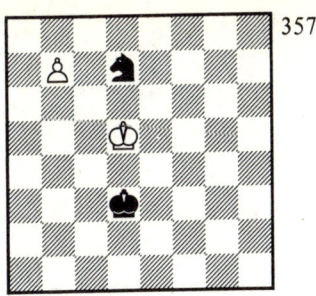

357

Remis

Auch in dieser Stellung ist ein Gewinn nicht möglich: 1.♔d6 ♘b8 2.♔c7 ♘a6+ 3.♔b6 ♘b8 usw.
Es ist leicht zu sehen, daß eine Verschiebung der Stellung 357 um eine oder zwei Linien nach rechts keinen Einfluß auf das Resultat hat. Verschiebt man sie aber um eine Linie nach links, zieht Schwarz den kürzeren.

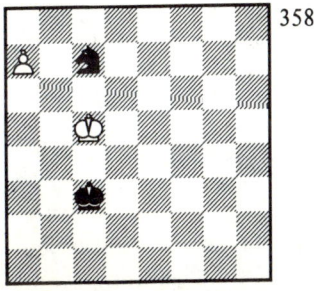

358

Weiß gewinnt

1.♔c6 ♘a8 2.♔b7, und das Springerfeld, das dem Feld a6 im vorigen Beispiel entspräche, liegt hier nicht mehr auf dem Brett.

Der Springer kann einen Turmbauern, der die 7. Reihe erreicht hat, nicht allein aufhalten.

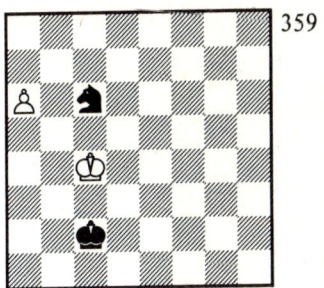

359

Remis

Bei einem Turmbauern auf der 6. Reihe wird der Springer seinen Verpflichtungen indes ausgezeichnet gerecht.
1.♔c5 ♘a7 2.♔b6 ♘c8+ 3.♔b7 ♘d6+ 4.♔c7 ♘b5+ 5.♔b6 ♘d6!
Der einzige, aber ausreichende Zug. Weiß kommt nicht weiter, da 6.a7 mit 6. ... ♘c8+ nebst 7. ... ♘:a7 beantwortet würde.
Wir haben somit festgestellt, daß *der Springer einen beliebigen Bauern, ausgenommen einen Turmbauern auf der 7. Reihe, selbstständig aufhält, sofern er erst einmal ein Feld vor ihm besetzen kann.*
Sehen wir uns nunmehr einige Stellungen an, in denen der Springer nicht dazu kommt, das Feld vor dem Bauern zu besetzen, es aber angreifen kann.

A. Chéron, 1924

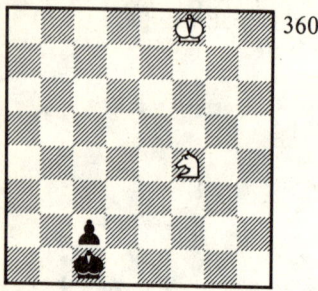

360

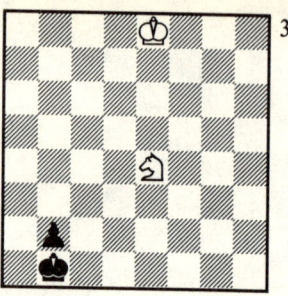

361

Weiß am Zuge. Schwarz gewinnt

Remis

Hier gelingt es Weiß, remis zu halten.
1. ♘e2+ (zum Verlust führt 1.♘d3+ ♔d2 2.♘c5 ♔c3 3.♘e4+ ♔d4 4.♘g3 ♔d3 usw.) **1. ...** ♔d1 (falls 1. ... ♔d2, so 2.♘d4! c1♕ 3.♘b3+ mit Remis) **2.** ♘c3+ ♔d2 **3.** ♘a2. Weiß hat ein Feld gefunden, das dem schwarzen König unzugänglich ist.
Eine Verschiebung der Stellung 360 um eine oder zwei Linien nach rechts ändert nichts am Ergebnis. Verschiebt man sie aber um eine oder zwei Linien nach links, kommt Schwarz zum Erfolg.

1. ♘d2+ ♔c1 **2.** ♘b3+ ♔d1,
und das Feld, das dem Feld a2 im vorigen Beispiel entspräche, liegt hier außerhalb des Brettes.
Wenn der Bauer die 7. Reihe noch nicht erreicht hat und der Springer entfernt steht, läßt sich leicht ermitteln, ob er den Bauern einholt. Hier kann folgende Regel nützlich sein:
Hat der Bauer die 4. Reihe noch nicht überschritten, kann ihn der Springer von jedem beliebigen Feld aus erreichen.
Diese Regel gilt für alle Bauern mit Ausnahme von Turmbauern.
Die Aufgabe wird komplizierter, wenn auf dem Wege des Springers der gegnerische König steht. So erscheint in Beispiel 362 die Lage für Schwarz kritisch. Ihn rettet jedoch die Tatsache, daß der Bauer b7 nicht nur von c6 und d7 (diese Felder sind dem Springer hier unzugänglich), sondern auch von a6 aus zu stoppen ist.

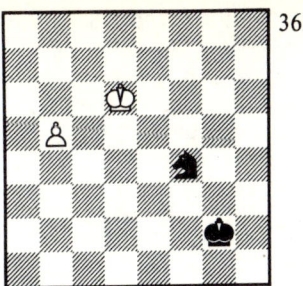

Schwarz am Zuge hält remis

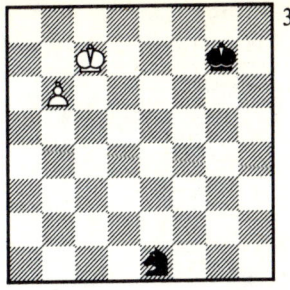

Schwarz am Zuge hält remis

1. ... ♘d3! 2.b6 (falls 2.♔d5, so 2. ... ♔f3 3.♔d4 ♘f4 4.b6 ♘e6+ nebst 5. ... ♘d8) 2. ... ♘b4 3.b7 ♘a6 remis.

R. Rey Ardid, 1926

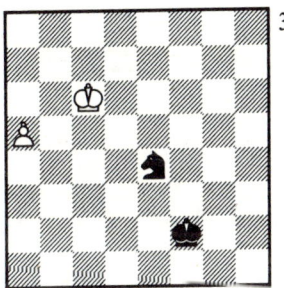

Weiß gewinnt

In dieser Stellung zieht Schwarz den kürzeren, weil dem Springer die Felder b6 und c7 unzugänglich sind, von denen aus er den Bauern aufhalten könnte.
Wenn der Springer den Bauern nicht mehr unmittelbar erreichen kann, kommt ihm mitunter ungewollt der gegnerische König zu Hilfe.

Stände sein König irgendwo abseits, z. B. auf h1, würde Weiß gewinnen, da der Bauer unaufhaltsam zur Dame ginge. Hier dagegen kann Schwarz die Aufstellung des weißen Königs ausnutzen und nach 1. ... ♘d3! 2.b7 (auf 2.♔d6 geschieht 2. ... ♘b4 3.b7 ♘a6, während 2.♔c6 mit 2. ... ♘e5+ beantwortet wird) 2. ... ♘c5 3.b8♕ ♘a6+ remis halten.
Schwarz könnte sich auch retten, wenn der weiße König auf h2 stände: 1. ... ♘f3+! 2.♔g3 ♘d4 3.b7 ♘c6 usw.
Die Fähigkeit des Springers, mit Hilfe eines Schachgebots ein Tempo zu gewinnen, ist in derartigen Endspielen ein wichtiges Moment.

N. Grigorjew, 1938
(Schluß einer Studie)

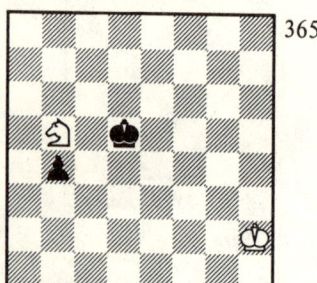

Remis

Schwarz droht, durch 1. ...
♔c5 den Springer abzudrängen und dann den b-Bauern vorzurücken.
Die Aufgabe von Weiß besteht darin, mit dem Springer so zu manövrieren, daß er die Möglichkeit hat, nach a3, c3 oder d2 zu gelangen, sobald der schwarze Bauer auf b2 auftaucht.
Dies geschieht wie folgt:
1.♘c7+ ♔c4 2.♘e8! (der Springer besetzt ein Schlüsselfeld, von dem er je nach Verhalten des schwarzen Königs seinen Weg nach b1 bestimmen kann; seine Marschroute reicht dabei von c7–b5–a3 bis f6–e4–d2; Schwarz ist nicht in der Lage, dies zu verhindern) **2. ... ♔c5** (falls 2. ... b3, so 3.♘d6+ ♔b4 4.♘e4 und ♘d2 oder 3. ... ♔d3 4.♘b5 und 5.♘a3) **3.♘f6 ♔d4** (3. ... b3 4.♘e4+ und 5.♘d2) **4.♘e8! ♔e5 5.♘c7! ♔d6 6.♘e8+!**
(wieder ein rettendes Schach; zum Verlust führte 6.♘b5+ ♔c5 7.♘c7 b3 8.♘e6+ ♔c4 usw.) **6. ... ♔c5 7.♘f6 ♔d4 8.♘e8 b3 9.♘d6 ♔c3 10.♘e4+!** (aber nicht 10.♘b5+ ♔b4!) **10. ... ♔c2 11.♘d6! b2 12.♘c4! b1♕ 13.♘a3+** usw.

Blatter und Haefele, 1944

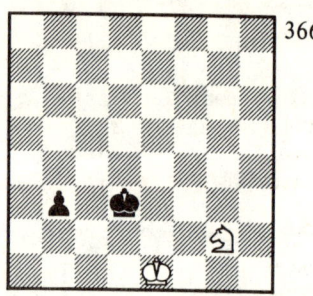

Remis

Auch in diesem Beispiel hält Weiß durch rettende Schachgebote remis: **1.♔d1 b2 2.♘f4+ ♔c3 3.♘e2+!** (3.♘d5+? ♔b3) **3. ... ♔b3 4.♘c1+!**
In einigen Fällen kann die genaue Wahl des Abzugfeldes für den König partieentscheidend sein.

F. Prokop, 1925

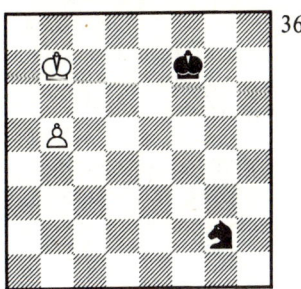

Weiß gewinnt

Hier kommt Weiß zum Erfolg.
1.b6!
Sonst hält der Springer den Bauern auf, z. B. 1.♔a8? ♘e3!
2.b6 ♘c4 3.b7 ♘b6+ und
4. ... ♘d7 oder 1.♔a7? ♘f4
2.b6 ♘e6 3.b7 ♘d8 4.b8♕
♘c6+ oder 1.♔a6? ♘f4 2.b6
♘e6 3.b7 ♘c5+ oder schließlich 1.♔c8? ♘e3 2.b6 ♘c4
3.b7 ♘d6+.
Nun richtet sich Weiß bei der Wahl des Feldes für den König nach dem Springerzug:
1) **1. ...** ♘e3 **2.♔a6!** ♘d5
3.b7 ♘c7+ **4.♔a5!**
2) **1. ...** ♘f4 **2.♔c8!** ♘d5 **3.b7**
♘b6+ **4.♔d8** usw.

J. Marwitz, 1937

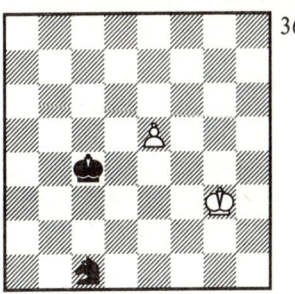

Weiß gewinnt

1.e6 ♘e2+ **2.♔h2!** Jetzt kann der Springer den Bauern nicht aufhalten.
Fehlerhaft wäre hingegen
2.♔f2 ♘c3 3.e7 ♘e4+ 4.♔ beliebig ♘f6 oder 2.♔g4 ♘c3
3.e7 ♘d5 4.e8♕ ♘f6+.

J. Moravec, 1938

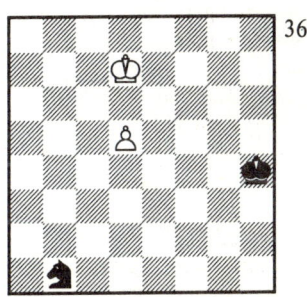

Weiß gewinnt

Nach **1.d6** hat Schwarz zwei Hauptfortsetzungen:
1) **1. ...** ♘c3 **2.♔c6!** (nur so; alle anderen Züge führen zum Remis) **2. ...** ♘e2 **3.d7** ♘d4+
4.♔d5!

213

2) 1. ... ♘d2 2.♔c7! (aber nicht 2.♔e7? ♘c4 3.d7 ♘e5 4.d8♕ ♘c6+) 2. ... ♘e4 3.d7 ♘c5 4.d8♕+.

Weiß gewann hier nur wegen der ungünstigen Aufstellung des gegnerischen Königs.

Wir haben bereits gesehen, daß ein Turmbauer für den Springer am gefährlichsten ist: Durch die Nähe des Brettrandes wird die Kampfkraft des Springers beeinträchtigt. Betrachten wir derartige Stellungen eingehender.

Wie aus der Analyse des Beispiels 358 hervorgeht, wird ein Springer mit einem Turmbauern auf der 7. Reihe nicht allein fertig. Um remis zu halten, muß der König dem Springer zu Hilfe kommen.

Remiszone

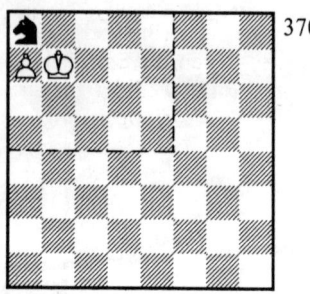

370

Schwarz am Zuge

Es ist leicht zu sehen, daß Schwarz remis macht, wenn sich sein König innerhalb des Rechtecks a8–a5–e5–e8 aufhält. Steht der König z. B. auf e5, folgt 1. ... ♔d6! 2.♔:a8 ♔c7 mit Remis.

Diese Regel bietet einen wichtigen Orientierungspunkt. Sie gestattet es, in Endspielen, in denen der Springer einen Turmbauern auf der vorletzten Reihe gestoppt hat, die Könige aber entfernt stehen, das Ergebnis vorherzusagen und den richtigen Plan zu entwerfen.

A. Chéron, 1952

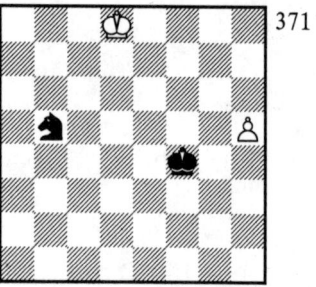

371

Weiß gewinnt

Weiß kommt in diesem Beispiel zum Erfolg: 1.h6 ♘d6 2.h7 ♘f7+ 3.♔e7 ♘h8 4.♔f6! Der weiße König hat die Opposition eingenommen und läßt den schwarzen nicht in die Remiszone.

Wir müssen uns noch mit einer wichtigen Eigenschaft des Springers vertraut machen – seiner Fähigkeit, „Barrieren" gegen den feindlichen König zu errichten.

In den Diagrammen 372 und 373 sind durch Kreuze jene Felder markiert, die dem weißen König unzugänglich sind. Dabei zeigt sich, daß der König in Stellung 372 nicht drei, sondern fünf Züge benötigt, um von e6 nach b7 zu gelangen. Das gleiche ist in Stellung 373 der Fall. Auch dort muß Weiß nicht drei, sondern fünf Züge aufwenden, um den König von e5 nach b7 zu bringen.

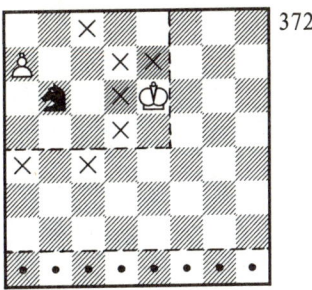

372

Weiß am Zuge

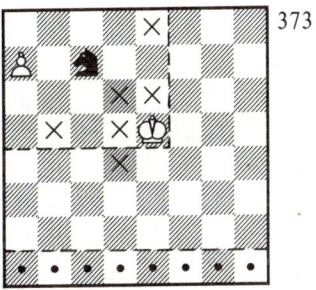

373

Weiß am Zuge
Die angekreuzten Felder sind dem weißen König unzugänglich
Weiß gewinnt, wenn der schwarze König auf einem der durch Punkte markierten Felder steht

Der weiße König ist gezwungen, die durch den Springer errichtete Barriere zu umgehen.

Die Analyse der Stellungen 372 und 373 läßt eine außerordentlich wertvolle Schlußfolgerung zu:
In beiden Beispielen gewinnt Weiß am Zuge nur, wenn sich der schwarze König auf der 1. Reihe aufhält, weil dieser dann nicht rechtzeitig in die Remiszone gelangt.
Interessant ist, daß, wenn in Stellung 372 der schwarze König auf h1 steht, der Marsch des weißen Königs sowohl über f7–e8–d8–c7–b7 als auch über e5–d4–c5–c6–b7 zum Gewinn führt. Bei anderen Standorten des Königs auf der 1. Reihe kommt Weiß nur auf der Marschroute e5–d4–c5–c6–b7 zum Erfolg. In Beispiel 373 ist ausschließlich der Weg über f6–e7–d7–c6–b7 gangbar.
Es folgt eine Reihe von Studien, in denen die Springerpartei remis hält, weil der gegnerische König gezwungen ist, Zeit für die Umgehung aufzuwenden. Dies führt dazu, daß der König der Springerpartei in die Remiszone eindringen kann.

N. Grigorjew, 1932   J. Selman, 1941

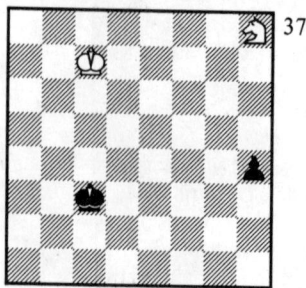 

374   375

Remis   *Remis*

1.♘f7! h3 2.♘g5 h2 3.♘e4+ ♔c2.
Falls 3. ... ♔d3, so 4.♘g3! mit Remis. Falls aber 3. ... ♔d4, so 4.♘f2! mit dem gleichen Ergebnis.
4.♘g3!
Nur so. 4.♘f2 taugt nichts wegen 4. ... ♔d2 5.♔d6 ♔e2 6.♘h1 ♔f3, und Weiß kommt zu spät.
4. ... ♔d1 5.♔d6 ♔e1 6.♔e5 ♔f2 7.♔f4 usw.
Das gleiche Thema behandeln die Beispiele 375 und 376.

1.♘f7 h3 2.♘d6+ ♔b6!
3.♘e4 h2 4.♘f2! ♔c6 5.♔b8! ♔d6 6.♔b7 ♔e6 7.♔c6 ♔f5 8.♔d5 ♔f4 9.♔d4 und weiter wie bereits bekannt.

A. Chéron, 1926

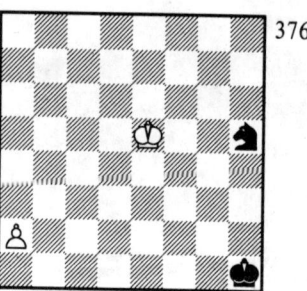

376

Remis

1.a4 ♘g7 2.a5 ♘e8 3.a6 ♘c7 4.a7 ♔g2 5.♔f6 ♔f3 6.♔e7 ♔e4 7.♔d7 ♘a8 8.♔c6 ♔e5 remis.
Läßt man einmal die Könige außer acht, erreicht der Springer einen Turmbauern, der die 4. Reihe noch nicht überschrit-

ten hat, von jedem beliebigen Feld, nur nicht aus der dem Umwandlungsfeld des Bauern diagonal gegenüberliegenden Ecke. Mitunter kann dem Springer jedoch ungewollt der gegnerische König zu Hilfe kommen.

F. Prokop, 1925

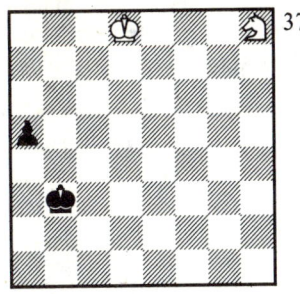

377

Remis

Weiß hält in dieser Stellung nach 1.♘g6! a4 2.♘f4 ♔c3 (2. ... a3 3.♘d3! ♔c2 4.♘b4+ mit Remis) 3.♘d5+ ♔b3 4.♘f4 remis.

R. Rey Ardid, 1926

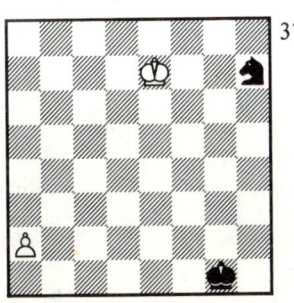

378

Remis

Auch hier holt der schwarze Springer den Bauern ein: 1.a4 ♘g5 2.♔d6 (2.a5 ♘f3! 3.a6 ♘d4 usw.) 2. ... ♘f3! 3.♔d5 ♘h4! 4.a5 ♘f5! 5.♔c6 ♘d4+ 6.♔b6 ♘f5! remis.

N. Grigorjew, 1932

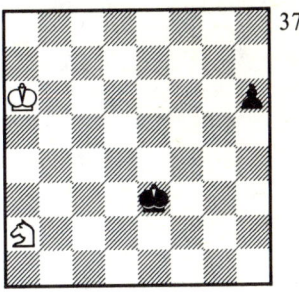

379

Remis

Weiß muß den Bauern entweder von g4 oder von f1 aus aufhalten. Da er nach f1 vorläufig nicht vordringen kann, steuert der Springer zunächst das Feld g4 an.
1.♘b4! (aber nicht 1.♘c3? h5 2.♘d5+ ♔f3 3.♘c7 h4 4.♘e6 ♔g4, und der Bauer geht zur Dame) 1. ... h5 2.♘c6! ♔e4 (im Kampf gegen einen Springer ist es für den König günstig, die diagonale Opposition einzunehmen; wenn 2. ... h4, so 3.♘e5 h3 4.♘g4+ usw.)
3.♘a5!!
Nur dieser auf den ersten Blick unverständliche Zug führt zum Remis. Weiß hat ein Schlüsselfeld gefunden, von dem aus der Springer sowohl nach g4

als auch nach f1 gelangen kann. Der schwarze König ist nicht in der Lage, dies zu verhindern.

3. ... h4 4.♘c4! h3 5.♘d2+ nebst 6.♘f1 mit Remis.

Die Seite, die über den Springer verfügt, braucht sich indes nicht immer nur zu verteidigen. Wenn der gegnerische König in einer Ecke steht und der eigene Bauer ihm den Weg versperrt, kann um ihn ein Mattnetz ausgeworfen werden.

A. Troitzky

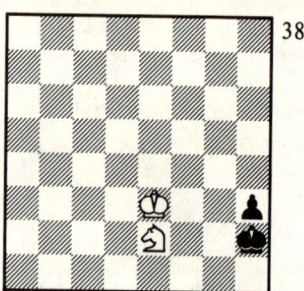

381

Weiß gewinnt

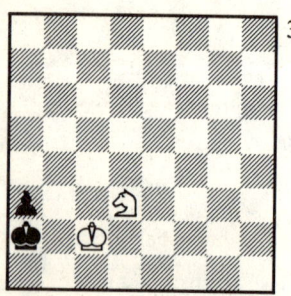

380

Matt in drei Zügen

1.♘b4+ ♔a1 2.♔c1 a2 3.♘c2 matt.

Diese Stellung war bereits im 13. Jahrhundert bekannt.

In dieser Studie von Troitzky ist der Gewinnweg komplizierter.

1.♔f3! (nach 1.♔f2 ♔h1 kann Weiß den Gegner nicht an den Zug bringen, da ein Springer allein nicht in der Lage ist, ein Tempo zu gewinnen) 1. ... ♔h1 2.♔f2 ♔h2 (2. ... h2 3.♘g3 matt) 3.♘c3 ♔h1 4.♘e4 ♔h2 5.♘d2 ♔h1 6.♘f1 h2 7.♘g3 matt.

Zweites Kapitel

Springer gegen zwei Bauern

1. Verbundene Bauern

Verbundene Bauern auf der 6. Reihe kann der Springer nur gemeinsam mit dem König aufhalten.

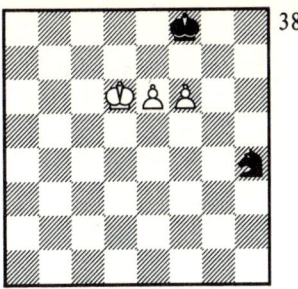

382

383

Schwarz am Zuge hält Remis

Remis

1. ... ♘g6! (nur so; schlecht ist 1. ... ♔e8? wegen 2.f7+ ♔f8 3.e7+! ♔:f7 4.♔d7, und Weiß gewinnt; 1. ... ♘f3? taugt ebenfalls nichts, da Schwarz nach 2.f7! in Zugzwang gerät, z. B. 2. ... ♘d4 3.e7+ ♔:f7 4.♔d7 oder 2. ... ♔g7 3.♔e7; schließlich zieht Schwarz auch nach 1. ... ♘f5+ 2.♔d7 nebst 3.e7+ den kürzeren) **2.♔d7** (falls 2.f7, so einfach 2. ... ♘e7, falls aber 2.e7+, so 2. ... ♔e8 oder 2. ... ♘:e7) **2. ... ♘e5+ 3.♔d8** (3.♔c7 ♘g4) **3. ... ♘c6+ 4.♔c7** (4.♔c8 ♘d4) **4. ... ♘d4 5.♔d7** (5.e7+ ♔e8 und 6. ... ♘f5) **5. ... ♘:e6! 6.♔:e6 ♔e8** remis.

Verbundene Bauern auf der 5. Reihe kann der Springer selbständig stoppen. In diesem Fall hängt das Ergebnis von der Aufstellung der Könige ab.

Hier werden die Bauern wie folgt gestoppt: **1.♘b3!** (aber nicht 1.♘e2? wegen 1. ... f3 2.♘g3 e3, und Schwarz gewinnt) **1. ... f3** (1. ... e3 2.♘d4) **2.♘d2 f2 3.♘f1**, und das Remis ist offenkundig.

In Ausnahmefällen kann der Springer allein mit zwei Bauern fertig werden, wenn es ihm wegen der ungünstigen Aufstellung des gegnerischen Königs gelingt, einen von ihnen zu erobern und ein unentschiedenes Endspiel mit Springer gegen einen Bauern herbeizuführen.

W. Tschechower, 1955
(Schluß einer Studie)

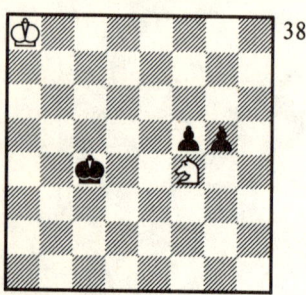

384

Remis

A. Salvio, 1634

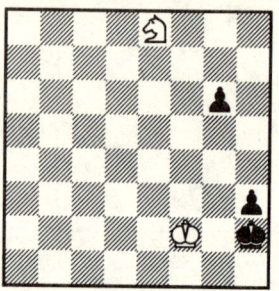

385

Weiß gewinnt

Auf den ersten Blick erscheint die Lage für Weiß hoffnungslos. Es folgt jedoch **1.♘e6! g4 2.♘g7! f4** (falls 2. ... g3, so 3.♘:f5 g2 4.♘e3+) **3.♘h5! f3 4.♘f6! g3** (4. ... f2 5.♘:g4 f1♕ 6.♘e3+) **5.♘e4! g2** (5. ... f2 6.♘:g3) **6.♘d2+ ♔ beliebig 7.♘:f3** remis.

Für Springerendspiele ist die Nutzung von „Gabeln" charakteristisch.

Ist einer der Bauern ein Randbauer, kann die Springerpartei bei ungünstiger Aufstellung des gegnerischen Königs sogar ein Mattnetz knüpfen.

Hier gelingt es Weiß, den schwarzen König matt zu setzen: **1.♘f6 ♔h1** (1. ... g5 2.♘g4+ ♔h1 3.♔f1 h2 4.♘f2 matt) **2.♘g4 h2 3.♔f1 g5 4.♘f2** matt.

Ist Schwarz am Zuge, sind zwei Varianten möglich:
1) **1. ... g5 2.♘f6 g4** (2. ... ♔h1 3.♘g4 h2 4.♘e3! g4 5.♘f1 g3+ 6.♘:g3 matt) **3.♘:g4+ ♔h1 4.♔f1 h2 5.♘f2** matt.
2) **1. ... ♔h1 2.♘f6 ♔h2 3.♘g4+ ♔h1 4.♔f1 g5 5.♔f2 h2 6.♘e3 g4 7.♘f1 g3+ 8.♘:g3** matt.

2. Isolierte Bauern

Im Kampf mit weit voneinander entfernt stehenden isolierten Bauern kann der Springer nur erfolgreich sein, wenn ihm der König zu Hilfe kommt. Dabei ist wesentlich, die Aufgaben richtig abzustimmen. Der König muß gegen den einen, der Springer gegen den anderen Bauern kämpfen. Entscheidend ist, daß der Springer wie im Endspiel gegen einen Bauern ein Schlüsselfeld findet, von dem aus er den Bauern zu erreichen vermag. In Stellung 386 gelingt dies.

N. Grigorjew, 1934

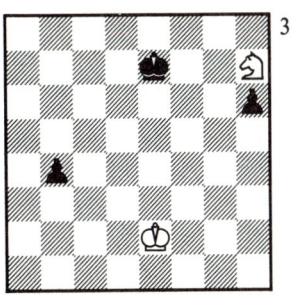

Remis

1.♔d3 ♔f7 2.♔c4 ♔g6! (wenn 2. ... ♔g7, so einfach 3.♔:b4 ♔h7 4.♔c4, und der König kommt rechtzeitig an den Bauern heran; jetzt hingegen folgt auf 3.♔:b4 nicht 3. ... ♔h7?, sondern 3. ... h5! 4.♘f8+ ♔f5, wonach der Springer nicht mehr in der Lage wäre, den Bauern zu stoppen) 3.♘f8+ ♔f5 4.♘d7 h5 (4. ... b3 5.♔c3!) 5.♘c5!! (das Schlüsselfeld ist gefunden; der Springer strebt nach f1; im Fall von 5.♘b6? h4 6.♘d5 ♔e4! ginge der h-Bauer zur Dame) 5. ... h4 6.♘b3!! (schlecht ist 6.♘d3? h3 7.♘f2 h2 8.♔:b4 ♔f4 9.♔c4 ♔f3

10.♘h1 ♔g2 11.♔d3 ♔:h1) 6. ... h3 7.♘d2 h2 8.♘f1! h1♕ 9.♘g3+ remis.

Der Springer hält isolierte Bauern auf der 6. Reihe auf, wenn zwischen ihnen nicht mehr als eine Linie liegt. Anderenfalls geht einer der Bauern zur Dame.

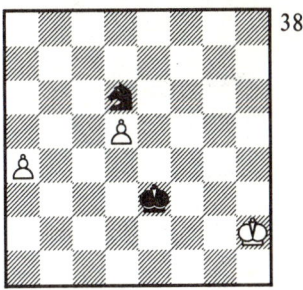

Weiß gewinnt

Hier entscheidet **1.a5**. Nach **1. ... ♔d4 2.a6 ♘c8** (2. ... ♘b5 3.d6) **3.d6!** ♘b6 (3. ... ♘:d6 4.a7) **4.a7 ♔c5 5.d7** geht ein Bauer zur Dame.
Auch bei isolierten Bauern kann eine Mattsituation entstehen, wenn einer von ihnen ein Randbauer ist.

K. Jaenisch, 1837

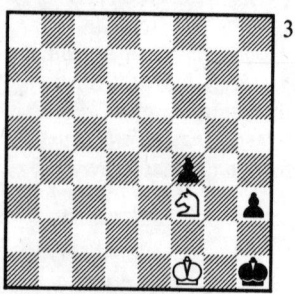

Weiß gewinnt

Weiß setzt spätestens im 10. Zuge matt.
1.♘e5! ♚h2 (1. ... h2 2.♘g4)
2.♔f2 f3 (oder 2. ... ♚h1
3.♘g4 f3 4.♔f1 f2 5.♘:f2+
♚h2 6.♘e4 ♚h1 7.♔f2 mit
Übergang zur Hauptvariante)
3.♘g4+ ♚h1 4.♔f1 f2!
5.♘:f2+ ♚h2 6.♘e4 ♚h1
7.♔f2 ♚h2 8.♘d2 ♚h1
9.♘f1 h2 10.♘g3 matt.

Drittes Kapitel

Springer gegen drei und mehr Bauern

König und Springer gelingt es in diesem Fall nur bei exaktem Zusammenspiel, aber auch dann nicht immer, das Vorgehen der Bauern zu verhindern. Gegen drei Bauern ist ein Remis möglich, wenn es durch koordiniertes Handeln des Königs und des Springers gelingt, entweder die Bauern zu blockieren oder einen Bauern zu erobern und ein unentschiedenes Endspiel mit Springer gegen zwei Bauern zu erreichen oder den Springer für zwei Bauern zu geben und ein unentschiedenes Bauernendspiel herbeizuführen. Selbstverständlich sind damit nur die Hauptfälle genannt.

1. Verbundene Bauern

Bei verbundenen Bauern gibt es *zwei Hauptremisstellungen,* die die Springerpartei anstreben muß (389 und 391).

J. Awerbach, 1954

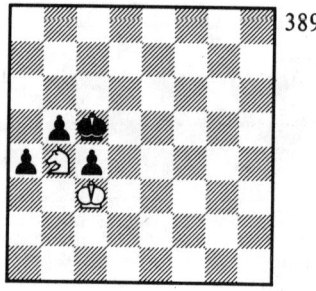

Remis

Die weiße Verteidigung ist recht einfach. Der Springer manövriert auf den Feldern a2 und b4. Wenn der schwarze König eine Umgehung versucht, verhindert der weiße König von c2 aus sein weiteres Vordringen. Das Ergebnis ist nicht vom Zugrecht abhängig. Es ändert sich auch nicht, wenn man die Stellung nach rechts verschiebt.

J. Awerbach, 1954

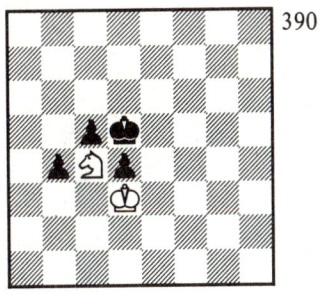

390

Remis

Auch hier kann Schwarz nicht gewinnen. Auf 1. ... ♚c6 führt am einfachsten 2.♔c2! ♚b5 3.♔b3 usw. zum Remis.

J. Awerbach, 1954

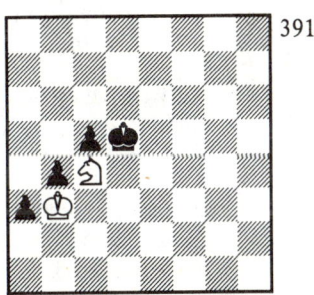

391

Weiß am Zuge hält remis Schwarz am Zuge gewinnt

In dieser Stellung ist die Aufgabe für Weiß komplizierter. Liegt das Zugrecht bei ihm, muß er sich, um remis zu halten, einer präzisen Zugfolge befleißigen: 1.♘e3+! ♚d4 (1. ... ♚c6 2.♘c4 a2 3.♘c2 usw.) 2.♘c2+! ♚d3 3.♘a1! (aber nicht 3.♘e1+ ♚e2 4.♘c2 ♚d2 5.♘a1 ♚c1 6.♔a2 c4, und Schwarz gewinnt) 3. ... ♚d2 4.♔c4! ♚c1 5.♘b3+ ♚b2 6.♘:c5 a2 7.♘b3.

Ist jedoch Schwarz am Zuge, kommt er auf äußerst lehrreiche Art zum Erfolg.

1. ... ♚c6!! (nur Remis ergäbe 1. ... a2? 2.♘e3+ ♚e4 3.♘c2 ♚d3 4.♘a1 ♚d2 5.♔:a2 c4 6.♘b3+ ♚c2 7.♘d4+ ♚d3 8.♘b3 usw. oder 1. ... ♚d4? 2.♘d6 ♚d3 3.♘c4 ♚e2 4.♘d6 ♚d1 5.♘e4 c4+ 6.♔:b4) 2.♔c2! (2.♘e3 ♚b5 3.♘c4 a2) 2. ... ♚b5 3.♘d6+ ♚a4 4.♘c4 b3+ 5.♔c3 a2 6.♔b2 ♚b4 7.♘e3 c4 8.♘d5+ ♚c5 9.♘c3 ♚d4. Damit ist Stellung 392 erreicht, die schon 1880 von Horwitz analysiert wurde.

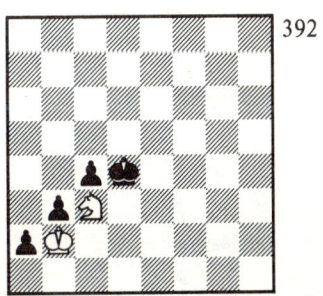

392

Weiß am Zuge. Schwarz gewinnt

Wir haben Stellung 391 vor uns, die um eine Reihe nach

223

unten versetzt wurde. Schwarz gewinnt, weil der weiße Springer jetzt nicht mehr genügend Raum für eine Umgruppierung hat.

10.♘e2+ (Horwitz untersuchte 10.♔a1 b2+! 11.♔:b2 a1♕+; falls 10.♘a4, so 10. ... c3+ 11.♘:c3 a1♕+ 12.♔:a1 ♔:c3) **10. ... ♔d3 11.♘c1+ ♔d2 12.♔a1 b2+ 13.♔:b2 a1♕+** oder **10.♘b5+ ♔d3 11.♔a1 ♔c2 12.♘d4+** (12.♘a3+ ♔c3! 13.♘b5+ ♔d3 14.♔b2 c3+ usw.) **12. ... ♔d2!** (12. ... ♔c3? 13.♘:b3! remis) **13.♔b2 ♔d3 14.♘b5 c3+**, und Schwarz gewinnt.

M. Marble, 1914

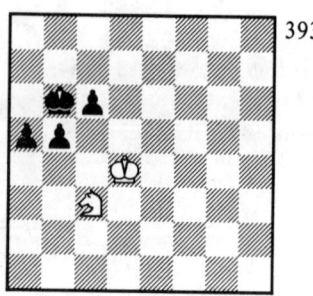

393

Remis

Weiß muß die gegnerischen Bauern stoppen. Dies gelingt wie folgt: **1.♘e4 a4 2.♘c5! ♔a5.**
Falls 2. ... ♔c7, so 3.♔e5 a3 4.♘b3! a2 5.♔d4 ♔d6 6.♔c3 mit Gewinn des Bauern a2. **3.♔c3 b4+ 4.♔c4 b3** (auf 4. ... a3 geschieht 5.♘b3+ ♔a4 6.♘c5+ usw.) **5.♔c3! ♔b5 6.♘:b3 ab 7.♔:b3** remis. Versetzt man die Stellung jedoch um eine Reihe nach unten, ist sie für Weiß verloren.

A. Chéron, 1952

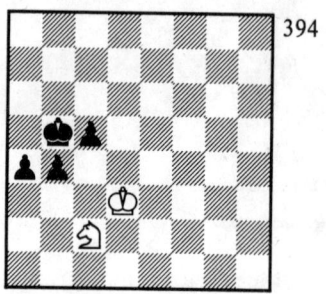

394

Weiß am Zuge. Schwarz gewinnt

1.♘e3 a3.
Jetzt scheitert der wichtige Blockadezug ♘e3–c4 an a3–a2. Weiß ist deshalb gegen das Vorgehen der Bauern machtlos.
2.♔c2 c4 3.♘d1 (zur Verluststellung 392 führt 3.♘d5 b3+ 4.♔c3 a2 5.♔b2 ♔c5 6.♘c3 ♔d4) **3. ... b3+ 4.♔c3 a2 5.♔b2 ♔b4 6.♘a1 ♔a3 7.♘b2 c3 8.♘c4+ ♔b4 9.♘a5 b2+ 10.♔:a2 ♔:a5.**
Fine formulierte die Regel, daß drei verbundene Bauern gegen einen Springer zum Erfolg kommen, wenn wenigstens zwei von ihnen auf die 5. Reihe gelangten. Wie aus der Analyse der Stellungen 389 und 391 hervorgeht, trifft dies nicht ganz zu. Richtiger ist,

daß drei verbundene Bauern gewinnen, wenn sie alle auf die 5. Reihe vordringen können.

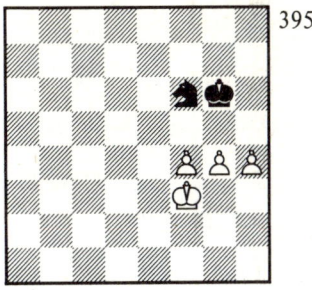

395

*Weiß am Zuge gewinnt
Schwarz am Zuge hält remis*

Wenn Weiß am Zuge ist, kann er die Bauern auf die 5. Reihe bringen und gewinnen.
1.f5+!
Aber nicht 1.g5? ♘d5 2.♔e4 ♘e7! 3.♔e5 ♔h5! 4.f5 ♔:h4 5.♔f6 ♘d5+ 6.♔g6 ♘e7+ bzw. 5.g6 ♔g5 6.g7 ♔g8 7.♔e6 ♘f6 mit Remis.
1. ... ♔g7 2.g5 ♘d5 3.h5 ♘c3 (oder 3. ... ♔f7 4.h6 ♘c3 5.h7 ♔g7 6.g6, und Weiß gewinnt) **4.♔f4 ♘e2+ 5.♔e5 ♘g3 6.f6+ ♔g8 7.h6 ♘h5 8.g6 ♘g3 9.h7+ ♔h8 10.f7,** und Weiß ist am Ziel.
Ein völlig anderes Bild ergibt sich, wenn Schwarz am Zuge ist.
1. ... ♘d5! 2.f5+ (die Fortsetzung 2.h5+ untersuchen wir gesondert) **2. ... ♔f6 3.♔e4 ♘c3+ 4.♔e3** (4.♔d3 ♘b5 5.♔c4 ♘d6+ oder 4.♔d4 ♘e2+ 5.♔e3 ♘g3 führt ebenfalls zum Remis) **4. ... ♔e5 5.h5 ♘d5+ 6.♔f3 ♘f6 7.h6 ♘h7,** und wir haben die Hauptremisstellung 389 erreicht.
Eine andere Variante ist **1. ... ♘d5! 2.h5+ ♔h6!** (aber nicht 2. ... ♔f6? 3.h6 ♔g6 4.g5 ♘e7 5.♔g4 ♘f5 6.h7, und Weiß gewinnt) **3.♔e4** (3.♔g3 ♘e3 4.♔h4 ♘g2+ bzw. 4.♔h3 ♘d5 5.f5 ♔g5 remis) **3. ... ♘c3+ 4.♔e5.**
Wenn 4.♔d4, so 4. ... ♘d1 mit der Drohung ♘d1–f2. Nach 4.♔d3 ♘d5 oder 4.♔e3 ♘d5+ 5.♔f3 ♘c3 6.♔g3 ♘e2+ 7.♔h4 ♘:f4 oder 4.♔f5 ♘d5 5.♔e5 ♘e3 6.g5+ ♔:h5 7.♔f6 ♘d5+ endet das Spiel ebenfalls remis.
4. ... ♘d1 5.♔f6.
Keinen Erfolg hätte Weiß auch mit 5.g5+ ♔:h5 6.f5 ♘f2 7.f6 ♔g6 8.♔e6 ♘e4 oder 5.f5 ♘e3 6.♔f4 ♘d5+ 7.♔e4 ♘f6+.
5. ... ♘e3 6.g5+ ♔:h5 7.g6 (7.f5 ♔g4+) **7. ... ♘g4+ 8.♔g7** (8.♔f7 ♘h6+) **8. ... ♘h6 9.♔h7 ♘f5 10.g7 ♘:g7 11.♔:g7 ♔g4** remis.

W. Tschechower, 1955

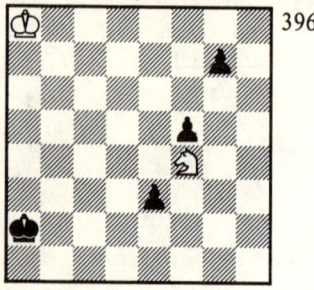

Remis

Hier ist der weiße König weit von den Bauern entfernt, und es scheint, Schwarz müsse leicht zum Erfolg kommen. Dank der ungünstigen Aufstellung des gegnerischen Königs gelingt es Weiß jedoch, sofort einen Bauern zu gewinnen, wonach er, wenn auch nicht ohne studienartige Feinheiten, remis hält.
1.♘d5.
Nun sind vier Erwiderungen möglich:
1) 1. ... e2 2.♘c3+ ♚b3 3.♘:e2 ♚c4 4.♘f4!
Andere Fortsetzungen verlieren, z. B. 4.♘g3? f4 5.♘h5 g5 nebst ♚c4–d5–e6 oder 4.♔b7? g5 oder aber 4.♘g1 ♚d3.
4. ... g5.
Auf 4. ... ♚c3 kann 5.♘e6 g6 6.♘f4 g5 7.♘e6 g4 8.♘g7 f4 (8. ... g3 9.♘h5! g2 10.♘f4 g1♕ 11.♘e2+) 9.♘h5 f3 10.♘f6 f2 11.♘e4+ ♚ beliebig 12.♘:f2 g3 13.♘h3 geschehen.

5.♘e6 und weiter wie in Beispiel 384.
2) 1. ... g5 2.♘:e3 f4 3.♘g4 ♚b3 4.♘h2.
Aber nicht 4.♔b7? ♚c4 5.♔c6 ♚d4 6.♔d6 f3 7.♔e6 ♚e4 8.♔f6 ♚f4, und Schwarz gewinnt.
4. ... ♚c2.
Es ist leicht zu sehen, daß 4. ... ♚c4 jetzt mit 5.♘f3 g4 6.♘e5+ beantwortet würde.
5.♔b7 ♚d1 6.♔c6 ♚e2 7.♔d5 ♚e3 8.♔e5 f3 9.♔f5 remis.
3) 1. ... f4 2.♘:f4 ♚b3 3.♔b7 ♚c4 4.♔c6 g5 5.♘g2 e2 6.♔d6 ♚d4 7.♔e6 ♚e4 8.♔f6 ♚f3 9.♘e1+ ♚f2 10.♘d3+ ♚e3 11.♘e1 g4 12.♔g5 g3 13.♔g4 ♚f2 14.♘d3+ ♚g2 15.♘f4+ ♚f1 16.♘:e2 remis.
4) 1. ... ♚b3 2.♘:e3 f4 3.♘f5 g5 4.♘d4! ♚b4(b2).
Ebenfalls zum Remis führt 4. ... ♚c4 5.♘f3 g4 6.♘e5+ oder 4. ... ♚c3 5.♘e6 f3 6.♘:g5 f2 7.♘e4+ oder schließlich 4. ... ♚a4 5.♔b7 g4 6.♔c6 f3 7.♘f5 f2 8.♘g3 ♚b4 9.♔d5 ♚c3 10.♔e4 ♚d2 11.♔f4.
5.♘f3 g4 6.♘e5 g3 7.♘d3+ ♚ beliebig 8.♘:f4 remis.

2. Isolierte Bauern

Mit einem Springer gegen drei isolierte Bauern remis zu machen ist wohl noch komplizierter als gegen drei verbundene,

da sich das Zusammenwirken der Figuren hier schwerer verwirklichen läßt.
Ein Remis ist möglich, wenn die Bauern nicht zu weit voneinander entfernt stehen.

**Sidorow–Alexandrowitsch
Riga 1954**

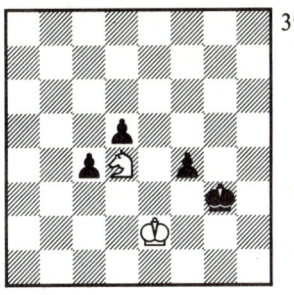

Schwarz am Zuge

In dieser Stellung gelingt es Weiß, das Zusammenspiel seiner Figuren zu gewährleisten. Schwarz kann nicht gewinnen. In der Partie folgte:
1. ... ♔g2 2.♘f3 c3 3.♘d4 ♔g3 (falls 3. ... c2 4.♘:c2 f3+ 5.♔d3 f2, so 6.♘e3+ ♔f3 7.♘f1 remis) 4.♘f5+ ♔g4 5.♘d4. Hier einigte man sich auf Remis, da 5. ... f3+ mit 6.♘:f3! c2 7.♘e5+ nebst 8.♘d3 beantwortet würde.

**Hug–Calvo
Palma de Mallorca 1972**

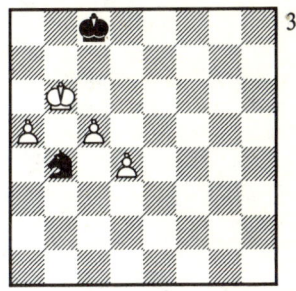

Schwarz am Zuge

Wäre Weiß am Zuge, würde er nach 1.c6 ♘d5+ 2.♔c5 ♘c7 3.d5 ♘a6+ 4.♔b6 ♘b4 5.d6 leicht zum Erfolg kommen. In der Partie lag das Zugrecht jedoch bei Schwarz.
Es folgte 1. ... ♘d5+! 2.♔c6 ♘e7+ 3.♔d6 ♘f5+ 4.♔e5 ♘e7 5.d5 ♔d7 6.a6 ♘c8. Schwarz ist es gelungen, das Zusammenspiel seiner Figuren herzustellen, so daß nun alle Gewinnversuche des Gegners leicht pariert werden.
7.♔d4 ♘a7 8.♔c4 ♔c7 9.♔b4 ♘c8 10.♔a5 ♘a7 11.♔a4 ♘c8 12.♔b3 (Weiß hat sich davon überzeugt, daß für den König an der linken Seite kein Durchkommen ist; er führt ihn daher ins Zentrum zurück) 12. ... ♘a7 13.♔c3 ♘c8 14.♔d3 ♔d7 15.♔e4 ♘a7 16.♔f5 ♘c8 17.♔f6 ♘e7! 18.♔e5 (falls 18.a7, so 18. ... ♘:d5+ 19.♔e5 ♘c7) 18. ... ♘c8 19.♔e4 ♘a7

20.♔f4 ♘c8 21.♔e5 ♘a7
22.♔f6 ♘c8 23.♔f7 ♘a7
24.♔f8 ♘b5 25.c6+ ♔d6
26.♔e8 ♘c7+ remis.
Drei weit voneinander entfernte isolierte Bauern sind dem Springer in der Regel überlegen. Stände z. B. in Stellung 397 der Bauer c4 auf b4, wäre das Resultat ein anderes.

J. Awerbach, 1954

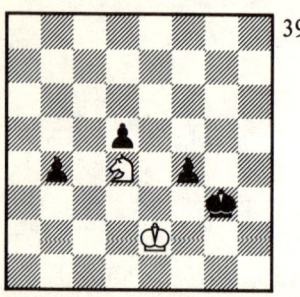

Schwarz am Zuge gewinnt

1. ... ♔g2 2.♘f3 b3 3.♘d2 b2
4.♔d1 ♔f2! (selbstverständlich nicht 4. ... f3 5.♔c2 f2 6.♘:b2 f1♕ 7.♘:f1 ♔:f1 8.♔c3 mit Remis) 5.♔c2 ♔e2 6.♘b3 f3
7.♘d4+ ♔e3 8.♘f5+ ♔f4,
und Schwarz gewinnt.
Durch das Vorhandensein von Doppelbauern wird die Aufgabe des Verteidigers zweifellos erleichtert.

N. Grigorjew, 1938

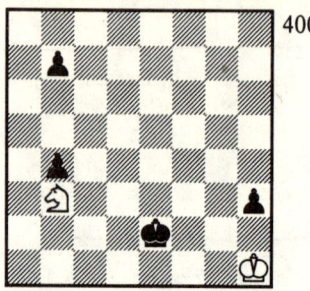

Remis

Die weißen Kräfte sind zersplittert. Trotzdem gelingt es ihnen, remis zu halten, weil der Gegner über einen Doppelbauern verfügt.
1.♘a5 ♔f3.
In anderen Varianten geht sofort ein Bauer verloren, während der andere durch den Springer aufgehalten wird,
z. B. 1. ... ♔d2(e3) 2.♘:b7 b3
3.♘a5 b2 4.♘c4+; 1. ... ♔d1
2.♘:b7 b3 3.♘c5 b2 4.♘a4
b1♕ 5.♘c3+ (der schwarze König hat die 1. Reihe verstellt, so daß die Dame ohne Schach entstand); 1. ...
♔e1(f2) 2.♘:b7 b3 3.♘c5 b2
4.♘d3+; 1. ... ♔d3 2.♘:b7
b3 3.♘c5+ usw.; 1. ... b6
2.♘c6 b3 3.♘d4+; 1. ... ♔f1
2.♘:b7 b3 3.♘c5 b2 4.♘e4
b1♕ 5.♘d2+ (spielbar ist auch 3.♘a5 b2 4.♘c4 b1♕
5.♘d2+).
2.♔h2.
Fehl am Platze wäre jetzt
2.♘:b7? b3 3.♘a5 b2 4.♘c4,

da es Weiß nach 4. ... b1♕+ nicht mehr möglich ist, durch ♘c4–d2+ remis zu halten.
2. ... ♔g4.
Auf 2. ... ♔f4 geschieht 3.♘:b7 b3 4.♘c5 b2 5.♘d3+.
3.♘b3 b6.
Oder 3. ... ♔f4 4.♘c5! ♔g4 5.♘b3, und Schwarz hat nichts erreicht. Falls jedoch 3. ... b5, so 4.♘d4 ♔f4 5.♘:b5 ♔e5 6.♔:h3 ♔d5 7.♘c7+ ♔c4 (7. ... ♔d6 8.♘e8+) 8.♘e8! b3 9.♘d6+ ♔d5 10.♘b5 remis.
4.♘d2 ♔f5.
Oder 4. ... ♔f4 5.♘c4 b5 (5. ... b3 6.♘:b6 b2 7.♘d5+ und 8.♘c3) 6.♘d6 ♔e5 7.♘:b5 ♔d5 8.♘c7+ mit Remis (siehe Stellung 365).
5.♔:h3 ♔e6 6.♔g3 ♔d5 7.♔f3 ♔d4 8.♔e2 ♔c3 9.♔d1 b3 10.♔c1 b2+ 11.♔b1 remis.
Wir haben uns bereits mit der wertvollen Eigenschaft des Springers vertraut gemacht, Barrieren gegen den feindlichen König zu errichten. Auch das folgende Beispiel bietet hierfür eine gute Demonstration.

W. Tschechower, 1938

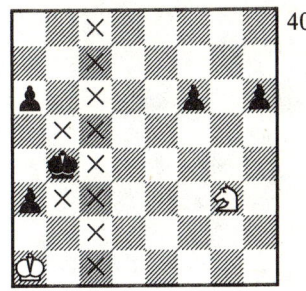
401

Remis

Die weißen Kräfte operieren getrennt, aber Schwarz vermag dies nicht auszunutzen. Der schwarze König kann nicht ohne Materialverlust die c-Linie überqueren.
Im Diagramm sind durch Kreuze jene Felder markiert, die der König nicht betreten darf, ohne einen Bauern einzubüßen.
Auf 1. ... ♔b3 folgt 2.♘e4 f5 3.♘g3 f4 4.♘e2 f3 5.♘d4+ mit Remis.
Selbst bei einer großen Bauernzahl kann ein Springer den Sieg davontragen, wenn sich der gegnerische König in einem Mattnetz befindet.

J. Mendheim, 1832

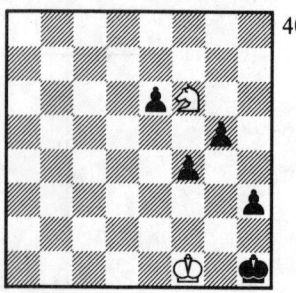

402

Weiß gewinnt

Weiß setzt spätestens im
9. Zuge matt.
1.♘g4 f3 (nur Zugumstellung
bedeutet 1. ... e5 2.♘:e5 ♔h2
3.♔f2 ♔h1 4.♘g4 f3) 2.♔f2
e5 3.♘:e5 ♔h2 4.♘g4+ ♔h1
5.♔f1 f2 6.♔:f2! h2 7.♘e3 g4
8.♘f1 g3 9.♘:g3 matt.
Bei einer beengten Aufstellung
des gegnerischen Königs kann
selbst dann noch eine studienartige Rettung möglich sein,
wenn es angebracht erscheint
aufzugeben.

A. Selesniew, 1930

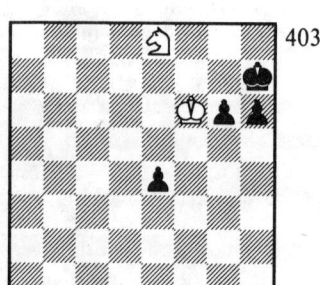

403

Remis

Weiß ist nicht mehr in der
Lage, den Bauern einzuholen.
Trotzdem hält er remis: 1.♔f7
e3 2.♘f6+ ♔h8 3.♘d5 e2
4.♘f4 e1♕ 5.♘:g6+ ♔h7
6.♘f8+ ♔h8 7.♘g6+. Ewiges
Schach!

Viertes Kapitel

König, Springer und Bauer gegen König

Ein König kann gegen König,
Springer und Bauer remis halten:
1. wenn es möglich ist, den
Bauern zu erobern;
2. wenn der König das Feld
vor einem Turmbauern auf der
vorletzten Reihe besetzen
kann, von dem er nicht zu verdrängen ist;
3. wenn der gegnerische König
das Feld vor seinem Turmbauern auf der vorletzten Reihe
eingenommen hat und es gelingt, ihn nicht aus der Ecke
herauszulassen.

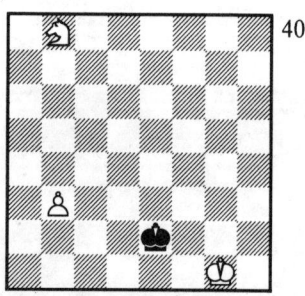

404

Schwarz am Zuge hält remis

Hier kommt Weiß nicht dazu, den Bauern zu verteidigen. Nach 1. ... ♔d3 2.♘c6 ♔c3 3.♘a5 ♔b4 endet das Spiel remis.
Verschiebt man Stellung 404 jedoch um eine Linie nach rechts, kann Weiß gewinnen.

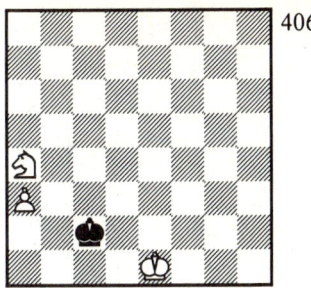

Weiß gewinnt

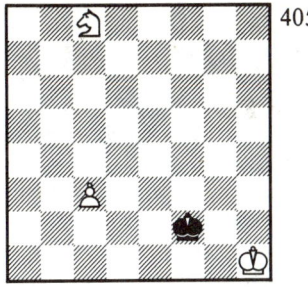

Schwarz am Zuge. Weiß gewinnt

Die Aufgabe von Weiß besteht darin, den Bauern durch den Springer von dem entlegensten Feld aus zu decken. Während der gegnerische König dann den Springer angreift, nähert sich der weiße dem Bauern und führt ihn zur Dame. Dieser Plan ist wie folgt zu verwirklichen: 1. ... ♔e3 2.♘b6! ♔d3 3.♘a4! ♔c4 4.♔g2 ♔b3 5.♔f3! ♔:a4 6.♔e4, und Weiß gewinnt.
Steht der eigene König abseits, muß der Springer den Bauern von hinten verteidigen.

Zum Gewinn führt 1.♘b2! ♔b3 2.a4, wonach sich der weiße König zu seinem Bauern begibt. Verfehlt wäre 1.♘b6? ♔b3 2.a4 ♔b4 3.♔d2 ♔a5 oder 1.♘c5? ♔c3 2.♔e2 ♔c4 3.♘ beliebig ♔b3 mit Remis.

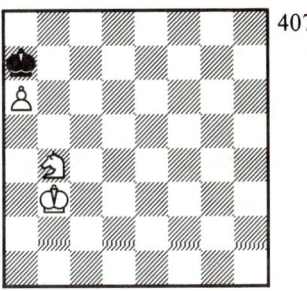

Weiß gewinnt

Der Springer deckt den Bauern von hinten, und Weiß gewinnt, indem er den König heranholt: 1.♔c4 ♔b6 2.♔d5 ♔a7 3.♔c6 ♔a8 4.♔b6 usw.
Versetzt man die Stellung jedoch um eine Reihe nach oben, ist ein Gewinn schon nicht mehr möglich.

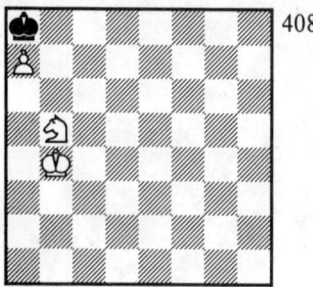

408

Remis

Der Versuch, den schwarzen König aus der Ecke zu verdrängen, führt zum Patt:
1.♔c5 ♚b7 2.♔d5 ♚a8 3.♔c6 patt. Deshalb ist es nicht immer gut, einen Randbauern auf die 7. Reihe vorzurücken.
Sehen wir uns noch zwei weitere Beispiele zu diesem Thema an.

W. Tschechower, 1952

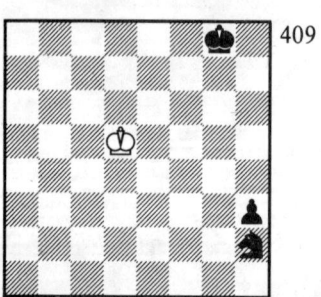

409

Remis

Nach **1.♔e4!** kann Schwarz nicht gewinnen, z. B. 1. ... ♞g4 2.♔f3 ♚g7 3.♔g3 h2 4.♔g2 oder 1. ... ♚g7 2.♔f4 ♞f1 3.♔f3 ♚g6 4.♔f2 h2 5.♔g2.

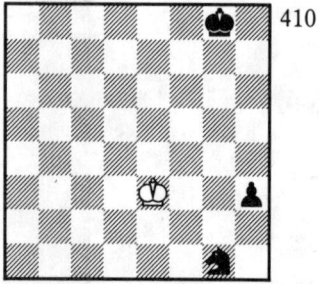

410

Weiß am Zuge. Schwarz gewinnt

Auf **1.♔f2** würde 1. ... h2? 2.♔g2 ♞f3 3.♔h1 nur zum Remis führen. Richtig ist **1. ... ♞e2!**, womit eine Barriere geschaffen und der weiße König nicht an den Bauern herangelassen wird.

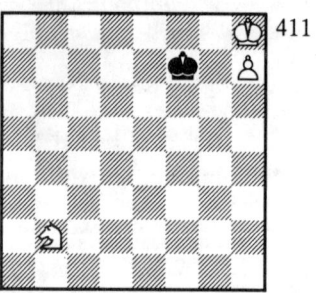

411

Weiß am Zuge gewinnt
Schwarz am Zuge hält remis

Diese Stellung veranschaulicht den dritten Fall.
Um zu gewinnen, muß Weiß seinen König befreien. Liegt das Zugrecht bei ihm, gelingt dies: **1.♘d3 ♚f8 2.♘e5** usw.

Ist dagegen Schwarz am Zuge, kann der weiße König nicht aus der Ecke entweichen: 1. ... ♔f8 2.♘d3 ♔f7 3.♘e5+ ♔f8. Jetzt ist Weiß am Zuge und daher gezwungen, dem gegnerischen König das Feld f7 zu überlassen. Remis.

Um das Spiel für sich zu entscheiden, müßte Weiß den Gegner an den Zug bringen. Dies ist aber nicht möglich. Hier begegnen wir einer wesentlichen negativen Eigenschaft des Springers: Ein Springer allein ist nicht in der Lage, ein Tempo zu gewinnen.

Für Stellungen des Typs 411 ist es nützlich, sich folgende Regel zu merken:
Die schwächere Seite hält remis, wenn sie in Wahrnehmung ihres Zugrechtes mit dem König ein Feld betreten kann, das die gleiche Farbe trägt wie jenes, auf dem der Springer steht.

Fünftes Kapitel

Springer und Bauer gegen einen Bauern

König, Springer und Bauer gewinnen gegen König und Bauer gewöhnlich ohne Schwierigkeiten. Der Gewinnplan ist einfach:
1. Bei Freibauern unterstützt in der Regel der König der stärkeren Seite den Vormarsch seines eigenen, während der Springer den Bauern des Gegners blockiert.
2. Ist kein Freibauer vorhanden, muß zunächst der gegnerische Bauer erobert werden, um den eigenen anschließend zur Dame führen zu können.

Es gibt jedoch Stellungen, in denen die Verwirklichung dieses Planes auf gewisse Schwierigkeiten stößt. Mitunter ist ein Gewinn überhaupt nicht möglich.

J. Awerbach, 1955

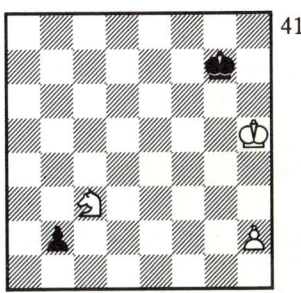
412

Weiß gewinnt
Schwarz hält remis, wenn der Bauer auf h3 steht

Weiß verfügt über einen Randbauern, den der König nicht allein zur Dame führen kann, weil der schwarze König ihn blockieren würde. Folglich muß Weiß zunächst den Bauern b2 erobern, um den Springer freizubekommen. Die unmittelbare Annäherung des Königs an den Bauern b2 bringt indes nichts ein, z. B. 1.♔g5 ♔h7 2.♔f4 ♔h6

3.♔e3 ♔h5 4.♔d2 ♔h4 5.♔c2 ♔h3 remis. Weiß muß deshalb den Springer nach d2 stellen, um die Möglichkeit zu haben, den Bauern h2 durch ♘d2–f1 zu verteidigen. Versuchen wir, 1.♘b1 zu spielen. Darauf geschieht 1. ... ♔f6! 2.♔g4 (2.♘d2 ♔f5 3.♔h4 ♔f4 4.♔h3 ♔g5 remis) 2. ... ♔g6 (möglich ist auch 2. ... ♔e5 3.♔f3 ♔f5!, ebenfalls mit Remis, nicht aber 3. ... ♔d4 4.♔e2 ♔e4 5.♘d2+ ♔d4 6.♔d1 ♔d3 7.h4, und Weiß gewinnt) 3.♘d2 ♔h6, und Weiß kommt nicht dazu, den Bauern b2 zu erobern, ohne den h-Bauern einzubüßen.

Dies bedeutet, daß zuerst **1.♔g5!** erforderlich ist, z. B. 1. ... ♔f7 2.♘b1 ♔g7 (wenn 2. ... ♔e6, so 3.♔g6 ♔e5 4.h4 ♔e4 5.h5 ♔d3 6.h6 ♔c2 7.h7 ♔:b1 8.h8♕, und Weiß gewinnt) 3.♘d2 ♔h7 4.♔f5 ♔h6 5.♘e4 ♔h5 6.♔d3 ♔h4 7.♔c2 ♔h3 8.♘f1, und Weiß ist am Ziel.

Es versteht sich, daß der Springer den Bauern nicht verteidigen könnte, wenn dieser auf h3 stände. Weiß käme in diesem Fall nicht zum Erfolg.

N. Grigorjew, 1933

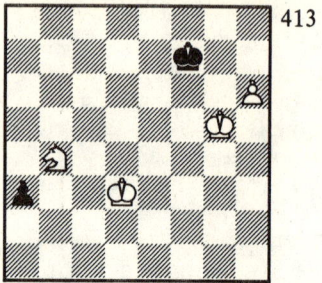

413

Weiß am Zuge gewinnt
Schwarz am Zuge hält remis

Dieses Beispiel zeigt eine weitere interessante Möglichkeit in Stellungen mit einem freien Randbauern.

Weiß kann den Bauern nicht zur Dame führen. Wenn er am Zuge ist, gelingt es ihm aber, den schwarzen König matt zu setzen.

1.♘a2! ♔f8 2.♔f6!

Falls 2.♔g6?, so 2. ... ♔g8 3.h7+ ♔h8 4.♘b4 a2 5.♘:a2 patt. Auch 3.♘b4 ♔h8 4.♘c6 a2 5.♘e5 a1♕ 6.♘f7+ ♔g8 7.h7+ ♔f8 brächte dann nichts ein, weil die schwarze Dame das Feld h8 unter Kontrolle hat.

2. ... ♔g8 3.♔g6 ♔h8 4.♘b4 ♔g8 5.h7+ ♔h8 6.♘c6 a2 7.♘e5 a1♕ 8.♘f7 matt.

Ist Schwarz am Zuge, hält er, wie wir bereits gesehen haben, durch 1. ... ♔g8! 2.♔g6 (2.♔f6 ♔h7 3.♔g5 ♔g8) 2. ... ♔h8 3.♘a2 ♔g8 remis.

R. Fine, 1941

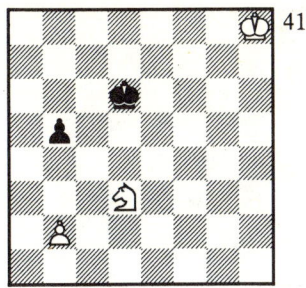

Weiß gewinnt

Weiß muß seinen Bauern zuverlässig decken. Wenn er am Zuge ist, läßt sich dies leicht verwirklichen: **1.b4 ♔d5 2.♘c5 ♔c4 3.♘a6 ♔d5 4.♔g7**, und der weiße König kommt zu Hilfe.
Schwerer hat es Weiß, wenn der Gegner am Zuge ist: **1. ... ♔d5 2.♔g7 ♔d4 3.♘c1!** (fehlerhaft wäre 3.♘e1 ♔c4 4.♔f6 ♔b3 5.♘d3 ♔c2 mit Remis) **3. ... ♔e3 4.♘b3! ♔d3 5.♘a5! ♔c2 6.b4! ♔c3 7.♘c6 ♔c4 8.♔f6 ♔d5 9.♘a5**, und Weiß gewinnt.

L. Kubbel, 1914

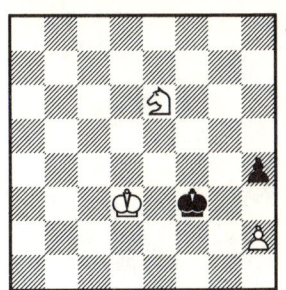

Weiß gewinnt

Weiß gelingt es, seinen Bauern durch **1.h3 ♔g3 2.♘g5** zu verteidigen. Schwarz spielt jedoch **2. ... ♔f4 3.♘e4 ♔f3! 4.♔d4 ♔f4! 5.♔d5 ♔f5!**, womit er die weißen Figuren bindet und den König nicht an den Bauern h4 heranläßt.
Die einzige Gewinnmöglichkeit besteht jetzt in dem Opfer des Springers mit dem Ziel, den schwarzen König abzulenken. Wenn aber 6.♘f2 ♔f4 7.♔d4 ♔f3 8.♔e5 ♔:f2 9.♔f4, so 9. ... ♔e2 10.♔g4 ♔e3 11.♔:h4 ♔f4 mit Remis.
Es ist notwendig, den Springer auf g1 zu opfern: **6.♘c3! ♔f4 7.♘e2+ ♔f3 8.♘g1+ ♔g2 9.♔e4! ♔:g1 10.♔f3! ♔f1 11.♔g4 ♔e2 12.♔:h4**, und Weiß gewinnt.
Bemerkt sei, daß ein Ablenkungsopfer des Springers für derartige Stellungen typisch ist. Sehen wir uns noch einige Beispiele an.

L. Prokes, 1946

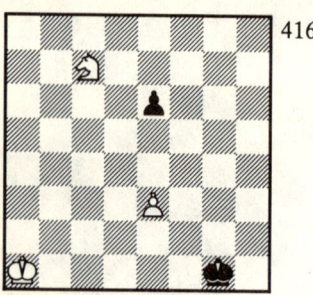

Weiß gewinnt

Weiß kommt durch feines Spiel zum Erfolg.
1.e4! (fehl am Platze wäre 1.♘:e6 ♔f2 2.e4 ♔e3 3.♘g5 ♔f4 mit Remis) **1. ... ♔f2 2.♘d5!!**
Ein wichtiger Zug, der dem schwarzen König das Feld e3 nimmt. Wenn 2.♘b5, so 2. ... ♔e3 3.♘c3 ♔d3! 4.♔b2 ♔d2! 5.♔b3 ♔d3 6.♔b4 ♔d4, und Weiß kann nichts weiter unternehmen, z. B. 7.♔b5 ♔:c5 8.♔c5 ♔d3, und nun muß 9.♔d6 geschehen, da 9.e5?? nach 9. ... ♔e4 sogar verlieren würde.
2. ... ♔f3 (2. ... ♔e2 3.e5 ♔d3 4.♘f6 ♔d4 5.♘d7 usw.) **3.♘c3 ♔e3 4.♔a2!!**
Wir haben einen typischen Fall von Gegenfeldern vor uns: Dem Feld d2 entspricht das Feld b2, dem Feld d3 das Feld b3, dem Feld e3 das Feld a2.
4. ... ♔d3 5.♔b3! ♔d4 6.♔b4 ♔d3 (oder 6. ... e5 7.♔b5! ♔:c5 8.♔c5 ♔d3 9.♔d5, und

Weiß gewinnt) **7.♔c5! ♔:c3 8.♔d6 ♔d4 9.e5** usw.

Blackburne–Zukertort
Wettkampf 1881

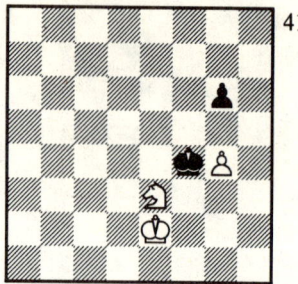

Weiß am Zuge gewinnt
Schwarz am Zuge hält remis

Weiß am Zuge gewinnt durch **1.♔f2! g5** (1. ... ♔e4 2.♘g2) **2.♔e2 ♔e4 3.♔d2 ♔f4 4.♔d3 ♔f3 5.♔d4 ♔f4 6.♔d5!**
Liegt das Zugrecht indes bei Schwarz, besetzt dieser nach **1. ... ♔g3!** das Gegenfeld, und Weiß kann seine Stellung nicht mehr verstärken, z. B. **2.♔d1 ♔f3! 3.♔d2 ♔f2! 4.♔d3 ♔f3 5.♔d4 ♔f4** remis.

**Ebralidse–Bondarewski
Tbilissi 1937**

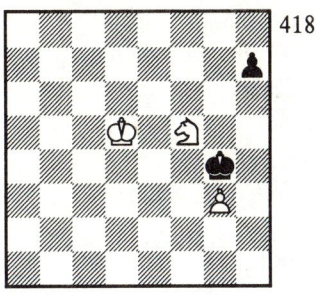

Weiß am Zuge

In dieser Stellung ist die Aufgabe von Weiß dadurch erschwert, daß er mit dem Vorstoß des Bauern h7 rechnen muß. Dennoch kann er, wenn er am Zuge ist, gewinnen. In der Partie folgte **1.♔e5!** Fehlerhaft wäre 1.♔e4? wegen 1. ... h5! mit Remis, da die Zugpflicht nun bei Weiß liegt, z. B. 2.♔e5 ♔g5 3.♔e6 ♔g6 (Schwarz behauptet die Opposition) 4.♔e5 ♔g5 5.♘e3 h4 6.g4 h3 usw.
1. ... ♔f3.
Hier wird 1. ... h5 mit 2.♔e4 beantwortet, wonach es Schwarz ist, der sich im Zugzwang befindet, z. B. 2. ... ♔g5 3.♘e3 h4 4.g4 h3 5.♔f3, und Weiß gewinnt. Ebendahin führt 1. ... ♔g5 2.♘e3 h5 3.♔e4. Falls schließlich 1. ... h6, so 2.♔f6! ♔h5 3.♘:h6! (aber nicht 3.♘e3? patt) 3. ... ♔:h6 4.g4, und Weiß gewinnt.
2.♔f6.
Eine Ungenauigkeit. Notwendig war 2.♔e6!, um erst auf 2. ... ♔g4 mit 3.♔f6 ♔h5 4.♘e3 fortzusetzen.
2. ... ♔g4 3.♔e6?
Durch 3.♔e5 ließ sich der Fehler noch korrigieren. Falls darauf 3. ... ♔f3, so 4.♔e6. Jetzt hingegen kann Weiß nicht mehr gewinnen.
3. ... ♔g5! 4.♔e5 (oder 4.♘e3 h5 5.♘f5 ♔g6!, womit Schwarz die Opposition einnimmt und remis hält) **4. ... h5 5.♔e6 ♔g6 6.♘e3** (oder 6.♔e5 ♔g5 7.♔e4 ♔g4 remis) **6. ... ♔g5** remis, z. B. 7.♔e5 h4 8.g4 h3.

Zum Schluß noch einige Stellungen mit Turmbauern.

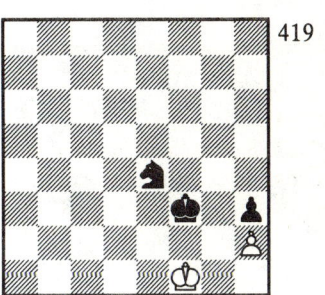

Remis

Wir haben eine typische „Festung" vor uns. Nach **1.♔g1 ♘f2 2.♔f1** ist das Remis unvermeidlich, da sich der weiße König nicht aus der Ecke vertreiben läßt.
Würde man Stellung 419 um eine Linie nach links verschieben, wäre sie schon keine Festung mehr.

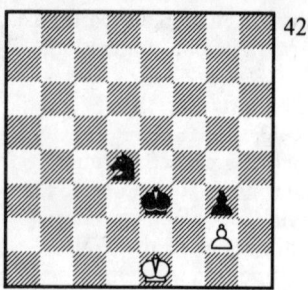

420

Weiß am Zuge. Schwarz gewinnt

1.♔f1 ♔d2 2.♔g1 ♔e2
3.♔h1 ♘f3! Schwarz zerstört
die Festung und setzt matt.
Zum Ziel führt hier auch das
effektvollere 1. ... ♘f3! 2.gf
♔:f3 3.♔g1 g2 usw.

J. Berger

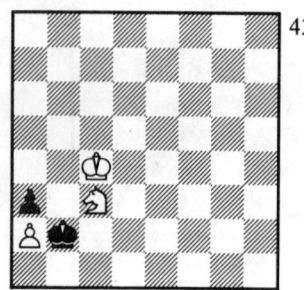

421

Weiß gewinnt

Weiß gewinnt, indem er den
Bauern opfert und ein Mattnetz knüpft.
1.♔d3 ♔a1 2.♘b5! ♔b2
3.♔d2 ♔b1 4.♔c3 ♔:a2
5.♔c2 ♔a1 6.♘d4 ♔a2
7.♘e2 ♔a1 8.♘c1 a2 9.♘b3
matt.

Bei Turmbauern sind sogar Remisstellungen mit einem Bauern gegen Springer und zwei
Bauern möglich. So kann
Schwarz im folgenden Beispiel
trotz seines bedeutenden materiellen Übergewichts nicht gewinnen.

W. Tschechower, 1952
(Schluß einer Studie)

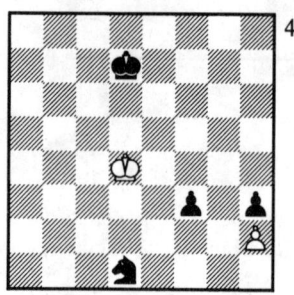

422

Remis

1.♔d3 ♔e6 2.♔d2 f2 (2. ...
♔e5 3.♔:d1 ♔e4 4.♔d2 ♔d4
5.♔e1 ♔e3 6.♔f1 f2 patt)
3.♔e2 ♔e5 4.♔f1 ♔e4 5.♔e2
♔f4 6.♔f1 ♘e3+ (6. ... ♔e3
patt) 7.♔:f2 ♘g4+ 8.♔g1,
und es ist die Remisstellung 419 erreicht.

W. Tschechower, 1952
(Schluß einer Studie)

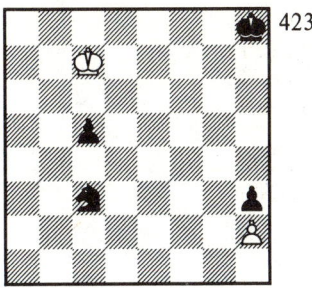
423

Remis

Weiß erobert den Bauern c5 für den Bauern h2, wodurch eine uns schon bekannte Remisstellung entsteht.
1.♔c6! (schlecht ist 1.♔b6? ♘e4 oder 1.♔d6? ♘a4, und Schwarz gewinnt) **1. ... ♘e4**
(oder 1. ... ♔g7 2.♔:c5 ♔f6 3.♔d4 ♘d1 4.♔d3 ♔f5 5.♔e2 remis) **2.♔d5 ♘g5**
(2. ... ♔g7 3.♔:e4 ♔f6 4.♔d5 ♔f5 5.♔:c5 ♔f4 6.♔d4 ändert nichts am Resultat)
3.♔:c5 ♘f3 4.♔d5 ♘:h2 5.♔e4 ♘g4 6.♔f3 ♔g7 7.♔g3 h2 8.♔g2 remis.

Sechstes Kapitel

Springer und Bauer gegen zwei und mehr Bauern

Springer und Bauer sind stärker als zwei Bauern. Wenn die schwächere Seite keine ernsthaften Positionsvorteile besitzt, zieht sie deshalb den kürzeren. Der Gewinnplan sieht in groben Zügen wie folgt aus:
1. Ist der Bauer ein Freibauer, muß er zur Dame geführt und gleichzeitig ein drohendes Vorgehen der gegnerischen Bauern verhindert werden.
2. Ist kein Freibauer vorhanden, sind zunächst die hinderlichen Bauern des Gegners zu beseitigen, um anschließend den eigenen Bauern in eine Dame verwandeln zu können. Verfügt der Gegner über verbundene Freibauern, kann der Springer sie selbständig stoppen, sofern sie die 5. Reihe noch nicht überschritten haben.

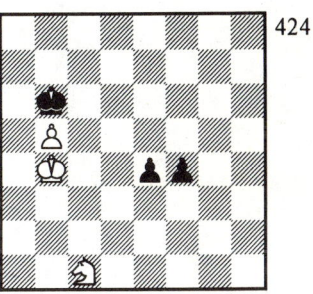
424

Weiß gewinnt

Nach **1.♘b3!** hält Weiß die gegnerischen Bauern auf und gewinnt, z. B. **1. ... f3** (1. ... e3 2.♘d4) **2.♘d2 f2 3.♘f1** usw. Man beachte die strenge Pflichtteilung zwischen den weißen Figuren: Der Springer hat die gegnerischen Bauern unter Kontrolle, der König unterstützt das Vorrücken des eigenen Bauern.

W. Jachontow, 1950

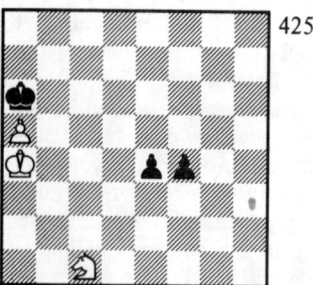

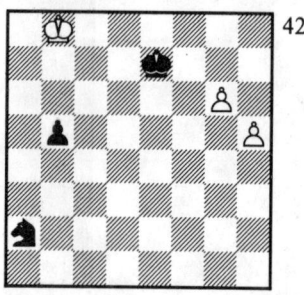

Remis

Remis

Steht der Bauer am Rande, ist es nicht möglich, ihn mit ausschließlicher Unterstützung des Königs in eine Dame zu verwandeln. Weiß gewinnt nur, wenn es ihm gelingt, den König des Gegners matt zu setzen.

Deshalb wäre es unangebracht, **1.♘b3** mit 1. ... f3? 2.♘c5+ ♔a7 3.♘:e4 ♔a6 zu beantworten, da Weiß nach 4.♘f2 ♔b7 5.♔b5 ♔a7 6.a6 ♔a8 7.♔b6 ♔b8 8.♘e4 ♔a8 9.♘g5 f2 10.♘e6 f1♕ 11.♘c7+ ♔b8 12.a7+ ♔c8 in drei Zügen matt setzt: 13.a8♕+ ♔d7 14.♕e8+ nebst 15.♕e6 matt. Durch **1. ... e3 2.♘d4 f3!** (dieses Opfer kann auch nach vorherigem 2. ... ♔b7 3.♔b5 ♔a7 4.a6 gebracht werden) **3.♘:f3 e2** hält Schwarz jedoch remis, da der Springer jetzt nicht rechtzeitig nach c7 gelangt.

Wie kann sich Weiß aus dieser mißlichen Lage retten? Immerhin geht der schwarze Bauer unaufhaltsam zur Dame, während die weißen Bauern leicht gestoppt werden.

Sehen wir uns die Lösung an: **1.h6 ♔f6 2.h7! ♔g7 3.♔c7 b4 4.♔d6!**

Weiß hat seinerseits Drohungen geschaffen: Falls sofort 4. ... b3, so 5.♔e7 b2 6.h8♕+ nebst 7.♔f7 mit Remis.

4. ... ♘c3 5.♔c5! b3 6.♔b4! b2 7.♔a3! b1♕(♘) 8.h8♕+ ♔:h8 9.g7+ ♔:g7 patt.

Diese Pattidee wurde erstmals in einer Studie von Troitzky realisiert (siehe Beispiel 462). Auch bei isolierten Bauern ist es sehr wichtig, den Springer so zu postieren, daß er beide Bauern des Gegners aufhalten kann. So muß Weiß den Springer im folgenden Beispiel nach f2 oder f1 führen, wonach er durch Annäherung des Königs gewinnt.

L. Kubbel, 1924

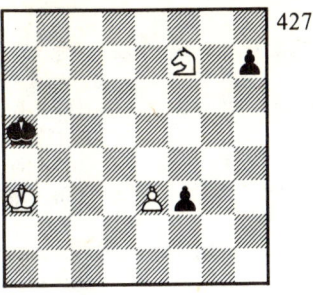

Weiß gewinnt

1.♘d6!
Dem schwarzen König muß unbedingt das Feld b5 genommen werden. Falls 1.♘e5?, so 1. ... ♔b5! 2.♘:f3 ♔c4 3.e4 h5 4.♔b2 h4 5.♔c2 (5.♘:h4 ♔d4 oder 5.e5 ♔d5 remis) 5. ... h3 6.♔d2 h2 7.♘:h2 ♔d4 mit Remis. Auch 2.♘d3 ♔c4 3.♘f2 ♔c3 usw. brächte Weiß keinen Erfolg.
1. ... f2 (die beste Chance; sonst geschieht ♘d6–e4, ♔a3–b3 usw.) **2.♘c4+ ♔b5 3.♘d2 f1♕!**
Eine interessante Möglichkeit, das Spiel zu verschärfen. Wenn 3. ... h5, so 4.♔b3 h4 5.♔c3 h3 6.♘f1, und Weiß gewinnt.
4.♘:f1 ♔c4 5.♔b2 ♔d3 6.♔c1 ♔e2! (anderenfalls stellt Weiß den Sieg mit 7.♔d1 sicher) **7.e4 ♔:f1.**
Es scheint, als habe sich Schwarz aus der Affäre ziehen können, denn nach 8.e5 h5 9.e6 h4 10.e7 h3 11.e8♕ h2 entsteht eine theoretische Remisstellung.
8.♔d2! (dieses überraschende Manöver erzwingt den Gewinn) **8. ... h5** (8. ... ♔f2 9.e5 h5 führt zu ähnlichen Varianten) **9.♔e3! ♔g2.**
Notwendig. Auf 9. ... h4 folgt 10.♔f3 h3 11.♔g3, und Weiß gewinnt. Wenn aber 9. ... ♔g1, so 10.♔f3! (nicht 10.♔f4? ♔g2 11.♔g5 ♔g3! mit Remis).
10.e5 h4 11.e6 h3 12.e7 h2 13.e8♕ h1♕ 14.♕g6+ (Schwarz scheitert an der schlechten Aufstellung seines Königs) **14. ... ♔h3** (14. ... ♔h2 15.♔f2 oder 14. ... ♔f1 15.♕f5+ ♔g2 16.♕g4+ verliert ebenfalls) **15.♕h5+ ♔g2 16.♕g4+ ♔h2** (16. ... ♔f1 17.♕e2+ ♔g1 18.♕f2 matt) **17.♔f2**, und Weiß gewinnt.
Isolierte Bauern, die durch vier Linien voneinander getrennt sind, kann ein Springer nicht aufhalten.
In diesem Fall muß sich der König in den Kampf gegen einen der Bauern einschalten. Der Springer wird am besten so aufgestellt, daß er wie im folgenden Beispiel den eigenen Bauern deckt und zugleich einen gegnerischen stoppt.

Réti–Marshall
Baden-Baden 1925

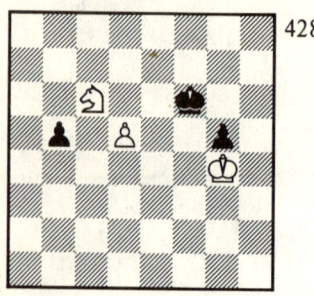

428

Weiß gewinnt

Weiß steht vor der Aufgabe, den Bauern g5 zu erobern und den König freizubekommen. Läge die Zugpflicht bei Schwarz, würde er sofort den Bauern g5 einbüßen, denn auf 1. ... ♔g6 entscheidet 2.d6. Weiß muß den Gegner deshalb an den Zug bringen. Dies geschieht am einfachsten durch ein Dreiecksmanöver des Königs: **1.♔g3 ♔f5 2.♔f3 ♔f6 3.♔g4** usw.

Ekdom–Lindolf
Stockholm 1964

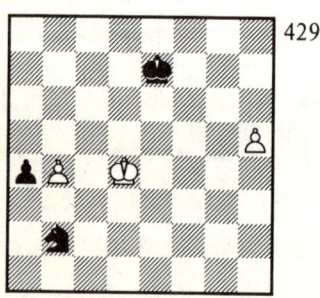

429

Schwarz am Zuge

Unzureichend wäre 1. ... a3 2.♔c3 ♘c4 3.♔b3 ♔f7 4.b5. Um zu gewinnen, muß Schwarz den Springer rechtzeitig auf das gute Feld b6 überführen. Dem dient das folgende Manöver: **1. ... ♘d1! 2.♔c4 ♘e3+ 3.♔c3 ♘d5+ 4.♔b2 ♘b6**, und das Spiel ist entschieden.

Sind die Bauern des Gegners weit vorgerückt und nicht mehr aufzuhalten, muß Rettung im Gegenangriff gesucht werden.

Philidor–Boudler
London 1749

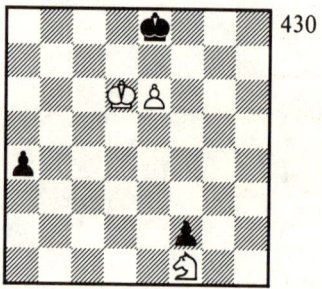

430

Remis

Weiß kann sich durch einen Gegenangriff retten.
1.♘e3! a3 2.♘d5!! (fehlerhaft wäre 2.e7 f1♕! 3.♘:f1 a2, und Schwarz gewinnt) **2. ... f1♕ 3.♘c7+ ♔f8!**
Selbstverständlich nicht 3. ... ♔d8 4.e7+ ♔c8 5.e8♕+ ♔b7 6.♕a8+ ♔b6 7.♘d5+ ♔b5 8.♕c6+ ♔a5 9.♕b6+ nebst 10.♕b4 matt.

4.e7+ ♔g7 5.e8♕ ♕f8+
6.♕:f8+ ♔:f8 7.♘e6+, und
der Springer hält den Bauern
auf.
Betrachten wir nunmehr einige
Beispiele, in denen die stärkere
Seite keinen Freibauern besitzt.

**Fleischmann–Mieses
Monte Carlo 1904**

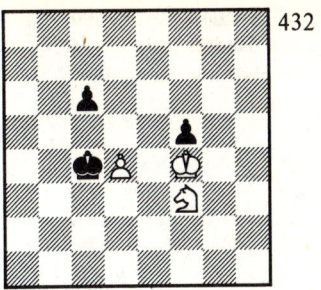

Weiß gewinnt

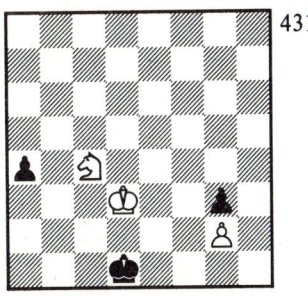

Weiß gewinnt

Weiß muß sich einen Freibauern schaffen, d. h. den Bauern g3 erobern. Sofort 1.♔e3 bringt ihm nach 1. ... ♔c2! 2.♔f3 ♔b3 aber nichts ein, da der a-Bauer zu gefährlich wäre. Es ist notwendig, zunächst den Bauern a4 zu liquidieren, ohne dabei den Bauern g2 einzubüßen. Dieser Plan ist am einfachsten wie folgt zu verwirklichen:
1.♘d6! ♔e1 (1. ... ♔c1 2.♔c3 nebst 3.♘b4) **2.♘f5 ♔f2 3.♘h4** usw.

Auch hier muß Weiß zuerst den gegnerischen Freibauern beseitigen. Auf 1.♔:f5 folgt jedoch 1. ... c5 mit Abtausch des einzigen weißen Bauern. Weiß kommt nicht umhin, die Aufstellung der eigenen Figuren zu verstärken.
Der erste Zug ist erzwungen, da der schwarze König nicht nach d5 gelassen werden darf.
1.♘e5 ♔d3.
Was soll Weiß jetzt tun? Wenn 2.♔:f5, so 2. ... ♔e3! 3.♔g4 ♔e4, gefolgt von c6–c5. Ebenfalls zum Remis führt 2.♔d6 ♔e3 3.♔:c6 ♔:f3 4.d5 f4 5.d6 ♔g2.
Schwarz droht mit ♔d3–e3 nebst f5–f4. Deshalb muß zunächst der Springer nach f4 gestellt werden.
2.♘e1+! ♔c4.
Es zeigt sich, daß 2. ... ♔e3 an 3.♘c2+ ♔d3 4.♘b4+ ♔e3 5.♘:c6 f4 6.♔d5! f3 7.♘e5! scheitert.
**3.♘g2! ♔d3 4.♘f4+ ♔c3
5.♘e6!**

Weiß hat den Springer in die günstigste Position gebracht. Er deckt den Bauern d4, unterbindet den Zug c6–c5 und hält auch den f-Bauern unter Kontrolle. Jetzt kann der Bauer f5 vernichtet werden.
5. ... ♔c4 6.♘:f5 ♔d5 7.♘f6 ♔d6 8.♘f4! (eine letzte Feinheit) **8. ... c5 9.d5 c4 10.♔f5 c3 11.♔e4 c2 12.♘e2,** und Weiß gewinnt.

R. Marić, 1970

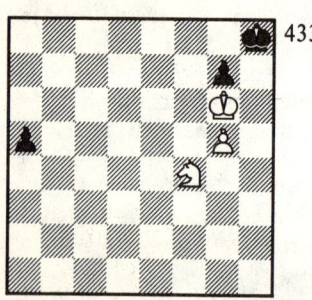

Weiß am Zuge

Keinen Erfolg verspricht 1.♘d3 a4 2.♔f7 a3 3.♘b4 ♔h7 4.♘a2 ♔h8.
Weiß gewinnt, indem er Zugzwang- und Mattdrohungen miteinander kombiniert.
1.♔f7! a4.
Falls 1. ... ♔h7, so 2.g6+ ♔h6 (2. ... ♔h8 3.♘d3 a4 4.♘e5 a3 5.♔f8 führt zum Matt) 3.♘d3 a4 4.♘b4 a3 5.♘a2, und der Bauer g7 geht verloren.
2.♘g6+ ♔h7 3.♘e5! a3 4.g6+! ♔h6 (auf 4. ... ♔h8 folgt 5.♔f8 und 6.♘f7 matt) **5.♘g4+ ♔g5 6.♘e3 a2 7.♘c2,** und Weiß gewinnt.

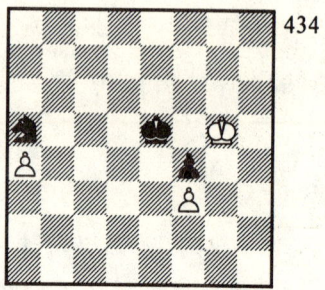

Anzug beliebig. Schwarz gewinnt

Schwarz muß unbedingt den gegnerischen Freibauern liquidieren, aber diese Aufgabe kann nur der König übernehmen. Deshalb haben König und Springer die Rollen zu tauschen: Der Springer muß den Bauern f4 verteidigen, der König den a-Bauern erobern. Liegt das Zugrecht bei Schwarz, ist nach **1. ... ♘c4 2.♔g4 ♘e3+ 3.♔g5 ♘g2 4.a5 ♔d5** der Rollenwechsel vollzogen, und Schwarz gewinnt. Ist Weiß am Zuge, wird das Ziel wie folgt erreicht:
1.♔g4 ♘b3 2.♔g5 ♘d4 3.♔g4 ♘e2! 4.a5 ♔d5 5.♔f5 ♔c5 6.♔e4 ♔b5 7.♔d3 ♘g3
(gezeigt von Wasjutschkow).

P. Iljin, 1947

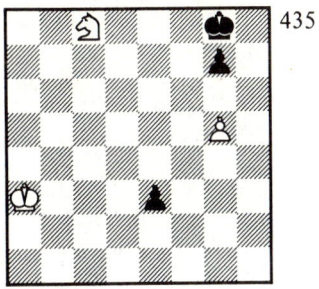

Remis

Der Bauer e3 ist nicht aufzuhalten, Möglichkeiten zu einem Gegenangriff sind nicht zu sehen. Dennoch kann sich Weiß retten, indem er eine Festung errichtet und in sie den gegnerischen König einsperrt.
1.♘e7+ ♔h7 (sonst hält Weiß den Bauern auf, z. B. 1. ... ♔f7 2.♘c6 e2 3.♘e5+ oder 1. ... ♔h8 2.♘g6+ und 3.♘f4) **2.g6+ ♔h8** (aber nicht 2. ... ♔h6 3.♘f5+). Jetzt hat Weiß keine Schachgebote mehr. Der Bauer ist nicht zu stoppen, und Weiß muß offenbar die Waffen strecken. Es folgt jedoch **3.♔b4! e2 4.♔c5! e1♕ 5.♔d6.** Nun wird klar, daß der schwarze König aus dem Spiel ausgeschlossen ist und es der Dame allein nicht gelingt, den weißen König vom Springer abzudrängen. Remis. Ein elegantes Finale!
Sind keine Freibauern auf dem Brett, besteht die Aufgabe der stärkeren Seite darin, den gegnerischen Bauern zunächst ihre Beweglichkeit zu nehmen und sie dann zu vernichten. Dieser typische Plan wird von Weiß in dem folgenden Beispiel verwirklicht.

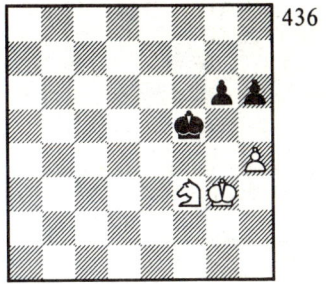

Weiß gewinnt

1.♘h2! ♔e5 2.♔f3 ♔f5.
Schwarz versucht, sich eine aktive Königsstellung zu wahren. Nicht besser ist 2. ... ♔f6 3.♘g4+ ♔g7 4.♔e4 ♔h7 5.♔e5 ♔g7 6.♔e6, und Weiß macht den schwarzen Bauern schnell den Garaus.
3.♘g4 h5 4.♘h6+ ♔e6! 5.♔e4!
Falls 5.♔f4, so 5. ... ♔f6, und nun ist es Weiß, der sich im Zugzwang befindet.
5. ... ♔f6 6.♔f4 ♔g7 7.♔g5, und Weiß gewinnt.
Anstelle von 4.♘h6+ führt auch 4.♘e3+ zum Ziel, wenngleich der Weg etwas länger ist, z. B. 4. ... ♔e5 5.♘c4+ ♔f5 6.♘d6+ ♔e5 7.♘e4 ♔f5 8.♘g3+ ♔e5 9.♔e3, und wenn 9. ... g5, so 10.hg h4 11.♘e4 h3 12.♔f3 usw.

R. Réti und A. Mandler, 1924

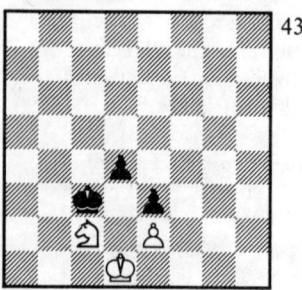
437

Weiß gewinnt

Um zu gewinnen, muß Weiß beide Bauern des Gegners erobern und zu diesem Zweck den König an den Bauern d4 heranführen. Dieser Plan ist jedoch nicht leicht zu verwirklichen, da Weiß beengt steht und ständig mit der Drohung d4–d3 rechnen muß.
1.♘e1 ♚b2.
Oder 1. ... ♚c4 2.♔c2, und Weiß gewinnt. Nach 1. ... ♚b3 2.♘d3 ♚c3 geht das Spiel in die Hauptvariante über.
2.♘d3+ ♚c3.
2. ... ♚b1 bedeutet nur Zugumstellung: 3.♘c1 ♚b2 4.♘a2 usw. Auf 2. ... ♚b3 geschieht 3.♘f4. Falls darauf 3. ... ♚b2, so 4.♘d5, und die Lösung verkürzt sich. Falls aber 3. ... ♚c3 (statt 3. ... ♚b2), so 4.♘e1 ♚c2 5.♘d3! (aber nicht 5.♔f1 ♚d2 6.♔g2 d3! mit Remis) 5. ... ♚c3 6.♔f1 ♚d2 7.♘f4, und Schwarz befindet sich im Zugzwang. Weiß gewinnt, indem er sich mit dem König über g2 und f3 den schwarzen Bauern nähert.
3.♘c1 (3.♔c1 ♚b3 4.♔b1 ♚c3 bringt Weiß nichts ein)
3. ... ♚b2 4.♘a2! ♚b1.
Wenn 4. ... ♚:a2, so 5.♔c2 und 6.♔d3. Auf 4. ... ♚b3 folgt 5.♔c1. Durch den Zug 4.♘a2 hat Weiß dem schwarzen König das Feld c3 genommen.
5.♘b4 ♚b2 6.♘d5 ♚b3 (nach 6. ... ♚b1 7.♘c7 ♚b2 8.♘b5 fällt der schwarze Bauer)
7.♘c7! ♚c3 8.♘b5+ ♚c4 9.♘d6+ ♚c3.
Oder 9. ... ♚d5 10.♘f7, und der weiße König gelangt nach c2. Zu Zugumstellung führt 9. ... ♚b3 10.♘e4 ♚b2.
10.♘e4+ ♚b2 (10. ... ♚b3 11.♔c1 und 12.♔c2) **11.♘c5 ♚c3.**
Schwarz hat fortwährend so manövriert, daß der weiße König nicht nach c2 kam. Jetzt setzt dieser zu einer Umgehung an.
12.♔e1 ♚c2(c4) 13.♘d3 ♚c3 14.♔f1 ♚d2 15.♘f4.
Schwarz ist im Zugzwang. Auf einen Zug des Königs geschieht 16.♔g2. Weiß geht mit dem König nach e4 und gewinnt.
Der Springer hatte alle Hände voll zu tun, um den langen Marsch auf der Route e1–d3–c1–a2–b4–d5–c7–b5–d6–e4–c5–d3–f4! zu bewältigen.

R. Réti und A. Mandler, 1924

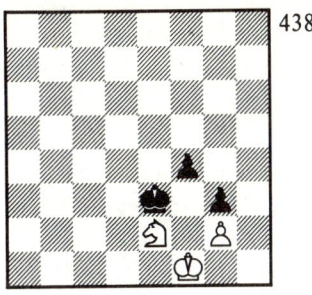

Weiß gewinnt

Die Diagrammstellung entstand durch Verschiebung des Beispiels 437 um zwei Linien nach rechts. Hier kann der weiße König das Umgehungsmanöver nicht verwirklichen. Dies bedeutet, daß Weiß nur zum Erfolg kommt, wenn er mit dem König nach e2 gelangt.
1.♘g1 ♔d2!
Falls 1. ... ♔d3, so 2.♘f3 ♔e3 3.♘e1 ♔d2 4.♘c2!! und weiter wie in der Hauptvariante nach dem 10. Zuge.
2.♘f3+ ♔d3! 3.♔e1.
Auf 3.♘e1+ folgt 3. ... ♔e3 4.♘c2+ ♔d2 5.♘b4 ♔e3 6.♘d5+ ♔e4 7.♘f6+ ♔e3, und Weiß hat nichts erreicht, da f4–f3 droht.
3. ... ♔e3 4.♘e5 ♔e4.
Oder 4. ... ♔d4 5.♘g4 ♔d3 6.♔d1, und Weiß bringt den König nach e2, da 6. ... f3 an 7.♘e5+ scheitert.
5.♘c4 ♔d3 (auf 5. ... ♔d4 gewinnt 6.♔e2) 6.♘d2 ♔e3 7.♘f3 ♔d3 8.♔f1.

Damit ist die gleiche Stellung entstanden wie nach dem 2. Zuge. Jetzt liegt die Zugpflicht jedoch bei Schwarz, und dies ist von entscheidender Bedeutung.
8. ... ♔e3 9.♘e1 ♔d2 10.♘c2! ♔d1 11.♘b4! ♔d2 12.♘d5, und Weiß gewinnt.
Im folgenden Beispiel läßt die aktive Aufstellung des schwarzen Königs Weiß nicht zum Erfolg kommen.

**Smejkal–Smyslow
Leningrad 1977**

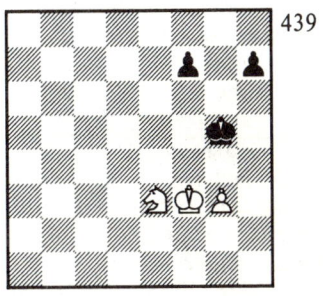

Remis

1.♘g2 ♔f5 2.♘f4 ♔g5 3.♘h3+ ♔f5 4.♘f2.
Der schwarze König wäre nur durch 4.g4+ von der 5. Reihe zu vertreiben. Dann aber folgt 4. ... ♔g6 5.♔e4 (falls 5.♔f4, so 5. ... h5 6.g5 f6; falls aber 5.♘f4+, so 5. ... ♔g5 mit der Drohung 6. ... f5) 5. ... f6. Setzt Weiß nun mit 6.♔d5 fort, führt 6. ... f5 7.g5 h6 zum Abtausch seines einzigen Bauern.

Weiß läßt seinen Bauern auf der 3. Reihe stehen und versucht, den gegnerischen König durch Figurenmanöver von der 5. Reihe zu verdrängen. Dies ist aber nicht möglich.
4. ... ♔g5 5.♘e4 h6 6.♘e3 ♔f5 7.♔f3 ♔g5 8.♘e4 h5 9.♔f3 ♔f5 10.♘h3 f6.
Schwarz hat seine Bauern vorgerückt, was die weißen Chancen indes nicht erhöhte, zumal die Gefahr des Abtauschs des einzigen Bauern wuchs.
11.♘f4 ♔g5 12.♘e6+ ♔f5 13.♘c5 ♔g5 14.♘e4+ ♔f5 15.♘f2 ♔g5 16.♘h3+ ♔f5 17.♘f4 ♔g5 18.♘e6+ remis.
Obwohl Springer und ein Bauer theoretisch stärker sind als drei Bauern, verfügt die schwächere Seite über große Angriffs- und Verteidigungsmöglichkeiten. Sehen wir uns einige charakteristische Beispiele an.

Ein bekanntes Motiv. Der Springer hat die Bauern gestoppt und kann in zwei Zügen nach f7 gelangen. Ein Rückzug des schwarzen Königs würde deshalb zum Matt führen. Schwarz muß einen seiner Bauern geben, und zwar so, daß er nicht von neuem in ein Mattnetz gerät.
Schwarz zog 1. ... a3? und wurde nach 2.♘:a3 c3 3.♘c2 b5 4.♘b4 ♔h7 5.♔g5 ♔g7 6.h6+ ♔f7 7.♔f5 ♔g8 8.♔g6 ♔h8 9.♘c6! c2 10.♘e5 c1♕ in fünf Zügen matt gesetzt:
11.♘f7+ ♔g8 12.h7+ ♔f8 13.h8♕+ ♔e7 14.♕d8+ ♔e6 15.♕d6 matt. Mit 1. ... c3 konnte er dagegen remis halten, da nach 2.♘:c3 a3 3.♘a2 b5 4.♘b4 ♔h7 5.♔g5 ♔g7 6.h6+ ♔f7 7.♔f5 ♔g8 8.♔g6 ♔h8 9.♘c6 a2 10.♘e5 a1♕ 11.♘f7+ ♔g8 12.h7+ ♔f8 das Feld h8 durch die schwarze Dame kontrolliert wird.

Smorodski–Breitman 1933

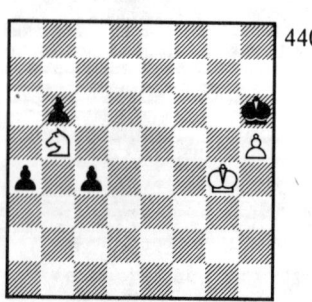

440

Schwarz am Zuge

Kashdan–Flohr Hamburg 1930

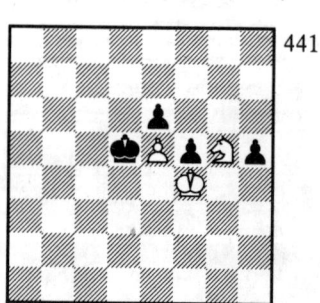

441

Weiß gewinnt

Weiß muß den Bauern e6 erobern und dazu den König nach f6 bringen.
In der Partie folgte 1.♘f3 ♔c4 2.♔g5!
Warum setzte Weiß hier nicht mit 2.♘h4 ♔d5 3.♘:f5 ef 4.♔:f5 h4 5.e6 h3 6.e7 h2 7.e8♕ h1♕ 8.♕a8+ fort? Weil sich Schwarz rettet, wenn er 5. ... ♔d6 spielt und erst 6.♔f6 mit 6. ... h3 beantwortet.
2. ... ♔d5 3.♔f6 f4 4.♘h4. Der weiße Springer ist ideal postiert, da er beide Bauern bremst. Schwarz befindet sich im Zugzwang und muß den e-Bauern geben. Noch verfügt er aber über gefährliche Freibauern.
4. ... ♔e4 5.♔:e6 f3 6.♘:f3! ♔:f3 7.♔f5! h4 8.e6 h3 9.e7 h2 10.e8♕ ♔g2 11.♔g4. Schwarz streckte die Waffen. Auf 11. ... h1♕ folgt 12.♕e2+ ♔g1 13.♔g3 mit unweigerlichem Matt.
Wir haben uns bereits davon überzeugt, daß es in Springerendspielen mitunter gelingt, ein Mattnetz zu knüpfen. Ein Beispiel dafür ist auch die folgende Stellung.

A. Troitzky, 1906

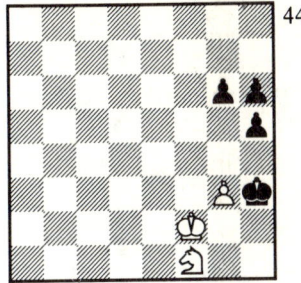

442

Weiß gewinnt

Schwarz droht, mit 1. ... h4 den einzigen weißen Bauern abzutauschen. 1.♔f3 taugt nichts wegen 1. ... h4 2.g4 h5 3.g5 patt!
Weiß gewinnt wie folgt: **1.♘e3 h4 2.g4 h5 3.g5 ♔h2 4.♘d5 h3** (falls 4. ... ♔h3, so 5.♔f3 ♔h2 6.♘f4 ♔g1 7.♘:g6 h3 8.♘f4 h2 9.♘h3+, und Weiß gewinnt) **5.♘f4 h4 6.♘:g6 ♔h1 7.♘e7! h2 8.♘f5 h3 9.♘g3 matt.**
Spielt Schwarz 1. ... g5, geschieht 2.♔f3 g4+ (2. ... ♔h2 3.♘f5 g4+ 4.♔f2 ♔h3 5.♘h4 ♔h2 6.♘g6 ♔h1 7.♘f4 ♔h2 8.♘:h5 ♔h3 9.♘f6, und Weiß gewinnt) 3.♔f2! h4 4.♘g2!! hg+ 5.♔g1 h5 6.♔h1 h4 7.♘f4 matt!
Bei ungünstiger Aufstellung der Figuren können drei Bauern stärker als Springer und ein Bauer sein.

Fine–Najdorf
New York 1949

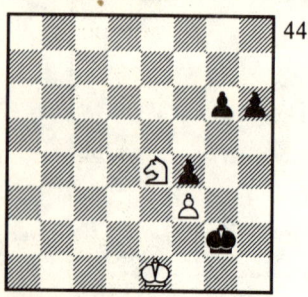

Weiß am Zuge

Obwohl die schwarzen Bauern noch nicht weit vorgerückt sind, können die weißen Figuren gegen sie nichts ausrichten. Es folgte 1.♔e2 h5 2.♘g5 h4 3.♘e6 g5!, und Weiß gab auf. Nach 4.♘:g5 h3 5.♘:h3 ♔:h3 6.♔f2 ♔h2 (oder 6.♔d3 ♔g2 7.♔e4 ♔g3) ginge der Bauer f3 verloren.

Vier Bauern sind in der Regel stärker als Springer und ein Bauer. Die folgenden Beispiele veranschaulichen Ausnahmen.

W. Korolkow, 1946

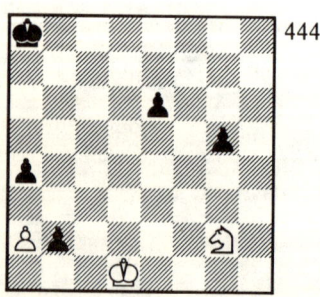

Remis

In dieser Stellung errichtet Weiß auf der d-Linie eine Barriere.
1.♔c2 a3 2.♘e3! ♔b7 3.♘g4 ♔c6 4.♘e5+ ♔c5 (4. ... ♔d5 5.♘f3 g4 6.♘h2 g3 7.♘g1 g2 8.♘e3+) 5.♔b1 ♔b5 6.♔c2 ♔b4 7.♘g4 ♔c4 8.♘e5+ mit positionellem Remis: Der schwarze König kann die d-Linie nicht überschreiten, ohne den g-Bauern einzubüßen.

W. Tschechower, 1956

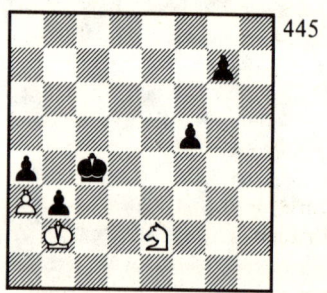

Remis

Weiß erobert zwangsläufig einen der Bauern, da der schwarze König in eine Gabel gerät.
1.♘f4!
Andere Fortsetzungen verlieren, z. B. 1.♘c3? g5! 2.♘:a4 g4 3.♘c3 ♔d3! 4.♘d5 ♔e4 5.♘c3+ ♔f3 6.♘b5 g3 7.♘d4+ ♔g4 8.a4 g2 9.♘e2 f4 10.a5 f3 11.a6 fe 12.a7 e1♕ 13.a8♕ ♕f2+ 14.♔:b3 ♕f3+ usw.
1. ... g5.
Oder 1. ... ♔b5 2.♘e6 g6

3.♔c3, und der schwarze König kann sich nicht den Bauern des Königsflügels nähern, ohne einen von ihnen zu verlieren. Selbst wenn Schwarz für die Bauern g und f den Springer gewinnt, ergibt sich ein theoretisches Remis.
2.♘e6 g4 3.♘g7! f4 (3. ... g3 4.♘:f5 g2 5.♘e3+) **4.♘h5 f3 5.♘f6 g3.**
Falls 5. ... f2, so 6.♘:g4 f1♘! 7.♘e5+ ♔b5 8.♘f3 ♘e3 9.♘d2 ♘d1+ 10.♔c1 ♘f2 11.♔b2 ♘d3+ 12.♔c3 ♘c5 13.♔d4 mit Remis.
6.♘e4 g2 7.♘d2+ ♔ beliebig 8.♘:f3 remis.

Siebentes Kapitel

Endspiele mit großer Bauernzahl

In diesem Kapitel werden Endspiele untersucht, in denen die Springerpartei über mindestens zwei Bauern verfügt. Die in den vorhergehenden Kapiteln dargelegten Grundprinzipien für die Behandlung von Endspielen, in denen ein Springer gegen Bauern kämpft, behalten auch hier ihre volle Gültigkeit. Eine große Anzahl von Bauern bringt jedoch einige Besonderheiten mit sich, auf die wir bei der Analyse aufmerksam machen.

Nimzowitsch–Aljechin New York 1927

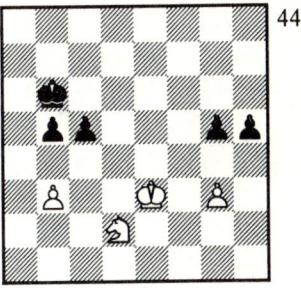

Weiß am Zuge

Weiß ist sowohl materiell als auch positionell im Vorteil. Er besitzt eine Figur für zwei Bauern bei günstiger Aufstellung des Königs und des Springers.
Um sein Übergewicht zu verwerten, muß sich Weiß einen Freibauern schaffen. Dies ist am einfachsten am Königsflügel zu erreichen, wo die schwarzen Bauern nicht zu verteidigen sind. Die Aufgabe von Weiß besteht also darin, die gegnerischen Bauern auf der g- und h-Linie zu beseitigen und den eigenen g-Bauern in eine Dame zu verwandeln.
1.♘e4 h4 2.g4! Dieser Bauer soll eine Dame werden und muß daher erhalten bleiben.
2. ... h3 3.♔f3 b4 (falls 3. ... c4, so 4.b4! ♔c6 5.♘c3! mit unkompliziertem Gewinn) **4.♘:g5 c4 5.♘e4! cb** (5. ... c3 6.♘f2) **6.g5 b2 7.♘d2 ♔c5 8.g6 h2 9.♔g2 ♔d4 10.g7**

♔d3 11.g8♕ ♔:d2 12.♕a2 ♔c2 13.♕c4+. Schwarz gab auf.

W. Kutschuk, 1953

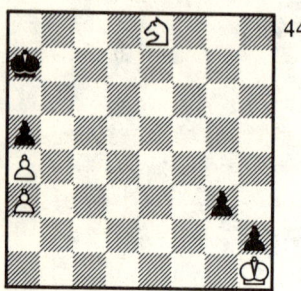

Weiß gewinnt

Um zu gewinnen, genügt es nicht, daß Weiß den Bauern a5 erobert und sich auf diese Weise einen Freibauern schafft. Ohne Unterstützung des Königs könnte dieser nicht vorrücken. Die Aufgabe besteht darin, durch geschicktes Manövrieren mit dem Springer anschließend den Bauern g3 zu beseitigen, ohne beide Bauern einzubüßen. Dieser Plan ist zu verwirklichen.
1.♘d6 ♔b6 2.♘c4+ ♔a6
3.♔g2! ♔a7 4.♘:a5 ♔a6
5.♘b3! ♔b6 6.a5+ ♔b5
7.a4+ ♔a6 8.♔h1! ♔b7
9.♘c5+ ♔a7 10.♔g2! ♔a8
11.♘e4 ♔a7 12.♘:g3 ♔a6
13.♘e4 ♔:a5 14.♘c3, und Weiß gewinnt.

Oltezjan–Tschechower
Leningrad 1953

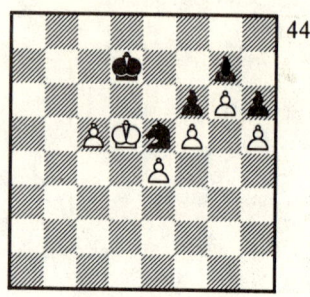

Schwarz am Zuge

Hier gelingt es Schwarz, einen Freibauern zu bilden, indem er den Bauern h5 erobert.
1. ... ♘d3 2.c6+ ♔e7 3.c7.
Interessante Varianten ergeben sich nach 3.♔c4 ♘f4, z. B.:
1) 4.e5 ♘:h5! 5.e6 ♘g3 6.c7 ♘:f5 7.c8♕ ♘d6+;
2) 4.♔c5 ♔d8 5.♔b6 ♔c8 6.e5 fe 7.f6 ♘d5+;
3) 4.♔b5 ♔d8 5.e5 fe 6.f6 ♘e6 7.f7 ♔c7, und Schwarz gewinnt.
3. ... ♔d7 4.c8♕+ ♔:c8
5.♔e6 ♘f4+ 6.♔f7 ♘:h5, und Schwarz gewann.

**Botwinnik–Thomas
Nottingham 1936**

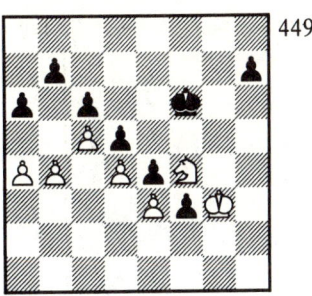

449

Weiß am Zuge

Weiß hat eine Figur für zwei Bauern. Seine Aktivität ist aber eingeschränkt, da der Gegner über den starken gedeckten Freibauern f3 verfügt. Stände der schwarze b-Bauer auf b5, hätte Weiß überhaupt keine Möglichkeit, seine Stellung zu verstärken, und die Partie würde remis enden, z. B. (bei schwarzem Bauer auf b5): 1.ab ab 2.♘h3 h6! 3.♔g4 ♔g6 4.♔f4 ♔f6!, und der weiße König kann nicht zum Bauern c6 durchbrechen.
So aber besitzt Weiß eine reale Chance, die mit dem Vorstoß des b-Bauern verbunden ist.
1.b5! ab 2.ab ♔e7.
Weiß darf einen großen Erfolg verbuchen. Wegen der Drohung 3.b6 nebst 4.♘:d5 muß sich der schwarze König in der Nähe der Bauern c6 und b7 aufhalten, so daß die weißen Figuren nun in sein Lager eindringen können.

Bemerkt sei, daß auch 2. ... cb nicht besser ist. Fine wies auf folgende Fortsetzung hin:
3.♘:d5+ ♔f5! 4.♘b4! h5 5.d5 h4+ 6.♔f2 ♔e5 7.d6 ♔e6 8.♘d5! ♔d7 9.♘c3 b4 10.♘:e4 ♔c6 11.♔:f3 b3 12.♔g4 b2 13.♘d2 b6 14.cb ♔:d6 15.♔:h4 ♔c6 16.♔g4 ♔:b6 17.♔f3 ♔b5 18.e4 ♔b4 19.♔e3, und Weiß gewinnt.
3.b6! ♔d7 4.♘h5 ♔d8.
Etwas genauer war 4. ... ♔e7, wenngleich der Springer nach 5.♘g7 ♔d7 6.♘f5 ♔c8 7.♘d6+ ♔b8 8.♘e8 trotzdem auf das Feld f6 gelangt.
5.♘f6 h6 6.♘g4 h5 7.♘f2 ♔d7 8.♔h4 ♔d8 9.♔:h5.
Jetzt ist die Gewinnführung verhältnismäßig unkompliziert.
9. ... ♔e7 10.♔g4 ♔e6 11.♔g3 ♔d7.
Wie Dedrle zeigte, gewann hier am einfachsten 12.♘g4 ♔e7 13.♘e5 ♔d8 14.♘:f3 ef 15.♔:f3 ♔e7 16.e4 de+ 17.♔:e4 ♔e6 18.d5+! cd+ 19.♔d4 ♔e7 20.♔:d5 ♔d7 21.♔e5 usw.
Weiß wählte einen anderen Weg: **12.♘h3 ♔d8 13.♘f4 ♔d7 14.♘h5 ♔e6 15.♘g7+ ♔d7 16.♘f5 ♔c8 17.♘d6+ ♔b8 18.♘f5 ♔c8 19.♔f4 ♔b8 20.♔e5 ♔c8 21.♔e6 ♔b8 22.♔d7 ♔a8 23.♘g3! ♔b8 24.♘f1 ♔a8 25.♔c8.**
Schwarz gab auf.
In diesem Beispiel ging es für Weiß vor allem darum, die gegnerischen Freibauern zu neutralisieren. Zur Bildung

eigener Freibauern kam es gar nicht mehr.

Auch in Endspielen mit großer Bauernzahl kann die Gefahr des Abtauschs aller Bauern auftreten.

W. Bron, 1935

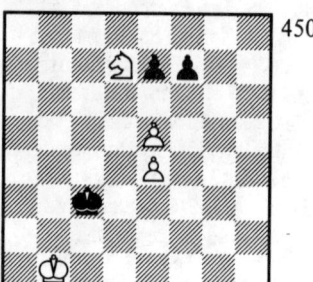

450

Weiß gewinnt

Schwarz droht, mit ♔d4: e4–d5–e6 das Remis zu erzwingen.

Es sieht so aus, als könne Weiß 1.♔a2 ♔d4 2.♔b3 ♔:e4 3.♔c4 spielen, doch darauf folgt 3. ... f5! 4.e6 f4 5.♔c3 ♔e3 mit Remis.

Zum Gewinn führt nur **1.e6!** fe (1. ... f6 2.♘:f6! ♔d4 3.♘d7 ♔:e4 4.♔c2 ♔f5 5.♘f8 usw.) **2.e5! ♔b3 3.♔c1!**

Fehlerhaft wäre 3.♔a1 ♔c4! 4.♔b2 ♔d5 5.♔c3 ♔c6 6.♘f8 ♔d5 7.♘g6 ♔e4 remis.

3. ... ♔c3 4.♔d1 ♔d3 5.♔e1 ♔e3 6.♔f1 ♔f3 7.♔g1 ♔g3.

Schwarz versucht, den weißen König auf der 1. Reihe festzuhalten.

8.♔h1! ♔h3 9.♘f8 ♔g4 10.♔h2! ♔h4 11.♘d7 ♔g4

12.♔g2 ♔f4 13.♔h3, und Weiß gewinnt.

Nimzowitsch–Rubinstein Karlsbad 1911

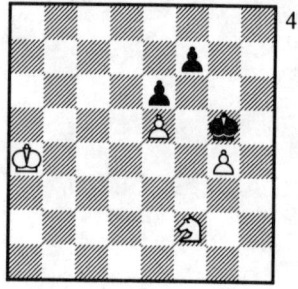

451

Weiß am Zuge

In dieser Stellung geschah 1.♘d3?, und nach 1. ... f6! 2.ef ♔:f6 3.♘f2 ♔g5 4.♔b4 e5 5.♔c4 e4 endete die Partie remis.

Wie Gawlikowsky zeigte, hätte **1.♔b4!** gewonnen, z. B. 1. ... ♔f4 2.♘d3+ ♔:g4 3.♘c5 nebst 4.♘d7 oder 1. ... f5 2.gf ♔:f5 3.♘d3 ♔e4 4.♔c5.

M. Euwe, 1956

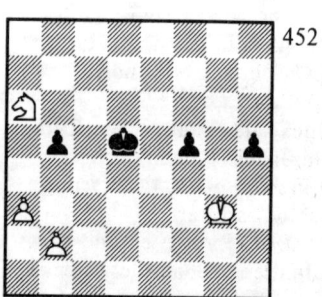

452

Weiß am Zuge

Weiß steht vor der nicht leichten Aufgabe, den Bauern b5 zu erobern, ohne dabei die eigenen Bauern zu verlieren. Die Hauptsache ist hier, die gegnerischen Freibauern zu neutralisieren.

1.b4!

Legt den schwarzen Bauern fest und schränkt die Handlungsfreiheit des Königs ein. So würde 1. ... ♔c4 mit 2.♘c7 beantwortet, wonach Schwarz bereits im Zugzwang wäre. Schlecht ist auch 1. ... ♔d4 wegen 2.♘c7 ♔c4 3.♔f4 h4 4.♔f3 h3 5.♔g3 f4+ 6.♔:h3 ♔d3 7.♘:b5 f3 8.♔g3 ♔e3 9.♘c3, und Weiß gewinnt.

1. ... ♔c6 (oder 1. ... ♔d6)
2.♔f4 h4 3.♘c5 ♔d5 4.♘b7! ♔c6.

Wieder scheiterte 4. ... ♔c4 an 5.♘d6+ ♔d3 6.♘:b5 h3 7.♔g3 f4+ 8.♔:h3 f3 9.♔g3 ♔e3 10.♘c3.

5.♘d8+ ♔d5 6.♘f7!

Jetzt scheitert das Eindringen des schwarzen Königs nach c4 an einem Springerschach auf d6, und auf 6. ... ♔e6 folgt 7.♘g5+ ♔d5 (oder 7. ... ♔f6 8.♘f3 h3 9.♔g3 ♔e6 10.♘d4+ usw.) 8.♔:f5 ♔c4 (hier wird dieser Versuch eines Gegenspiels leicht pariert) 9.♔e4 ♔c3 (nicht besser ist 9. ... ♔b3 10.♔d4 ♔:a3 11.♔c5 ♔a4 12.♘h3 usw.) 10.♔d5 ♔d3 11.♔c5 ♔e3 12.♔:b5 ♔f4 13.♘h3+ ♔g3 14.a4, und der weiße Bauer geht eher zur Dame als der schwarze.

Die Aufgabe des Anziehenden wäre weitaus schwieriger, wenn in der nach dem 6. Zug von Weiß entstandenen Stellung nicht Schwarz, sondern er selbst ziehen müßte. Keinen Erfolg bringt in diesem Falle 7.♘g5 wegen 7. ... ♔c4 8.♔e5 f4! 9.♔e4 (9.♔:f4 ♔b3) 9. ... ♔c3!, und falls 10.♔d5, so 10. ... ♔d3.

Der Gewinnweg ist außerordentlich lehrreich – Weiß muß eine genaue Pflichtverteilung seiner Figuren organisieren! Man sehe:

7.♘e5! h3.

Auf 7. ... ♔d4 geschieht 8.♔:f5 h3 9.♘g4 ♔c3 10.♔e4 ♔b3 (10. ... ♔c2 11.♔f3 ♔b3 12.♘e5 ♔:a3 13.♘c6, und Weiß gewinnt) 11.♔d4 ♔c2 12.♔c5 ♔d2 13.♔:b5 ♔e2 14.a4 ♔f3 15.♘h2+! ♔g2 16.a5 ♔:h2 17.a6 ♔g1 18.a7 h2 19.a8♕ usw.

8.♘f3 ♔c4 9.♔g3! ♔b3 10.♘d4+.

Der weiße Plan ist typisch: Der König vernichtet die Bauern am Königsflügel, der Springer übernimmt es, den Bauern b4 zu decken.

10. ... ♔:a3 11.♘c6 ♔b3 12.♔:h3 ♔c4 13.♔g3 ♔d5 14.♘b8 ♔e4.

Ganz einfach wäre 14. ... ♔c4 15.♘a6 ♔d5 16.♔f4 ♔e6 17.♘c7+.

15.♔f2 f4 16.♘a6 ♔e5 17.♔f3, und Weiß gewinnt.

M. Euwe, 1956

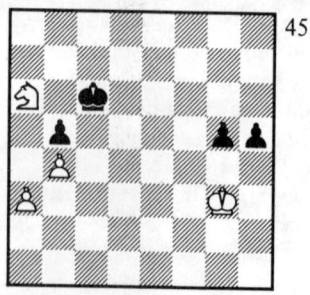

453

Weiß am Zuge

Diese Stellung ähnelt der vorigen, die schwarzen Bauern sehen aber stärker aus. Trotzdem kann Weiß auch hier gewinnen.
1.♘c5 ♔d5 2.♘b7!
Der weiße Plan ist der gleiche wie in Beispiel 452 – ein Ausflug des Springers ins Hinterland mit dem Ziel, eine Zugzwangsituation zu schaffen.
2. ... ♔e5.
Schlechter ist 2. ... ♔c6 wegen 3.♘d8+ ♔d5 4.♘f7 g4 5.♔f4 ♔e6 6.♘g5+ ♔d5 7.♘e4 h4 8.♘f6+ ♔c4 9.♘:g4 ♔b3 10.♘e5 ♔:a3 11.♘c6 usw.
3.♘d8! g4 4.♘b7 ♔d5 5.♔f4 ♔c6 6.♘c5 ♔d5 7.♘e4!
Man beachte, wie geschickt der Springer rund um das Schlüsselfeld d6 manövriert. Jetzt ist Schwarz im Zugzwang.

7. ... h4 8.♘f6+.
Selbstverständlich ist auch die von Euwe angegebene schärfere Fortsetzung 8.♘c3+ ♔c4 9.♘:b5! g3 (9. ... h3 10.♘d6+ und 11.♘f5) 10.♘d6+ ♔d5 11.♘f5! g2 12.♘e3+ ♔c6 13.♘:g2 h3 14.♔g3! möglich.
8. ... ♔c4 9.♘:g4 ♔b3 10.♘e5 ♔:a3 11.♘c6, und Weiß gewinnt.

M. Botwinnik, 1952

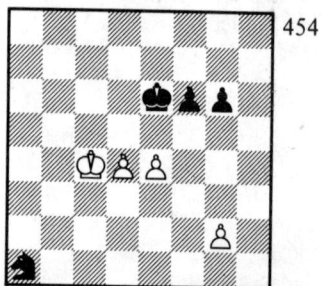

454

Remis

Weiß nutzt die ungünstige Aufstellung des schwarzen Springers, um alle Bauern abzutauschen.
Die Lösung der Studie* lautet:
1.d5+! ♔e5 2.♔c3 f5.
Auf 2. ... ♔d6 würde sofortiges 3.♔b2 zum Verlust führen: 3. ... f5! 4.ef gf 5.♔:a1 ♔:d5 6.♔b2 ♔d4 7.♔c2 ♔e3 8.♔c3 f4. Weiß hält remis, in-

---

* In der ursprünglichen Lösung des Autors waren die Züge umgestellt: 1.♔c3 f5 2.d5+ ♔e5? 3.d6 usw. Chatschaturow zeigte jedoch, daß Schwarz anstelle von 2. ... ♔e5 mit 2. ... ♔f6! 3.ef ♔:f5 gewinnen kann.
Hier ist die korrigierte Lösung M. Botwinniks wiedergegeben.

dem er zunächst 3.g4! und erst dann 4.♔b2 zieht.
3.d6! ♔:d6 4.ef gf 5.g4! fg 6.♘d4!, und Weiß liquidiert den letzten schwarzen Bauern. Im Endspiel kann eine aktive Königsstellung Materialverluste vollauf kompensieren. Dies trifft auch auf Springerendspiele zu.

J. Zukertort

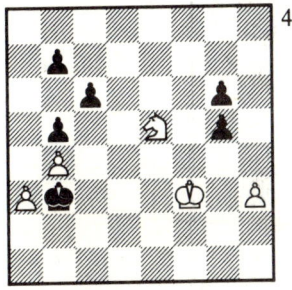

455

Weiß am Zuge

Die einzige Möglichkeit besteht für Weiß darin, einen Freibauern auf der h-Linie zu bilden und ihn in eine Dame zu verwandeln. Der schwarze König hat indes schon die Bauern des Damenflügels angegriffen, weshalb dieser typische Plan hier nur zum Remis führt.
1.g4 ♔:a3 2.♘d3! ♔b3 3.♔:g5 ♔c3 4.♔:g6 ♔:d3 5.h4 c5 6.bc b4 7.h5.
Ein starker gegnerischer Freibauer kann die Handlungsfreiheit der Figuren einschränken und die Verwertung des Mehrspringers sogar unmöglich machen.

Kotow–Bondarewski
Moskau 1946

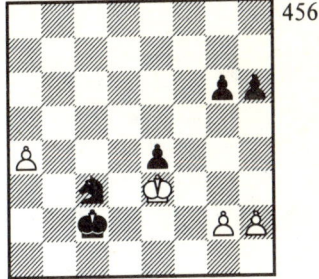

456

Schwarz am Zuge

Schwarz hat einen Springer mehr. Der weiße Freibauer bereitet jedoch bei der Verwertung dieses Übergewichts erhebliche Schwierigkeiten.
In der Partie folgte 1. ... ♔d1 2.a5 ♔e1 3.a6 ♘b5 4.g4 ♔f1 5.♔:e4 ♔g2 6.♔d3 (selbstverständlich nicht 6.♔d5 ♘c7+) 6. ... ♔f3 (falls 6. ... ♔:h2, so 7.♔c4 ♘c7 8.a7 h5 9.gh gh 10.♔c5 h4 11.♔c6 ♘a8 12.♔b7 h3 13.♔:a8 mit Remis) 7.♔c4 ♘c7 8.a7 ♔e4 9.♔c5 ♔e5 10.♔c6 ♘a8 11.♔b7 ♔d6 12.♔:a8 ♔c7 13.h4 remis.
Wie Kopajew später zeigte, mußte Schwarz den Bauern sofort schlagen.
Nach 1. ... ♘:a4! 2.♔:e4 ♘c5+ 3.♔e5 (3.♔d5 ♔d3! 4.♔:c5 ♔e3 mit gewonnenem Bauernendspiel) 3. ... ♔d3

4.♘f6 g5 5.♘g6 ♔e4 6.♘:h6 ♔f5 7.♔h5 ♘e6 8.g4+ ♔f4 9.h4 ♘g7+ ist Schwarz am Ziel.

Sacharow–Wasjukow
Alma-Ata 1969

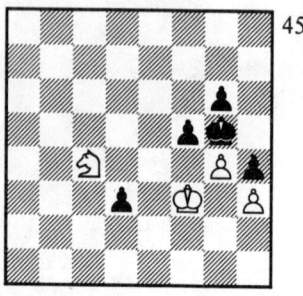

Weiß am Zuge

Auch hier besteht die Hauptaufgabe von Weiß darin, dem gegnerischen Freibauern Zügel anzulegen. Am genauesten war 1.♘d2, um die Kampfzone nicht auszuweiten, z. B. 1. ... fg+ (1. ... ♔f6 2.♔e3 fg 3.hg ♔g5 4.♔f3 führt ebendahin) 2.hg ♔f6 (2. ... h3 3.♔g3 h2 4.♘e4+ ♔h6 5.♔:h2) 3.♔f4! (nur Remis ergäbe 3.♘e4+ ♔e5 4.♔e3 h3 5.♘g5 d2! 6.♘f3+ ♔d5 7.♔:d2 ♔e4) 3. ... ♔e6 (3. ... h3 4.♘e4+! ♔e7 5.♔g3) 4.♔e3 h3 5.♘f3 ♔f6 6.♔:d3 h2 7.♘:h2 ♔g5 8.♔e3 ♔h4 9.♔f4, und Weiß gewinnt.

Weiß spielte jedoch schwächer:
1.gf ♔:f5 2.♘e3+ ♔e5 3.♔g4.
Dieser Plan, der auf die Eroberung des Bauern h4 abzielt, bringt keinen Erfolg. Es zeigt sich, daß der d-Bauer Schwarz genügend Gegenchancen einräumt.

3. ... ♔d4 4.♘d1 ♔e4!
Eine feine Fortsetzung. Spielt Schwarz sofort 4. ... d2 5.♔:h4 ♔d3, kommt er nach 6.♔g5 ♔e2 7.♘b2 ♔f3 8.h4 ♔g3 9.♘d1 ♔h3 10.♘e3! (oder 10.♘c3) um eine Niederlage nicht herum.

5.♘b2 d2 6.♘d1.
Falls jetzt 6.♔:h4, so 6. ... ♔f4! 7.♘d1 g5+ 8.♔h5 ♔g3 mit Remis.

6. ... ♔e5.
Möglich war auch 6. ... ♔d3, z. B. 7.♔:h4 ♔e2 8.♘b2 ♔f3 9.♔g5 ♔g3 10.h4 ♔h3 11.♘d1 ♔g3 12.♘e3 ♔f3 remis.

7.♘f2 ♔e6 8.♔:h4 ♔f5 9.♔g3 g5 10.♔f3.

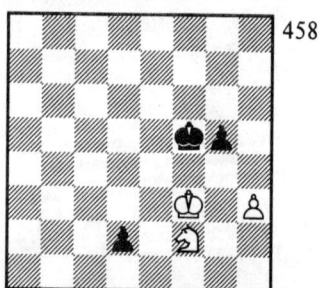

Der erste Eindruck besagt, daß Weiß gut vorangekommen ist. Er hat einen Bauern erobert und schickt sich nun an, auch den zweiten einzuheimsen. Schwarz verfügt jedoch über

genügend Verteidigungsressourcen.
10. ... ♔g6! 11.♔e2 ♔h5 12.♔:d2 ♔h4 13.♔e1 ♔g3 14.♔f1 ♔h2 remis.
Und dennoch konnte Weiß gewinnen!
Kehren wir zu der Stellung nach dem 1. Zug von Schwarz zurück.

J. Awerbach, 1969

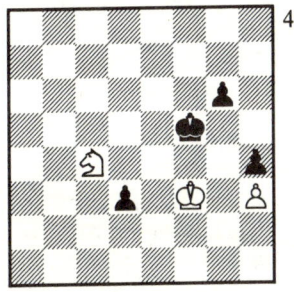

459

Weiß gewinnt

Weiß kommt auf studienartigem Wege zum Erfolg.
1.♔e3! g5 (auf 1. ... ♔f6 entscheidet 2.♔.d3, und 1 ... ♔g5 hat ebenfalls 2.♔e4 ♔f6 3.♔:d3 zur Folge) 2.♔f3 ♔e6 (2. ... g4+ 3.hg+ ♔g5 4.♘d2 h3 5.♔g3 h2 6.♘f3+) 3.♔g4 ♔f6 4.♘d2 ♔g6 5.♘e4 ♔h6 6.♔f5 ♔h5 7.♘f6+ ♔h6 8.♘g4+ ♔h5.
Wenn Schwarz die Bauern ihrem Schicksal überläßt und 8. ... ♔g7 antwortet, kehrt der weiße König nach 9.♔:g5 d2 10.♘f2 und 11.♔:h4 zum Bauern d2 zurück, während der Springer den Bauern h3 deckt.

Jetzt aber ist der schwarze König in ein Mattnetz geraten.
9.♔f6!! d2 10.♔g7 d1♕ 11.♘f6 matt.

Tschechower–Bondarewski Moskau 1945
(Partievariante)

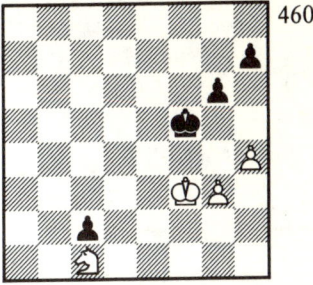

460

Schwarz am Zuge hält remis

Wäre in dieser Stellung Weiß am Zuge, würde er nach 1.g4+ ♔e5 2.♔e3 h5 3.♘d3+ ♔d5 4.gh gh 5.♔f4 den h-Bauern erobern und letzten Endes den schwarzen König matt setzen. Schwarz nutzt jedoch sein Zugrecht, um mit 1. ... h5! den g-Bauern am Vorrücken zu hindern. Weiß muß danach den Bauern c2 gewinnen, der jede Aktivität unmöglich macht. Die Frage ist nur, ob Schwarz in dieser Zeit irgend etwas unternehmen kann.
2.♘d3 ♔f6 3.♔f4 ♔e6 4.♘c1 ♔f6 5.♘e2 ♔f7 6.♔e3 (6.♔g5 ♔g7 7.♘c1 ♔f7 8.♔h6 ♔f6 9.♔h7 ♔f5 10.♔g7 g5 remis) 6. ... ♔f6 7.♔e4 ♔f7 8.♘d3 ♔f6 9.♔:c2 g5!

259

Der einzige Zug. Zum Verlust führt 9. ... ♔f5 10.♘d3 g5 11.♘d4+ ♔g4 12.hg ♔:g5 13.♔e4 ♔g4 (13. ... h4 14.♘f3+) 14.♘f5 ♔g5 15.♔e5 ♔g4 16.♔f6. 10.♘d4 gh 11.gh ♔e5 12.♔d3 ♔f4 13.♔e2 ♔g4! 14.♘f3 ♔g3 15.♔e3 ♔g4 16.♔f2 (oder 16.♔e4 ♔g3 17.♔f5 ♔:f3 18.♔g5 ♔e4 19.♔:h5 ♔f5) 16. ... ♔h3 remis.

G. Steckbauer, 1976
K. Staljoraitis, 1976

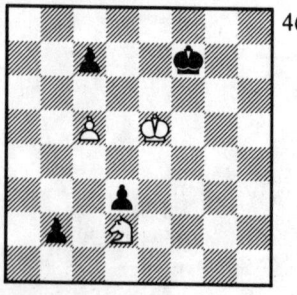

461

Schwarz am Zuge

Diese Stellung zeigt den Schluß einer Studie von Steckbauer. Nach Meinung des Autors kommt Weiß durch 1. ... ♔e7 2.♔d5 ♔d7 3.♘b1 c6+ 4.♔e5 ♔e7 5.♘d2 ♔d7 6.♔f6 leicht zum Erfolg. Stärker ist zweifellos 3. ... ♔e7! 4.♔c6 ♔e6, doch auch in diesem Fall zieht Schwarz den kürzeren, da nach 5.♘d2 das Feld e5 vermint ist, z. B. 5. ... ♔e5 6.♘c4+ ♔d4 7.♘:b2 d2 8.♔b5 ♔c3 9.♘d1+ ♔d4 10.c6 ♔d5 11.♘b2 ♔d4 12.♔a6 ♔d5 13.♔b7 ♔d6 14.♘c4+.

Ein Umgehungsmanöver fruchtet hier ebenfalls nicht, da Weiß seine Dame eher erhält: 5. ... ♔f5 6.♔:c7 ♔e5 7.c6 ♔d4 8.♔d6 ♔c3 9.♘b1+ ♔c2 10.c7 ♔:b1 11.c8♕ d2 12.♕f5+ ♔c1 13.♕c5+ ♔d1 14.♕b4 ♔e1 15.♕e4+ ♔f2 16.♕b1 ♔e3 17.♔c5 usw.

Dennoch ist die Idee, mit dem König den eigenen Bauern zu Hilfe zu kommen, richtig. Wie Staljoraitis zeigte, muß sie aber sofort verwirklicht werden.

Zum Remis führt 1. ... ♔g6! 2.♔e6 ♔g5 3.♔d7 ♔f4 4.c6 ♔g3 5.♔:c7 ♔f2 6.♔d6 ♔e1. Weiß braucht sich mit der Annäherung an den Bauern c7 indes nicht zu beeilen und kann zunächst versuchen, die schwarzen Freibauern unschädlich zu machen. Prüfen wir: **2.♔d4 ♔f5 3.♔:d3 ♔e5 4.♔c4 c6!**

Der einzige Zug, der das Gleichgewicht aufrechterhält. Schlecht wäre 4. ... ♔e6 5.♔d4 c6 6.♘b1 ♔f6 7.♘c3 ♔e6 8.♔d3 ♔e5 9.♔c4! (nur Remis ergäbe 9.♔c2? ♔d4 10.♘a4 ♔c4 11.♔:b2 ♔b4) 9. ... ♔f5 10.♔b3 ♔e5 11.♔:b2 (jetzt ist dies möglich) 11. ... ♔d4 12.♘a4 ♔c4 13.♔a3 ♔b5 14.♔b3 ♔a5 15.♘c3, und Weiß gewinnt. **5.♘b1 ♔e4 6.♘c3+ ♔e5 7.♔d3 b1♕+! 8.♘:b1 ♔d5** remis.

A. Troitzky, 1898

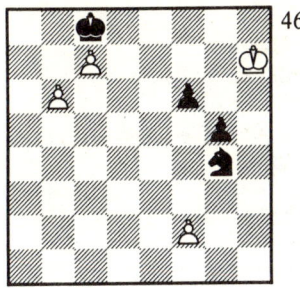

462

Remis

Schwarz beabsichtigt, den üblichen Plan zu verwirklichen – den Bauern am Königsflügel zu erobern, damit einen Freibauern zu schaffen und diesen dann in eine Dame zu verwandeln.
Weiß scheint auf verlorenem Posten zu stehen. Er verfügt jedoch über eine erstaunliche Rettungsmöglichkeit.
1.f3 ♘e5 2.♔g7 ♘:f3.
Falls 2. ... f5, so 3.♔f6 g4 4.♔:e5 gf 5.♔d6, und nun gewinnt sogar Weiß.
3.♔:f6 g4.
Was soll Weiß jetzt tun? Auf 4.♔e6 folgt 4. ... g3 5.♔d6 g2 6.b7+ ♔:b7 7.♔d7 ♘e5+ 8.♔d8 ♘c6+ nebst 9. ... ♘a7.
4.♔f5! g3 5.♔g4! g2 6.♔h3! g1♕ (oder 6. ... g1♖) **7.b7+ ♔:b7 8.c8♕+ ♔:c8 patt!**
Bemerkt sei, daß 6. ... g1♗ mit 7.♔g2 beantwortet wird, wonach Weiß eine der beiden Figuren erobert.

Der Wert eines Springers hängt bekanntlich weitgehend von seiner Beweglichkeit ab.

B. Horwitz, 1880

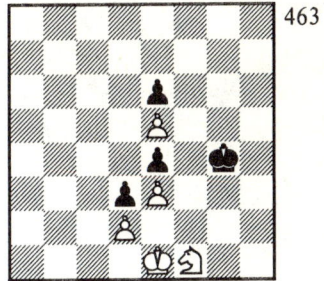

463

Wer am Zuge ist, gewinnt

Nach **1.♔f2 ♔f5 2.♔g3 ♔:e5 3.♔g4 ♔d6 4.♔f4 ♔d5 5.♘g3** kommt Weiß zum Erfolg.
Ist Schwarz am Zuge, kann er die beengte Aufstellung des Springers durch **1. ... ♔f3!** ausnutzen, z. B. **2.♘d1 ♔f2 3.♘h2 ♔g3 4.♘f1+ ♔h3! 5.♔e1 ♔g2.** Weiß verliert den Springer und mit ihm die Partie.

L. Bledow, 1843

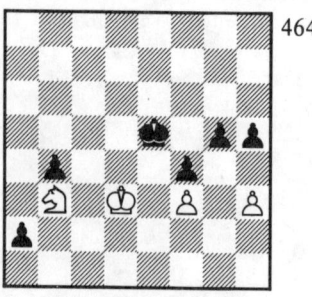

Weiß am Zuge. Schwarz gewinnt

Der Springer ist an den Bauern a2 gebunden, und am Königsflügel muß Weiß fortwährend mit dem Durchbruch g5–g4 rechnen. Schwarz ist daher im Vorteil.
1.♔e2 ♚f6 2.♔d3 g4 3.fg hg 4.hg ♚g5 5.♔e2 ♚:g4 6.♔f2 f3 7.♘a1 ♚f4 8.♘b3 ♚e4 9.♔f1 ♚d5 10.♔f2 ♚c4, und Schwarz gewann.
Keine Rettung brachte 1.♔c4 g4! 2.fg ♚e4 3.g5 f3 4.g6 f2 5.♘d2+ ♚f4 6.g7 f1♕+ 7.♘:f1 a1♕ 8.g8♕ ♕a2+, und Schwarz gewinnt, oder auch 1.♘a1 ♚f5 2.♔e2 g4 3.hg+ hg 4.♘b3 gf+ 5.♔:f3 ♚e5, und Weiß ist völlig hilflos.
Eine mögliche Fortsetzung war 1.♔c2! Wenn darauf 1. ... ♚f5, so 2.♔b2 g4 3.hg+ hg 4.fg+ ♚:g4 5.♔a2 mit Remis. Zum Gewinn führte in diesem Fall 1. ... ♚d5! 2.♔b2 (2.♔d3 g4 3.fg hg 4.hg f3 5.g5 f2 6.♔e2 ♚c4 7.♘a1 b3 8.g6 b2 9.g7 f1♕+ 10.♔:f1 ba♕+) 2. ... ♚c4 3.♔a2 ♚d3 4.♘c5+ ♚e3 5.♘e6 ♚:f3 6.♘:g5+ ♚g2 7.♘b3 f3.
Zum Schluß ein Beispiel, in dem sich die Springerpartei trotz der starken gegnerischen Freibauern retten kann.

H. Rinck, 1908

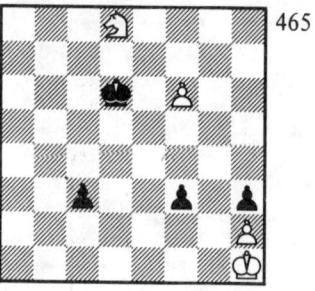

Remis

Es hat den Anschein, als müsse einer der schwarzen Bauern unaufhaltsam zur Dame gehen. Dennoch gelingt es Weiß, remis zu halten.
1.f7 ♚e7 2.♘e6! ♚:f7 3.♘g5+ ♚f6 4.♘:f3! (natürlich nicht 4.♘e4+ ♚e5 5.♘:c3 f2, und Schwarz gewinnt) 4. ... c2 5.♘g1! c1♕(♖) patt!

Zweiter Abschnitt

Springer mit Bauern gegen Springer mit und ohne Bauern

Erstes Kapitel

Springer und Bauer gegen Springer

Wir beginnen die Untersuchungen mit Beispielen, in denen der Bauer bereits die vorletzte Reihe erreicht hat.

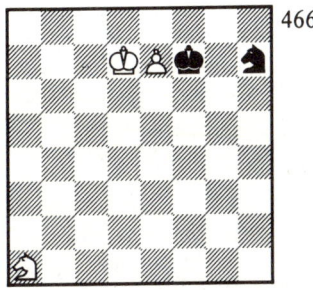

Schwarz am Zuge hält remis

Diese Stellung veranschaulicht eine Hauptmethode der Verteidigung. Schwarz am Zuge gibt ewiges Schach: 1. ... ♘f8+! 2.♔d8 ♘e6+! usw. Dies ist die einzige Rettungsmöglichkeit, wenn der gegnerische Bauer auf der vorletzten Reihe steht und der ihn unterstützende König das Umwandlungsfeld kontrolliert. An den Bauern gebunden, kann er sich den Nachstellungen des Springers nicht entziehen.

Weiß könnte sich gegen das drohende ewige Schach verteidigen, wenn sein Springer auf den Feldern c7, c5, d4 oder f4 stehen und so das Feld e6 bewachen würde. In diesem Fall gewinnt er. Hier ein Beispiel.

Schwarz am Zuge. Weiß gewinnt

1. ... ♘f6+ (Schwarz geht zu passiver Verteidigung über und versucht, das Umwandlungsfeld des Bauern unter Kontrolle zu halten) 2.♔d8 ♘e8 (auf einen beliebigen Königszug folgt 3.♘d7, womit der schwarze Springer von der Verteidigung des Feldes e8 abgelenkt wird) 3.♘e6! (der entscheidende Zug) 3. ... ♘d6 (falls 3. ... ♘f6, so 4.♘g5+ und 5.♘e4! mit Ablenkung des Springers) 4.♔d7 ♘e8 5.♘g5+, und Weiß gewinnt.

Um einen noch besseren Einblick in diese typische Gewinnmethode zu bekommen, wollen wir uns das folgende Beispiel ansehen.

J. Kling, 1867

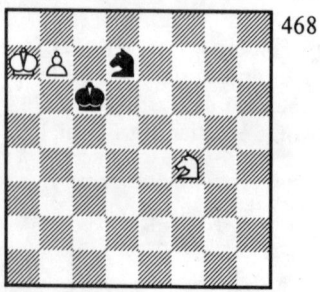

Weiß gewinnt

Weiß muß die gegnerischen Figuren von der Verteidigung des Feldes b8 ablenken. Dies gelingt am einfachsten so:
1.♘e6.
Weiß droht, mit 2.♘f8 sofort zu gewinnen. Der folgende Zug von Schwarz ist deshalb erzwungen.
1. ... ♔d5 2.♘f8! ♘e5 3.♔a8 ♘c6 4.♘d7 ♔e6.
Oder 4. ... ♔d6 5.♘b6! ♔c7 (5. ... ♔c5 6.♘c8 und 7.♘a7) 6.♘d5+ und 7.♘b4.
5.♘b6!
Die Besetzung dieses Schlüsselfeldes (wie die Einnahme des Feldes e6 in Beispiel 467) ist ein wichtiger Bestandteil des weißen Planes: Von hier aus kann der Springer seine Ablenkungsfunktion am besten erfüllen.
5. ... ♔d6 6.♘c8+ ♔c7 7.♘a7 ♘b8 8.♘b5+, und Weiß gewinnt.
Die Ablenkung der schwarzen Figuren von der Kontrolle über das Umwandlungsfeld des Bauern erreicht Weiß durch ein Opfer des Springers. Dieses Verfahren ist für derartige Endspiele typisch.
Kling leitete die Lösung durch den Zug 1.♘g6 ein, den er mit einem Ausrufezeichen versah. Darauf geschieht 1. ... ♔d5 2.♘f8 ♘e5 3.♔b6 (wieder mit Ausrufezeichen) 3. ... ♘c6 4.♘d7 ♔d6 5.♘e5 ♘b8 6.♔a7 ♔c7 7.♘c4 ♘c6+ 8.♔a8 ♘b8 9.♘b6 (erst jetzt!) 9. ... ♘a6 10.♘d5+ ♔ beliebig 11.♔a7.
In Stellung 468 gewinnt indes fast jeder Springerzug. Wichtig ist, die gegnerischen Figuren ablenken zu können. Dies aber ist am einfachsten zu verwirklichen, wenn der Springer nach b6 gelangt.
Steht der Bauer auf der 6. Reihe und der König der schwächeren Seite vor ihm, hängt das Ergebnis davon ab, wie wirksam der Springer seinen König im Kampf gegen den Bauern unterstützen kann.

J. Awerbach, 1956

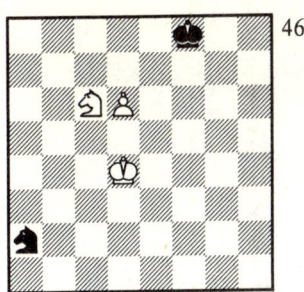

Kan–Goldenow, 1946

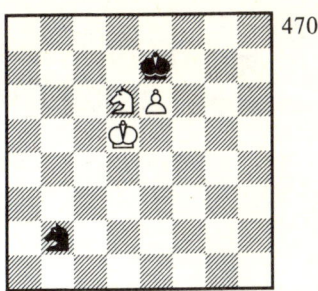

Schwarz am Zuge. Weiß gewinnt

Weiß am Zuge

Es ist klar, daß der König nicht allein mit den überlegenen Kräften des Gegners fertig wird. Folglich hängt alles davon ab, ob es gelingt, den Springer ins Spiel zu bringen. **1. ... ♔e8 2.♔d5 ♔d7.** Der Versuch, den Springer mit 2. ... ♘c3+ anzunähern, verliert nach 3.♔e6 sofort. **3.♘b8+! ♔c8** (3. ... ♔d8 4.♔e6 ♘b4 5.d7) **4.d7+ ♔c7 5.♔e6 ♘b4 6.♘a6+ ♘:a6 7.♔e7**, und Weiß gewinnt. Mitunter ist es für den König ungünstig, sich vor dem gegnerischen Bauern aufzuhalten: Er kann in ein Mattnetz geraten.

Auf **1.♘c8+** spielte Schwarz **1. ... ♔d8**. Dieser natürliche Zug führte dazu, daß er nach **2.e7+ ♔d7 3.♔e5!** aufgeben mußte, denn 3. ... ♘c4(d3)+ hätte 4.♔f6 ♔e8 5.♔e6 nebst Matt im nächsten Zuge zur Folge. Richtig war **1. ... ♔f6**. Falls darauf **2.e7 ♔f7 3.♔d6**, so **3. ... ♘c4+ 4.♔d7 ♘e5+** mit Remis.

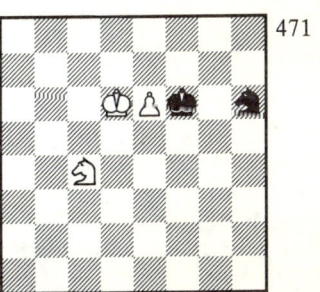

Schwarz am Zuge hält remis

Diese Stellung entstand durch Verschiebung von Beispiel 467 um eine Reihe nach unten. Hier hält Schwarz remis.

1. ... ♘g8.
Am einfachsten. Möglich ist aber auch 1. ... ♘f5+ 2.♔d7 ♘e7 3.♘e5! ♘f5 4.♘g4+ ♔g7 5.♘e3 ♘:e3 6.e7 ♘d5! mit Remis.
2.♔d7 ♔g7 3.♘e3 ♔f8 4.♘d5, und wir haben Stellung 472 vor uns.

J. Awerbach, 1954

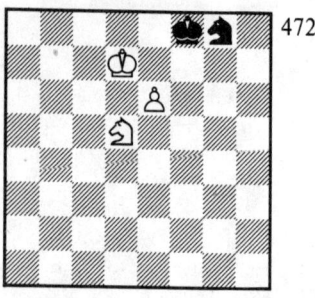

Schwarz am Zuge hält remis

Weiß hat scheinbar viel erreicht. Nach 4. ... ♔g7 5.♔e8 ♘h6! wird jedoch deutlich, daß er nicht weiterkommt, da 6.e7 den Bauern kosten würde. Verschiebt man Stellung 472 indes um eine Linie nach rechts, gewinnt Weiß, da die schwarzen Figuren dann nicht genügend Raum zum Manövrieren haben.

Nach A. Chéron, 1952

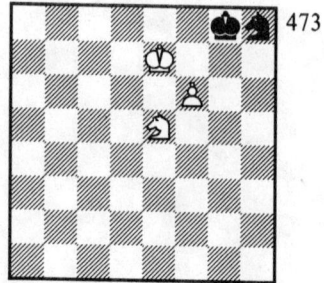

Weiß gewinnt

Weiß gewinnt unabhängig vom Zugrecht, z. B. bei Schwarz am Zuge: **1. ... ♔h7 2.♔f8 ♔h6 3.♔g8 ♔g5 4.♔g7 ♔f5 5.♘d7 ♘g6 6.f7 ♔g5 7.♘e5 ♘f4 8.♔g8 ♘e6 9.♘f3+** nebst **10.♘d4.** Ist Weiß am Zuge, spielt er **1.♔e8** und anschließend wie in der soeben gezeigten Variante.
Beispiel 474 unterscheidet sich vom vorigen lediglich durch die aktivere Aufstellung des schwarzen Springers.

J. Awerbach, 1955

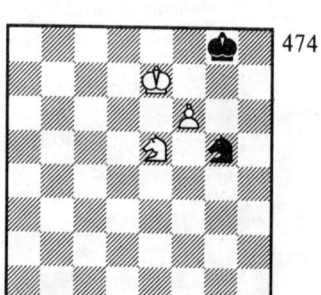

Kann Weiß gewinnen?

Schwarz hat nur einen einzigen Zug: 1. ... ♔h7. Weiß muß nun den Springer von der Kontrolle des Feldes f7 ablenken. Zieht er aber sofort 2.♘f3, geschieht 2. ... ♘:f3 3.f7 ♘e5 mit Remis.
Folglich muß Weiß den Springer nicht von e5, sondern von irgendeinem anderen Feld aus opfern. Ein solches Feld ist d6. Von dort kann der Springer die Ablenkung durch ♘d6–e4 erzwingen. Überführen wir daher den Springer nach d6.
2.♘c4! ♔h8.
Gehen wir davon aus, daß Schwarz eine passive Taktik beibehält.
3.♘d6 ♔g8.
Weiß hat sein Vorhaben verwirklicht, aber 4.♘e4 ist wegen 4. ... ♘f7 noch nicht möglich. Um zu gewinnen, muß Weiß den Gegner an den Zug bringen, was er mit Hilfe der Dreiecksmethode erreicht. Wir haben ein typisches Beispiel für Gegenfelder vor uns: g8 – e7, h7 – e8, während dem Feld h8 gleich zwei Felder entsprechen: d7 und d8.
4.♔e8 ♔h7 5.♔d7 ♔h8 6.♔d8! ♔h7 7.♔e8 ♔g8 8.♔e7 ♔h7.
Endlich kann Weiß zur Ablenkung des schwarzen Springers übergehen.
9.♘e4! ♘f3! 10.f7 ♘e5 11.♘f6+!, und der schwarze König gerät entweder in ein Schach, oder er muß das Feld g6 verstellen.

Kann Weiß also gewinnen? Wie sich zeigt, nein!
In der angeführten Variante verlor Schwarz nur deshalb, weil sein in der Ecke stehender König den Kampf des Springers gegen den Bauern behinderte. Hätte Schwarz 2. ... ♔g6! 3.♘d6 ♔h5! gespielt (diese „Flucht" des Königs war auch nach dem 5. und 7. Zug von Weiß möglich), wäre es dem Anziehenden nicht gelungen, seinen Gewinnplan zu verwirklichen, denn auf 4.♘e4 folgt nun 4. ... ♘f3 5.♔e6 (5.f7 ♘e5 6.♘f6+ ♔h4, und das Feld g6 bleibt frei) 5. ... ♔g6 6.f7 ♘d4+ 7.♔e7 ♘f5+ 8.♔e8 ♘g7+ 9.♔f8 ♘f5! mit Remis.
Anstelle von 5.♔e6 konnte Weiß auch 5.♘c5! ziehen, wonach das folgende Beispiel entsteht.

J. Awerbach, 1955

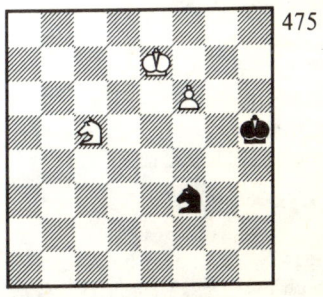

Weiß am Zuge gewinnt
Schwarz am Zuge hält remis

Liegt das Zugrecht bei Weiß,

gewinnt er durch 1.♘d3 ♘g5
2.♘f4+ ♔g4 3.♘e6 ♘f3
4.♔d6 ♘h4 5.f7 ♘g6 6.♘d4
♔g5 7.♘e6 ♘f8+ 8.♔e7
♘h7 9.♘e6+ ♔h6 10.♘f4
♔g7 11.♘h5+ ♔h8 (falls
11. ... ♔g6, so 12.♘f6)
12.♔e8.
Schwarz am Zuge rettet sich,
indem er den König aus der
gefährlichen Zone evakuiert.
1. ... ♔g4! Der einzige Zug.
Auf 1. ... ♘g5 folgt 2.♘e6
♘f3 3.f7 ♘e5 4.♘f4+!, und
Weiß gewinnt.
2.♘e6 ♘e5! 3.♘d4 ♔f4
4.♔e6 ♔e4. Nachdem er den
Springer gedeckt hat, hält
Schwarz remis.
Interessant ist, daß Weiß in
Stellung 474 auch dann nicht
zum Erfolg kommt, wenn der
schwarze Springer auf h6 steht.

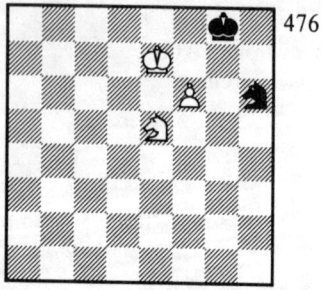

Anzug beliebig. Remis

Liegt das Zugrecht bei Weiß,
geschieht 1.♔e8 (falls 1.♘g4,
so 1. ... ♘f7 2.♔e8 ♘d6+
usw.) 1. ... ♔h7 2.♔d7
(2.♘g4 ♔g6 3.♔e7 ♘g8+)
2. ... ♔h8 3.♔d8 ♔h7 4.♔e8

♔g8 5.♔e7 ♘f5+ 6.♔e8
♘g7+.
Schwarz am Zuge gibt sofort
ewiges Schach: 1. ... ♘f5+
usw.
Somit steht der Springer auf
h6 am vorteilhaftesten: Er
stoppt nicht nur den Bauern,
sondern droht auch mit Dauer-
schach.
Verschiebt man Beispiel 474
um eine Linie nach rechts,
kommt Weiß zum Erfolg.

B. Horwitz und J. Kling, 1851

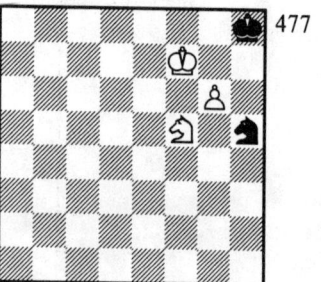

Anzug beliebig. Weiß gewinnt

Die Autoren dieser Stellung
waren der Ansicht, daß Weiß
nur gewinnt, wenn Schwarz am
Zuge ist. Ein Gewinn ist jedoch auch möglich, wenn die
Zugpflicht bei Weiß liegt:
1.♘d6 (noch einfacher ist
1.♘h6 ♘g7 2.♔e7 ♘h5
3.♔f8! – Lommer) 1. ... ♘g7
2.♘e4 ♘e8! 3.♔f8 ♘g7
4.♔e7! ♔g8 (oder 4. ... ♘e8
5.♔f7 ♘g7 6.♘d6 ♘f5
7.♔f8!, und Weiß gewinnt)
5.♘f6+ ♔h8 6.♔f7 ♘f5

7.♘e4 ♘g7 8.♘d6 ♘e8
9.♔f8 usw.
Ist Schwarz am Zuge, gewinnt
Weiß ganz einfach: 1. ... ♘g7
2.♘d6 ♘e8 3.♔f8 usw.
Wenn der König der schwächeren Seite den Springer in seinem Kampf gegen den Bauern nicht unterstützen kann, ist der Sieg in der Regel ohne Schwierigkeiten zu erreichen.

**Petrow–Aronin
Tscheboksary 1950**

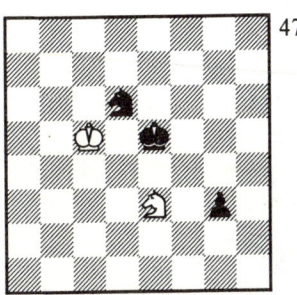
478

Weiß am Zuge

1.♘g2 ♘f5 2.♔c4 ♔e4 3.♔c3
♔f3 4.♘e1+ ♔e2 5.♘g2 ♔f1
6.♘f4 (der weiße König steht
abseits, und Schwarz gewinnt
in bereits bekannter Manier)
6. ... ♘e7! 7.♔d2 ♘g6!
8.♘h3 (oder 8.♘d5 ♔f2
9.♘e3 ♘e5 10.♘d1+ ♔f3
11.♘e3 ♘c4+ 12.♘:c4 g2
usw.) 8. ... g2 9.♔e3 ♘e5.
Weiß gab auf.
Steht der Bauer auf der
5. Reihe, nehmen die Remismöglichkeiten der schwächeren Seite natürlich zu. Versetzt man beispielsweise Stellung 473 um eine Reihe nach unten, erhalten die schwarzen Figuren mehr Raum, der Bauer wird weniger gefährlich, und das Spiel endet remis.
Ebenfalls remis ist folgende Stellung, die durch entsprechende Verschiebung von Steinen in Beispiel 477 entstand.

Nach A. Chéron, 1952

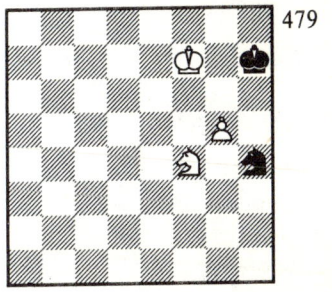
479

Remis

Die beengte Aufstellung seines Königs ist hier für Schwarz günstig: mit 1. ... ♘g6! kann er remis halten.
Wenn die Figuren der schwächeren Seite schlecht postiert sind, ist es möglich, den Materialvorteil auch bei einem Bauern auf der 5. Reihe zu verwerten.

A. Chéron, 1952

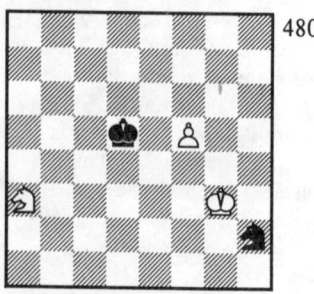

Weiß gewinnt

1.♘c4! ♘f1+ (1. ... ♔:c4 2.f6) 2.♔f4 ♘h2 3.♘e3+ ♔d6 4.♔g3 mit Springergewinn.

Steht der König der schwächeren Seite sehr weit entfernt, ist ein Gewinn sogar mit einem Bauern auf der 4. Reihe zu erzielen.

A. Pongrac

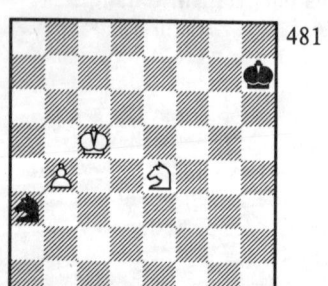

Weiß gewinnt

1.♘d2 ♔g7 2.♘c4 ♘b1 (2. ... ♘c2 3.b5 ♘e1 4.b6 ♘d3+ 5.♔b5) 3.♔d4! (aber nicht 3.b5? ♘c3 4.b6 ♘a4+) 3. ...

♔f7 4.b5 ♔e7 5.b6 ♔d7 6.♔c5 ♘c3 7.♘e5+ ♔c8 8.♔c6 mit zwangsläufigem Gewinn.

Turmbauern sind für einen Springer am gefährlichsten. Die Nähe des Brettrandes wirkt sich negativ auf seine Beweglichkeit aus. Deshalb behandeln wir Endspiele mit einem Turmbauern gesondert.

Hat der Turmbauer die 7. Reihe erreicht und kontrolliert der König der stärkeren Seite das Umwandlungsfeld, bereitet die Gewinnführung keine Schwierigkeiten, wenn nicht die sofortige Möglichkeit zu einem ewigen Schach besteht.

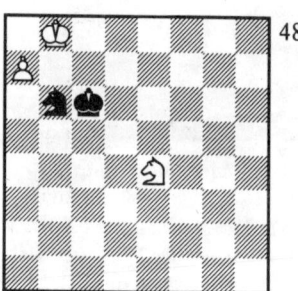

Weiß am Zuge gewinnt
Schwarz am Zuge hält remis

Schwarz droht, mit 1. ... ♘d7+ ewiges Schach zu erzwingen. Der erste Zug von Weiß pariert diese Absicht.
1.♘f6 ♘a8!
Die einzige Möglichkeit, Widerstand zu leisten. Falls 1. ... ♔c5 2.♔b7 ♔b5, so 3.♘d5 mit sofortigem Gewinn.

2.♘d5! (selbstverständlich nicht 2.♔:a8 ♔c7 mit Remis) 2. ... ♔d7 3.♔b7 ♔d8 4.♘b6 ♘c7 5.♔c6, und Weiß gewinnt.
Bei einem Turmbauern auf der 6. Reihe sind die Gewinnchancen ebenfalls recht bedeutsam.

J. Awerbach, 1980

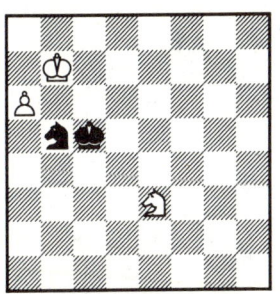

Weiß gewinnt

Diese Stellung entstand durch Verschiebung von Beispiel 482 um eine Reihe nach unten. Weiß gewinnt leicht, indem er die gegnerischen Figuren vom Bauern abdrängt.
1.♘f5! ♔b4 2.♔b6 ♔c4 3.♘d4! ♘d6 4.♔c7 ♘e8+ 5.♔c6, und der Bauer ist nicht aufzuhalten.
Da es sich hier nicht um eine Studie handelt, gibt es auch noch andere Gewinnwege. Möglich ist z. B., ohne ein Opfer auszukommen, wenngleich dann mehr Züge benötigt werden: 3.♘e3+ ♔b4 4.♘d5+ ♔c4 5.♘c7! ♘d6 6.♔c6 ♘c8 7.♔b7 ♘d6+ 8.♔b8.

Schwarz konnte sich auch anders verteidigen: 1. ... ♔c4 2.♔b6 ♔b4 3.♘e7 ♘c4 4.♘d5! ♘d6 5.♘c7, und obwohl nun Schwarz am Zuge ist, geht das Spiel in die vorige Variante über.

Scheve–Estorch
Berlin 1905

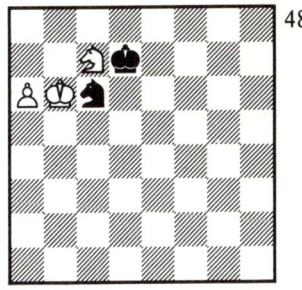

Weiß gewinnt

Selbst in diesem Beispiel, in dem die schwarzen Figuren günstiger stehen, gelingt es nicht, den Bauern aufzuhalten.
1.♘b5 ♘e7! 2.♔b7 ♘c6. Oder 2. ... ♘c8 3.♔b8 ♘e7 4.♘d4 ♘d5 5.a7 ♘c7 6.♔h7 ♘a8 7.♘e6!, und Weiß gewinnt.
3.♘d4! ♘a5+ 4.♔b8 ♘c4 5.a7 ♘b6 6.♔b7 ♘a8 7.♘e6! Schwarz gab auf.

R. Réti, 1929

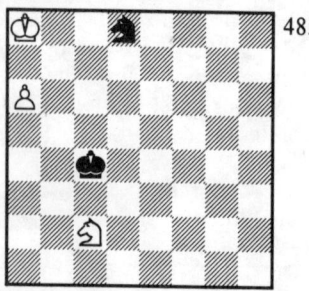

Weiß gewinnt

Nicht zum Ziel führt die natürliche Fortsetzung 1.♔b8 wegen 1. ... ♔b5! (falls 1. ... ♘c6+?, so 2.♔b7! ♔c5 3.♘d4!) 2.♘b4 ♘c6+! 3.♔b7 ♘a5+ oder 3.♔c7 ♘:b4 4.a7 ♘d5+ nebst 5. ... ♘b6.
Die Lösung lautet: 1.♔a7 ♔b5 2.♘b4 ♔a5 3.♔b8! ♘c6+ 4.♔b7, und Weiß gewinnt.
Technisch schwieriger ist die Gewinnführung in der folgenden Stellung.

R. Réti, 1929

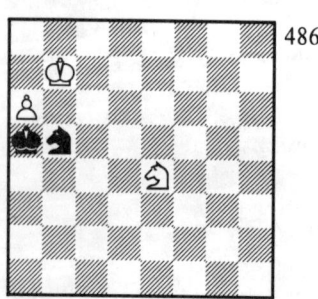

Weiß gewinnt

Wäre Schwarz am Zuge, käme Weiß nach 1. ... ♔b4 2.♔b6 ♔c4 3.♘c3! ♔d6 4.♔c7 ♔c5 5.a7 zum Erfolg. Deshalb muß der Gegner an den Zug gebracht werden. Dies geschieht so:
1.♘c5!
Auf andere Züge des Springers hält Schwarz durch 1. ... ♘d6+ 2.♔a7 ♘c8+ remis.
1. ... ♔b4.
Zum gleichen Ergebnis führt 1. ... ♘d6+ 2.♔c7! ♘b5+ 3.♔c6! ♘a7+ 4.♔b7 ♘b5 5.♘e4, und wir haben die Ausgangsstellung vor uns, in der jetzt aber Schwarz am Zuge ist.
2.♔b6 ♘d6 3.♘e4! ♘c8+ 4.♔c7!
Hier ist Genauigkeit geboten. Auf 4.♔b7? folgt 4. ... ♔b5 mit Remis, z. B. 5.♘c3+ ♔a5 6.♘e4 ♔b5 7.♘f6 ♘d6+ 8.♔a7 ♘c8+ usw.
4. ... ♔b5 5.♔b7 ♘a5 6.♘c5 ♘d6+ 7.♔c7 ♘b5+ 8.♔c6 ♘a7+ 9.♔b7 ♘b5 10.♘e4.
Der erste Teil des weißen Planes ist verwirklicht. In der nun wieder erreichten Ausgangsstellung ist Schwarz am Zuge. Das weitere wurde schon erklärt.
In allen betrachteten Beispielen gewann Weiß, indem er die schwarzen Figuren abdrängte. Dies gelingt nur in Ausnahmefällen nicht. Einen davon zeigt die folgende Stellung.

R. Réti, 1929

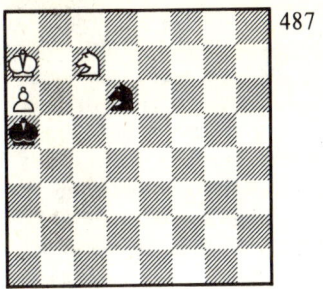

Remis

Stände der weiße Springer auf c5, käme es nach 1.♔b8 ♘b5 2.♔b7 zu Stellung 486 (nach 1.♘c5), und Weiß würde gewinnen.
Auf c7 steht der Springer wesentlich schlechter, da er die Manöver seines Königs behindert. Diese Tatsache ist entscheidend.
1.♔b8 ♘b5! 2.♔b7 ♘d6+ 3.♔a7 ♘f7!
Der einzige Zug. Der Springer besetzt eine wichtige Schlüsselposition. Auf 4.♔b8 oder 4.♔a8 folgt jetzt 4. ... ♘d8, während 4.♔b7 mit 4. ... ♘d6+ beantwortet wird.
4.♘e6.
Weiß versucht, die Aufstellung seines Springers zu verbessern. Es ist aber bereits zu spät. Die Umgruppierung gelingt nicht.
4. ... ♔b5!
Fehlerhaft wäre 4. ... ♘d6 5.♘c5 ♘b5+ 6.♔b7, und es ist Stellung 486 entstanden (nach 1.♘c5).

5.♘d4+ ♔a5 6.♘c6+ ♔b5 7.♘b4! ♘d8!
Im Fall von 7. ... ♔:b4 8.♔b8! ♘e5 9.♔c7 würde Weiß gewinnen.
8.♔b8 ♘c6+! 9.♔b7 ♘a5+ 10.♔c7 ♘c6! remis.
Wenn der Bauer auf der 5. Reihe steht, erhöhen sich die Remischancen der schwächeren Seite beträchtlich. Indes ist die Stellung, die durch eine Verschiebung von Beispiel 482 um zwei Reihen nach unten erreicht wird, nach wie vor für Schwarz verloren. Die Gewinnmethode bleibt etwa die gleiche.

J. Awerbach, 1980

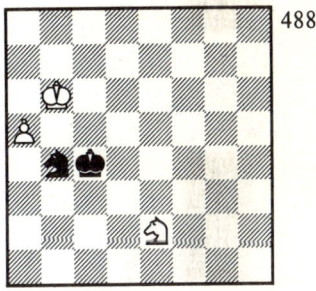

Weiß gewinnt

1.♘f4! ♔b3 2.♔b5 ♔c3 3.♘d3! ♔d5 4.♔c6! ♘e7+ 5.♔b7 ♘f5 6.a6 ♘d6+ 7.♔c7 ♘b5+ 8.♔b6 ♘d6 (8. ... ♔c4 9.♘e5+ ♔b4 10.♘c6+ ♔a4 11.♘d4! ♘d6 12.♔c7 ♘e8+ 13.♔c6) **9.♘e5 ♔b4** (9. ... ♘c8+ 10.♔c7 ♘a7 11.♘c6 ♘b5 12.♔b6 ♔c4

13.♘d4!) 10.♘c6+ ♔c4
11.♘e7 ♘b5 12.♘d5 ♘d6
13.♔c6 ♘c8 14.♘b6+.
In der vorliegenden Situation
bietet sich noch ein zweiter
Gewinnweg an, der hier obendrein schneller zum Ziele
führt.
3.♘e2+ ♔b3 4.♘d4+ ♔c3
5.♘c6! ♘d5 6.♔c5 ♘c7
7.♔b6 ♘e8 (7. ... ♘d5+
8.♔b7) 8.a6 ♘d6 9.♘e7
♘c4+ 10.♔c5, und Weiß ge-
winnt.
Wenn sich Schwarz mit 1. ...
♔c3 2.♔b5 ♔b3 verteidigt,
entscheidet 3.♘e6 ♔c3 4.♘d4
♘d5 5.♘c6 ♔b3 6.♔c5 ♘c7
7.♔b6 ♘e8 (7. ... ♘d5+
8.♔b7) 8.a6 ♘d6 9.♘e7 usw.

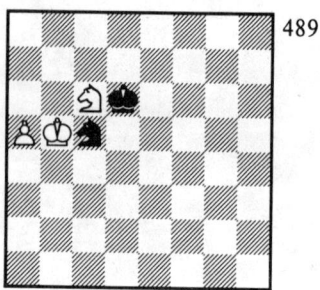

Remis

In dieser Stellung, die sich ergibt, wenn man Beispiel 484
um eine Reihe nach unten versetzt, hält Schwarz bereits remis.
1.♘b4 ♘e6! (fehlerhaft wäre
1. ... ♘b3 2.a6 ♔c7 3.♘d5+
♔b8 4.♔b6, und Weiß holt
sich eine Dame) **2.♔b6 ♘c5**,
und Weiß hat nichts erreicht,
da 3.♘d3 mit 3. ... ♘:d3 4.a6
♘b4 5.a7 ♘d5+ nebst 6. ...
♘c7 beantwortet würde.
Stehen bei einem Bauern auf
der 5. Reihe die gegnerischen
Figuren in der Nähe, ist ein
Gewinn nur in Ausnahmefällen zu erzielen. Einen von
ihnen zeigt das folgende Diagramm.

A. Chéron, 1952

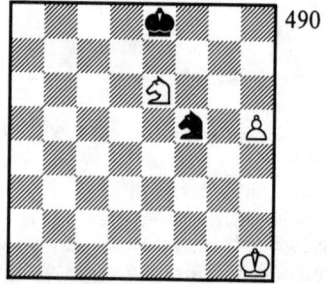

Weiß gewinnt

Nach **1.♘g7+! ♘:g7 2.h6 ♔f8
3.h7** geht der Bauer zur Dame.
Steht der König der schwächeren Seite sehr weit entfernt, ist
ein Gewinn selbst bei einem
Bauern auf der 4. Reihe möglich. Dabei kann man davon
ausgehen, daß der Sieg in der
Regel gewährleistet ist, wenn
es dem Turmbauern gelingt,
die 6. Reihe zu erreichen.

**Simagin–Botwinnik
Moskau 1955**

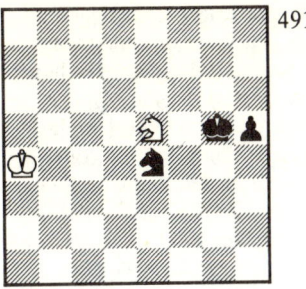

Schwarz am Zuge gewinnt

Hier gewinnt am einfachsten
1. ... ♔f5 2.♘f3 ♔f4 3.♘h4
♔g4 4.♘g6 (4.♘g2 ♘d6!
5.♔b3 ♘f5 6.♔c3 ♔g3 7.♘e1
h4) 4. ... ♘c5+ 5.♔b4 ♘e6
6.♔c3 ♘f8.
Das ist keineswegs der einzige
Gewinnzug. Eine Alternative
bildet 6. ... ♘f4 7.♘e5+ ♔g3
8.♔d2 h4 9.♘c4 h3 10.♘e3
♘d5 11.♘f1+ ♔f2 12.♘h2
♘f6.
7.♘e5+ (7.♘:f8 h4 8.♘e6 h3
9.♘c5 h2 10.♘d3 ♔f3) 7. ...
♔g3 8.♔d2 h4 9.♔e2 h3
10.♘f3 ♘e6 11.♘d2 (oder
11.♔e3 ♘d4! 12.♘d2 ♔g2)
11. ... ♔g2 12.♘f1 ♘d4+
13.♔e1 ♘f5 14.♔e2 ♘g3+,
und Schwarz gewinnt.
In der Partie spielte Schwarz
statt dessen 1. ... ♘d2?, um
das Feld f3 sofort unter Kontrolle zu nehmen. Diese Fortsetzung gestattete Weiß aber,
auf elegante Art remis zu halten.

2.♔b4 ♔f5 3.♔c3!
Das rettende Tempo. Jetzt
kommt der König dem Springer rechtzeitig zu Hilfe.
3. ... ♘e4+ 4.♔d4 ♘g5
5.♘d3 ♔g4 6.♘e5+ ♔f5
7.♘d3.
Der schwarze Bauer konnte
noch nicht weiterrücken, während es Weiß gelang, den König heranzuführen. Das Remis
ist offensichtlich.
7. ... ♔g4 8.♘e5+ ♔g3
9.♘g6 ♘e6+ 10.♔e3 ♘f8
(jetzt bringt dies nichts ein)
11.♘:f8 h4 12.♘e6 h3 13.♘g5
remis.

**Podgajez–Tal
Alma-Ata 1969**

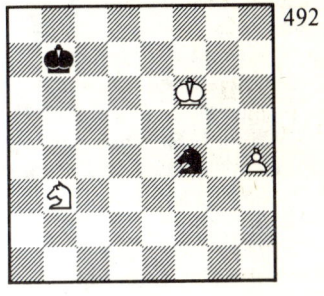

Weiß am Zuge

Der schwarze König ist weit
vom Bauern entfernt, und die
Aufgabe von Weiß besteht
darin, den gegnerischen Springer abzudrängen. Am einfachsten gelang dies durch den feinen Zug 1.♘d4!, z. B. 1. ...
♔c8 (1. ... ♔c7 2.♘e6+)
2.♔f5 ♘h5 3.♘e2! (droht

Springergewinn) 3. ... ♘g7+
4.♔f6 ♘e8+ 5.♔g6 ♘c7
(5. ... ♔d7 6.h5 ♘e7 7.h6
♘f6 8.♘f4, und Weiß gewinnt) 6.♘f4, und der Bauer
ist nicht aufzuhalten. Nicht
besser war 2. ... ♘d5 3.h5
♘e7+ 4.♔e6 ♘g8 5.♘f5, und
der Springer sitzt in der Falle.
Weiß machte jedoch den Fehler, das Geschehen zu forcieren: 1.♘c5+ ♔c6 2.♘d3
♘h5+!
Schwarz ist nicht verpflichtet,
den Springer zu schlagen. Jetzt
wird klar, daß der weiße Springer auf d3 ungünstig steht und
seine Position wechseln muß,
um den Kampf mit dem gegnerischen Springer fortsetzen zu
können.
3.♔g6 ♘g3 4.♘f2 ♔d6
5.♘h1 ♔e2!
Schwarz lehnt das Geschenk
ab, und Weiß muß die Aufstellung seines Springers erneut
korrigieren. Inzwischen hat
sich der schwarze König schon
ein gutes Stück dem Bauern
genähert.
6.♔f6 ♘f4 7.♘g3 ♔d7.
Eine Ungenauigkeit, mit der
sich Schwarz die Aufgabe
selbst erschwert. Richtig war
7. ... ♘d5+, z. B. 8.♔f7 ♘f4.
Nun führt 9.♘e2 nach 9. ...
♘:e2 10.h5 ♘f4 11.h6 ♘e6
zum Remis. Setzt Weiß mit
8.♔g5 fort, tritt der schwarze
König in Aktion und macht
das Remis durch 8. ... ♔e7
9.h5 ♔f7 ebenfalls perfekt.
8.♔f7.

Weiß hätte trotz allem 8.♘e2
versuchen sollen, was mehr
Probleme stellte. Der Springer
ist dann selbstverständlich
nicht zu nehmen. Nach 8. ...
♘d5+ 9.♔f7 ♘e3 10.h5 ♘g4
wäre der Bauer allerdings noch
nicht bis zur 6. Reihe vorgedrungen, so daß Schwarz remis
halten muß, z. B. 11.♘g3
♘e5+ 12.♔f6 ♘g4+ 13.♔g5
♘e5 14.♔f5 ♘f7 15.♔f6 ♘h6
16.♔g6 ♘g4, und Weiß hat
nichts erreicht. Möglich ist
übrigens auch 15. ... ♔e8
16.♔g7 ♔e7 17.♘f5+ ♔e6!
(17. ... ♔e8? 18.♔g8 ♘g5
19.h6, und Weiß gewinnt)
18.♘d4+ ♔e7 19.♘c6+ ♔e8
mit Remis.
8. ... ♔d6! 9.♘e2 ♘:e2 remis.

J. Awerbach, 1979

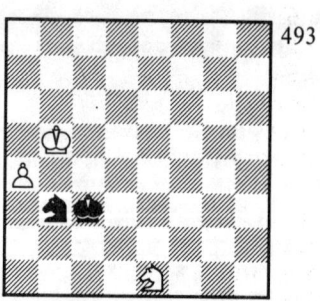

493

Weiß gewinnt

Diese Stellung ergibt sich,
wenn man Beispiel 482 um
drei Reihen nach unten versetzt. Sie unterstreicht ein weiteres Mal, daß es ungünstig ist,
wenn der König den Bauern in

einem Springerendspiel von hinten bekämpft. Die Lösung trägt universellen Charakter.
1.♘f3! ♔b2 2.♔b4 ♔c2 3.♘e1+! (hier ist 3.♘d2 ♘d4 weniger klar) 3. ... ♔b2 4.♘d3+ ♔c2 (4. ... ♔a2 5.♘c1+!) 5.♘c5 ♘d4 6.♔c4 ♘c6 (6. ... ♘f5 7.♔b7 ♘e7 8.a5 ♘c8 9.a6 ♔b2 10.♔c5 ♔b3 11.♘d6, und Weiß gewinnt) 7.♔b5 ♘a7+ (7. ... ♘d4+ 8.♔b6 ♔c3 9.a5 ♔c4 10.a6 ♘b5 11.♘e4 ♔b4 12.♘c3! ♘d6 13.♔c7, und Weiß gewinnt) 8.♔b6 ♘c8+ 9.♔c7 ♘e7.
Falls 9. ... ♘a7, so 10.♔b7. Keine Rettung bringt auch 9. ... ♔c3 10.♔:c8 ♔b4 wegen 11.♔b7! ♔:c5 12.a5.
10.a5 ♘d5+ 11.♔c6 ♘b4+ 12.♔b5 ♔c3.
Nicht besser ist 12. ... ♘d5 13.♘e6! ♘e7 14.a6 ♘c8 15.♘d4+ ♔d3 16.♘f5 ♔e4 17.♘e7!
Wir haben jetzt eine Stellung vor uns, die fast dem Beispiel 488 entspricht. Am einfachsten führt hier das Standardmanöver des Springers zum Ziel.
13.♘e6! ♔b3 14.♘d4+ ♔c3 15.♘c5 ♘d5 16.♔c5 ♘c7 17.♔b6 ♘e8 18.a6 ♘d6 19.♘e7, und der Bauer ist nicht aufzuhalten.
Was aber, wenn Schwarz mit dem König etwas anders manövriert hätte?
1. ... ♔c2 2.♔b4 ♔b2. Hierauf folgt erneut eine feine Springerwanderung: 3.♘e5 ♔c2 4.♘d3 (möglich ist auch 4.♘d7) 4. ... ♘d4 5.♘c5.

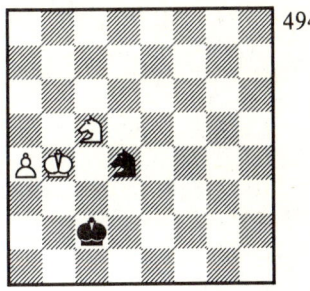
494

Diese Stellung haben wir bereits mit Weiß am Zuge analysiert. Es zeigt sich, daß das Zugrecht Schwarz keinerlei Nutzen bringt. Falls z. B. 5. ... ♘c6+, so 6.♔b5 wie schon betrachtet. Im Prinzip ändert auch 5. ... ♔b2 nichts wegen 6.♔c4 ♘c6 7.♔b5 ♘a7+ 8.♔b6 ♘c8+ 9.♔c7 ♘e7 10.a5 ♘d5+ 11.♔c6 ♘b4 12.♔b5 ♔a3.
Dieser Zug war in der vorigen Analyse nicht möglich. Er hilft jedoch ebenfalls nicht.
13.♘c6! ♔b3 14.♘d4+ ♔c3 15.♘c6, und Weiß gewinnt wie nach 1. ... ♔b2.

Zweites Kapitel

Springer und zwei Bauern gegen Springer

Bei zwei Mehrbauern bereitet der Gewinn gewöhnlich keine großen Schwierigkeiten.

R. Fine, 1941

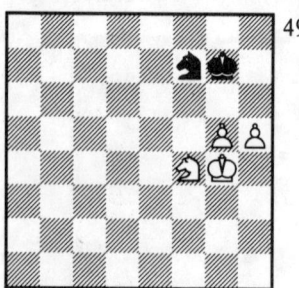

Weiß am Zuge

Weiß kommt nach 1.♘e6+ ♔g8 2.g6 ♘e5+ 3.♔f5 ♘f3 4.h6 ♘h4+ 5.♔f6 ♘f3 6.♘g5 zum Erfolg. Die Gewinnmethode, die in einem allmählichen Vorrücken der Bauern besteht, ist einfach und bedarf keiner Erläuterungen. Man muß nur darauf achten, daß der Gegner seinen Springer nicht für beide Bauern opfert.

Im folgenden werden Stellungen untersucht, in denen das Vorgehen der Bauern auf Schwierigkeiten stößt oder überhaupt nicht möglich ist.

Landau–Grau
Stockholm 1937

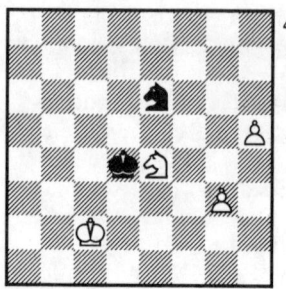

Weiß gewinnt

Der weiße König ist weit von seinen Bauern entfernt, während sich der schwarze König bereits anschickt, sie zu liquidieren. Dennoch kann Weiß gewinnen, wenn er den vorgeschobenen h-Bauern nutzt.
1.h6! ♘f8 2.♘f6! ♔e3.
Gelänge es Schwarz, den h-Bauern zu erobern, würde die Partie remis enden. Er kommt jedoch nicht an ihn heran, da Weiß nach 2. ... ♔e5 durch 3.♘d7+ ♘:d7 4.h7 gewinnt.
3.♔c3 ♔f3 4.♔d4!
Natürlich nicht 4.g4? ♔f4 5.♔d4 ♔g5 6.♔e5 ♔:h6 mit Remis.
4. ... ♔:g3 5.♔e5 ♔h3!
6.♔f4! (6.♔f5 ♔h4 sähe Weiß im Zugzwang, da 7.♘d7 mit 7. ... ♔h5 beantwortet wird)
6. ... ♔h4 7.♔f5.
Weiß hat sich von dem weniger wichtigen Bauern getrennt, dafür aber seine Königsstellung bedeutend verbessert.

7. ... ♘h7! 8.♔g6 (8.♘:h7? ♔h5) 8. ... ♘g5.
Oder 8. ... ♘f8+ 9.♔f7 ♔g5 10.♘g4 ♘g6 11.h7 ♘h8+ 12.♔g7 ♘g6 13.♘e5, und Weiß gewinnt.
9.♘e4! ♘e6 10.♔f7, und Weiß gewinnt.
Stellung 497 zeigt einen Ausnahmefall, in dem zwei Mehrbauern nicht zum Gewinn ausreichen.

**Taimanow–Spasski
Leningrad 1952**

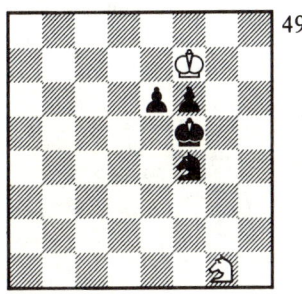

Remis

1.♘f3!! ♔g4.
Falls 1. ... e5, so 2.♘h4+ ♔g5 3.♘f3+ ♔g4 4.♔:f6 e4 5.♘e5+ ♔g3 6.♘c4 remis.
Auf 1. ... ♔e4 geschieht 2.♘d2+ ♔d3 3.♘f1 f5 (3. ... ♔e2 4.♔:f6 ♔:f1 5.♔e5 mit Remis) 4.♔f6 nebst ♘f1–g3.
2.♘h2+ ♔h3 3.♘f1 f5 4.♔f6, und wegen der Drohung ♘f1–e3 einigte man sich auf Remis.

**Jegorow–Grigorjew
Moskau 1928**

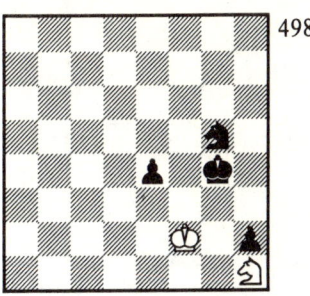

Schwarz am Zuge gewinnt

Bei isolierten Bauern gibt es einen typischen Plan, den Schwarz auch im vorliegenden Beispiel verwirklicht. In der Regel wird einer der Bauern geopfert, um die gegnerischen Figuren abzulenken.
1. ... ♔h3! 2.♔f1!
Falls 2.♔e2, so 2. ... ♔g2 3.♔e3 ♔:h1 4.♔f2 e3+ 5.♔f1 e2+, und Schwarz gewinnt.
2. ... e3 3.♔e2 ♔g2 4.♔:e3 ♘e4! 5.♔e2 ♘g3+! Weiß gab auf.

L. Prokes, 1938

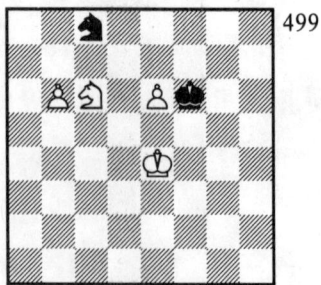

Weiß gewinnt

Angesichts der Drohung
♘c8–d6+ geht ein Bauer verloren. Durch exaktes Spiel kann Weiß aber trotzdem gewinnen.
1.b7!
Schlecht ist 1.e7? ♔f7 2.b7 ♘d6+ 3.♔e5 ♘:b7 4.♔d5 ♘a5! oder 2.♔d5 ♘:b6+ 3.♔d6 ♘c8+, und das Remis ist offenkundig.
1. ... ♘d6+ 2.♔d4.
Ein Fehler wäre 2.♔d5?, da sich Weiß nach 2. ... ♘:b7 im Zugzwang befindet (3.e7 ♔f7 remis).
2. ... ♘:b7 3.♔d5! (jetzt ist Schwarz im Zugzwang) **3. ... ♔g7 4.♘d8!**
Der entscheidende Zug. Schwach ist 4.♘a5? ♘:a5 mit Remis.
4. ... ♘:d8 (oder 4. ... ♘a5 5.e7) **5.e7**, und Weiß gewinnt.
Außer 3. ... ♔g7 konnte Schwarz noch 3. ... ♘c5 spielen. In diesem Fall gewann Weiß durch 4.e7 ♘e6 (4. ... ♘a6 5.♔d6 ♔f7 6.♘d8+ ♔e8 7.♘e6 ♔f7 8.♘g7! ♘c7 9.♔d7 ♔f6 10.♘e8+) 5.♔d6 ♘g7 6.♔d7 ♔f5 (6. ... ♔f7 7.♘d8+ nebst 8.♘e6, und Weiß gewinnt) 7.♘d4+ ♔e5 8.♘e6 ♘h5 9.♔d8 ♘f6 10.♘f8 und 11.♘h7.

Drittes Kapitel

Springer und Bauer gegen Springer und Bauer

In derartigen Endspielen ist ein Gewinn nur in Ausnahmefällen möglich, insbesondere wenn es gelingt, den gegnerischen Bauern zu erobern und ein gewonnenes Endspiel mit einem Mehrbauern herbeizuführen. Dazu zwei Beispiele.

S. Kaminer, 1925

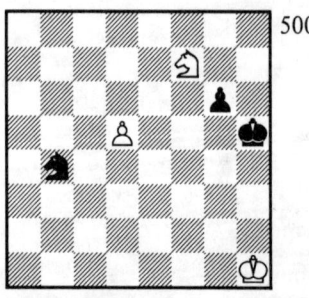

Weiß gewinnt

Nach **1.d6 ♘c6 2.d7** wird deutlich, daß dem schwarzen König wegen der Drohung ♘f7–e5+ die Felder g6 und g4 unzugänglich sind. Deshalb kann Weiß durch genaues Spiel den Gegner in Zugzwang bringen und gewinnen: **2. ... ♔h4** (falls 2. ... g5, so 3.♔h2, und Weiß gewinnt) **3.♔h2!** (schlecht ist 3.♔g2? g5 4.♔h2 g4 5.♔g2 g3, denn nun befindet sich Weiß selbst im Zugzwang: nach 6.♔g1 ♔h3 7.♔h1 g2+ 8.♔g1 ♔g3 hält Schwarz remis) **3. ... g5** (oder 3. ... ♔h5 4.♔g3 g5 5.♔h3 g4+ 6.♔g3 ♔g6 7.♘e5+ usw.) **4.♔g2 g4 5.♔h2 g3+ 6.♔g2 ♔h5** (6. ... ♔g4 7.♘e5+) **7.♔:g3 ♔g6 8.♘e5+**, und Weiß gewinnt.

V. Halberstadt, 1949

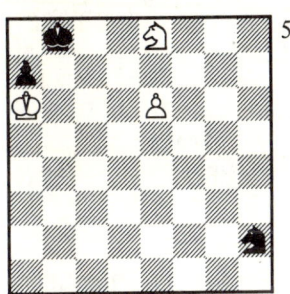

501

Weiß gewinnt

Auch in dieser Stellung wird Schwarz der Zugzwang zum Verhängnis. Weiß gewinnt mit Hilfe schon bekannter Verfahren.
1.e7! (1.♘f6? ♘g4! 2.♘:g4 ♔c7 remis) **1. ... ♘g4 2.♔b5!** (2.♔a5? ♘e5 mit Remis) **2. ... a5 3.♔a4!** (3.♔:a5? ♘e5 oder 3.♘d6? ♘f6 4.♔:a5 ♔c7 remis; falls 3.♔c6?, so 3. ... a4) **3. ... ♔a7 4.♔a3** (Weiß bringt den Gegner an den Zug; eine Alternative wäre dabei 4.♔b3 ♔b8 5.♔a3 ♔a7 6.♔a4) **4. ... ♔b8** (oder 4. ... ♔b6 5.♘c7 ♘f6 6.♘d5+, und Weiß gewinnt) **5.♔b3 ♔a7 6.♔a4 ♔b8 7.♔b5! ♔a7 8.♘d6!** (wenn der schwarze König auf a7 steht, ist dies möglich!) **8. ... ♘f6 9.♔:a5 ♔b8 10.♘e4!** (10.♔b6? ♘d5+) **10. ... ♘e8 11.♔b6**, und Weiß gewinnt.

W. Bron, 1948

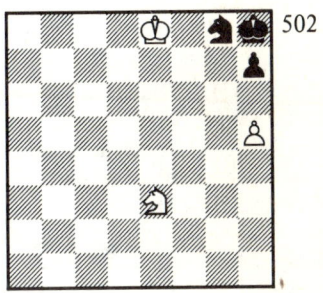

502

Weiß gewinnt

Dieses Beispiel zeigt einen weiteren Ausnahmefall. Weiß kann die beengte Aufstellung der schwarzen Figuren ausnutzen. Die Gewinnführung verlangt allerdings äußerst feines Spiel.
1.♔f7 ♘h6+ 2.♔f8 ♘g8 3.♘g4 h6 (falls 3. ... ♘h6, so 4.♘e5 nebst Matt im nächsten Zuge) **4.♔f7 ♔h7 5.♘e5 ♔h8 6.♘c4!**

Nutzlos wäre 6.♘g6+ ♚h7 7.♘f8+. Um den Gegner in Zugzwang zu bringen, muß Weiß mit dem Springer nach g6 gelangen, wenn der schwarze König das Feld h7 innehat, oder er muß den Springer nach f8 führen, wenn der schwarze König auf h8 steht. Dies bedeutet, daß der Gegner an den Zug zu bringen ist. Da der Springer allein bekanntlich kein Tempo gewinnen kann, übernimmt dies der weiße König. Zuvor aber wird der Springer nach f8 gebracht, um die schwarzen Figuren „hinter Schloß und Riegel" zu halten.

6. ... ♚h7 7.♘d6 ♚h8 8.♘e8! ♚h7 9.♔e6! ♚h8 10.♔d6! ♚h7 11.♔d7! ♚h8 12.♔e6 ♚h7 13.♔f7.

Weiß hat das erforderliche Tempo gewonnen und kehrt mit dem König an den alten Platz zurück.

13. ... ♚h8 14.♘c7 ♚h7 15.♘e6 ♚h8 16.♘f8, und Weiß gewinnt.

Bei Freibauern kann der Fall eintreten, daß einer von ihnen eher zur Dame geht.

Sehen wir uns einige Stellungen an, die remis sind, obwohl es einer Seite gelingt, ihren Bauern in eine Dame zu verwandeln.

T. Gorgiew, 1936

503

Remis

Der weiße Springer muß sich zum schwarzen Bauern begeben, da dieser nach 1.c6 ♘e3! 2.c7+ ♚c8 3.♘g6 ♘d5+ 4.♔c6 c2 die Entscheidung brächte.

1.♘g6 ♘b4 2.♘f4 ♘d5+ 3.♘:d5 c2 4.c6 c1♛ 5.c7+ ♚a8!

Nun zeigt sich, daß Weiß nicht 6.♘e7 spielen darf, da Schwarz nach 6. ... ♛e3+ 7.♔c6 ♛e6+ 8.♔b5 ♛d7+ 9.♔b6 ♛d6+ 10.♘c6 ♛e6 gewinnen würde. Trotzdem gibt es einen Ausweg!

6.c8♛+! ♛:c8 7.♘c7+ ♚b8 8.♘a6+ mit ewigem Schach.

W. Bron, 1925

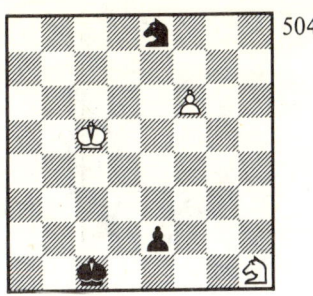

504

Remis

Auch dieses Beispiel führt zu einem überraschenden Schluß.
1.f7 ♘c7! 2.♘f2 ♔c2! 3.♘d3! (auf 3.♔c4 folgt 3. ... e1♕ 4.f8♕ ♕c3 matt; gerade deshalb zog Schwarz 1. ... ♘c7 und nicht 1. ... ♘g7) 3. ... ♔:d3 4.♔d6 e1♕ 5.f8♕ ♕b4+ 6.♔e5! ♕:f8 patt.
Zum Schluß ein Beispiel, in dem das Remis erst nach einigen studienartigen Feinheiten erreicht wird.

V. Kivi, 1936

505

Remis

1.h7 ♔f7 (falls 1. ... a2, so 2.♔g8 a1♕ 3.♘e7+! und 4.h8♕; sofortiges 3.h8♕? scheitert an 3. ... ♕a2+ 4.♔f8 ♕f7 matt) 2.♘d6+! ♔f8 (nach 2. ... ♘:d6 wäre Weiß patt) 3.♘:b5 a2 4.♘d4! (aber nicht 4.♘c3? wegen 4. ... a1♖! nebst ♖a1–a8, und Schwarz gewinnt) 4. ... a1♖ (nach 4. ... a1♕ ist Weiß patt) 5.♘e6+ ♔f7 6.♘d8+ ♔g6 (6. ... ♔f6 7.♔g8 bzw. 6. ... ♔f8 7.♘e6+) 7.♔g8 ♖a8 8.h8♘+! remis.
Ein unerwartetes Finale!

Viertes Kapitel

Springer und zwei Bauern gegen Springer und Bauer

In Endspielen mit Springer und zwei Bauern gegen Springer und Bauer ist ein Gewinn möglich, wenn es gelingt:
1. einen der Bauern in eine Dame zu verwandeln oder für ihn wenigstens den Springer zu erobern und ein gewonnenes Endspiel mit einer Mehrfigur herbeizuführen;
2. den gegnerischen Bauern zu erobern und ein gewonnenes Endspiel mit Springer und zwei Bauern gegen Springer zu erhalten;
3. nach Abtausch eines Bauernpaares ein gewonnenes Endspiel mit Springer und Bauer gegen Springer zu erreichen;
4. die Springer abzutauschen

und in ein gewonnenes Bauernendspiel einzulenken.
Selbstverständlich sind hier nur die wichtigsten Möglichkeiten genannt.
Wir betrachten folgende Bauernstrukturen:
1. Verbundene Freibauern
2. Verbundene Bauern, ein Freibauer
3. Verbundene Bauern, kein Freibauer
4. Isolierte Freibauern
5. Isolierte Bauern, ein Freibauer.

Im Gegensatz zum Läufer kann der Springer den Vormarsch von Freibauern nicht von weitem unterbinden. Deshalb erlangt in Springerendspielen mit zwei gegen einen Freibauern die Entfernung der Figuren zu den Bauern größere Bedeutung als in Läuferendspielen.

Wenn es der stärkeren Seite gelingt, ihre Figuren so zu postieren, daß sie den gegnerischen Bauern kontrollieren und das Vorrücken der eigenen Freibauern unterstützen, gewinnt sie in der Regel ohne Schwierigkeiten.
Typisch ist die folgende Stellung.

Weiß gewinnt

1.♘f5+ ♔f6 (oder 1. ... ♔h7 2.h5 ♘d8 3.♔e5 und 4.♔:d5) 2.g5+ ♔g6 3.♘g3 ♘d8 4.h5+ ♔g7 5.♘f5+ ♔g8 6.g6 ♘e6+ 7.♔e5 ♘c7 8.h6 usw.
Schwierigkeiten ergeben sich, wenn der gegnerische Freibauer weit vorgerückt ist.

Tapionlinna, 1929

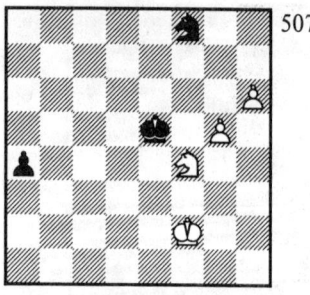

Weiß gewinnt

Der Versuch, den a-Bauern aufzuhalten, führt sofort zum Remis, z. B. 1.♘d3+ ♔f5 und 2. ... ♔:g5.
Weiß bleibt nichts anderes übrig, als die eigenen Bauern vorzurücken.

1.g6 ♔f6 2.g7 ♔f7.
Die weiße Initiative scheint in eine Sackgasse geraten zu sein, denn nach 3.gf♕+ ♔:f8 ginge der h-Bauer verloren.
3.♘d5!
Eine neue Angriffsressource. Es droht 4.♘f6.
3. ... ♘h7 (oder 3. ... ♘d7) 4.♘e7 ♘f6 5.g8♕+!! ♘:g8 6.h7!, und Weiß holt sich eine Dame. Ergänzt sei, daß Weiß auf 3. ... ♘e6 durch 4.♘e7 ♘:g7 5.h7! gewonnen hätte.
Wenn ein weit vorgerückter Bauer nicht zuverlässig zu stoppen ist, kann er sogar stärker als die beiden gegnerischen Bauern sein.

M. Liburkin, 1952
(aus einer Studie)

Weiß gewinnt

Nach 1.♔a2 gerät Schwarz überraschend in Zugzwang, z. B. 1. ... ♔h4 2.♘h6 ♘e7 3.♘f5+ oder 1. ... ♔f4 2.♘f6 ♘e7 3.♘d5+.
Versetzt man den schwarzen König nach e6 und den Springer nach f7, ergibt sich nach 1.♔a2 eine analoge Zugzwangsituation: Auf 1. ... ♔d6 folgt 2.♘e7 ♘h6 3.♘f5+, und auf 1. ... ♔e5 gewinnt 2.♘f6 ♘h6 3.♘g4+.
Interessant ist, daß beide Stellungen in zwei Varianten ein und derselben Studie entstehen.
Ist von den verbundenen Bauern nur einer ein Freibauer, hängt das Ergebnis davon ab, wie wirksam die schwächere Seite diesen Bauern bekämpfen kann.

J. Awerbach, 1955

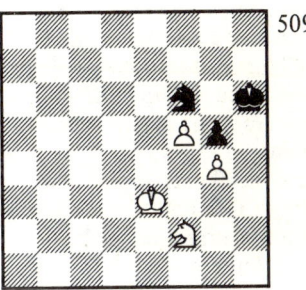

Weiß am Zuge gewinnt
Schwarz am Zuge hält remis

Der weiße Springer steht hier etwas passiv, da er den Bauern g4 decken muß. Deshalb würde es nichts einbringen, mit dem König sofort den f-Bauern unterstützen zu wollen, z. B. 1.♔d4 ♔g7 2.♔e5 ♔f7 3.♔d6 ♘e8+ 4.♔d7 ♘f6+ 5.♔d8 ♔f8, und Weiß hat nichts erreicht.

1.♔f3!
Der einzige Gewinnzug. Jetzt sind zwei Hauptfortsetzungen möglich:
1) 1. ... ♔g7 2.♘e4! ♘h7.
Die Rollen sind getauscht. Jetzt hat der schwarze Springer eine passive Position inne, und Weiß kann mit dem König den f-Bauern unterstützen.
3.♔e3 ♔f7 4.♔d4 ♔e7 5.♔e5 ♔f7 6.♔d6 ♔f8 7.♔e6 ♔g7 8.♔e7 ♔h6 9.♔f7, und Weiß gewinnt.
2) 1. ... ♘d7 2.♔e4 ♔g7 3.♔d5 ♘f6+ (3. ... ♔f7 scheitert an 4.♘e4) 4.♔e6 ♘g8 5.♘e4 ♘h6 6.f6+ ♔g6 (oder 6. ... ♔g8 7.♘:g5 ♘:g4 8.f7+ ♔g7 9.♘h7) 7.♘d6 ♘:g4 8.f7 ♔g7 9.♔e7, und Weiß gewinnt.
Wäre in Beispiel 509 Schwarz am Zuge, könnte er durch 1. ... ♔g7 remis halten, z. B. 2.♔f3 ♘d7 3.♔e4 (3.♘e4 ♘e5+! 4.♔g3 ♔h6, und Weiß hat noch weniger erreicht) 3. ... ♘f6+ 4.♔e5 ♔f7 usw.
Verschieben wir Stellung 509 um eine Reihe nach oben.

J. Awerbach, 1955

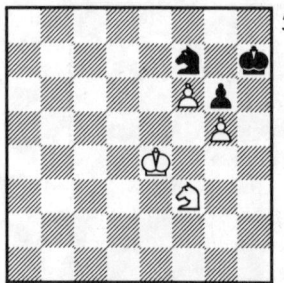

Anzug beliebig. Weiß gewinnt

Hier ist die Aufgabe einfacher, da der schwarze Springer weniger Bewegungsfreiheit besitzt. Weiß gewinnt sowohl durch **1.♔f4** als auch nach 1.♔d5 ♔g8 2.♔e6 ♔f8 3.♔d7! ♔g8 4.♔e7 ♘h8 5.♔e5 ♔h7 6.♔f8 ♘f7 7.♔:f7!
Selbst bei eigenem Zugrecht kann sich Schwarz nicht retten, z. B. 1. ... ♔g8 2.♔f4! (2.♔d5 ♔f8 3.♔e6 ♔e8 wäre nur Zeitverlust) 2. ... ♘d8 3.♔e5 ♘f7+ 4.♔e6 ♔f8 5.♔d7! usw.
Verschiebt man Stellung 510 um eine Reihe nach oben, steht der schwarze König im Patt, was zusätzliche Remismöglichkeiten bietet. Dennoch kommt Weiß zum Erfolg.

Nach B. Horwitz, 1880

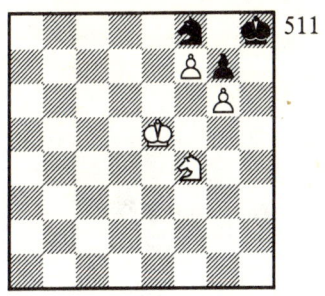

Schwarz am Zuge. Weiß gewinnt

1. ... ♘e6 2.♔d6! ♘f8 3.♔e7 ♘e6 4.♔h5! ♘f8 5.♔e8! ♘e6. Falls 5. ... ♘:g6, so 6.♘f4!, und auf 5. ... ♘d7 entscheidet 6.♘:g7.
6.♘f6!! gf.
Keine Rettung bringt 6. ... ♘f8 wegen 7.♔:f8 gf 8.g7+ mit sofortigem Gewinn.
7.f8♕+! ♘:f8 8.♔:f8 f5 9.g7+, und Weiß gewinnt.
Befindet sich unter den beiden verbundenen Bauern kein Freibauer, hat die stärkere Seite in der Regel wenig Gewinnchancen.

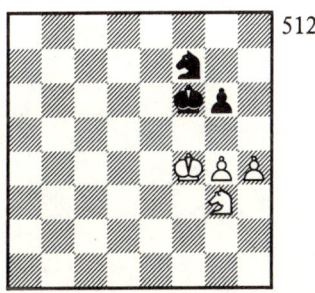

Remis

Schwarz hält das Gleichgewicht leicht aufrecht, z. B. 1.♘e4+ ♔e7 (zum Verlust führt 1. ... ♔e6? 2.♘g5+ ♔f6 3.♘:f7 ♔:f7 4.♔e5!) 2.♘g5 ♘d6 3.♘f3 ♔f6 4.g5+ ♔f7 5.♘e5+ ♔g7. Auch 1.♔e4 g5! 2.h5 ♘e5 usw. würde Weiß nichts einbringen.
Verschiebt man Stellung 512 jedoch um eine Reihe nach oben, erhöht sich das räumliche Übergewicht von Weiß, und die Verteidigung erfordert große Präzision.

J. Awerbach, 1955

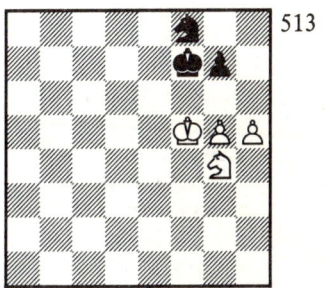

Remis

Nach 1.♘e5+! hält ausschließlich 1. ... ♔g8! remis.
Zum Verlust führt sowohl 1. ... ♔e7 2.♘g6+ ♔f7 3.♘:f8 ♔:f8 4.♔g6 ♔g8 5.h6 als auch 1. ... ♔e8 2.g6 ♔d8 3.h6! ♘:g6 4.hg ♘e7+ 5.♔e6! ♔e8 6.♘g4 ♔d8 7.♘f6.
2.g6 ♔h8.
Weiß hat die gegnerischen Figuren maximal eingeengt, sie aber nicht in Zugzwang gebracht.

3.♘d3 ♘d7!
Erneut die einzige Fortsetzung.
Falls 3. ... ♔g8, so 4.♘c5
♔h8 5.♔e5 ♔g8 6.♔d6 ♔h8
7.♔e7 ♔g8 8.♘e4 ♔h8
9.♘f6!, und Weiß gewinnt.
4.♔e6 ♘f6!
Nach 4. ... ♘b6 5.h6 ♘c4
(5. ... ♔g8 6.h7+ ♔h8
7.♘e5) 6.♔f7 ♘d6+ 7.♔f8
♘f5 8.♘e5 ♘:h6 9.♘f7+
♘:f7 10.gf zieht Schwarz den
kürzeren.
5.♘f4.
Ein Schlag ins Wasser wäre
5.h6 ♘g4 6.h7 ♘e5! oder
5.♔f7 ♘:h5 6.♔f8 ♘f4.
5. ... ♔g8 6.♔e7 ♘g4!
Schwarz muß auf der Hut sein.
Auf 6. ... ♔h8 folgt 7.h6 ♔g8
(7. ... ♘g8+ 8.♔f8 ♘:h6
9.♘e6 ♘g8 10.♘g5 oder 7. ...
♘h7 8.♘e6! gh 9.♔f7 verliert
ebenfalls) 8.♘e6! ♘d5+
9.♔d6 ♘e3 10.h7+ nebst
11.♘g5, und Weiß gewinnt.
7.♘d5 ♘e5 8.♔e8 ♘g4
9.♘e7+ ♔h8 10.♔f8 ♘e5
11.h6 ♘d7+ 12.♔e8 ♘e5
13.♔f8 ♘d7+ 14.♔f7 ♘e5+
15.♔e6 ♘:g6 remis.
Die weißen Chancen beruhten
auf einem Bauernopfer, der
Bildung eines starken Freibauern und auf Mattdrohungen.
Durch genaue Verteidigung gelang es Schwarz, alle Gefahren
abzuwenden.
Sehen wir uns nunmehr zwei
Beispiele aus der Praxis an, in
denen sich die Verteidigung
nicht auf der erforderlichen
Höhe befand.

Anderssen–Steinitz
London 1866

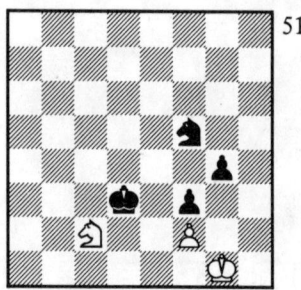

Weiß am Zuge

Hier konnte Weiß durch
1.♘b4+ ♔e2 2.♘d5 g3
3.♘f4+ ♔e1 4.♘d3+ ♔d2
5.♘f4 remis halten. Statt dessen spielte er 1.♘a3?, und
nach 1. ... g3 2.♘b5 g2 kam
Schwarz zum Erfolg, da ein beliebiger Zug mit 3. ... ♘d4 beantwortet wird.

Goldenow–Kan
Moskau 1946

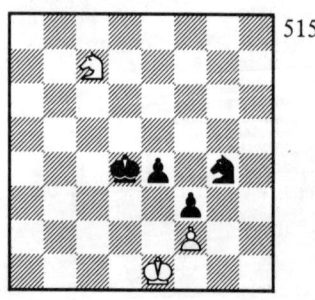

Schwarz am Zuge

Schwarz nutzte die Abseitsstellung des weißen Springers und
versuchte seine letzte Chance:

1. ... e3! 2.fe+ ⌓e4 (falls
2. ... ⌓:e3, so 3.♘d5+ mit sofortigem Remis) 3.⌓f1 ♘:e3+
4.⌓f2 ♘d1+, und nach
5.⌓e1? f2+! 6.⌓e2 ⌓f4
mußte Weiß die Waffen strekken, während er durch 5.⌓g3!
⌓e3 6.♘d5+ ⌓e2 7.♘f4+
remis halten konnte.
Wir kommen nunmehr zu Stellungen mit isolierten Freibauern.

R. Cholmow, 1975

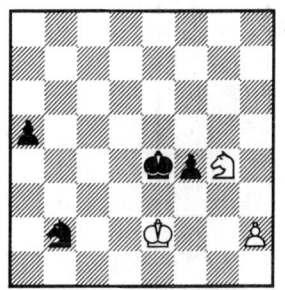

Schwarz am Zuge

Weiß beabsichtigt, mit dem König den a-Bauern und mit dem Springer den f-Bauern zu bekämpfen. Durch seinen ersten Zug verhindert Schwarz jedoch die weitere Annäherung des Königs an den Damenflügel: **1. ... ♘c4!**
Auf 2.⌓d1 geschieht jetzt
2. ... ♘e3+. Weiß hat zwei hauptsächliche Verteidigungsmöglichkeiten, die ihn aber beide nicht vor der Niederlage bewahren.
1) **2.h4 a4 3.h5** (oder 3.♘f2+

⌓d4! 4.h5 a3 5.h6 a2 6.h7
f3+! 7.⌓:f3 ♘e5+ 8.⌓g2
♘f7) **3. ... a3 4.h6 a2 5.♘f6+
⌓f5 6.h7 a1♕ 7.h8♕ ♕b2+**,
und Weiß wird matt gesetzt.
2) **2.♘f2+ ⌓d4 3.♘h3.**
Wenn sich der König mit
3.⌓d1 dem a-Bauern zuwendet, folgt 3. ... ⌓e3 4.♘g4+
⌓f3 5.♘f6 ⌓g2 6.h4 f3 7.♘e4
♘d6! 8.♘d2 f2 9.h5 ♘e4 usw.
**3. ... f3+ 4.⌓:f3 a4 5.♘f4 a3
6.♘e2+ ⌓d3 7.♘c1+ ⌓c2
8.♘a2 ⌓b3 9.♘c1+ ⌓b2
10.♘d3+ ⌓b1 11.♘b4 ♘e5+
12.⌓e4 ♘c6! 13.♘d5 ⌓b2**,
und der schwarze Bauer geht zur Dame.

R. Cholmow, 1975

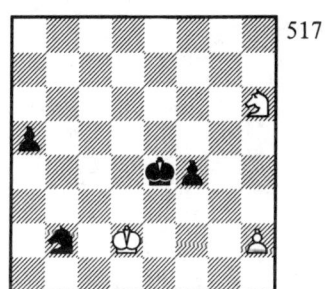

Schwarz am Zuge

Hier steht der weiße König näher am entfernten Freibauern des Gegners. Trotzdem kommt Schwarz zum Erfolg, nachdem er den weißen Springer aus dem Spiel ausgeschlossen hat.
**1. ... ♘c4+! 2.⌓c3 ♘e5!
3.♘g8 ♘g4! 4.h3 f3! 5.⌓d2
♘h2! 6.♘f6+** (6.⌓e1 ⌓e3)

6. ... ♔e5 7.♘h5 f2 8.♘g3 f1♕ 9.♘:f1 ♘:f1+ 10.♔c3 ♔d5, und Schwarz gewinnt.

R. Cholmow, 1975

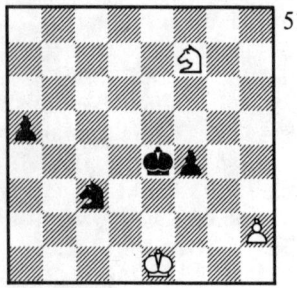

Schwarz am Zuge

Auch hier gewährleisten die von ihren Figuren unterstützten schwarzen Bauern den Sieg.
1. ... f3 2.♘d6+ ♔d3 3.♘f7 ♔d4!
Durch ein feines Königsmanöver läßt Schwarz den weißen Springer nicht ins Spiel kommen. Falls jetzt z. B. 4.♘g5, so 4. ... ♔e3 5.h4 f2+ 6.♔f1 a4 usw. Am hartnäckigsten ist 4.♘d8. Darauf folgt jedoch 4. ... a4 5.♘c6+ ♔e4 6.h4 a3 7.♘b4 a2 8.♘:a2 ♘:a2 9.h5 ♘b4 10.h6 ♘d3+ 11.♔f1 ♘e5 12.h7 ♘f7, und der Bauer ist gestoppt.
Zum Schluß einige Stellungen mit isolierten Bauern, von denen nur einer ein Freibauer ist.

Tschernikow–Tschechower
Leningrad 1948

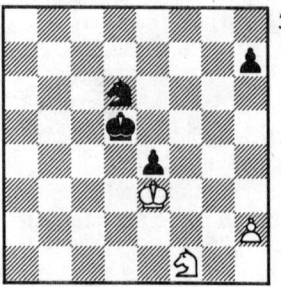

Schwarz am Zuge

Ein typisches Beispiel. Wären in dieser Stellung statt der Springer gleichfarbige Läufer auf dem Brett, z. B. auf g2 und g6, käme Schwarz über ein Remis nicht hinaus. Hier dagegen ist die Gewinnführung lediglich eine Sache unkomplizierter Technik. Wesentlich ist dabei, daß der Kampf auf einem begrenzten Raum stattfindet.
1. ... ♔e5 2.♘d2 ♘f5+.
Schwarz drängt die weißen Figuren zurück, um dem e-Bauern den Weg zu ebnen.
3.♔e2 e3 4.♘f3+ ♔f4 5.♘e1 ♔e4 6.♔f1 ♘d4 7.♔g2 ♘e2 8.♘f3 ♔d3 9.♘e5+ ♔d4!
Wenn sofort 9. ... ♔c3, so 10.♔f3 ♔d2 11.♘c4+.
10.♘f3+ ♔c3! 11.♘e5.
Das vereinfacht die Aufgabe von Schwarz. Hartnäckiger war 11.♔f1. Aber dann gewinnt Schwarz nach 11. ... ♘f4 12.♔e1 ♔d3 13.♘e5+ ♔e4 14.♘c4 ♔f3 15.♘e5+ ♔g2

16.h4 h5 einen zweiten Bauern und mit ihm die Partie.
11. ... ♘f4+ 12.♔f3 e2!
13.♔f2 ♘d3+ 14.♘:d3.
Oder 14.♔:e2 ♘:e5 15.♔e3 ♘g6 16.♔e4 ♔d2 17.♔f5 ♔e3 18.♔f6 ♔f3 19.♔g7 ♘f8!, und Schwarz gewinnt.
14. ... ♔:d3 15.♔e1 ♔e3.
Weiß gab auf, denn 16.h3 wird mit 16. ... h5! 17.h4 ♔f3 und 16.h4 mit 16. ... h6! beantwortet. Im folgenden Beispiel wird der Kampf auf dem gesamten Brett geführt, da die Bauern an entgegengesetzten Flügeln stehen.

R. Cholmow, 1975

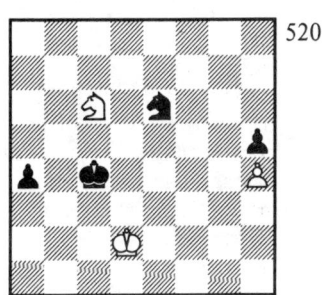

Weiß am Zuge

Wie soll sich Weiß verteidigen? Falls z. B. 1.♘e5+, so 1. ... ♔b3 2.♘d3! a3 3.♘c1+ ♔b2 4.♘d3+ ♔b1 5.♘b4 ♘f4!, und Schwarz gewinnt. Auf 6.♔c3 entscheidet 6. ... ♘d5+!, und 6.♔e3 hätte 6. ... ♘g2+ 7.♔e4 ♘:h4 8.♔f4 ♘g6+ 9.♔g5 h4 zur Folge.
Am hartnäckigsten ist 1.♔c1.
Die Alternative bildet 1.♘a5+ ♔b5! 2.♘b7 ♔b4 3.♔c1 a3 4.♔b1 ♘d4 5.♔a2 ♘f5! und weiter wie in der Hauptvariante.
1. ... a3! 2.♘a5+ ♔c3 3.♔b1 ♘d4 4.♔a2 ♔b4 5.♘b7 ♘f5! 6.♘d8 ♘:h4 7.♘c6+ ♔a4 8.♘d4 ♘g2 9.♘e6 h4.
Oder 9. ... ♘e3 10.♘c5+ ♔b5 11.♘e4 ♘c4, und der schwarze König eilt dem h-Bauern zu Hilfe.
10.♘c5+ ♔b5 11.♘d3 h3 12.♔:a3 h2 13.♘f2 ♔c4 14.♔b2 ♘e1! 15.♘h1 ♔d3 16.♔b3 ♔e3 17.♔c3 ♘d3, und Schwarz gewinnt.

**Mason–Reggio
Monte Carlo 1903**

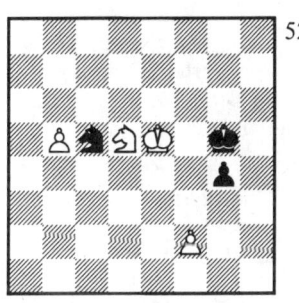

Weiß am Zuge

Schwarz kann gelegentlich mit dem König den Bauern f2 angreifen. Deshalb muß Weiß zunächst ein Gegenspiel verhindern und den Bauern g4 liquidieren.
1.♘f6 ♔h4.
Falls 1. ... ♘d3+ 2.♔d4 ♘:f2, so 3.♘e4+ ♘:e4 4.♔:e4

291

♔h4 5.b6 g3 6.♔f3 ♔h3 7.b7
g2 8.b8♕ g1♕ 9.♕h8 matt.
2.b6 ♔h3 3.♔f5 ♔g2 4.♘e4
♘d7 5.b7 ♔f3 6.♘f6 ♘b8
7.♘:g4.
Weiß hat seine Aufgabe erfüllt.
Jetzt opfert er den f-Bauern
und lenkt in ein gewonnenes
Endspiel mit einem Mehrbauern ein.
7. ... ♘a6 8.♘f6! ♔:f2 9.♔e5
♔e3 10.♔d5 ♔d3 11.♘d7
♔c3 12.♔c6. Schwarz gab auf:
Gegen 13.♔b6 gibt es keine
Verteidigung.

Nicht immer gelingt es der
stärkeren Seite jedoch, den
Vormarsch ihres Bauern zu unterstützen.
In der folgenden Stellung z. B.
kann Weiß, wenn er mit dem
Springer den Bauern f4 angreift, den gegnerischen König
an dessen Verteidigung binden
und alle Drohungen völlig neutralisieren.

Nach einer Partie
Botwinnik–Lissizyn
Moskau 1935

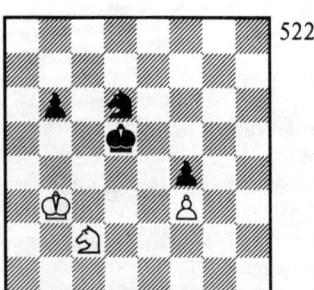

Weiß am Zuge

1.♘e1 ♔d4 2.♘g2 ♔e5
3.♔b4 ♔f5 4.♔a4 mit Remis.
Stellung 523 veranschaulicht
interessante studienartige Feinheiten, die sich ergeben, weil
einer der Könige im Patt steht.

A. Chatschaturow, 1935

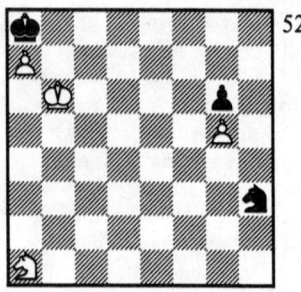

Weiß gewinnt

Der schwarze König befindet
sich in einem Mattnetz. Auf
1.♘c2! scheitert deshalb 1. ...
♘:g5 an 2.♘d4 ♘f7 3.♘b5
nebst Matt im nächsten Zuge.
Schwarz versucht, den Springer
zur Verteidigung heranzuholen, wobei er Pattdrohungen
ausnutzt. Es kommt zu einer
brisanten Situation.
1. ... ♘f4 2.♘b4 ♘d5+!
3.♔c5 (selbstverständlich nicht
3.♘:d5 patt) 3. ... ♘b6!
4.♘d5! ♘d7+ 5.♔d6 ♘f8
6.♘f6! Ein überraschendes Finale. Der Springer ist gefangen, und Weiß gewinnt mühelos.

Fünftes Kapitel

Endspiele mit großer Bauernzahl

In diesem Kapitel werden Beispiele untersucht, in denen jede Seite mindestens zwei Bauern besitzt.

1. Verwertung eines Mehrbauern

Ein Mehrbauer läßt sich in Springerendspielen mit großer Bauernzahl in der Regel ebenso leicht verwerten wie in reinen Bauernendspielen.
Die Gewinnmethode sieht in ihren Grundzügen so aus:
1. König und Springer werden bestmöglich postiert (Verstärkung der Figurenstellung).
2. Die Bauern werden so günstig wie möglich aufgestellt, die Bildung eines Freibauern wird vorbereitet (Verstärkung der Bauernstellung).
3. Nachdem die Figuren- und Bauernstellung verstärkt wurde, wird ein Freibauer gebildet und mit Unterstützung von König und Springer vorgerückt. Die weiteren Operationen richten sich nach dem Plan des Verteidigers:
4. Wenn der Gegner versucht, den Freibauern mit dem Springer zu blockieren, müssen König und Springer ihn verdrängen, um so das weitere Vordringen des Bauern zu sichern.
5. Wenn der Gegner versucht, den Bauern durch gemeinsame Anstrengungen des Springers und des Königs aufzuhalten, besteht der einfachste Gewinnweg gewöhnlich darin, mit dem König zu den Bauern am anderen Flügel zu gehen und dort ein entscheidendes materielles Übergewicht zu erzielen.

J. Awerbach, 1955

524

Weiß am Zuge

1.♔f1 ♔e7 2.♔e2 ♔d6 3.♔d3 ♔c5.
Schwarz ist bemüht, der Bildung eines Freibauern entgegenzuwirken.
4.♘c2 ♘d5 5.g3 a5 6.b3 f5 7.a3 g6 8.b4+! ab 9.ab+ ♔d6.
Das durch 9. ... ♘:b4 10.♘:b4 ♔:b4 11.♔d4 ♔b3 12.f4 ♔c2 13.♔e5 entstehende Bauernendspiel ist für Schwarz verloren.
10.♔d4.
Weiß hat sich einen Freibauern verschafft. Der gegnerische König versucht jetzt, diesen am Vorgehen zu hindern und gleichzeitig nicht zuzulassen,

daß der weiße König zu den Bauern am Königsflügel durchbricht.
10. ... ♘c7 11.f4 ♘b5+ 12.♔c4 ♘c7.
Schwarz ist gezwungen, an der passiven Taktik festzuhalten.
13.♘e3.
Zum Gewinn führte auch 13.b5, doch erforderte dies eine weitgehende und exakte Berechnung, z. B. 13. ... ♘:b5! 14.♔:b5 ♔d5 15.♘e1 ♔e4 16.♔c5 ♔e3 17.♔d5 ♔f2 18.♔e5!! ♔:e1 (oder 18. ... ♔g1 19.♘f3+ ♔g2 20.♔f6!) 19.♔f6 ♔f2 20.♔g7 ♔g2 21.♔:h7 ♔:h2 22.♔:g6 ♔:g3 23.♔:f5 usw.
13. ... ♔c6 14.♔d4 ♔d6 15.♘c4+ ♔c6.
Falls 15. ... ♔e6, so 16.♘e5 ♔d6 17.♘f7+ ♔e7 18.♘g5 h6 19.♘f3 ♔f6 20.♔c5 ♘e6+ 21.♔d6 g5 22.b5, und Weiß gewinnt.
16.♔e5 ♔b5 17.♘e3 ♘a6 (17. ... ♔:b4 18.♘d5+ mit gewonnenem Bauernendspiel) **18.♘d5 ♔c4 19.♘f6 h5 20.♘d5 ♘b8 21.♘e7,** und Weiß erobert alle Bauern am Königsflügel.

Keres–Reschewski
Moskau–Leningrad 1939

Weiß am Zuge

Hier besitzt Weiß bereits einen Freibauern. Es ist notwendig, zu seiner Unterstützung den König heranzuholen.
1.♔f1 ♔e7 2.♔e2 ♔d6 3.♘c2 ♔e5 4.♘e3 ♘b2 5.♘d1 ♘a4 6.♔d3 ♔d5 7.♘e3+ ♔c5 8.♘f5!
Weiß erzeugt Schwächen im gegnerischen Lager, da er beabsichtigt, anschließend mit dem König zu den Bauern des Königsflügels durchzubrechen.
8. ... g6 9.♘h6 f5 10.♘f7 ♔d5 11.♘g5 ♘c5+ 12.♔e3 h6 13.♘f3 g5 14.g3 ♘e4 15.♘d4 ♘:c3 (15. ... ♔e5 16.f4+, und Weiß gewinnt) **16.♘:f5 h5 17.f4!**
In der Partie geschah 17.♘g7?, wonach es Schwarz gelang, durch 17. ... h4 18.gh gh 19.f4 h3! remis zu halten.
Die richtige Fortsetzung zeigte Fine.
17. ... g4 (17. ... gf+ 18.♔:f4 ♘e4 19.h4! ♘f6 20.♘g7 ♔d6

21.♘f5, und Weiß kommt, nachdem er einen zweiten Bauern gewonnen hat, leicht zum Erfolg) 18.♘g7 ♔d6 19.♘:h5 ♔e6 20.♘g7+ ♔f6 21.♘e8+, und Weiß gewinnt.

In den soeben betrachteten Beispielen war es für Schwarz trotz einer aktiven Königsstellung schwer, gleichzeitig an zwei Fronten zu kämpfen. Sehen wir uns nunmehr einige Stellungen an, in denen alle Bauern an einem Flügel stehen.

R. Fine, 1941

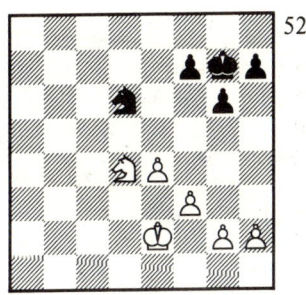

Schwarz am Zuge

1. ... ♔f6 2.g3 ♔e5 3.♘c6+ ♔e6 4.♔e3.

Schwarz kann nun zwischen drei Hauptfortsetzungen wählen:

1) 4. ... ♔d7 4.♘d4 f6 6.f4 ♔e7 7.h4 ♘f7 8.g4 ♔d7 9.♔d3 ♔e7 10.♔c4 ♔d6 11.g5! fg 12.hg ♔e7.

Auf 12. ... h6 folgt 13.e5+ ♔e7 14.gh ♘:h6 15.♔d5 ♘g4

16.♘c6+ ♔e8 (16. ... ♔d7 17.e6+ ♔e8 18.♔d6 ♘f6 19.♘b4 ♘e4+ 20.♔e5 ♘f2 21.♘d5 ♘g4+ 22.♔d6, und Weiß gewinnt) 17.♔e6 ♘e3 18.♘b4 ♘g2 19.♘d5, und Weiß erobert den Bauern g6.

13.e5 ♘d8 14.♔d5 ♘f7 15.♘c6+ ♔e8 16.e6 ♘h8 17.♔e5 ♔f8 18.♔f6, und Weiß gewinnt.

2) 4. ... f5 (Schwarz versucht, möglichst viele Bauern abzutauschen) 5.♘d4+ ♔f6 (falls 5. ... ♔e7, so 6.e5 ♘c4+ 7.♔f4 h6 8.h4 ♘b2 9.♘:f5+! gf 10.♔:f5 ♔f7 11.f4 ♘d3 12.h5 ♘f2 13.g4 ♘h3 14.g5, und Weiß gewinnt) **6.ef gf 7.♔f4 ♔g6 8.♔e5 ♘f7+ 9.♔e6 ♘d8+ 10.♔e7 ♘b7 11.♘e6!**

Dies ist stärker als das von Fine angegebene 11.f4 ♘c5 12.♘f3 ♔h5 13.♘e5, da Schwarz nach 13. ... h6! 14.♔f6 ♘e4+ 15.♔:f5 ♘:g3+!! Remischancen besitzt.

11. ... ♘a5 12.♘f4+ ♔g5 13.h4+ ♔h6 14.♔f6, und Weiß gewinnt.

3) 4. ... g5 5.♘d4+ ♔f6 6.f4! gf 7.gf ♘c4+ 8.♔f2! ♔g7 9.e5 ♔g6 10.♔e2 ♘b2 11.♔f3 ♘c4 12.♔e4 ♘d2+ 13.♔d5 ♘f1 14.f5+ ♔g5 15.e6! fe+ 16.♔:e6 ♘:h2 17.f6, und der Bauer geht zur Dame.

Boleslawski–Ragosin
Moskau 1947

Marco–Maróczy
Paris 1900

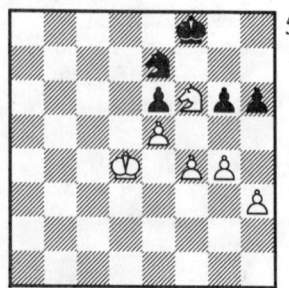

Weiß am Zuge

Schwarz am Zuge

Schwarz ist stark eingeengt. Deshalb gewinnt Weiß ohne große Schwierigkeiten.
1.♔c5 ♔f7 2.♔d6 ♘c8+ 3.♔c7 ♘a7 4.♔b6! (Weiß läßt den Springer nicht aus dem „Stall") 4. ... ♘c8+ 5.♔b7 ♘e7 6.♔c7 ♔f8 (sofort verlieren würde 6. ... ♘d5+ 7.♘:d5 ed 8.♔d7 nebst 9.e6+) 7.♔d6 ♔f7 8.♔d7!
Ein Resultat der beengten Stellung: Schwarz ist in Zugzwang geraten.
8. ... g5 (8. ... h5 9.♘e4 und 10.♘g5+) 9.fg ♘g6 10.♔d6 hg 11.♘e4 ♘f4 12.♘:g5+ ♔g6 13.h4 ♘g2 14.♘f3 ♘e3 15.h5+ ♔f7 16.g5 ♘c4+ 17.♔c6 ♘e3 18.h6 ♘d5 19.♘h4 ♘f4 20.g6+. Schwarz gab auf.

Auch hier ist es mangelnde Bewegungsfreiheit, die diesmal Weiß zum Verhängnis wird.
1. ... ♘d3! 2.♘b3 (oder 2.♘:d3 a2 3.♔b2 ♔:d3, und Schwarz gewinnt; falls aber 2.♘a2, so 2. ... ♔e2!! 3.♔b3 ♔d2 4.♔:a3 ♔c2, und Weiß büßt den Springer ein) 2. ... ♘e1+ 3.♔d1 ♔d3! 4.♔:e1 ♔:c3 5.♘a1! ♔:d4 (aber nicht 5. ... ♔b2 wegen 6.♔d1! ♔:a1 7.♔c1 ♔a2 8.♔c2 mit Remis) 6.♘c2+ ♔c3 7.♔d1 (nach 7.♘:a3 ♔b2 gibt es für den Springer kein Entkommen) 7. ... a2 8.♔c1 d4 9.♘a1 d3 10.♘c2 c5. Weiß gab auf.
Man kann schlußfolgern, *daß der Vorteil von vier gegen drei Bauern auf einem Flügel in der Regel zum Gewinn ausreicht, wenngleich seine Realisierung große Genauigkeit erfordert.*
Bei drei gegen zwei Bauern auf einem Flügel hat die stärkere Seite, wenn sie über einen

Freibauern verfügt, ebenfalls gute Gewinnchancen.

**Guldin–Awerbach
Baku 1955**

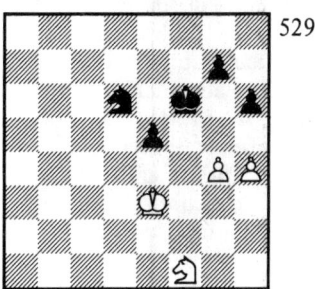

Schwarz am Zuge

1. ... g5!
Die weißen Bauern am Königsflügel müssen unbedingt festgelegt werden. Schwarz nutzt dabei den Umstand, daß er nach der Erwiderung 2.hg zwangsläufig zum Erfolg käme:
2. ... ♔:g5 3.♔f3 (3.♘h2 e4 4.♔d4 ♔f4 5.♘f1 ♘b5+ 6.♔c5 e3 7.♘:e3 ♔:e3 8.♔:b5 ♔f3 9.♔c4 ♔:g4 10.♔d3 ♔f3, und Schwarz gewinnt)
3. ... e4+ 4.♔g3 ♘c4! 5.♘h2 ♘d2 6.♔f2 ♔f4 7.♘e2 ♔g3 usw.
2.h5 ♔e6 3.♔d3 ♔d5 4.♘e3+ ♔c5 5.♘c2.
Falls 5.♘f5, so 5. ... ♘:f5 6.gf ♔d5 7.♔e3 g4, und Schwarz gewinnt.
5. ... e4+ 6.♔e3 ♔c4!
Sofort 6. ... ♔d5 scheitert an 7.♘b4+ ♔e5 8.♘c6+, wonach der weiße Springer gefährlich würde.

7.♘d4 ♔d5! 8.♘e2.
Weiß hatte hier die Möglichkeit, eine Falle zu stellen:
8.♘f5 ♘:f5 9.gf ♔e5 10.f6 ♔:f6 11.♔:e4 ♔e6 12.♔f3, und wenn 12. ... ♔f5, so 13.♔g3 g4 14.♔h4! mit Remis. Durch 12. ... ♔e5! 13.♔g4 ♔e4 14.♔g3 ♔f5 15.♔f3 g4+ 16.♔g3 ♔g5 konnte Schwarz indes leicht gewinnen.
8. ... ♘c4+ 9.♔f2 ♘e5! 10.♔g3 ♔c4, und Schwarz gewann.
Wenn bei drei gegen zwei Bauern auf einem Flügel kein Freibauer vorhanden ist und seine Bildung zu weiterem Abtausch führt, hat die schwächere Seite in der Regel erhebliche Remischancen. Aber auch hier muß die Verteidigung genau geführt werden. Klassisch ist das folgende Beispiel.

**Fine–Najdorf
New York 1949**

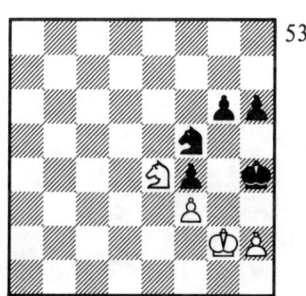

Weiß am Zuge

Weiß hätte sich mit 1.♘f2 ♘e3+ 2.♔g1 ♘c2 3.♘d3 g5 4.♔f2 ♔h3 5.♔g1 erfolgreich verteidigen können. In dieser Variante ist wichtig, daß der Bauer auf h2 steht. Weiß spielte jedoch 1.h3?, was seinen Königsflügel schwächte. Danach gelingt es Schwarz, durch ein Springeropfer den Bauern h3 zu gewinnen und einen gefährlichen Freibauern auf der h-Linie zu erhalten, der die Partie entscheidet.
1. ... ♘e3+ 2.♔h2 ♘c2 3.♔g2 ♘e1+ 4.♔f2 (Weiß nahm offenbar an, daß Schwarz nun den Springer ziehen muß und der König darauf wieder nach g2 zurückkehren kann) 4. ... ♔:h3!! 5.♔:e1 ♔g2 6.♔e2 h5 7.♘g5 h4 8.♘e6 g5! Weiß gab auf. Wenn 9.♘:g5, so 9. ... h3 10.♘:h3 ♔:h3 mit verlorenem Bauernendspiel.

**Bywschew–Lilienthal
Kiew 1954**

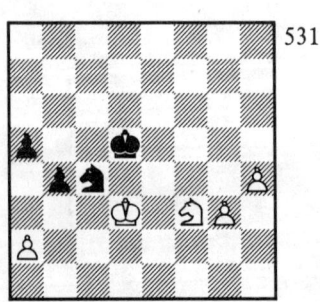

531

Weiß am Zuge

Hier besitzt Schwarz Gegenchancen, da er am Damenflügel einen Freibauern bilden kann. Weiß muß deshalb energisch spielen. Sein Plan besteht darin, durch den Vormarsch der Freibauern die geggnerischen Figuren auf den Königsflügel abzulenken, um dann zu versuchen, mit König und Springer die schwarzen Bauern am Damenflügel zu erobern, wonach der Freibauer auf der a-Linie den Kampf entscheiden muß.
1.h5 ♘d6 2.h6 ♘f7 3.h7 a4 4.♔d2.
Macht das Feld d3 für den Springer frei. Falls nun 4. ... b3, so 5.a3.
4. ... ♘h8 5.♘e1 ♔e6.
Der König begibt sich zum Bauern h7. Bliebe er am Damenflügel, würde sich der Bauer g3 in Bewegung setzen, und die beiden weißen Bauern am Königsflügel brächten, unterstützt von ihrem Springer, die Entscheidung.
6.♘d3 ♔f7 (6. ... b3 7.a3)
7.♘:b4 ♔g7 8.♔c3 ♔:h7 9.♘d5 ♔g6 10.♔b4 ♔f5 11.♔:a4 ♔g4 12.♔b4 ♘f7 13.a4.
Der Plan ist verwirklicht und der Gewinn jetzt leicht zu erzielen.
13. ... ♘d8 14.♔b5 ♘b7 15.♔b6, und Weiß gewann.

**Tschechower–I. Rabinowitsch
Leningrad 1934**

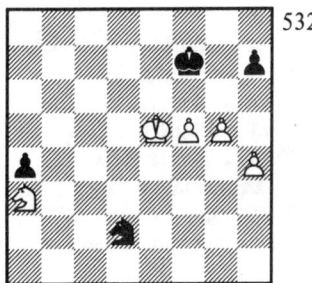

Weiß am Zuge

Schwarz verfügt über einen Freibauern, der den gegnerischen Springer bindet. Trotzdem kommt Weiß dank seiner weit vorgerückten Bauern zum Erfolg.
1.h5 ♘f3+ 2.♔f4 ♘d4 3.h6! ♘c6 4.♘c4 ♘e7 5.♔e5 ♘c6+ 6.♔e4 ♘e7 7.♔f4 ♘c6.
Hier konnte Weiß, wie Rabinowitsch zeigte, zwangsläufig gewinnen: **8.g6+!** ♔g8.
Falls 8. ... hg, so 9.♘d6+ ♔f6 (9. ... ♔g8 10.fg ♘e7 11.♔g5 a3 12.♘f7 a2 13.h7+, und Weiß gewinnt) 10.♘e8+!! nebst 11.h7.
9.♔g5 ♘e7 10.g7 ♘c6 11.♔f6 ♘d8 12.♘d6 a3 13.♘c8 ♘c6 14.♘e7+ ♘:e7 15.♔:e7 a2 16.f6 a1♕ 17.f7 matt.
In der Partie geschah statt dessen 8.f6? ♔g6 9.♔g4 a3! mit Remis.
Wenn die stärkere Seite mit dem König weder das Vorgehen des Freibauern unterstützen noch zu den gegnerischen Bauern am anderen Flügel durchbrechen kann, ist es sehr schwer und mitunter sogar unmöglich, den Mehrbauern zu verwerten.

**Sotkin–Kudrin
Moskau 1965**

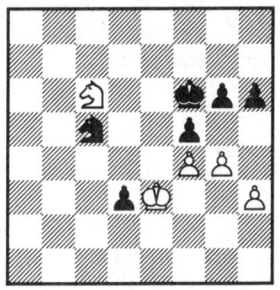

Schwarz am Zuge

Hier kann Schwarz seinen Freibauern nicht mit dem König unterstützen. Hinzu kommt, daß der weiße Springer droht, nach b4 zu ziehen und anschließend auf d3 zu schlagen. Die einzige Chance von Schwarz besteht darin, am anderen Flügel einen Freibauern zu bilden.
1. ... fg 2.hg h5 3.g5+.
Dadurch drängt Weiß den gegnerischen König nach g7, denn auf 3. ... ♔f5 folgt 4.♘e7+, während 3. ... ♔e6 mit 4.♘d4+ ♔d5 5.♘f3 beantwortet würde. Falls darauf 5. ... ♔c4, so 6.f5! gf 7.g6 usw.
3. ... ♔g7 4.♘d4 h4 5.f5! h3 6.f6+ ♔f7.

Nicht besser ist 6. ... ♚f8
7.♘f3 ♘e4 8.♔d3 ♘:g5
9.♘h2 ♚f7 10.♔e3 ♚:f6
11.♔f4, und Schwarz kann
nicht gewinnen.
7.♘f3 ♚e6 8.♔d2 ♚f5.
Schwarz versucht, mit dem König dem h-Bauern zu Hilfe zu eilen.
**9.f7 ♘d7 10.♔:d3 ♚f4
11.♔e2 ♚g3.**
Es scheint, als müsse Weiß verlieren. Wenn z. B. 12.♔e3, so 12. ... h2 13.♘:h2 ♚:h2 14.♔e4 ♚g3 15.♔d5 ♚g4 16.♔e6 ♘f8+ 17.♔f6 ♚h5, und Weiß zieht den kürzeren. Dennoch gibt es eine Verteidigung!
**12.♘e5 ♘f8 13.♘d3! h2
14.♘f2 ♚g2 15.♘h1!** remis.
Es ergibt sich die berechtigte Frage, ob Schwarz nicht stärker spielen konnte, zumal seine Freibauern einen bedrohlichen Eindruck hinterließen. Kehren wir zu der Stellung nach **5.f5** zurück.

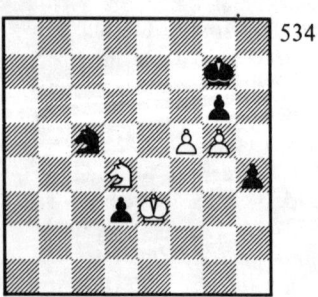

534

Wie I. Saizew zeigte, führte **5. ... d2!!** zum Gewinn. Weiß darf den Bauern nämlich nicht schlagen: Auf 6.♔:d2 entscheidet 6. ... ♘b3+! 7.♘:b3 h3, da der h-Bauer nicht aufzuhalten ist.
Weiß ist zu **6.f6+ ♚f8 7.♔e2 h3 8.♘f3** gezwungen, doch nach **8. ... ♘e4 9.♘h2** (ganz schlecht ist 9.♔d1 ♘f2+ 10.♔:d2 ♘g4 nebst h3–h2)
**9. ... ♚f7 10.♔d1 ♘:g5
11.♔:d2 ♚:f6 12.♔e3 ♚f5**
wird Schwarz sein Übergewicht schließlich realisieren.

Nach einer Partie
**Botwinnik–Lissizyn
Moskau 1935**

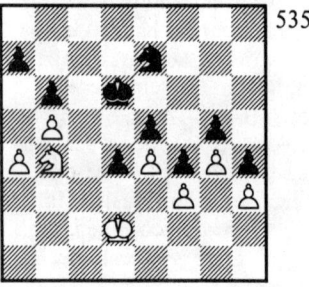

535

Schwarz am Zuge

Schwarz besitzt einen Mehrbauern, der noch dazu ein entfernter Freibauer ist. Aber wie soll dieser verwertet werden? Falls 1. ... ♚c5, so 2.♘d3+, und der König muß umkehren. Der Springer kann von d3 aus den schwarzen Bauern blockieren und dabei verhindern, daß der schwarze König an die Bauern auf der a- und b-Linie herankommt. Versuchen wir,

den schwarzen Springer nach c5 zu bringen.
1. ... ♘g6 2.♔d3 ♘f8 3.♔c4 ♘e6 4.♘d3.
Jetzt wird deutlich, daß 4. ... ♘c5 nach 5.♘:c5 bc 6.a5! zum Remis führt.

2. Endspiele mit Stellungsvorteil

a) Freibauer

Einer der wichtigsten Faktoren für die Stellungsbeurteilung ist hier das Vorhandensein eines Freibauern bzw. die Möglichkeit, einen solchen zu bilden. Der Springer ist keine weitreichende Figur. Deshalb kann er sich schwer an einem Spiel beteiligen, das an verschiedenen Flügeln geführt wird.
Ein Springer ist, wenn der Gegner einen weit vorgeschobenen Freibauern besitzt, faktisch an diesen gebunden. Hieraus ergibt sich eine wichtige Schlußfolgerung:
In Springerendspielen hat ein entfernter Freibauer die gleiche Bedeutung wie in reinen Bauernendspielen. Dabei braucht dieser Bauer nicht einmal verteidigt zu werden, da der Springer allein ihn nicht erobern kann.
Ein starker entfernter Freibauer kann große Bauernverluste vollauf wettmachen.

W. und M. Platow, 1914

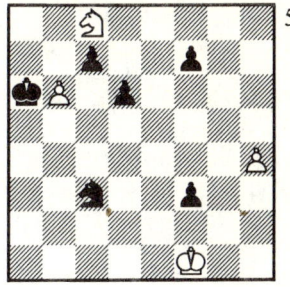

536

Weiß gewinnt

Schwarz ist nicht in der Lage, den gegnerischen Freibauern aufzuhalten, da es Weiß gelingt, den Springer durch ein standardmäßiges Opfer vom Kampf gegen diesen Bauern abzulenken.
1.bc.
Nach 1.h5 ♘e4 2.h6 (2.bc ♔b7 3.♘:d6+ ♘:d6) 2. ... ♘g5 (aber nicht 2. ... ♘f6? 3.bc ♔b7 4.♘:d6+ ♔:c7 5.♘e8+ usw.) 3.bc ♔b7 könnte Weiß nicht gewinnen.
Jetzt sind zwei Hauptfortsetzungen möglich:
1) **1. ... ♔b7 2.♘a7! ♔:c7 3.♘b5+! ♘:b5.**
Keine Rettung brächte 3. ... ♔d7 4.♘:c3 ♔e6 5.h5 ♔f6 6.♘d5+ ♔g5 7.♘f4.
4.h5, und Weiß gewinnt, da der Springer den h-Bauern nicht mehr erreicht.
Ein Fehler wäre 2.♘:d6? (statt 2.♘a7!), weil dem schwarzen Springer nach 2. ... ♔:c7 3.♘b5+ ♘:b5 4.h5 das Feld

d6 zugänglich ist und er nach 5.h6 f5 6.h7 ♘f7 den Bauern unter Kontrolle nimmt.
2) **1. ... ♘d5 2.h5 ♔b7** (es drohte 3.♘:d6) **3.♘b6!** (aber nicht 3.h6? ♘e3+ 4.♔g1 f2+! 5.♔:f2 ♘g4+ nebst 6. ... ♘:h6) **3. ... ♘e3+** (auf 3. ... ♘:b6 oder 3. ... ♘:c7 folgt 4.h6) **4.♔f2 ♘g4+ 5.♔g3** (schlecht ist 5.♔:f3? ♘e5+ und 6. ... ♔:c7) **5. ... ♔:c7 6.♔:g4 f2 7.♘d5+ ♔d7 8.♘e3 ♔e7 9.h6 ♔f6** (9. ... f5+ 10.♔f3 f4 11.h7 oder 9. ... ♔f8 10.♔f3 ♔g8 11.♔:f2 ♔h7 12.♘f5 verliert ebenfalls) **10.♔h5**, und Weiß gewinnt.

H. Rinck, 1920

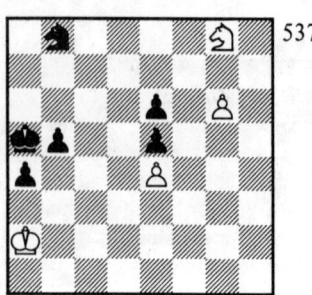

Weiß gewinnt

Hier gewinnt Weiß auf ähnliche Art.
1.♘e7 ♘d7 2.♘c6+ ♔b6 (2. ... ♔a6 3.♘b8+! ♘:b8 4.g7 usw.) **3.♘:e5 ♘f6** (es sieht so aus, als habe Schwarz alle Schwierigkeiten überwunden) **4.♘d7+!! ♘:d7 5.e5!**, und Weiß gewinnt.

Tschechower–Ebralidse
Tartu 1950

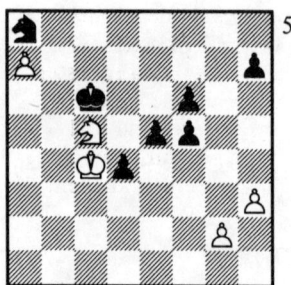

Schwarz am Zuge

In diesem Beispiel reicht der weiße Stellungsvorteil in Gestalt des Freibauern a7 und der aktiv postierten Figuren, um die Partie zu retten.
1. ... h6.
Am gefährlichsten für Weiß war 1. ... f4. In diesem Fall hätte 2.♘e4 f5 3.♘c5 ♘b6+ 4.♔b4 ♔d5 5.♘d7! ♘a8 6.♔b5 (mit der Drohung 7.♘b6+) 6. ... ♔d6 7.♘b6 ♘c7+ 8.♔c4 ♔c6 9.♘d5! ♘a8 10.♘e7+ ♔b6 11.♘:f5 ♔:a7 12.♘:d4! ed 13.♔:d4 nebst 14.♔e5 remis gehalten.
2.g3 ♘b6+ 3.♔b4 e4 4.♘a4! ♘a8 5.♔c4 d3 6.♔d4 remis.
In der Tat ist die Punkteteilung nach 6. ... h5 7.g4! fg 8.hg h4 9.♔:e4 d2 10.♘c3 h3 11.♔f3 offensichtlich. Zum gleichen Ergebnis führt auch 8. ... hg 9.♔:e4 d2 10.♘c3 ♔b6 11.♔e3 ♔:a7 12.♔d2 ♘b6 13.♔e3. Weiß kann seinen Springer für die beiden

Bauern geben, da der schwarze König weit von ihnen entfernt steht.

In Stellungen, in denen beide Seiten Freibauern besitzen, hängt die Beurteilung in erster Linie davon ab, wie weit die Bauern vorgerückt sind und wie wirksam sie von den Figuren bekämpft werden können.

dingungen der entferntere Freibauer gefährlicher.

Die überragende Bedeutung eines Freibauern besteht darin, daß er die Kräfte des Gegners ablenkt und damit die Möglichkeit schafft, den entscheidenden Schlag am anderen Flügel zu führen.

**Wolff–Balogh
Fernpartie 1930**

Weiß am Zuge

**Lebedew–Romanowski
Moskau 1923**

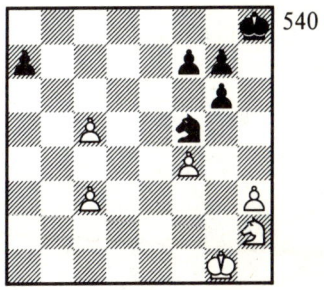

Schwarz am Zuge

In dieser Stellung sind die weißen Bauern bedeutend gefährlicher als die schwarzen.
1.e6 ♘e4 2.e7 ♘d6 3.♘d4 ♔:h7 4.♘:b5 ♘e8 5.♘c7!
Der entscheidende Tempogewinn. Falls 5.♘d6?? mit der gleichen Idee, so 5. ... ♘:d6 6.b5 ♔g7 7.b6 ♔f7, und Weiß zieht sogar den kürzeren.
5. ... ♘:c7 6.b5 ♔g7 (6. ... ♘e8 7.b6 ♘d6 8.b7) 7.b6, und Weiß gewinnt, denn auf 7. ... ♔f7 folgt jetzt 8.bc.

Besitzen beide Seiten Freibauern, ist bei sonst gleichen Be-

Schwarz verwirklicht den typischen Plan, indem er durch den Vorstoß des a-Bauern die weißen Figuren ablenkt und anschließend am anderen Flügel ein entscheidendes materielles Übergewicht erzielt.
1. ... a5 2.♘f3 a4 3.♘d2 a3 4.♔f2 ♔g8 (der König stellt sich dem c-Bauern zum Kampf) 5.♔e2 ♔f8 6.♔d3 a2 7.♘b3 ♔e7 8.♔c2 (anders ist der weiße Springer nicht freizubekommen) 8. ... ♘e3+ 9.♔b2 ♘g2 10.♔:a2 ♘:f4 11.♔a3 (der Bauer h3 ist ohnehin nicht zu verteidigen)

11. ... ♘:h3 12.♔b4 ♔d7
13.♘d4 ♘f4 14.♔c4 (14.c6+
♔c7 15.♔c5 ♘e6+ 16.♔d5
g5 rettet ebenfalls nicht) 14. ...
g5 15.c6+ ♔c7 16.♘f5 g4
17.♔d4 ♘e6+ 18.♔e4 ♔:c6
19.♘g3 ♔c5 20.♔f5 ♔c4
21.♔:g4 g6, und Schwarz gewann schnell.

Lasker–Nimzowitsch
Zürich 1934

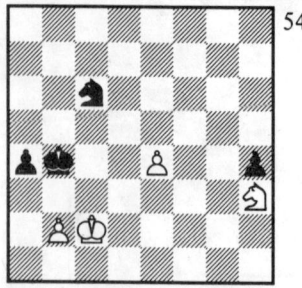

541

Schwarz am Zuge

Schwarz verfügt bei aktiver Figurenstellung über einen entfernten Freibauern. Auf dem Brett ist jedoch wenig Material verblieben, weshalb die Realisierung des Vorteils große Genauigkeit erfordert.
1. ... ♘d4+ 2.♔b1.
Wenn sich Weiß mit 2.♔d3 ♘e6 3.♔e3 dem Königsflügel zuwendet, zieht er nach 3. ... ♔b3 den kürzeren (z. B. 4.♘f4 ♔:b2 5.♘:e6 a3). Er entschließt sich daher, den Damenflügel zu verteidigen. Jetzt aber bricht der schwarze König zum weißen Springer durch.

2. ... ♘e6 3.♔a2 (3.♔c2 ♔c4, und Schwarz gewinnt)
3. ... ♔c4 4.♔a3 ♔d4 5.♔:a4 ♔:e4 6.b4 ♔f3.
Die Partie ist in ein Endspiel mit Springer und Bauer gegen Springer und Bauer übergegangen, das von Schwarz genau berechnet wurde.
7.b5 ♔g2, und Weiß gab auf. Wenn 8.b6 ♔:h3 9.b7, so 9. ... ♘c5+, und nach 8.♘g5 ♘:g5 9.b6 ♘e6 10.♔b5 ♘d8 hält Schwarz den Bauern ebenfalls auf.

Mikenas–Sagorjanski
Vilnius 1946

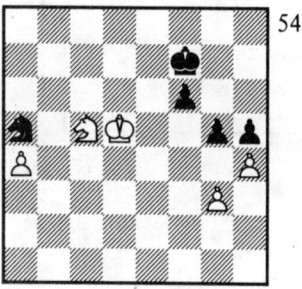

542

Weiß am Zuge

Um zu gewinnen, muß Weiß den Springer von a5 vertreiben, ohne Schwarz Gelegenheit zu geben, ernsthafte Drohungen am Königsflügel zu schaffen. Die zentralisierte Aufstellung der weißen Figuren ermöglicht ihnen ein Spiel auf beiden Flügeln.
1.♘e6 ♔g6 2.♘d4! f5 (ein Versuch, Gegenchancen zu er-

halten) 3.♔e5 ♘c4+ 4.♔e6 f4 5.gf gf (5. ... gh 6.f5+, und Weiß gewinnt) 6.♘f3! ♘b2 (6. ... ♘a5 7.♔e5 und 8.♔:f4) 7.♘e5+ ♔g7 8.a5 ♘a4 9.♔f5 ♘c5 10.♔g5 ♘e6+ 11.♔:h5 ♔f6 12.♘f3 ♔f5 13.a6 ♘c7 14.a7 ♘a8 15.♘d4+ ♔e4 16.♔g4! ♔:d4 17.♔:f4 ♔d5 18.♔f5. Schwarz gab auf.
Wenn es bei Vorhandensein eines eigenen entfernten Freibauern gelingt, die Bildung eines gegnerischen Freibauern am anderen Flügel zu verhindern, ist der Gewinn in der Regel ohne Schwierigkeiten zu erreichen.
Hier ein typisches Beispiel.

Tschigorin–Marshall
Karlsbad 1907

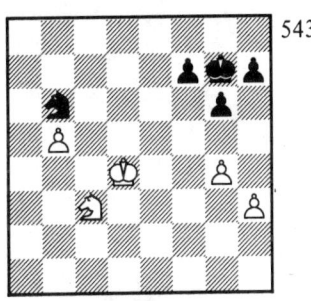

Weiß am Zuge

Nach 1.♘d5! ♘d7 2.g5! hatte Weiß das gegnerische Spiel am Königsflügel lahmgelegt. Es folgte 2. ... h6 3.♘f6 ♘b6 4.h4 hg 5.hg ♔f8 6.♔c5 ♘a4+ 7.♔d6! ♔g7 (7. ... ♘b6 8.♔c7, und Weiß gewinnt) 8.♔c6 ♔f8 9.b6 ♘:b6 10.♔:b6 ♔e7 11.♔c7 ♔f8 (11. ... ♔e6 12.♘d8 ♔f5 13.♘h7 usw.) 12.♔d7 ♔g7 13.♔e7 ♔h8 14.♘e8 (aber nicht 14.♔:f7? patt) 14. ... ♔g8 15.♔f6. Schwarz gab auf.

Barcza–Simagin
Moskau 1949

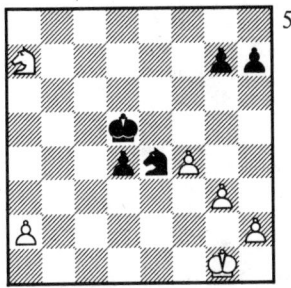

Schwarz am Zuge

Weiß hat einen Mehrbauern, der noch dazu ein entfernter Freibauer ist. Dies aber ist hier für die Stellungsbeurteilung nicht entscheidend. Der schwarze Freibauer, unterstützt von beiden Figuren, erweist sich als viel gefährlicher, da es Weiß nicht gelingt, ihn mit vereinten Kräften zu bekämpfen.
1. ... d3! 2.♔f1 ♘c3 3.♔e1 ♔d4 4.♔d2 ♘e4+ 5.♔c1 (sofort verliert 5.♔d1 ♔e3!) 5. ... ♘d6!!
Der einzige Gewinnweg. Zum Remis führt 5. ... ♔e3 6.♘b5 d2+ 7.♔c2 ♔e2 8.♘d4+.
6.♔d2.

Oder 6.♘c6+ ♚c3! 7.♘e7 d2+ 8.♔d1 ♘e4 9.♘d5+ ♚c4, und Schwarz gewinnt (W. Simagin).
6. ... ♘c4+ 7.♔c1 d2+ 8.♔c2 ♚e3 9.♘b5 ♘a3+!!
Weiß gab auf.
Den Abschnitt über die Rolle eines Freibauern beenden wir mit einem Beispiel, das man „Triumph der Freibauern" nennen könnte.

Pillsbury–Gunsberg
Hastings 1895

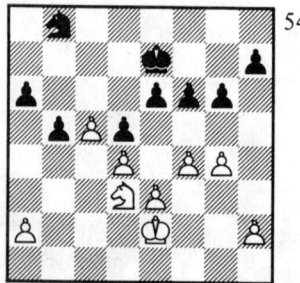

545

Weiß am Zuge

Weiß verfügt über einen starken gedeckten Freibauern. Wenn der schwarze Springer indes auf c6 stände, könnte die Verwertung dieses Vorteils unmöglich werden.
Die ungünstige Aufstellung der schwarzen Figuren gestattet es Weiß, unverzüglich einen entscheidenden Durchbruch zu verwirklichen.
1.f5! g5 (1. ... gf 2.gf ef 3.♘f4, und Weiß gewinnt) 2.♘b4 a5 3.c6!! ♔d6 (3. ... ab 4.c7) 4.fe! ♘:c6 (4. ... ab 5.e7 ♘:e7 6.c7) 5.♘:c6 ♔:c6 6.e4!
Weiß erhält zwei verbundene Freibauern.
6. ... de 7.d5+ ♔d6 8.♔e3 nebst 9.♔:e4, und Weiß gewinnt.

b) Bessere Bauernstellung

Wir betrachten hier einige Beispiele, in denen eine der Seiten wegen Defekten in der gegnerischen Bauernstellung ein deutliches positionelles Übergewicht besitzt.

Botwinnik–Keres
Den Haag/Moskau 1948

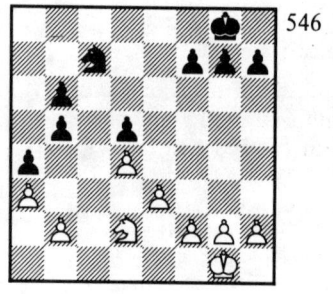

546

Weiß am Zuge

Der Mangel der schwarzen Stellung besteht nicht nur darin, daß sie einen Doppelbauern aufweist. Viel wichtiger ist, daß am Damenflügel zwei weiße Bauern drei schwarze in Schach halten. Dadurch kann Weiß im Zentrum einen Freibauern bilden.
1.♘b1 ♔f8.

Wegen der Drohung 2.♘c3 kann Schwarz nicht mit dem Springer operieren. Er beordert deshalb den König ins Zentrum, um den Springer von der Verteidigung der Bauern b5 und d5 zu entbinden.
2.♔f1 ♔e7 3.♔e2 ♔d6 4.♔d3 ♔c6 5.♘c3 ♘e8
(Schwarz beabsichtigt, den Springer über d6 nach c4 zu führen) **6.♘a2! f6.**
Der Versuch, die Bildung des Freibauern durch 6. ... f5 zu verhindern, würde neue Schwächen schaffen. Laut Keres könnte darauf 7.♘b4+ ♔d6 8.♔c3 nebst 9.♘d3 geschehen, wonach die Schwäche der Punkte b4 und e5 partieentscheidend wäre.
7.f3 ♘c7 8.♘b4+ ♔d6 9.e4 de 10.fe ♘e6.
Weiß ist es gelungen, seinem Stellungsvorteil eine andere Form zu geben: Er besitzt jetzt einen Freibauern.
11.♔e3 ♘c7 12.♔d3 ♘e6 13.♘d5 ♔c6 14.h4.
Weiß nimmt dem Springer das Feld g5 und bereitet einen Angriff auf die Bauern des schwarzen Königsflügels vor.
14. ... ♘d8 (Schwarz hat keine nützlichen Züge mehr) **15.♘f4 ♔d6 16.♘h5 ♘e6 17.♔e3 ♔e7 18.d5 ♘c5 19.♘:g7 ♔d6 20.♘e6! ♘d7 21.♔d4 ♘e5 22.♘g7 ♘c4 23.♘f5+ ♔c7 24.♔c3 ♘d7 25.g4 ♘e5 26.g5 fg 27.hg ♘f3 28.♔b4 ♘:g5 29.e5 h5 30.e6+ ♔d8 31.♔:b5.** Schwarz gab auf.

In Stellung 547 hat Schwarz Bauernschwächen an beiden Flügeln. Um sie zu verteidigen, müssen die Figuren passive Positionen beziehen.
Auf diese Weise kann eine bessere Bauernstellung zu einer Vergrößerung des positionellen Übergewichts führen – zu einer Erhöhung der Aktivität der eigenen Figuren und zu einer Verminderung der Aktivität der gegnerischen.
Es ist lehrreich zu verfolgen, wie Weiß seine Stellung nach und nach verstärkt.

Aljechin–Turover
Bradley Beach 1929

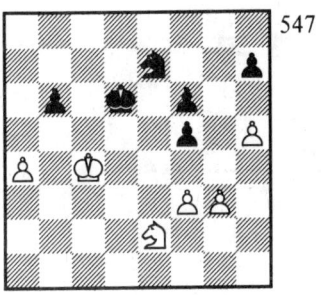

Weiß am Zuge

1.♔b5 ♘d5 2.f4.
Angesichts der Drohung 3.♘d4 sind die schwarzen Figuren jetzt zum Rückzug gezwungen.
2. ... ♔c7 3.♘d4 ♘c3+ 4.♔b4 ♘d5+ 5.♔c4 ♘e7 6.♔b5 ♔b7 7.♘e6! ♘c8.
Falls 7. ... ♘c6, so 8.♘g7 ♘e7 9.♘e8 ♘g8 10.♘d6+

und 11.♘:f5. Schwarz versucht deshalb, zum Gegenangriff überzugehen.
8.♔c4 ♘d6+ 9.♔d5 ♘e4 10.h6! ♘f2.
Schwarz verzichtet darauf, den Bauern g3 zu schlagen. Nach 10. ... ♘:g3 11.♘f8 ♘e2 12.♘:h7 ♘:f4+ 13.♔d4 ♘g6 14.♘:f6 ♔c6 15.h7 käme Weiß leicht zum Erfolg.
11.♘f8 ♘g4 12.♔e6 ♘:h6 13.♔:f6 ♔a6 14.♔g5 ♘g8 15.♔:f5 ♔a5 16.♘d7! ♔:a4 17.♘:b6+ ♔b5 18.♘d5 ♔c6 19.♔e6 ♘h6 20.♘f6. Schwarz gab auf.

Rudenko–Langos
Moskau 1949

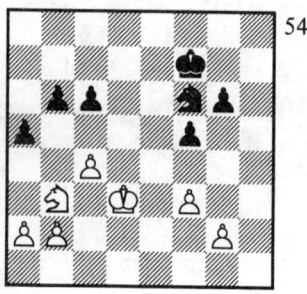

Weiß am Zuge

Der Vorteil von Weiß besteht darin, daß er die Möglichkeit hat, mit 1.c5 den schwarzen Damenflügel zu zerstören. Wäre Schwarz am Zuge, könnte er seine Bauernstellung durch 1. ... c5 stabilisieren und Weiß den Löwenanteil seines Vorteils nehmen.

1.c5! a4 (1. ... ♘d5 2.cb a4 3.♘a5, und Weiß gewinnt) **2.♘d4 ♘d7 3.♘:c6** (auf 3.cb würde 3. ... c5 folgen) **3. ... ♘:c5+.**
Schwarz ist es gelungen, den unmittelbaren Drohungen zu entrinnen, doch nun steht dem weißen König der Weg zu den Bauern des Damenflügels offen.
4.♔c4 ♔e6 (4. ... g5 5.♔d5, und Weiß gewinnt) **5.f4!** (Weiß legt die Schwäche des Gegners am anderen Flügel – den Bauern g6 – fest) **5. ... ♔d6** (dies erleichtert die Aufgabe von Weiß; angesichts der Schwächen an beiden Flügeln gab es indes kaum eine Rettung für Schwarz) **6.♘e5 g5 7.♘f7+ ♔c6 8.fg,** und Schwarz streckte bald die Waffen.

c) Bessere Königsstellung

Wie wir bereits mehrfach sehen konnten, ist eine bessere Königsstellung in Springerendspielen von großer Bedeutung.

**Nimzowitsch–Sämisch
Kopenhagen 1923**

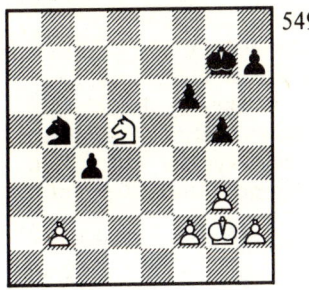

549

Weiß am Zuge

Der weiße König kann rasch ins Spiel gebracht werden und den Bauern c4 angreifen.
1.♔f3 ♔f7 2.♘c3.
Einfacher war 2.♔e4 ♔e6 3.g4. Nach 4.♘c3 gewinnt Weiß schließlich den Bauern c4 und mit ihm die Partie.
2. ... ♘d4+ 3.♔e4 ♘b3 4.♔d5.
Auf den ersten Blick konnte Weiß seine Stellung erheblich verstärken. In Wirklichkeit hat sich der König aber zu weit von den Bauern des Königsflügels entfernt, so daß Schwarz dort Gegenchancen erhält.
4. ... ♘d2 5.h3.
Verhindert, daß die weißen Bauern durch g5–g4 festgelegt werden.
5. ... f5 6.♘d1 ♔f6 7.♘e3 ♘e4 8.♘:c4 ♘:f2 9.b4.
Weiß hat eine Form des Vorteils in eine andere umgewandelt. Er besitzt jetzt einen entfernten Freibauern. Dieser ist aber noch nicht weit vorgerückt, während die weißen Bauern am Königsflügel schwach sind.
9. ... ♔e7.
Nach diesem Fehlzug verwertet Weiß sein Übergewicht ohne jede Mühe. Hätte Schwarz die aktive Fortsetzung 9. ... ♘e4 (gezeigt von Platonow) 10.b5 ♘c3+ 11.♔c6 ♘:b5 12.♔:b5 f4 gewählt, wäre Weiß wohl kaum zum Erfolg gekommen.
10.b5 ♔d7 11.b6 ♘e4.
Zu spät. Der Springer hat keine Zeit mehr für Operationen am anderen Flügel und muß seinem König zu Hilfe eilen.
12.♘e5+ ♔c8 13.♔c6 ♘f6 14.♘d3! (mit der Drohung 15.b7+ ♔b8 16.♘c5 usw.)
14. ... ♘d7 15.b7+ ♔d8 16.♔d6 ♘b8 17.♘b4 ♘d7 18.♘c6+ ♔e8 19.♔c7.
Schwarz gab auf.
Mitunter kann ein ungünstig postierter König selbst zum Angriffsobjekt werden.

Tartakower–Botwinnik
Groningen 1946

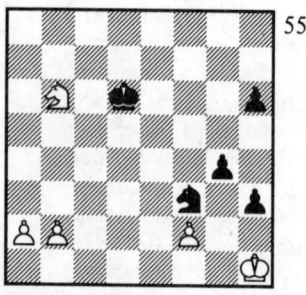

550

Schwarz am Zuge

Schwarz kann durch das Vorrücken der Bauern am Königsflügel Mattdrohungen schaffen. Die beiden verbundenen Freibauern am Damenflügel bieten Weiß jedoch Gegenchancen.
1. ... h5! 2.♘c4+.
Der weiße Springer eilt seinem König zu Hilfe.
2. ... ♔d5 3.♘e3+ ♔e4 4.a4.
Folgerichtig war laut Botwinnik 4.b4. Schwarz mußte darauf 4. ... ♘d4! nebst ♔e4–f3 spielen. Nicht zum Ziel führte in diesem Fall 4. ... ♔d3 5.b5 ♔e2 6.b6 ♔:f2 7.♘f5 h4 8.♘:h4 g3 9.♘:f3 ♔:f3 10.b7 ♔f2 11.b8♕ g2+ 12.♔h2 g1♕+ 13.♔:h3, da nun das Feld g3 gedeckt ist.
4. ... ♔d3 5.♘d5 ♔e2 6.♘f4+ ♔:f2 7.♘:h3+.
Auf 7.♘:h5 wird Weiß durch 7. ... g3 8.♘:g3 ♔:g3 9.a5 h2 10.a6 ♘g5 11.a7 ♘e4 12.a8♕ ♘f2 matt gesetzt.
7. ... ♔f1 8.♘f4 g3 9.♘g2

♔f2 10.a5 h4 11.♘f4 ♔f1 12.♘g2 h3 13.♘e3+ ♔f2 14.♘g4+ ♔e2. Weiß gab auf.
Hätte Weiß 2.a4 gespielt, wäre Schwarz, wie Bronstein zeigte, durch den studienartigen Zug 2. ... ♘d2!! zum Erfolg gekommen (siehe Beispiel 551).

D. Bronstein, 1948

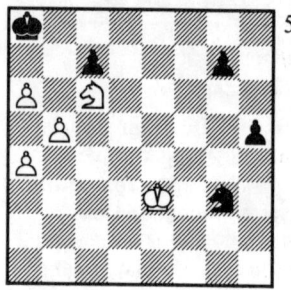

551

Weiß gewinnt

1.♘e7! h4.
Falls 1. ... g6?, so 2.♔d4!! ♘f5+ 3.♘:f5 gf 4.♔c5 h4 5.♔c6 h3 6.♔:c7 h2 7.b6 h1♕ 8.b7+, und Weiß gewinnt. Keine Rettung brächte auch 2. ... h4 3.♔c5! ♘e4+ (3. ... h3 4.♘d5!! h2 5.♘:c7+ ♔b8 6.♔b6 h1♕ 7.a7+ ♔c8 8.a8♕+, und Weiß gewinnt) 4.♔c6 ♘c3 5.♔:c7 ♘:a4 6.b6 ♘:b6 7.♔:b6 nebst ♘e7–d5–c7.
2.a5 h3 3.b6 cb 4.ab h2 5.b7+! ♔a7 6.♘c6+ ♔:a6 7.b8♕ h1♕ 8.♕a7+ ♔b5 9.♘d4+ mit schnellem Matt.

R. Cholmow, 1974

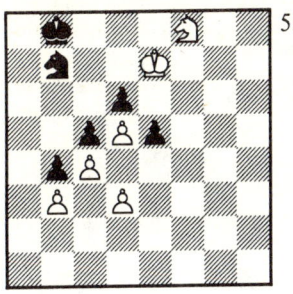

Weiß am Zuge

Die weißen Figuren sind ins gegnerische Lager eingedrungen, und der Bauer d6 ist nicht zu halten. Schwarz kann jedoch den Bauern b3 erobern, wonach sein Freibauer sehr gefährlich wird.
1.♘d7+ ♔c7 2.♘f6 ♘a5 3.♘e8+ ♔b6 4.♘:d6 ♘:b3 5.♘c8+ (der weiße Plan ist klar – Verwandlung des Bauern in eine Dame) 5. ... ♔b7 6.d6 ♘d4 7.d7 b3!
Schwarz spielt seine Trümpfe aus. Schlechter ist 7. ... ♘c6+ 8.♔e8 b3 9.♘e7 b2 10.♘:c6 b1♕ 11.d8♕, und Weiß gewinnt. Falls 11. ... ♔:c6, so 12.♕c8+, und Schwarz wird matt gesetzt, oder er verliert die Dame.
8.♘d6+! (schwächer ist 8.♔e8 wegen 8. ... ♘e6!) 8. ... ♔a6! 9.♘e4 b2 10.♘:c5+ ♔a7 11.♔d6! ♘f5+ 12.♔:e5 ♘e7 13.♔d6 ♘f5+ 14.♔e6 ♘d4+ 15.♔d5, und Weiß gewinnt.
War eventuell 3. ... ♔b6 ein Fehler? Prüfen wir: 3. ... ♔b8 4.♘:d6 ♘:b3 5.♘e4 ♘d4 6.♘:c5 b3 7.♘a4, und die weißen Freibauern entscheiden. Schwarz konnte hier mit 5. ... ♘a5 stärker spielen. Falls darauf 6.♘:c5, so 6. ... b3 7.♘a4 e4! 8.de ♘:c4. Aber auch dann kommt Weiß nach 9.d6 ♘e5 10.d7 ♘c6+ 11.♔e8 ♔c7 12.e5 ♘d8 13.♘b2 ♘b7 14.e6 ♘d6+ 15.♔f8 ♔d8 16.♘c4! ♘f5 17.♘a5! zum Erfolg.
Bedeutend schwieriger ist die Aufgabe für Weiß, wenn der schwarze König im 1. Zuge nach a7 geht.
Am besten ist in diesem Fall 2.♔e6!, womit vorerst noch keine Entscheidung über die Marschroute des Springers getroffen wird. Setzt Schwarz mit 2. ... ♘a5 fort, geschieht 3.♔:d6 ♘:b3 4.♔c7! ♘c1 5.♘:c5 b3 6.♘:b3! ♘:b3 7.d6 ♘c5 8.d7 ♘e6+ 9.♔d6 ♘d8 10.♔:e5 ♔b6 11.♔d6 ♘b7+ 12.♔e7 ♔c7 13.d4 ♘d8 14.d5 ♘b7 15.c5, und Weiß gewinnt. Schwarz kann sich indes passiv verhalten: 2. ... ♔a6 3.♘b8+ ♔b6 (auf 3. ... ♔a7 entscheidet 4.♘c6+! ♔a6 5.♔d7 ♔b6 6.♔c8 ♔a6 7.♔c7) 4.♔d7! ♘a5 5.♔:d6 ♘:b3 6.♘d7+ ♔b7 (6. ... ♔a7 führt nach 7.♔c7 zu einer der soeben betrachteten Varianten) 7.♔e7 ♘a5 8.♘:c5+, und Schwarz kann getrost aufgeben.
Die stärkste Erwiderung ist 2. ... ♔a8, z. B. 3.♘b6+ ♔b8 4.♔d7 ♘a5 5.♔:d6 ♘:b3

6.♘d7+! ♔c8 7.♔e7 ♘a5 8.♘:c5 b3 9.♘a4 e4 10.de ♘:c4 11.d6 ♘e5 12.♘b2 ♘c6+ 13.♔e8 ♘e5 14.♘c4! ♘d7 15.♔e7 ♘b8 16.e5 ♘c6+ 17.♔f6 ♔d7 18.e6+ ♔e8 19.d7+ ♔d8 20.♘a5! ♘:a5 21.e7+ ♔:d7 22.♔f7, und Weiß gewinnt.

Namenverzeichnis

Die Zahlen bezeichnen die Diagrammnummern

Alapin - 102
Alatorzew - 247, 269
Alexandrowitsch - 397
Aljechin - 137, 242, 446, 547
Allgaier - 2
Anderssen - 514
Aronin - 478
Awerbach - 4, 12–15, 24, 25, 28, 32, 33, 35, 38, 40, 41, 43, 46, 47, 75, 78, 84, 85, 90–93, 95, 100, 111, 114, 129, 145, 157, 165, 166, 172–174, 185, 187, 190, 195, 211–213, 226–229, 232, 233, 239, 243, 247, 248, 265, 272, 279, 281–283, 294, 302–305, 309, 311, 312, 314, 318–320, 323, 324, 327, 328, 331, 332, 334, 335, 339, 343, 389–391, 399, 412, 459, 469, 472, 474, 475, 483, 488, 493, 494, 509, 510, 513, 524, 529
Balogh - 262, 539
Bannik - 261
Barcza - 262, 544
Baslawski - 278
Batujew - 74, 116
Belowa - 271
Benediktsson - 209
Berger - 315
Berger, J. - 108, 286, 287, 345, 421
Bessmertni - 338
Bhend - 313
Birnow - 144
Blackburne - 417
Blatter - 366
Bledow - 464
Boleslawski - 527
Bondarenko - 133
Bondarewski - 252, 418, 456, 460
Botwinnik - 252, 329, 348, 449, 454, 491, 522, 535, 546, 550

Boudler - 430
Breitman - 440
Bron - 450, 502, 504
Bronstein - 199, 223, 551
Bywschew - 531
Calvo - 398
Capablanca - 150, 240, 244, 263
Caro - 127
Centurini - 163, 176, 179
Charousek - 127
Chatschaturow - 523
Chenkin - 340–342
Chéron - 30, 310, 316, 317, 360, 371, 376, 394, 473, 479, 480, 490
Cholmow - 199–204, 516–518, 520, 552
Cohn - 219
Crum - 180
del Rio - 118
Donner - 251
Dubinski - 340–342
Duras - 63, 136, 225, 255, 270
Ebralidse - 418, 538
Ekdom - 429
Eliskases - 244, 263
Estorch - 484
Estrin - 256, 277
Euwe - 242, 267, 336, 337, 452
Fine - 141, 191, 192, 197, 198, 222, 248, 250, 258, 414, 443, 495, 526, 530
Fischer - 206
Fleischmann - 431
Flohr - 125, 273, 441
Furman - 279
Geller - 264
Godes - 131, 132
Goglidse - 208, 237, 261
Goldenow - 470, 515
Gorgiew - 352, 353, 503
Grau - 496

Grigorjew - 11, 184, 188, 189, 254, 365, 374, 379, 386, 400, 413, 498
Gufeld - 350
Guldin - 529
Gunsberg - 545
Gurwitsch - 122
Haefele - 366
Halberstadt - 501
Hallström - 182
Hanschin - 99, 103–105, 110
Havasi - 130
Henneberger - 9, 295, 296
Herbstman - 135, 333, 352, 354
Heuäcker - 217
Horwitz - 3, 10, 64, 65, 88, 90, 96, 97, 120, 124, 134, 158, 177, 392, 463, 477, 511
Hug - 398
Iljin - 435
Iljin-Genewski - 149, 284
Isenegger - 215
Issler - 218
Iwaschin - 277
Jachontow - 426
Jaenisch - 388
Janowski - 240
Jaroslawzew - 210
Jegorow - 498
Jigis - 72, 121
Kajew - 98
Kaminer - 500
Kaminski - 351
Kamyschow - 275
Kan - 249, 470, 515
Kasanzew - 326
Kashdan - 238, 250, 441
Kasparjan - 208, 237
Keres - 206, 245, 246, 257, 276, 525, 546
Kevitz - 141
Kivi - 505
Kling - 3, 10, 64, 65, 88, 96, 97, 120, 134, 158, 468, 477
Kondratjew - 278
Korolkow - 444
Kosek - 62
Kotlerman - 315
Kotow - 256, 329, 348, 456

Kubbel - 48, 128, 274, 285, 415, 427
Kudrin - 533
Kutschuk - 447
Landau - 496
Langos - 548
Larsen - 205
Lasker, Em. - 150, 541
Lebedew - 540
Leepin - 313
Leonhardt - 349
Leonidow - 113
Lewitt - 20, 44, 330
Liburkin - 220, 508
Lilienthal - 246, 257, 259, 267, 531
Lindolf - 429
Lipnizki - 178, 207, 236
Lissizyn - 266, 312, 522, 535
Ljublinski - 332
Lomow - 140
Löwenfisch - 266, 269
Loyd - 49
Makarytschew - 339
Mandler - 437, 438
Marble - 393
Marco - 528
Marić - 433
Maróczy - 528
Marshall - 214, 280, 330, 428, 543
Martorelli - 43
Marwitz - 368
Mason - 521
Matanović - 281
Mendheim - 402
Mettger - 61
Michailow - 224
Mieses - 431
Mikenas - 542
Mjassojedow - 149
Moravec - 194, 369
Nadareischwili - 5
Najdorf - 443, 530
Nei - 249
Neustadt - 86
Nimzowitsch - 325, 446, 451, 541
Norlin - 346
Olafsson - 209
Oltezjan - 448

Ostrowski - 133
Otten - 1, 18
Patterson - 205
Paulsen - 61
Petrosjan - 253
Petrow - 478
Philidor - 430
Pillsbury - 545
Platow, M. - 536
Platow, W. - 260, 536
Podgajez - 492
Polner - 347
Pongrac - 481
Ponziani - 50
Portisch - 138
Potapow - 94
Prokes - 416, 499
Prokop - 367, 377
Rabinowitsch, I. - 532
Ragosin - 223, 527
Rauser - 65, 66, 68-70, 87, 117
Reggio - 521
Reschewski - 525
Réti - 19, 71, 107, 109, 123, 126, 142, 234, 428, 437, 438, 485-487
Rey Ardid - 363, 378
Rinck - 16, 465, 537
Romanowski - 540
Rubinstein - 451
Rudenko - 548
Sacharow - 457, 458
Sachodjakin - 45, 119, 147
Sagorjanski - 542
Sagorowski - 113, 273
Salvio - 385
Salvioli - 290, 301, 306, 307
Sämisch - 549
Santasiere - 222, 238
Schamajew - 275
Scheve - 484
Schlechter - 349
Schumow - 151
Seibold - 245
Seinalli - 253
Selesniew - 17, 403
Selman - 375
Sherwin - 350

Sidorow - 397
Simagin - 491, 544
Smejkal - 439
Smorodski - 440
Smyslow - 251, 276, 343, 439
Sokolski - 178, 207, 236
Solomenko - 338
Sotkin - 533
Spasski - 497
Stahlberg - 258
Staljoraitis - 461
Steckbauer - 461
Stein - 138
Steinitz - 514
Stepanow - 284
Strandström - 271
Taimanow - 497
Tal - 492
Tan - 264
Tapionlinna - 507
Tarrasch - 39, 288, 292, 293, 297, 298, 300, 325
Tartakower - 550
Taylor - 137
Teichmann - 69, 214, 280
Thomas - 125, 449
Tolusch - 259
Trifunović - 76
Troitzky - 22, 53, 77, 146, 216, 221, 381, 442, 462
Tschechower - 79-81, 101, 112, 152, 153, 322, 384, 396, 401, 409, 422, 423, 445, 448, 460, 519, 532, 538
Tschernikow - 519
Tschigorin - 151, 347, 543
Turover - 547
Utjazki - 139
Walker - 83, 89, 115
Wasjukow - 457, 458
Weenink - 37, 59
Weressow - 243, 265
Wolff - 539
Wolowitsch - 94
Worotnikow - 351
Wotawa - 106
Yanofsky - 336, 337
Zukertort - 417, 455

Literaturverzeichnis

Hauptliteratur

Rabinowitsch, I. L.: Endschpil. 2. Auflage, Leningrad 1938
Sosin, W. I.: Tschto kashdi dolshen snat ob endschpile. 2. Auflage, Moskau–Leningrad 1935
Schachmatnoje twortschestwo N. D. Grigorjewa. 2. Auflage, Moskau 1954
Lissizyn, G. M.: Sakljutschitelnaja tschast schachmatnoi partii. Leningrad 1956
Awerbach, J. L.: Tschto nado snat ob endschpile. 3. Auflage, Moskau 1979
Nedeljković, O.: Sawrschnize. Belgrad 1951
Berger, J.: Theorie und Praxis der Endspiele. Leipzig 1890; 2. Auflage 1922
Delaire, H.: Les échecs modernes. Fins de Partie. Paris 1925
Chéron, A.: Nouveau traité complet d'échecs. La fin de partie. Lille 1927; 2. Auflage 1952
Chéron, A.: Lehr- und Handbuch der Endspiele. I.–III., Berlin (West) 1957–1958; 2. Auflage 1960, 1964, 1969. IV. 1970
Euwe, M.: Het endspiel. I.–XII., s'-Gravenhage 1940–1941; 2. Auflage 1949
Fine, R.: Basic chess endings. 2. Auflage, Philadelphia 1941
Enevoldsen, J.: Laerobog i skak. III., Kopenhagen 1949
Czerniak, M.: El final. Buenos Aires 1941; 4. Auflage 1967
Stahlberg, G.: Slutspel i schack. Stockholm 1962–1963
Gawlikowsky, S.: Konzowa gra czachowa. I.–II., Warschau 1954–1955
Paoli, E.: Il finale negli s'cacchi. Mailand 1974
Awerbach, J.: Lehrbuch der Schachendspiele. I.–II., Berlin 1970; 4. Auflage 1979

Sammelbände mit Studien, die für die Endspieltheorie von Bedeutung sind

Platow, W. N.: 150 isbrannych sowremennych etjudow. Moskau 1925
Platow, W. N. und M. N.: Sbornik schachmatnych etjudow. Moskau 1928
Mandler, A.: Etjudi Richarda Réti. Leningrad 1931
Troitzky, A. A.: Sbornik schachmatnych etjudow. Leningrad 1934
Herbstman, A.: Schachmatny etjud w SSSR. Moskau–Leningrad 1934

Herbstman, A.: Sowremenny schachmatny etjud. Moskau–Leningrad 1937
Tschechower, W.: Schachmatnye etjudy rasnych awtorow. Leningrad 1950
Tschechower, W.: Schachmatnye etjudy i okontschanija. Moskau 1959
Sowjetski schachmatny etjud. Moskau 1955
Horwitz, B., und Kling, J.: Chess studies and endgames. 1840; 2. Auflage, London 1889
Tattersall, C.: A thousand endgames. I.–II., Leeds 1910–1911
Dedrle, F.: Moderni koncovka. Prag 1950

Inhalt

Vorwort 5
Besonderheiten des Endspiels 8

Läuferendspiele 11
Erster Abschnitt: Läufer gegen Bauer 11
Erstes Kapitel: Läufer gegen einen Bauern 11
Zweites Kapitel: Läufer gegen zwei Bauern 12
  1. Doppelbauern 12
  2. Verbundene Bauern 13
  3. Isolierte Bauern 16
Drittes Kapitel: Läufer gegen drei und mehr Bauern 20
  1. Verbundene Bauern 20
  2. Isolierte Bauern 27
Viertes Kapitel: König, Läufer und Bauer gegen König . . . 31
Fünftes Kapitel: Läufer und Bauer gegen einen Bauern . . . 33
Sechstes Kapitel: Läufer und Bauer gegen zwei Bauern . . . 46
Siebentes Kapitel: Läufer und Bauer gegen drei Bauern . . . 63
Achtes Kapitel: Endspiele mit großer Bauernzahl 72

Zweiter Abschnitt: Gleichfarbige Läufer 87
Erstes Kapitel: Läufer und Bauer gegen Läufer 87
  1. Bauer auf einer der zentralen Linien 95
  2. Läuferbauer 97
  3. Springerbauer 100
  4. Turmbauer 103
Zweites Kapitel: Läufer und zwei Bauern gegen Läufer . . . 104
  1. Verbundene Bauern 104
  2. Doppelbauern 105
  3. Isolierte Bauern 106
Drittes Kapitel: Läufer und Bauer gegen Läufer und Bauer . 114
Viertes Kapitel: Läufer und zwei Bauern gegen Läufer und Bauer 120
  1. Verbundene Freibauern 120
  2. Verbundene Bauern, ein Freibauer 122
  3. Verbundene Bauern, kein Freibauer 123

4. Isolierte Freibauern 126
5. Isolierte Bauern, ein Freibauer 126
Fünftes Kapitel: Endspiele mit großer Bauernzahl 136
 1. Verwertung eines Mehrbauern 136
 2. Endspiele mit Stellungsvorteil 146
  a) Freibauer 146
  b) Gegnerische Bauern auf Feldern der Läuferfarbe . . . 157
  c) Bessere Königsstellung 166

Dritter Abschnitt: Ungleichfarbige Läufer 167
Erstes Kapitel: Läufer und Bauer gegen Läufer 167
Zweites Kapitel: Läufer und zwei Bauern gegen Läufer . . . 167
 1. Doppelbauern 168
 2. Verbundene Bauern 168
  a) Bauern auf der 6. Reihe 169
  b) Ein Bauer auf der 6., der andere auf der 5. Reihe . . . 171
  c) Bauern auf der 5. Reihe 172
  d) Ein Bauer auf der 5., der andere auf der 4. Reihe . . . 174
  e) Bauern auf der 4. Reihe 176
 3. Isolierte Bauern 179
Drittes Kapitel: Läufer und drei Bauern gegen Läufer 183
Viertes Kapitel: Endspiele mit Bauern auf beiden Seiten . . 186

Springerendspiele 208

Erster Abschnitt: Springer gegen Bauer 208
Erstes Kapitel: Springer gegen einen Bauern 208
Zweites Kapitel: Springer gegen zwei Bauern 218
 1. Verbundene Bauern 218
 2. Isolierte Bauern 220
Drittes Kapitel: Springer gegen drei und mehr Bauern . . . 222
 1. Verbundene Bauern 222
 2. Isolierte Bauern 226
Viertes Kapitel: König, Springer und Bauer gegen König . . 230
Fünftes Kapitel: Springer und Bauer gegen einen Bauern . . 233
Sechstes Kapitel: Springer und Bauer gegen zwei und mehr Bauern 239
Siebentes Kapitel: Endspiele mit großer Bauernzahl 251

Zweiter Abschnitt: Springer mit Bauern gegen Springer mit und ohne Bauern 263
Erstes Kapitel: Springer und Bauer gegen Springer 263
Zweites Kapitel: Springer und zwei Bauern gegen Springer . 277
Drittes Kapitel: Springer und Bauer gegen Springer und Bauer 280

Viertes Kapitel: Springer und zwei Bauern gegen Springer
und Bauer 283
Fünftes Kapitel: Endspiele mit großer Bauernzahl 293
   1. Verwertung eines Mehrbauern 293
   2. Endspiele mit Stellungsvorteil 301
   a) Freibauer 301
   b) Bessere Bauernstellung 306
   c) Bessere Königsstellung 308

Namenverzeichnis 313

Literaturverzeichnis 316